풍속의 역사

에두아르트 푹스(1870-1940)

개역판

풍속의 역사 Ⅲ
色의 시대

에두아르트 푹스

이기웅, 박종만 옮김

까치

ILLUSTRIERTE SITTENGESCHICHTE VOM
MITTELALTER BIS ZUR GEGENWART :
DIE GALANTE ZEIT

by Eduard Fuchs
(München : Albert Langen, 1910)

역자 소개
이기웅(李起雄)
성균관대학교 철학과를 졸업하고 현재 도서출판 열화당의 대표로 있다.

박종만(朴鍾萬)
부산대학교 영문과를 졸업하고 현재 까치글방의 대표로 있다.

풍속의 역사 III : 色의 시대

저자 / 에두아르트 푹스
역자 / 이기웅, 박종만
발행처 / 까치글방
발행인 / 박후영
주소 / 서울시 용산구 서빙고로 67, 파크타워 103동 1003호
전화 / 02 · 735 · 8998, 736 · 7768
팩시밀리 / 02 · 723 · 4591
홈페이지 / www.kachibooks.co.kr
전자우편 / kachibooks@gmail.com
등록번호 / 1-528
등록일 / 1977. 8. 5
1판 1쇄 발행일 / 1987. 7. 28
2판 1쇄 발행일 / 2001. 3. 24
    9쇄 발행일 / 2024. 8. 26

값 / 뒤표지에 쓰여 있음

ISBN 89-7291-290-5 94920
    89-7291-287-5 94920 (전4권)

Ⅲ 色의 시대

차례
풍속의 역사 **III**

1. 새로운 아담과 이브

1) 절대주의의 이상적인 미

르네상스는 인간을 참으로 새롭게 개조했다. 그러므로 「르네상스」 권을 쓸 때 나는 그 시대의 성풍속을 알아보기 위해서는 그러한 특수한 이유만으로라도 먼저 육체로서의 인간의 묘사부터 시작할 수밖에 없었다. 새로운 시대를 다루려고 할 때는 그 시대의 아름다움의 이상이 어떤 것이었는가를 먼저 분석해야 한다. 곧 새로운 멜로디를 연주하기 위한 악기에 적합하도록 새로운 시대가 이제까지의 아름다움의 표준을 철저하게 수정하는 것이 언제나 그 사상을 실천하는 최초의 일이기 때문이다. 그리고 그때만큼 새로운 멜로디를 연주하기 위해서 새로운 악기를 원하는 때도 없기 때문이다. 또 다음의 두번째 이유에서도 어떤 시대의 성풍속을 말하기 전에 그 시대의 아름다움의 이상이 어떤 것이었는가를 먼저 짚고 넘어가야 한다. 그것은 육체적인 미의 이상이 달라지면 관능적인 감각이나 욕망의 새로운 본질이 이론적인 형태로만이 아니라 생리적인 형태로도 분명히 나타난다는 것이다. 다시 말하면, 새로운 본질은 육체적인 것에서도 나타난다. 육체미의 이상은 또 그 시대에 가장 두드러진 특징의 이상이기도 하다. 왜냐하면 그러한 이상의 관념적인 측면은 인체를 언제나 특수한 목적에 맞도록 만드는, 숭배의 경향의 표출에 지나지 않기 때문이다. 그 때문에도 그 결과는 시대에 따라서 크게 달라진다.

이리하여 18세기의 이데올로기에 의해서 또다시 새로운 아담과 이브가 탄생했다. 보다 정확하게 말하면, 새로운 이브와 아담이 역사에 나타난 것이다. 왜냐하면 여자에 의한 인간의 역사가 창조되기 시작했기 때문이다. 르네상스 시대의 인간의 사회생활과 그 이후의 절대주의 시대의 그것 사이에는 아주 큰 차이가 있었다. 그와 같이 생리적인 인간의 미적 이상을 위해서 만들어진 새 이데올로기는 이전의 이데올로기와는 아주 달랐다.

르네상스 시대에는 청춘남녀의 에너지를 높이 찬양했다. 그것은 그 시대의 창조력에서 가장 중요한 전제가 되었기 때문이다. 르네상스 시대와는 반대로 절대주의 시대에는 강한 것은 비천한 것으로 경멸되었다. 그것은 그 시대의 미학에 따르면 참으로 추악한 것이었다. 그것은 그 두 시대의 아름다움에 대한 이데올로기의 가장 큰 차이, 근본적인 면에서는 아마도 가장 중요한 차이의 하나였다. 그렇다면 아주 다른 그러한 이데올로기가 어떻게 그처럼 강한 힘을 가졌을까? 그것을 탐구하기만 하면 절대주의 시대를 지배했던 미의 이상이 과연 무엇이었던가를 자연히 알 수 있을 것이다. 그러므로 앙시앵 레짐 시대에 어떤 것이 아름다움으로 평가되었는가를 구체적으로 또 생생하게 이해하려고 한다면, 먼저 그것의 본질을 따져야 한다.

그 시대의 아름다움의 법칙은 제I권에서 말했듯이 하나의 계급에 의해서 만들어졌고 또 강요되었다. 그 계급은 다른 계급 위에 걸터앉아 지배권력을 쥐고 있었으므로 그 계급에게 노동처럼 비천한 것은 없었다. 앙시앵 레짐의 지배계급에게는 노동, 특히 육체노동이 불명예스러운 것이었다. 기생적인 인생관에 의하면, 노동은 인간을 비천하게 하므로 노동하는 인간은 그들의 관점에서 보면 이미 "인간"이라고 할 수 없었다. 기생충에게 존귀하고 고상한 삶의 가치는 그 무엇보다도 무위도식이었다. 그러므로 무위도식이 결국 지배계급은 물론 서민계급에서도 가장 큰 이상인 것처럼 여겨졌다. 그러나 그것은 분명히, 르네상스의 생리적인 아름다움에 대한 이데올로기와 절대주의의 그것 사이의 모순을 쉽게 드러낼 것이다. 그 시대의 모든 이데올로기, 그 시대의 아름다움의 관념도 역시 간접적인 의미에서는 크게 보면 정치적으로 지배계급의 사회적인 삶의 표현이기 때문에 르네상스 시대에는 강한 것과 건강한 것이 아름다운 것이 될 수밖에 없었다. 그것은 결국 활동적이고 생산적인 인간의 모습이었기 때문이다. 그와는 반대로 앙시앵 레짐 아래에서는 인체에 대한 이데올로기가 정반대의 방향으로 이상화되었다. 곧 전체적으로나 개인적으로나 노동에 적합하지 않는 것이 바로 아름다움과 연결되었다. 그것이 절대주의 시대의 아름다움에 대한 이데올로기의 토대였다. 노동에 부적합한, 부드럽고 섬세한 손이 아

루이 15세의 애첩인 뒤바리 백작부인(드크뢰즈, 유화)

름다운 것이었다. 그러한 손은 물건을 많이 쥘 수는 없으나 그 대신 그만큼 부드럽게 애무할 수가 있기 때문이다. 가벼운 걸음걸이로 춤을 잘 추는 작은 발은 아름답지만 그런 발로는 도저히 잘 걸을 수 없고 힘차게 대지를 밟을 수도 없다. 기생계급에게는 자기의 아기를 키우는 것도 노동이었으므로 지배계급의 여자의 육체는 그러한 일에도 적합할 필요가 없었다. 따라서 그 계급에서는 작고 귀여운 유방이 아름다운 것으로 여겨졌다. 우리가 렘브란트나 루벤스의 그림에서 경탄하는 생명의 팽팽한 영양의 원천은 이미 아름다움으로 여겨지지 않았던 것이다. 따라서 절대주의 시대의 아름다운 육체는 육체의 힘이라는 것을 무시한다. 육체는 훈련되지는 않았으나 잘 손질되었다. 육체는 고상했다. 그 시대의 말로 하면, 고아하고 우미하다(anmutig und graziös). 「미의 하인」(1715)에는 이렇게 쓰여 있다. "그러므로 우리는 아름답다는 것을 독일어로 예의 바르다(hübsch), 상냥하다(niedlich), 사랑스럽다(zierlich), 곱다(wohlgestaltet), 가냘프다(fein), 귀엽다(nett), 얌전하다(brav)라고 한다." 그것은 육체의 형태뿐만 아니라 자세나 몸짓, 특히 동작에도 해당된다. 왜냐하면 육체의 형태는 무엇보다도 먼저 자세나 몸짓에 의해서 강해지거나 약해지며 또 여러 가지 형태로 변하기 때문이다. 그것은 무엇보다도 유희적인 것이었으니 그 유희적인 것만이 고귀한 것으로 주창되었다. 앞에서 말한 것들을 요약해서 말하면 다

산책(파리의 유행복 동판화, 1780)

음과 같다. 앙시앵 레짐 시대에는 드디어 무위도식하는 생활을 장중하게 즐길 수 있는 인간의 전형적인 몸매에서 참으로 귀족적인 아름다움의 이상미를 창조하고 발견했다. 사치스러운 동물, 곧 관념화된 게으름뱅이로서의 인간이 가장 완전한 것으로 추앙받았다. 하지만 우리는 그러한 게으름뱅이를 "육체노동의 인간에 반대되는 정신노동의 인간"과 혼동해서는 안 된다. 또 그러한 무위도식은 옛날부터 귀족적인

네글리제(파리의 유행복 동판화, 1780)

이상이었으며, 그 이상은 어느 시대에나 적어도 귀족계급에 남아 있었다는 사실을 여기에서 덧붙여두고자 한다. 한편 다른 계급에 속한 사람이라도 그들이 정신적으로 귀족계급에 의존해야 할 정도로 정치적으로 압박받는 동안에는 귀족적인 이상이 그들에게도 줄곧 남아 있었다.

절대주의의 절정기에 남녀를 불문하고 권위를 부리는 자태가 아름답다고 여겨진 것은 앞에서 말한 것과 모순되지 않는다. 그 시대의 위엄이란 권력의 포즈, 곧 권력의 외적인 과시에 지나지 않았기 때문이다. 그러므로 사람들은 폭력적인 것을 드러내지 않고 언제나 우월한 것을 드러냈다. 그러나 그러한 위엄이라는 이상도 아주 짧은 기간에만 존속했다. 그것은 절대주의가 겉으로나마 분명히 권력의 정상에 있었던 1680년부터 1700년경까지의 시대, 곧 알롱주페뤼크(allongeperruque : 긴 가발 / 역주)와 퐁탕주(fontange : 부인들의 두건 모양의 장식)의 시대만의 특징이었다.

이제 절대주의 시대의 미의 형태의 두번째 중요한 특징을 살펴보자.

그 시대에는 앞에서도 언급했듯이 게으름뱅이는 동시에 세련된 향락가였다. 따라서 아름다움의 이상은 특히 세련을 지향하여 발달하게 되었다. 이 경우, 르네상스와의 커다란 차이는 사랑에서는 동물적인 것이 변함없이 찬양되었으나 아이를 낳는 것보다는 오히려 기교적인 것이 찬양되었다는 데에 있다. 사랑에서는 언제나 기교적인 과정이 문제가 되었다. 그러므로 그 시대에는 도구만이 관념화되었다. 보다 정확하게 말하면, 쾌락을 위한 여러 가지 도구가 관념화되고 모든 이상 또한 그러한 도구, 곧 향락의 수단을 향해서 집중되었다. 그것은 인체의 이상적인 모습에서 창조적인 것을 조직적으로 제거하는 것을 의미했다. 그것이 성에서의 세련의 본질이었다. 될 수 있는 대로 세련된 육욕의 즐거움을 맛보고 싶다는 욕망이 아주 기묘한 형태로 아름다움에 대한 이데올로기 속에 나타났다. 기생적인 향락가는 향락의 기회를 계속해서 증가시켜 그것을 풍부하게 하려고 애쓰는 것이 당연하다. 따라서 첫째로 그가 하는 일이란 향락을 분해해서 그것을 몇 배로 불리는 것이었다. 그리고 그렇게 됨으로써 언제부터인가 인체도 여러 조각으로 분해되었다. 향락가는 이와 같이 분해하여 하나하나의 독립적 존재가 된 인체의 각 부분을 쾌락의 도구로 삼았다. 이제 육체는 하나의 집합된 전체가 아니라 여러 가지 도구들을 긁어모은 모자이크가 되어버렸다. 그 때문에 르네상스 인체미의 이상이었던 조화는 완전히 내팽개쳐졌다. 그 이래로, 예를 들면 남자는 여자를 전체로서 보지 않고 먼저 각 부분의 아름다움, 곧 작은 발, 섬섬한 손, 귀여운 유방, 날씬한 팔이나 다리 따위로

유혹적인 네글리제(J. B. 위에의 그림에 의한 자니네의 동판화)

잃어버린 순결(제임스 워스테드, 영국의 동판화, 1784)

분리하여 보았다. 그것들은 이미 전체를 구성하는 부분이 아니었다. 여자는 오히려 그 여러 조각의 부분으로 만들어진 모자이크에 지나지 않았다. 그것은 바로 여자가 남자에게 진상하는 에로틱한 성찬의 접시였다. 그러한 조각조각으로 아주 새롭고 중요한 전체가 재구성되었다.

　창조적이라는 경향과 결부된 옛날의 조화가 이와 같이 파편화되었기 때문에 인체의 아름다움의 이상은 나체와 결부되지 않았다. 그 이래로 아름다움의 이상은 오직 옷을 입은 육체와 결부되었고 옷과는 이미 뗄 수 없는 것이 되었다. 그 때문에 나체에 대한 태도도 아주 달라졌다. 나체는 이 세상에서 모습을 감추고 데콜타주(décolletage : 윗옷의 가슴이나 등을 깊게 파는 것/역주)나 르트루스망(retroussement : 팔이나 다리를 걷어올리는 것/역주) 차림을 하고서 지금 막 옷을 벗으려고 하는 모습만이 존재하게 되었다. 옷은 그 이전에는 이를테면 몸을 감싸는 것에 지나지 않았고 나체를 더욱 돋보이게 하는 장식이었으나 이제 나체보다도 옷이 중요하게 되었다. 절대

누구 발이 더 작지?(독일의 메조틴트 판화)

주의 시대에 옷이라는 것은 육체의 조화로운 전체를 조각조각 나누어 그것을 하나하나의 "매력"으로, 여자의 경우 특히 유방, 옥문(玉門), 허리-엉덩이로 분해함으로써 그 시대의 이상을 구현한 것이었다. 옷에 의해서 당시의 인간은 그처럼 여러 조각으로 분해되었지만, 옷은 또 육체의 특히 찬양받는 하나하나의 부분을 서로 결합시키는 틀이 되었다. 이전에는 관능이라는 관념 앞에서 벌거벗은 채로 서 있던 육체가 이제는 언제나 옷을 벗으려고 하는 상태로 서 있게 되었다. 만약 그 시대에 자기의 애인이나 아내의 아름다움을 자랑하려고 한다면, 앙리 2세가 욕탕 속에서 우유 목욕하는 애첩 푸아티에의 디안을, 펠리페 2세가 소파에 누워 있는 애첩 에볼리 후작부인을 티치아노에게 그리게 한 것처럼 그 아름다움을 완전한 나체로 드러나게 해서는 안 되었다. 오히려 뇌쇄적인 데콜테나 르트루세와 같은, 특히 아름다운 부분을 장식하는 요염한 틀에 의해서 모든 사람의 눈초리를 바로 그 아름다움에 쏠리게 하는 포즈로 그리게 했다. 그 방법은 품위가 있는 것은 아니었지만 그러나 세련된 것이었다.

애인의 아름다운 다리(람베르크의 그림에 의한 H. 슈미트의 동판화)

앞에서 예로 든 사실들을 생각할 경우, 우리는 중대한 결과는 일반적인 관념의 힘찬 전진과 급격한 변화에 의해서 발생한다는 것을, 말하자면 결국 문화의 진보에 특징을 부여하는 특수한 본질에 의해서 발생한다는 것을 간과해서는 안 된다. 특수한 본질인 청춘은 언제나 질풍노도와 같고 목적지향적이며 그 때문에 창조적이 되는 것이다. 그것은 개인에 대해서와 마찬가지로 민족 전체에 대해서도 적용된다. 그러나 인류가 새로운 청춘시대를 경험한다면 —— 어떤 조건 아래에서 그러한 일이 되풀이되어 일어나는가, 또 장래에도 그러한 일이 일어날 것인가에 대해서는 제II권에서 자세히 설명했다 —— 인류는 다시 그러한 대담한 행동을 과시할 것이다. 그것은 모든 분야에서의 르네상스의 창조적인 생산력을 분명히 밝혀준다. 문화의 전진, 곧 문화가 난숙해진다는 것은 청년처럼 목적을 향해서 일로매진하는 것이 아니라 오히려 어떤 거리를 두고 그 목적을 바라보는 것을 의미한다. 늙은이는 더욱 새롭고 커다란 우회로를 건설한다. 노년이 되면 체험이란 현실이 아니고 행복에 이르는 길이다. 그것은 인생의 완성과 세련을 지향하는 일반적인 향상의 결과이므로 결국 인류의 완성을 지향하는 본질이다. 그렇게 함으로써 후세의 각 문화는 원시적인 문화와 구별된다. 그처럼 우회로를 만드는 것은 문화의 모든 분야에 해당되었으나 특히 성적인 요소에 가장 명확하게 해당되었다.

그러므로 절대주의 시대의 문화적 소산은 르네상스 시대보다 높은 것이 아니었다. 그러나 그렇다고 하더라도 현실적으로는 르네상스 이후의 문화임에 틀림없다. 그 시대를 지배한 계급의 가장 높은 삶의 이상은 오로지 육욕의 향락에 집중되었기 때문에, 그것을 높은 문화라고는 말할 수 없다. 그러나 시대가 육욕의 향락을 양지로 끌어냄에 따라서 성적인 것의 우회로도 더욱 잘 닦이게 되었다. 사랑의 승리는 수많은 승리의 단편으로 분해되었다. 최후의 패배를 처음부터 뻔히 알 수 있었던 경우조차도 단편적인 승리를 쟁취하기 위해서 당장 많은 장애물을 돌파하지 않으면 안 되었다. 에로틱한 식사라는 것은 열두 접시의 성찬이라고 할 수 있는데, 본요리만이 실속 있는 음식인 것은 말할 것도 없다. 그러나 모든 일이 그렇다고는 할 수 없었다. 녹일 듯한 오르-되브르, 곧 전채가 먼저 제공되어 몹시 입맛이 돋우어졌을 때에만 본요리가 맛있는 것으로 여겨졌다. 사람들은 육욕을 향락할 때 언제나 다른 방법으로 미각만을 자극하는 기막힌 성찬의 메뉴를 동경했다. 그에 반해서 더 생각하고 자시고 할 것이 없다는 듯이 본요리만으로 허기를 달래는 소박한 가정요리 같은 것은 상대하려고 들지 않았다. "최후의 목적"에 곧장 육박하는 짓 따위는 이후로는 농민이나 무지렁이의 방법이 되어버렸다. 설령 이들과 다른 부류들이 그와 같은 일을 가끔 하더라도 그것은 메뉴에 변화를 주기 위한, 또는 입맛이 당기는 별식으로 그렇게 하는 데에 지나지 않았다.

그와 같은 목적이 그 시대의 아름다움의 이상에 대해서 앞에서 언급한 것과 같은 토대를 만들었다. 그것은 육체적인 것을 세련된 방향으로만 끌고 가는 것을 겨냥한 것이었다. 그러한 겨냥에 의해서 진정한 아름다움 대신 자극적인 아름다움이 나타났고, 건조함과 소박함 대신 자극적인 호색이 나타났다. 자극적이라는 것은 그 시대의 아름다움에 대한 암호였다. 그것은 모든 것, 눈에 보이는 부조화뿐만 아니라 견딜 수 없을 만큼 추악한 것조차도 아름답게 했다.

예컨대 안색에 대해서 말하면, 자극적인 것은 누구의 눈에나 확연한 창백함이었다. 그것은 육체가 화사하다는 상징일뿐더러 매일 밤을 사랑의 향연으로 지새고 있다는 표시이기도 했다. 그 시대가 선호한 피부 색깔은 창백한 색이었지, 건강함이 넘치는 붉은 빛이 아니었다. 건강함은 촌스러운 것으로 치부되어 무시당했다. 1712년에 함부르크에서 출판된 토속 및 풍속에 관한 책 「호기심 많은 고고 연구가」에서는 "귀부인은 얼굴이 붉은 것을 싫어하고 창백한 것을 아름답게 여겼다"고 쓰여 있다. 프랑스의 티이 백작(루이 16세 시대의 내무대신이며 왕비의 총신/역주)은 그의 「회상록」에서 애인인 로르빌이라는 젊은 여자에 대해서 이렇게 말하고 있다.

영국의 동판화

사랑으로 고뇌하는 창백한 그 얼굴을 내가 어떻게 잊을 수 있단 말인가? 나는 화가까지도 그 여자가 정말로 아름답다고 생각할 것이라고는 장담하지 않겠으나 바른 안목과 온당한 머리를 가진 정감적인 남자라면 누구나 그 여자를 손에 넣고 싶은 욕망을 억누를 수 없을 것이라고 믿는다.

귀부인은 모두 자기 얼굴이 누구보다도 창백하다는 것을 과시하기 위해서 볼이나 이마 혹은 목에 일부러 검은 무슈(mousch), 즉 애교점을 붙였다. 1715년의 「숙녀 사전」에는 이렇게 쓰여 있다.

무슈, 즉 애교점은 검은 호박직(琥珀織)을 크고 작게 여러 가지 모양으로 자른 것이다. 귀부인은 그러한 것을 얼굴이나 유방 위에 붙여서 살갗이 더욱 하얗게, 더욱 귀엽게 보이도록 했다.

창백한 얼굴이 아름답게 여겨졌으므로 18세기에 들어오자 백분을 머리에 뒤집어쓰는 것이 유행했다. 그것은 또다른 중요한 이유가 있었기 때문이기도 했으나 그것은 나중에 얘기하겠다. 그러나 마음속에서 끊임없이 불타오르고 있는 욕망이나 색을 향한 은밀한 불길이 살갗을 통해서 여리게 빛나게 하기 위해서 살갗은 엷게 붉은 기를 띠고 있어야 했다. 그 불은 약간 뜨거울 뿐, 상대방을 태워버리는 불꽃은 아니었다. 그것은 아궁이 속에서 타오르는 불도 아니고 상대편에게 옮겨붙는 불도 아니었다.

여자의 입이 쾌락을 쏟아내는 것이고 남자가 그 쾌락만을 마시려고 하는 술잔과 같은 것이라면 그 입은 자극적이 되어야 했다. 그리고 그 때문에 그 입은 아름답다고 찬양받았다. 내뿜는 숨결은 쾌락의 향기를 짙게 흘려야 했다. 입술은 모든 남자를 입맞춤으로까지 유혹하도록 만들어져야만 했고, 입맞춤을 할 때는 억눌린 쾌락을 위해서 언제까지나 격렬하게 떨리지 않으면 안 되었다. 「미의 하인」에는 다음과 같이 쓰여 있다.

입은 사랑의 앞뜰이며 진정한 기쁨과 사랑스러움의 향기를 내뿜는 향낭이다. 특히 그 입에서는 그것과 함께 마치 오월의 정원에서 부는 듯한 기분 좋은 바람이 흘러나온다.

역시 그 책에는 입술에 대해서 다음과 같이 쓰여 있다.

입술의 아름다움은 엷은 막으로 싸인 위아래 입술이 마치 유리를 통해서 보는 것처럼 기분 좋은 진홍색이나 붉은 산호색으로 빛나는 데에 있다. 그것은 사랑이 부드러운 사탕이나 꿀을 뿌리는 밭이다. 사랑하는 남자도, 사랑하는 여자도 마치 꿀벌처럼 부지런하게 그 밭을 차례로 찾아가서 꿀벌처럼 열렬히 서로 핥는다. 나는 입맞춤을 부드러운 아인바이센(Einbeißen : 살짝 깨무는 키스/역주)과 슈마첸(Schmatzen : 혓소리를 내는 키스/역주) 그리고 클라첸(Klatzchen : 쪽 소리를 내는 키스/역주)으로 나눈다. 거기서 슈메츨라인(Schmätzlein : 높은 소리를 내는 키스/역주)이라는 말이 생겨난다. 시인은 그것을 몰레스 모르시운쿨라스(molles morsiunculas), 곧 부드럽고 사랑스런 깨물음이라고 한다.

나의 작은 장미는 누구를 갈망하는가?(영국의 동판화)

그 유방이 마치 "정욕의 알사탕"과 같고, 그 허리—엉덩이가 "행복의 관능적인 반구(半球)"와 같은 여자는 비너스로 찬양되었다. 사지는 "낭창낭창한 댕댕이덩굴의 넝쿨"이었고, 유방은 생명의 샘이 아니라 정복의 술잔이었다. 그와 마찬가지의 기준이 허벅지, 엉덩이, 허리에 대한 아름다움의 이상으로서 찬양된 화사한 곡선에도 적용되었다. 사람들은 그러한 곡선의 숙달과 경험을 사랑했다. 그때도 사람들은 적극적인 것은 저어했다. 용사의 사지, 탄탄하게 튀어나온 엉덩이, 팽팽한 허리는 혐오의 대상이었다. 지난날에는 왕자라고 불렸던 그러한 모습은 이젠 공포를 불러일으킬 지경이 되었다. 자기에게 허용된 남자를 마치 철사로 칭칭 동여매어 그가 온

힘을 다해서 벗어나기 전까지는 놓치지 않을 것 같은 탄탄한 팔이나 허벅지는 혐오의 대상이 되었다. 육체는 행동에서는 사랑의 기나긴, 특히 변화가 많은 목록을 기대하게 하는 쾌락의 정교한 도구가 되어야 했다. 여자의 육체에서 요구되는 것은 그 육체가 연연한 색사(色事)에 관한 모든 공상을 불러일으키는 정교한 장난감이 되어야 한다는 것이었으며, 남자의 육체에서 요구되는 것은 그 육체가 언제나 새로운 변화, 언제나 다른 멜로디를 그 놀라운 악기로 연주하는 화신이라는 것을 보여주는 일이었다. 라이프치히의 선집 「뮤즈의 추방된 아이들」에는 참새와 산비둘기의 경쟁에 관한 것이 있다. 그것은 18세기의 프랑스 우화를 독일풍으로 바꾼 것으로, 다음과 같이 노래하고 있다.

남자와 여자가 그렇듯이
두 마리의 참새와 두 마리의 작은 비둘기가
그 나름으로 한판 승부를 다투는
저 아름다운 유희에 대하여 서로 입씨름을 했다.
숫참새는 자기의 용기와
승리를 매우 자랑한다.
참새는 지껄이기 시작했다. "난 내 가냘픈 상대를
만나면 얼른 애정을 보이지요. 난 날아가지만
곧 미친 듯이 급히
그녀에게 돌아오며, 그리고 다시 날아갑니다.
생각이나 말보다도 훨씬 빨리
나는 행동으로 마음을 나타낼 수 있지요."
암비둘기는 마음속에 질투도 일으키지 않고 귀를 기울였다.
그리고 이렇게 말했다. "하신 말씀, 모두 놀랍군요.
만약 그것이 오래 계속된다면 말이죠.
하지만 난 정직하게 말할 수밖에 없군요.
당신은 달콤한 사랑의 유희를 아직은 겨자씨만큼밖에 몰라요.
그 앞에 있는 것, 그뒤에 계속되는 것이
그 유희에서는 가장 큰 기쁨을 준다는 것을.
당신이 그처럼 소중히 여기는 쾌락 따위는
색정의 가장 절묘한 감정에 비하면 아무것도 아니에요.
그런 감정은, 가령 즐거움은 언제나 같은 것이라고 하더라도,

최초의 입문(영국의 메조틴트 판화)
그녀 : 당신께서 원하신다는데 어찌 마다할 수 있겠어요?

우리들이 조금씩조금씩 오랫동안
여러 가지 방법으로 맛보는
즐거움들에서만 싹튼답니다."

그러한 목표를 육체적인 것에 옮기는 일이 곧 색의 시대의 육체미의 이상이었다. 그 시대의 이상적인 유형은 남자든 여자든 간에 늙더라도 그러한 일을 수행하는 데에 외관상 모자람이 없는 것이었다.

90세의 프랑스의 매춘부 니농 드 랑클로의
상상화(슈미트, 동판화)

그 때문에 이제는 노년에 대한 태도도 일변했다. 르네상스 시대에는 철저한 성취가 인생의 가장 큰 목표였으로 젊음의 회복이 그 무렵의 모든 사람들에게는 가장 큰 동경의 대상이 되었다. 그러나 절대주의 시대에는 청춘을 세련미에 의해서 연장시켰고 현실을 정욕, 특히 변화에 의해서 상쇄시킴으로써 노년이 무시되어버렸다. 이제 사람들은 영원히 청춘에 머물게 된 것이다. 80세가 넘은 뒤에도 남자들을 매혹시켰다는 프랑스의 매춘부 니농 드 랑클로의 상상화는 그러한 현실의 사고방식을 반영한 증거이다. 왜냐하면 근대의 연구가 증명하듯이 니농 드 랑클로는 실존 인물이 아니었기 때문이다. 그 당시 세상 사람들은 너도나도 머리에 백분을 발랐는데 심지어는 아이들조차도 발랐다. 그런데 백분을 바른 것은 노숙한 것처럼 보이기 위한 것이 아니라 항상 같은 나이에 머물러 있기 위해서였다. 그 문제의 해결을 위해서는 태양에게 머물러 있으라고 명령하는 것이 최상의 방법이었다. 18세기에는 얼굴에 분을 덕지덕지 바르는 것이 유행했는데, 그것도 역시 같은 동기였다. 그러나 자연은 어떻게 할 수 없었다. 사람들은 아름다움을 대표하는 빛깔을 멋대로 만들어내기에 이르렀다. 그 때문에 그 무렵에는 남자나 여자나 얼굴에 분을 발랐다. 특히 이 무렵에 분은 여자의 나이가 멈춰 있는 것처럼 보이도록 하고 적당한 매만짐으로 10년이나 더 인생의 봄에 머무르며, 그 어떤 경우에도 "나이배기"가 되지 않으려는 수단이었다. 시인 프리드리히 빌헬름 자하리에(1726-77)는 "허풍선이"에서 라이프치히의 여자를 이렇게 노래하고 있다.

라이프치히 전체가 지금 비틀거리면서 일어섰다.
남편은 일하러 나가고, 아내는 커피를 마셨다.
미인은 볼을 연지로 메웠다.
그리고 백합은 자랑스럽게 피고 그날 밤 덧없이 이울었다.
라이프치히에서는 여자는 늙지 않는 법.
그것은 감쪽같은 백분의 솜씨 덕분이다.

곰보는 한 사람도 없었으니, 애교점이 숨겨준 덕분.
얽은 자국은 사라졌어도 검은 점으로 얼굴은 덕지덕지.

아브라함 아 산타 클라라는 성격이 약간 무뚝뚝한 편이다. 그는 「작별」이라는 책에서 젊음을 만드는 여자에 대해서 쓰고 있다.

여자는 주름진 얼굴에 투르니졸, 연백(鉛白), 그밖의 분을 바르고 더구나 입 속에는 번쩍번쩍 빛나는 의치까지 끼고 있다. 그 의치는 의사가 여자에게 끼워준 것이다.

앙시앵 레짐 시대에 분의 역할이 얼마나 컸던가, 분이 가난한 백성의 집에서조차 주부나 딸들에 의해서 얼마나 많이, 얼마나 열심히 애용되었는가는 많은 보고서에 잘 나타나 있다. 예를 들면, 17세기 말에 출판된 「처녀의 해부」라는 책에서는 이렇게 노래되고 있다.

왜 분, 분 하며 모두가 떠드는가를 말해야 한다면
무엇을 발랐기에 이마가 저렇게 빛나며 볼이 저렇게 붉은가를
먼저 약제사에게 4주일 동안 내리 묻지 않을 수 없지.
그것은 아가씨들에게는 고마운 날마다의 빵.
그 속에는 영묘향(靈猫香), 사향, 발삼 가루가 들어 있다.
온몸은 고급향유로 발라야 한다.
기품 있는 아가씨들은 기묘한 방법으로
몸을 씻고 욕조에 들어가는데……
아가씨들은 또 볼을 쓱쓱 문지르고
볼 위에 붉은 가죽으로 연지를 토닥토닥 바른다.
또 아가씨들은 초에 절인 야채말고는 아무것도 먹지 않았지.
그것을 먹으면 살갗이 아름다워진다고 생각했기에.

그런데 그 무렵에 이미 부르주아적 영국에서는 백분에 대한 비난이 나타났다. 텐은 이렇게 말하고 있다.

메리 워틀리 몬터규 부인이 프랑스 섭정의 저택을 방문했을 때 그 부인은 사치벽에 젖어 분을 덕지덕지 바른 멋쟁이 프랑스 귀부인들을 적잖이 낭패시켰다. 이 영국 여인의 본

바탕 그대로의 얼굴의 자연스러운 아름다움과 싱싱한 피부 빛깔은 그 귀부인들 가운데에서 가장 돋보였던 것이다.

그 훌륭한 본보기는 아브라함 아 산타 클라라가 분에 대해서 다음과 같은 모욕적인 말의 포화를 퍼부었을 때보다도 더욱 큰 효과가 나타났다.

너 퉁퉁이여, 너 똥과자여, 너 길다란 흙덩어리여, 너 냄새 나는 야채 항아리여, 너 우글거리는 구더기 자루여, 너 부서진 돼지 구유여, 너 숲속을 뒤덮은 버섯이여, 너 윤이 나는 미끼여, 너 설탕을 친 썩은 고기여, 너 남자를 속이는 누렇게 뜬 살갗이여, 너 은도금 고름 항아리여, 너 못 쓰게 된 폐물이여(나는 너를 허영에 찬 여자로 본다). 이런 여자들은 날 때부터 타고난 자기의 자태에 만족하지 않고 온갖 방법으로 그것을 아름답게 보이게 하려고 애쓴다. 그래서 그녀들은 변하지 않는 도료로 붉게 바르는 것을 좋아한다. 죽으면 악마가 그녀들을 온통 갈색으로 만들어줄 것이다.

더 정확하게 말하면, 앞에서 예로 든 부인의 훌륭한 본보기도, 모욕의 포화도 별로 큰 효과를 보지 못했다. 왜냐하면 그것을 생기게 한 여러 가지 원인, 곧 그 당시의 생활상을 그러한 것쯤으로는 흔들리게 할 수 없었기 때문이다. 그러한 생활상은 여전히 그대로 존속했다. 그 때문에 모든 것은 결국 옛날 그대로이든가 그렇지 않으면 다시 옛날로 돌아가야 했다. 그러한 관습은 사람들의 변덕에 따라서 제멋대로 살짝 나타났다가 살짝 사라지는 유리된 것이 아니고 사회 전체와 결부되어 있기 때문에 그것만을 당대의 시대상에서 지우려고 하는 것은 헛수고에 그칠 뿐이었다.

그러한 변화가 모든 인간을 같은 모습으로 만들었는데, 그것은 또 르네상스 시대 특유의 성숙에 대한 숭배도 제거해버렸다. 성숙이라는 것은 열매를 맺기 때문이었다. 사람들은 열매가 없는 꽃, 결과가 없는 향락을 원했다. 결과란 유희의 시시덕거림을 파괴하거나 그렇지 않으면 몹시 빨리 또 몹시 오랫동안 그것을 방해했기 때문이다. 사람들은 청춘을 사랑했고 청춘의 아름다움만을 알고 있었다. 여자는 결코 20세 이상이 되려고 하지 않았고 남자는 결코 30세 이상이 되려고 하지 않았다. 다시 말하면, 인간은 20세 이하이든가 60세 이상이든가 그 어느 쪽이었다. 미술에 나타난 인간 역시 그런 모습이었다. 어떠한 대표적인 로코코풍의 여자 초상화도 그녀의 성숙함을 보여주고 있지 않다. 그것은 육적으로는 부드러움이며 정열 대신에 유희이며 결과 대신에 혼약이었다. 그 때문에 사랑으로 괴로워하는 여자야말로 그 시대의 가장 뛰어난 여성형이었다. 만약 17세기에 여자가 40세 정도로 보였다면, 그것은 위엄을 위한 허울에 불과했다. 경험을 쌓은 여자도 그 방면의 대가로부터 언제나 환영받았다. 왜냐하면 그러한 여자는 위험이 없고 무한한 향락을 가능하게 했기 때문이다. 독일의 바로크 시대의 시는 이렇게 노래하고 있다.

우리들의 사랑은 사랑에 경험이 없는 것인가, 숙달된 것인가?
그 두 가지 가운데 어느 쪽이 즐거운가 네가 묻는다면
내 의견은 이렇다, 그 모두가 너를 속이리라.
하지만 무경험은 명예를 듬뿍, 숙달은 쾌락을 듬뿍

절대주의 문화가 세련된 형태를 띰에 따라서 사람들은 조숙한, 곧 건강한 남자의 자태를 보여주는 소년이나, 어린 나이에 벌써 자극적인 향락의 도구가 뚜렷이 드러나는 소녀를 더욱더 좋아하게 되었다. 그들의 아름다움이 그 시대를 매우 밝게 했다. 그 두 가지 것은 그 시대의 이상에 가장 가까웠기 때문이다. 그 때문에 회화에서는 모든 육체가 소녀나 소년의 자태로 그려졌다. 그것은 또 문화가 퇴락했다는 훌륭한 증거이기도 했다. 개인에게 적용되는 것은 문화운동의 선에도 적용되었다. 정력의 절정기에 있는 남자는 흐드러지게 꽃을 피운 여자를 사랑했다. 반면에 노인들은 자기의 쇠퇴한 욕망에 대한 가장 큰 자극을 아직 피지 않은 꽃, 미성숙 속에서 발견했다. 가까스로 윤곽이 잡혀가는 유방이 노인을 자극했다. 그것은 여자도 마찬가지였다. 여자는 청춘기에는 자기의 식욕을 채워주는 남자를 사랑한다. 그러나 난숙한 여자, 더구나 사랑을 탐하고 있는 남자를 이미 도발할 수 없게 된 노파는 사춘기의 첫 충동에 빠진 소년의 사랑을 구했다. 그러한 여자의 야심은 소년의 첫사랑의 열매를 따는 것이었다. 겨우 날개가 생긴 조카딸을 첫사랑의 바다로 끌어내는 백부나, 잘생긴 조카를 첫사랑의 신비로 유혹하는 백모는 로코코풍의 회화에서는 흔히 등장했던 테마였다. 친절한 백부는 가녀린 조카딸이 코르셋을 너무나 꼭 죄지나

전주곡(케베르도, 동판화, 1771)

목욕(졸랭, 1780)

않았는가를 살펴보기 위해서 그녀의 코르셋 사이에 손을 넣어본다. 짓궂은 백모는 동정심이 많은 조카에게 자신의 속옷을 들추며 벼룩을 잡아달라고 부탁한다. 그리고 그녀는 이때 자기의 흐트러진 아름다움의 놀라운 보물을 노출한다. 그것은 사랑의 최초의 과정이며 현실을 자기기만하는 유희였다. 문화가 노쇠하기 시작하면 개인적 노쇠의 징후까지도 일반적 감정을 특징짓게 된다. 그러므로 동남동녀적(童男童女的)인 것에 대한 숭배도 몰락하는 절대주의 시대의 특징이었다. 그 시대의 막바지에 이르러서는 미성년자끼리의 사랑, 곧 미성년 소년과 소녀의 연애 장면이 가장 도발적인 것이었다. 그것이 그 시대의 대단원이었다. 루벤스적인 자태에 대한 감격이 그 시대의 서막이었는데도.

사람들은 신에 대해서 될 수 있는 대로 많이 말했고, 나아가 신에 대해서만 말했고, 오직 신만을 기림으로써 신을 숭배했다. 절대주의 시대는 여자의 시대이며, 여자는 그 시대의 신이었다. 여자는 당대의 구체화된 인간적 이상의 전부였다. 그러므로 그 당시 여자의 아름다움의 이상은 하나뿐이었고, 수많은 방법으로 옷이 벗겨지고 그 아름다움이 노출된 이브에 대해서 그와 마찬가지로 벌거벗겨진 아담은 한 사람도 없었던 것이다. 로코코풍의 회화에서는 나체의 남자는 거의 그려지지 않았고, 옷을 절반쯤 벗은 남자도 찾기 어려웠다. 왜냐하면 여자가 남자에게서 맛보는 쾌락은 남자처럼 육체의 모양에 좌우되지 않았기 때문이다. 남자는 자기의 본분인 성적 기능을 다하기 위해서 그렇게 아름다운 육체를 가질 필요는 없었다. 그 때문에 남자는 옷을 걸치고 있었다. 곧 옷을 입고 있음으로써 남자는 옷을 벗은 여자의 자극적인 작용을 더욱 강력하게 할 수 있었던 것이다. 공상과 욕정은 남자만을 지배했다. 그러므로 남자는 관념으로는 파우누스(Faunus: 로마 신화의 숲의 신. 얼굴은 인간이고 몸뚱아리는 산양(山羊)인 매우 호색적인 신/역주), 사티로스(Satyros: 그리스 신화의 숲의 신. 말의 꼬리와 귀, 산양의 다리를 가졌음/역주), 프리아포스(Priapos: 그리스 신화에서 음경이 항상 발기되어 있는 생식의 신/역주), 다시 말하면 끊임없이 성욕에 불타오르고 있는 신으로 변했다. 그리고 여자는 님프로서, 호

28

색적인 파우누스의 구애에 귀를 기울이기는 했으
나 그래도 로코코 시대에는 사교계의 버젓한 귀부
인이었다. 따라서 당시의 일반적인 사고방식 속
에서는 남자다운 남자도 역시 제거되어버렸다.
남자는 승화된 성욕의 개념에 지나지 않았다.

그 당시에 찬양된 남자의 이상은 오직 복장에
의해서만 표시되었다. 우아한 궁정신하들이 그
점에서는 남자의 가장 완전한 유형이었다. 절대
주의 시대의 초기에는 남자는 위엄 있는 포즈가
요구되었으므로 어떤 남자라도 근엄한 체 행동했
다. 그러므로 남자는 자신이 지상을 걷는 신임을

세족(프랑스의 동판화)

나타내려고 했다. 그 문제는 알롱주페뤼크, 곧 긴 가발에 의해서 훌륭하게 해결되
었다. 신분이 낮은 재단사나 장갑 만드는 직공도 머리에 가발을 쓰면 금방 유피테
르로 변했다. 레세 페르, 레세 잘레(laissez faire, laissez aller : 자유방임), 아프레
누 르 델뤼주(après nous le déluge : 루이 14세의 유명한 말. '나중에는 어떻게 되
건 내 알 바 아니다'/역주)가 지배계급의 일상생활의 틀이 됨에 따라서 그러한 경향
은 더욱 노골적이 되어갔다. 사람들은 겉으로 나타난 차림새의 호사스러움만 보아
도 한눈에 첫째, 그 사람은 어떤 경우에나 품위 있고 상냥하게 행동할 것이다, 둘
째, 그 사람은 아주 곤란한 경우에도 당혹하지 않을 것이다, 셋째, 그 사람은 지금
까지의 모든 생활을 비너스에게 봉사하는 데 바쳤다는 것을 꿰뚫어볼 수 있었다.
그런 호사스러운 차림을 한 남자는 그 이래로 에스카르팽(escarpin : 무도화〔舞蹈
靴〕)을 신은 아도니스(Adonis : 그리스 신화에서 아프로디테가 사랑한 절세의 미소
년/역주)가 되었다. 다시 말하면, 신들의 모습 중에서 그런 호사스런 차림의 남자
가 나체로 그려졌을 때에도 그는 이미 본디의 유피테르도 아니고 헤라클레스도 아
니었으며 언제나 아도니스였다. 그 시대에는 아도니스의 체력으로 충분했던 것이
다. 왜냐하면 그 무렵의 여자는 그녀를 성나게 하고 상처를 입히는, 또 그녀가 어
떤 대담함이라도 용서할 수 있는 거친 정열의 폭력으로 일부러 정복하지 않더라도,
많은 남자들에게 둘러싸여 갖가지 자극적인 감언을 흩뿌리며 남자에게 포로가 되었
고 정복되었기 때문이다. 그 때문에 남자의 행동은 항상 부드럽고 또 친절했다. 남

자는 대담한 정복자이기보다는 오히려 호랑나비였다. 남자는 자기의 육체를 항상 부드럽고 품위 있게 드러내었다. 조르주 상드의 할머니는 손녀에게 이렇게 말했다.

너의 할아버지는 옷을 아름답고 기품 있게 또 예의 바르게 입었고, 좋은 향수를 뿌렸으며, 쾌활하고 친절하고 상냥하며, 죽을 때까지 명랑했단다. 그때 그 사람들은 몸의 불쾌한 통증 따위는 몰랐지. 모두들 촛불 네 개와 기분 나쁜 검은 옷을 입은 사람들에게 둘러싸여 자기의 침대에서 죽기보다는 무도회나 극장에서 죽고 싶어했단다. 그들은 인생을 진정으로 즐겼지. 그리고 이별해야 할 시간이 왔을 때도 다른 사람들의 즐거움을 깨뜨리려고 하지 않았단다. 네 할아버지도 최후의 이별이 이르렀을 때 내게 "당신은 나보다 훨씬 오래 살면서 여생을 마음껏 유쾌하게 보내도록 하오"라고 유언하셨단다.

여기에서 말한 것만 보아도, 그 끝 무렵에 이르러서는 마침내 본래의 남성적인 것이 남자의 유형에서 아주 없어져버렸음을 알 수 있다. 남자는 절대주의의 몰락기에는 분명히 여자 같은 남자가 되었고 여성화가 남자의 생활을 지배하게 되었다. 남자의 행동이나 복장도 여성적이 되었다. 그 시대에 출판된 아르헨홀츠(7년전쟁 후 유럽 각지를 여행한 저술가, 1743–1812/역주)의 「영국 연보」를 보면 18세기의 후반기를 풍미한 그러한 인간형이 다음과 같은 기록으로 남아 있다.

오늘날의 남자들은 지난 어떤 시대보다도 너무나 여자를 닮았다. 그들은 머리를 길게 길러서 지진 다음 곡분을 바르고 향수를 뿌리고 다리[月子]를 들여 뻣뻣하고 길게 했다. 구두나 무릎에 다는 쇠장식은 달갑지 않게 여겨 떼어버리고 그 대신 비단끈을 달았다. 예의상 차고 있었던 칼도 이젠 거추장스럽다고 풀어놓고 다녔다. 그들은 양손에 꼭 장갑을 끼고 있었다. 이는 닦는 정도가 아니라 하얗게 만들었다. 얼굴에는 분을 발랐다. 남자들은 될 수 있는 대로 걷는 것은 물론 마차도 타지 않으려고 했고, 부드러운 음식, 기분좋은 쿠션, 푹신푹신한 침대를 사랑했다. 그리고 여자에게 지지 않기 위해서 결이 고운 아마포나 레이스를 단 옷을 입었다. 게다가 허리띠에는 시계를 매달고 손가락에는 반지를 끼었으며 호주머니에는 작은 장난감들을 가득 넣고 다녔다.

18세기의 후반기에 들어서면, 지난날의 신은 시동의 바지로 변해버렸다. 시동을 보게 되면 사람들은 아직도 그의 뒤에 어쩌면 시녀가 숨어서 시시덕거리고 있는 것이나 아닌가 하고 의심할 정도였다. 그것이야말로 절대주의 시대에 여자의 지배의 가장 큰 승리였다. 바로 절대주의의 본질을 표상하는 곡선이 모든 생활의 스타일이 되었던 것이다.

앞에서 말한 것을 요약하면, 그 시대의 아름다움의 이상은 우리에게 경탄을 느끼게 하거나 또는 바람직한 인체미의 이상이 아니었다는 것은 과장이 아니다. 그 이상은 인생의 즐거움, 그리고 쾌락을 위한 쾌락을 지옥의 밑바닥에까지 끌고 가는 것이었다. 그러나 그 쾌락은 지옥의 밑바닥에서 마음껏 즐기는 사람들조차도 만족시키지 못했다. 그들은 늘 미련이 남아 여전히 동경을 품은 채 그곳을 떠나갔다. 그 시대 사람들이 그러한 동경에 의해서 만든 아름다움의 찬미에 대한 감격 따위가 우리를 속일 수는 없다. 왜냐하면 끊임없이 그럴 듯한 말을 구사해본들 그것이 그 속에 감추어진 진정한 내용을 감출 수는 없기 때문이다. 인류가 올라가야 할 목표만이 어느 시대에서나 판단의 기준이 된다.

2) 여자의 은밀한 아름다움에 대한 숭배

여자의 아름다움을 전체가 아니라 그 부분 하나하나를 숭배한 것은 그 시대가 여자의 시대였다는 사실을 훌륭하게 증명한다. 왜냐하면 그러한 숭배의 갖가지 형태는 내가 지금까지 말해온 여러 가지 경향을 전체적으로도 부분적으로도 뒷받침하고 있기 때문이다. 더구나 그 숭배를 묘사한 기록은 동시에 내가 그러한 경향을 말할 때에 참고로 한 자료의 일부분이기도 하므로 그 시대의 아름다움의 이상을 부각시켜주는 단단한 토대가 되기에 충분하다.

여자의 에로틱한 아름다움을 기린 찬가가 그 시대만큼 달콤한 가락을 띠었던 시대도 없을 것이다. 어떤 시대도 그 점에서는 그 시대를 따라갈 수 없었고 그 시대와 비교하면 초라하고 덧없는 것이 되어버린다. 색의 시대는 당대의 창조적인 생산력의 대부분을 그 일에 바쳤다. 유방은 유럽의 내륙민족에게는 언제나 여자의 매력의 정수였으므로 그 시대에도 모든 나라에서, 또 모든 형태를 상징하는 챔피언이었다. 히펠은 이렇게 말하고 있다.

나는 다시 여자의 가장 큰 매력이 유방임을 말하고자 한다……벌거벗은 여자는 당연히 다른 데를 감추어야 하는 데도 불구하고 유방을 손으로 가리려고 한다(왜냐하면 남자의 눈은 곧장 유방 쪽으로 쏠리며, 여자도 자기의 해안을 지킴으로써 남자의 상륙을 막으려

고 하기 때문이다). 자연 그 스스로도 유방을 가장 매력적인 것으로 선언했기 때문에 마치 고급빵처럼 유방을 진열장 맨 앞에 내다놓은 것이다.

그러므로 유방의 아름다움을 불타는 듯한 말을 나열하여 찬미한 것은 별로 놀랄 일이 못 된다. 유방의 아름다움을 완전히 묘사하기에는 언어란 것이 너무나 빈약한 것처럼 보였다. 왜냐하면 유방은 언제나 생경한 새로운 형용이나 비유에 의해서 묘사되었기 때문이다. 유방의 놀라움을 표현하는 데에는 언제나 감격적인 찬사가 쓰였다. 「미의 하인」에서는 유방은 다음과 같은 경우에 특히 아름답다고 했다.

특히 그러한 사과 모양의 것이 마치 하늘에서 내리는 눈처럼 희고, 그 하나가 자신의 두 손으로 알맞게 감쌀 수 있을 만큼의 크기일 때에 그러하다. 그 정도의 크기가 자매라고 할 수 있는 이 한 쌍의 크기의 정확한 척도이다. 유방의 아름다움에 관해서는 여러 가지가 얘기되고 있다.

시인도 그와 같은 의견이었다. 독일의 우츠(1720-96, 시인이자 법률가/역주)는 "만지기에는 살집이 두툼한 것이 좋다. 게다가 희고 반원형이면 금상첨화"라고 말했다. 손 안에 들어올 만한, 그보다 크지 않은 작은 유방이 가장 아름다운 것이었다. 17세기의 어떤 작가도 그러한 유방을 칭찬하면서, "유방은 역시 손 안에 들어올 만한 크기가 좋고 젖꼭지는 작은 딸기 정도가 좋다"고 했다. 그러나 유방의 특별한 아름다움은 —— 물론 어느 시대에나 그렇지만 —— 좌우의 것이 서로 약간 떨어져 있고 서로 바깥쪽으로 향한 것, 즉 서로 얼굴을 마주 대하지 않는 원수진 자매 같은 것이었다. 17세기의 또다른 작가는 이렇게 노래했다.

백조와 닮은 유방의 저 언덕도
그 자태는 역시 먼 데서 보도록 해야 한다.
그것을 입맞춤으로 희롱했을 때
그 정염의 불꽃을 식히기 위해서는 그 골짜기를 지나가는 것이 좋다.

눈처럼 하얀 유방은 가장 관능적인 것이었다. 라우크하르트는 「자서전」에서 그가 홀딱 반했던 처녀 "마리안네는 얼굴도 아름다웠으나 그보다는 햇솜처럼 하얀 유방이 더욱 돋보였다. 어떤 냉엄한 도덕군자라도 그 유방을 보면 황홀함을 느끼지 않을 수 없을 것이다"라고 말하고 있다.

그러나 그 정도는 문학이나 미술에서 유방의 아름다움에 바친 열광적인 찬가에 비하면 참으로 별것이 아니었다. 그 경우, 찬미의 시작과 끝은 감격이나 황홀함이 고조됨으로써 비롯된 것이 아니라 그 시대적 풍토에서 비롯된 것이다. 17세기에 널리 애독된 소설 「아시아의 바니제」에서는 "유방의 젊은 언덕은 사랑의 석고 산"이라고 표현되었다. 그리고 거의 100년쯤 뒤 "도르헨의 아름다움"이라는 낭만적인 시에는 유방의 아름다움이 다음과 같이 노래되어 있다.

팽팽한 유방은 물결치는데
거기 붙어 있는 조그만 두 개의 꽃봉오리,
유방은 그 덕택에 사람들 눈에 더욱 아름답다.
그것은 당신의 심장이 어디서 고동치고 있는가를 가르쳐준다.

명장만이 그 유방을
좌우가 같게 부풀려서 나눌 수 있다.

아름다운 모습으로 만들기 위해서
명장만이 그 형태를 창조할 수 있을 것이다.

17세기부터 18세기까지의 100년 동안 유방의 아름다움은 모두 발견되었고 또 유방을 감상한 후의 황홀함에 의해서 사랑하는 남자가 맛보는 기쁨, 행복, 고뇌를 하나도 빠뜨리지 않는 감격의 수많은 음계가 가장 높은 톤으로 울려퍼졌다. 나는 그 놀라운 보물창고에서 몇 가지를 꺼내보려고 한다. "조용한 사랑"이란 시는 "그 아름다운 불가사의한 공이 부풀거나 줄어드는 모습은 대리석 빛깔을 띤 바다와도 비슷하다"라고 노래하고 있다. "결심하라"라는 시에서 시인은 "하지만 마법의 공 앞에 엎드리지 않을 만큼, 마음이 동하지 않는 자는 누구인가?"라고 질문한다. "나의 달콤한 희망은 사라지다"의 시인은 "그 능금의 우윳빛 산호는 대리석 빛깔을 한 공, 내가 죽을 때까지 찾는 금단의 열매이다"라고 말한다. 그 시의 끝부분에서 시인은

유행의상(동판화, 1778)

애원한다. "부푼 젖무덤에 내린 눈(雪)이 내 관의 받침대였으면." 다른 시인의 혼은 "유방의 눈 위에서 비틀거렸다. 빛나는 산들은 너무나도 높기 때문에 정상은 조금 붉은 기운을 띠고 있으나 그밖의 곳은 모두 얼음으로 덮여 있는 듯이 보인다"고 외쳤다. 슐레지엔파 시단(Schlesische Dichterschule : 17세기의 독일 문단을 지배한 문학운동. 고답적, 형식적인 것이 특징임. 따라서 민중생활과는 거리가 멀었으며, 슐레지엔 출신이 많았음/역주)의 모임에서 쟁점이 되었던 "검은 눈, 붉은 입술, 하얀 유방의 싸움"에서 그 어느 것이 이길 것인가를 노래한 시에서도 역시 하얀 유방이 이기고 있다. "불을 뿜어내는 그 하얀 눈은 바위조차도 불태운다. 그리고 아무리 뜨거운 태양의 빛도 우리들의 그 꽃을 시들게 하지는 못한다"라고 했다. 유방의 아름다움을 기리는 일은 슐레지엔파 시인들의 장기였다.

유방은 사랑의 가장 맛있는 음식이었다. 그러므로 아름다운 유방을 바라보는 것만큼 남자의 정욕을 끝없이 도발하고 남자를 더욱더 새로운 사랑의 공격으로 내모는 것은 없었다. 바로크풍의 어떤 시인은 그의 연인을 이렇게 노래했다. "그대만을 바라보고 싶다. 그대의 아름다운 유방은 나를 그토록 상냥하게 바라보고. 나는 마침내 한가운데에 있는 그것이 탐났다. 나의 훌륭한 그것으로 그대를 다시 한번 붉게 하지 않고는 그대로 있을 수 없었다."

정숙하지 못함(동판화, 18세기 초)

그런데 여자의 욕정 또한 여자의 유방에서 가장 강하게 파도쳤다. 그러한 순간에는 "유방은 빳빳해져서 화려한 꽃으로 변한다", 그것은 고트프리트 아르놀트(독일의 경건주의 신학자, 1666-1714/역주)가 1700년에 다음과 같이 노래한 그대로이다.

> 그것은 나를 생각하고 한껏 빳빳해져
> 욕정 때문에 당장에라도 터질 것같이 되고
> 격렬하게 떨며, 나에게 전부를 던집니다.

아마란투스의 「사랑의 휴게소」에도 이와 비슷한 노래가 있다.

> 당신이 번번이 감추려고 하는
> 당신의 유방의 대리석이
> 높게, 낮게 물결칠 때
> 사랑의 기쁨을 실어나르면?
> 아, 능금은 너무나도 아름답다.
> 리시메네여!

호프만 폰 호프만스발다우(후기 슐레지엔파 시인의 한 사람/역주)도 그런 부류의 제목의 시에서 놀라운 유방의 아름다움을 그렸다. 17세기 말엽에 유방이 얼마나 열광적으로 찬미되었는가를 보여준 그 글은 너무나 길어서, 유감이지만, 여기에 그 전부를 인용할 수는 없다. 그 시인은 여자들에게 "나는 자연이 당신들을 아름답게 꾸민 것들 중 일부분이라도 만지고 싶다"라고 말한다. 그 일부분이라는 것은 유방을 가리킨 것으로, 그는 그것을 칭찬하기 위해서 백 줄 이상의 시를 썼다.

> 그것은 낙원, 그 속에서 능금이 익고 있다.
> 이 세상의 아담은 모두 그 달콤한 과실을 먹고 싶어한다.……
> 세상 사람이 모두 예배하는 잘 꾸며진 제단.……
> 겨울에도 꽃이 피는 장미나무,……
> 향기 높은 청량수로 가득 찬 두 개의 물통,……
> 두 개의 태양은 가냘픈 꽃으로 싸여 있으나,
> 그런데도 그 하얀 반짝임은 그 어떤 밝은 눈조차도 장님으로 만들어버리네.……
> 그것은 백조처럼 하얀 비단으로 만들어진 부드러운 옷.……
> 루비와 대리석이 혼인하는 두 개의 침대,
> 땅 속에서 두 개의 다이아몬드가 채굴되는 광산.

아름다운 유방의 여러 가지 놀라움 가운데서 눈, 상아, 석고에 비유되는 흰색 이외에 유방의 앙증스러운 봉오리가 언제가 가장 뛰어난 매력으로 칭찬되었다. "도리스에게"라는 시에는 이렇게 노래되고 있다.

> 마치 아침 이슬이
> 잎사귀 위에 괼 때의 장미처럼
> 그대의 어여쁜 장미는
> 그 아름다움이 어떤 장미에게도 지지 않는다오.

그런데 그러한 찬미조차도 시인이며 한 여자의 애인인 그가 사랑하는 처녀의 유방에 바친 다음의 시, "유방의 봉오리는 거기에 머문 나비조차도 현혹시켰다. 나비는 그 봉오리를 막 피어난 진짜 꽃으로 착각했기 때문"이라는 찬미에 비하면 하찮은 것이다. 그리고 연인의 유방이 성숙하여 "애무하는 손의 힘으로 피어나고, 타오르는 생명이 되었을 때"는 새들조차도 그 위에서 날개를 친다. 왜냐하면 자주빛 봉오리는 새에게는 언젠가 본 적이 있는 가장 맛있는 딸기로 보이기 때문이다.

이 보석을 사람의 눈으로부터 가리려고 한다는 것은 매우 잘못된 일이었다. 비테

부인의 안방(프라고나르의 유화에 의한 마르샹의 동판화, 1780)

킨트는 "작은 꽃에게"(1747)라는 시에서 다음과 같이 애원한다.

그대는 무엇이 괴로워서 작은 것을
감옥 속에 묶어두려고 하는가?
자비로운 손가락에 맡겨두렴.
손가락이 그 작은 것의 구세주인 것을.

다른 시에서 목동 셀라동은 이렇게 애원한다.

머물러다오, 아름다운 몸이여. 부푼 유방과 당신의 입을 미풍이 건드리게 하라.

남자들은 그러한 놀라움을 보려고만 하지 않고, 손으로 어루만지고 그것에 입맞춤하려고 했다. 그것이야말로 사랑하는 남자들 모두가 가장 절실하게 바라는 소망이었다. 눈은 유방이 희고 둥근가를 확인할 수 있다. 그러나 그것이 단단한가는 손으로밖에 확인할 수가 없다. 단단하다는 것은 역시 뛰어난 아름다움이었다. 그러므로 몰리에르는 이렇게 노래했다.

아름다운 실비여,
그처럼 아름다운, 그처럼 하얀, 그처럼 둥근
그대의 유방을 나는 응시하면서
단단한가 알고 싶어라.
나는 손의 간절한 소망을 들어주려고
손을 거기에 넣을 생각을 했노라.

그러한 확인이 아무래도 필요하며, 그러한 애무가 가장 달콤한 향락이라는 것이 또한 괴테의 의견이기도 했다. 그는 "로마의 애가"에서 이렇게 노래하고 있다.

그러나 밤이면 밤마다 아모르는 나를 다른 일에 얽어맨다 ——
설령 나는 절반밖에 가르침을 받지 않았더라도, 역시 갑절로 행복해진다.
나는 귀여운 유방을 더듬으면서
그 손을 아래 쪽 엉덩이로 안내하는 것을 그대에게 가르쳐서는 안 되는가?
그때 비로소 대리석을 정확하게 이해하는 나는 비교하면서 생각한다 ——
느끼는 눈으로 보고, 보는 손으로 느끼면서.

그 때문에 처녀가 거역하거나 부끄러워할 때는 그녀를 설득시켜야 했다. "결심하라"에서는 아름다운 처녀에게 고분고분하게 말을 듣도록 하기 위해서 이렇게 충고하고 있다.

그대 혼자만이 귀여운 유방을 내려다보아선 안 된다.
그 높은 봉우리 위에는 빨간 불이 여리게 타고 있다.

그런데도 그대는 나를 조금도 존경하려 하지 않는다.

그것은 나의 손을 즐거운 유희에 맞아들이려 할 터인데도.

아름다운 유방을 보면, 누구의 손이라도 자기도 모르는 사이에 "그 쾌락의 사냥터" 곁으로 끌려가기 마련이므로 그러한 요구는 누구에게나 당연한 것이라고 선언되었다.

완전한 노출의 유행(1750)

　　나의 아이, 카리스테여,
　　너의 에덴 동산을 보면
　　나의 손은 너의 둥근 유방 위에
　　나의 몸은 너의 화려한 뭍에 빨려들어간다.

한번도 손이 닿지 않은 유방을 바라보고 그것을 애무하는 것은 분명히 가장 큰 자극제였다. "주여, 우리를 머물게 하소서"라는 시에서는 이렇게 노래되어 있다.

　　너의 청정무구하게 지켜온
　　아직 누구도 만진 적이 없는 보배, 유방은
　　세상에서 가장 진귀한 과일이다.
　　나는 그 과일을 마음속 저 깊이 그리워한다.

남자들은 그들의 그러한 소망을 처녀들이 왜 거역하는가를 이해하지 못했으므로 "사랑의 옥좌를 위해서 둥글게 솟아오른 유방"을 처녀들이 왜 이 세상에서 가능한 한 감추려고 생각하는지 이해할 수 없었다. "사랑하는 내 여인의 휘장"이라는 시에는 이렇게 노래되었다.

　　지혜가 있는 아름다움이여, 당신의 쾌락은
　　당신의 유방과 함께 수도원에 가야만 합니까?
　　달콤한 장미가 피어 있는 정원은
　　가꾸지 않고 버려져야 합니까?

사랑의 세레나데(동판화)

앞에서 말한 것들은 문학작품에 나타난 유방의 아름다움에 바쳐진 숭배의 극히 일부분일 뿐이다. 재미삼아 그러한 사례를 모조리 든다면 몇 권의 책에 담아도 지면이 모자랄 지경이다. 그 시대에 불린 그러한 노래 중에서 여기에는 사실 처음과 끝 대목밖에 들어 있지 않다. 그러한 노래들은 1660년대에 시작되어 18세기 끝까지 줄곧 불려왔다. 그리고 그 모습이나 찬가는 18세기 말에 이르러서도 쇠퇴하기는커녕 더욱더 세련되었다.

손, 팔, 다리, 장딴지, 무릎, 허벅지, 허리 —— 그 매력은 하나하나 개별적으로 숭배의 대상이 되었기 때문이다 —— 에 대한 공상은 그렇게 풍부하지 않았으나 그렇다고 해서 전혀 무시된 것은 아니었다. 「미의 하인」에서는 "미네르바의 아름다운 손, 유노의 아름다운 눈, 베누스의 아름다운 유방, 테티스의 아름다운 장딴지, 제노비아(3세기 후반의 시리아 여왕. 로마 제국에 저항할 정도로 용기가 있었고 미모와 지성을 겸비했으나 반면 무자비하고 사욕이 지나쳐 나라를 멸망시킴/역주)의 진주처럼 아름다운 이"를 찬양하고 있다. 히펠은 언제까지나 퇴색하지 않는 "숙녀의 아름다움"은 "귀여운 손과 작은 발"이라고 했다. 팔의 아름다움은 바로크풍의 시에서는 "백조의 날개처럼 하얀 팔"이라는 표현으로 찬미되었다. 로코코풍의 시에서는 그것은 "갈망하는 쾌락의 덩굴"로 묘사되어 있다. 작은 발의 아름다움이 그토록 찬양되었으므로 그것이 미의 특징이 되었던 두세 나라의 국민에게는 특히 그 작은 발이 자랑이었다. 발의 아름다움은 프랑스 여자보다는 특히 스페인 여자에게 해당되었다. 스페인 여자들이 그 아름다움을 얼마나 자랑했는가는 「숙녀사전」의 다음과 같은 항목이 증명하고 있다.

스페인의 숙녀. 여자들은 궁정의 고관들에게 애정을 나타내고 싶으면 일부러 자기의 발을 보인다. 여자들은 그러한 일을 부끄럽게 여기지 않는다. 왜냐하면 발에 대해서는 어느 나라 사람보다도 특출하다고 여기고 있는데다가 자기의 작고 가늘며 화사한 발이 어떤 고귀한 여자에게도 뒤지지 않는다고 생각하기 때문이다. 스페인에서는 신분이 높은 귀부인의 경우 그녀의 허락을 받지 않고 발을 보는 것은 예의가 아니었다.

아름다움(조지 보몬트의 유화에 의한 영국의 동판화)

레티프 드 라 브르톤은 여자의 작은 발을 미친 듯이 찬미한 작가였다. 그는 그 놀라운 아름다움을 기리기 위해서 발만을 다룬 소설 「팡셰트의 발」을 썼다. 그 소설 속에는 작은 발이 보여주는 온갖 미묘한 감정과 감수성이 강한 남자에게 불러일으키는 갖가지 환희가 묘사되어 있다. 모든 남자가 마치 미치광이처럼 넋을 빼앗길 정도로 발을 찬미했다는 것은 바이마르의 안나 아말리아 공작부인의 사례가 말해주고 있다. 그 시대의 바이마르의 기록 가운데는 다음과 같은 것이 있다.

사람들은 기꺼이 공작부인의 작은 발을 진심으로 찬양할 수 있는 기회를 놓치지 않았다. 궁정관리들은 부인의 발을 황금으로 본을 떠서 시계줄에 차고 다녔다. 한편 숙녀들은 날마다 새 구두를 신는 버릇이 있었던 공작부인의 헌 구두를 앞을 다투어 사들였다.

그것은 신민근성의 발로였다. 그러한 근성의 발로는 수도의 부르주아 계급에게서는 크게 신기한 일이 아니었는데, 이 경우는 보다시피 모두가 변태성욕의 징후를 보였다고 할 수 있다.

때맞추어 나타난 증인(프랑스의 동판화)

　장딴지는 둥글게 부풀어올라 "테티스 여신의 것처럼 아름다워야 하고" 하얀 살갗
이어야 했다. "따뜻한 눈으로 덮이고 상아로 싸여 있는 장딴지처럼 아름다운 것은
없다"고 했다. 무릎뼈도 동그란 것을 상품(上品)으로 쳤다. 「미의 하인」에는 이렇게
쓰여 있다. "아름다운 숙녀의 무릎은 작고 동그랗고 부드러워야 하며, 무릎뼈는 너
무 튀어나와 있으면 좋지 않다." 프리드리히 슐레겔(독일 낭만주의의 창시자,
1772-1829/역주) —— 물론 이것은 그가 가톨릭 교회의 품 안에 들어감으로써
(1808년/역주) 또다른 아름다움을 발견하기 이전의 일이지만 —— 은 이렇게 노래
한다. "나의 단 하나의 종교는 내가 아름다운 무릎을 사랑한다는 것이다……" 그

러나 동그란 무릎의 아름다움도 허벅지의 아름다움에 비하면 훨씬 아래였다. 허벅지의 아름다움에 황홀해진 어떤 프랑스 시인은 이렇게 말했다. "하체의 곡선 중에서도 허벅지 안쪽의 부드럽고 도발적인 곡선만큼 아름다운 것은 없다." 그러므로 남자가 그 아름다움을 묘사하고 칭찬할 때는 그 말이 마치 불과 같았다. 여자의 허벅지는 "사랑의 신전을 떠받친 장려한 두 개의 기둥", "쾌락의 쇠사슬", "행복의 즐거운 물림쇠"였다. 시인의 어떤 젊은 연인은 사람들에게 자신의 아름다움을 스스로 자랑했다. 왜냐하면 그 여자는 "눈처럼 하얀, 비단결같이 고운 허벅지를 가지고 있었기" 때문이다. "화가와 연인"이라는 시에는 이렇게 노래되어 있다.

염탐(샤를 에쟁, 동판화)

어느날 디안이 목욕하는 것을 보았는데
그것이 그에게 가장 큰 불행이 되었다.
그렇지 않았더라면 그는 뢰스헨의 허벅지를,
자연이 꾸며준
그 아름다움을 그녀가 거절하지 않을 만큼
훌륭하게 그릴 수 있었을 텐데.

"도르헨의 아름다움"의 묘사에서 그 시인은 이렇게 노래했다.

기쁨의 도취를 더욱 크게 하려면
매끄럽고 부드러운 허벅지를 바라보는 것이 좋다.
그런 매끄러움과 부드러움은 아나디오메네(아프로디테의 별칭/역주)의
아름다운 반구에서도 찾기 어렵다.

허벅지의 아름다움을 찬미하는 데에는 대개의 경우 칼리피고스 베누스의 찬미가 뒤따랐다. 그것은 나중에 예로 든 시가 증명하고 있는 그대로이다. 허리-엉덩이의

육감적인 아름다움은, 그 시인의 의견에 의하면, 유방의 아름다움과 충분히 경쟁할 수 있는 유일한 것이었다. 여러 시인들이 허리-엉덩이를 유방의 훌륭한 경쟁상대라고 말했다. 그것은 "즐거움의 언덕", "동경의 신", "즐거움의 골짜기를 둘러싼 연봉(連峰)"이었다. 허리-엉덩이가 "대리석처럼 단단하고", "상아처럼 품위 있고", "복숭아처럼 붉으며" 게다가 부푼 베개처럼 탄력성이 클 때에는 완전무결한 것으로 여겨졌다.

> 너무나 부드러운 비단으로 덮인,
> 강철 용수철 소파라도
> 그만큼 아름답고 그만큼 탄력이 풍부한 것은 없으며
> 인간의 유희에 어울리는 것은 없다.

그 풍만함은 "굶주린 사람에게 생기를 주고", "미식가를 황홀하게 하는" 것이었다. 여자는 "손으로 감쌀 수 있을" 만한 크기의 유방과 "용립한 산에 비교해도 좋을 만한" 허리-엉덩이를 가지고 있기 때문에 특히 아름다운 것이었다. 더구나 그 부위는 "여자의 아름다운 정원에서 절대로 시들지 않는 꽃"이었으므로, 유방의 아름다움이 나이 때문에 일찍 쇠퇴해버렸을 때에도 여전히 "여자의 자랑과 위안"으로 남아 있었다. 왜냐하면 그것은 늙어서도 여자들에게 "사랑의 진정한 쾌락을 맛보기 위해서 없어서는 안 될, 남자에 대한 그 작용"을 보장하기 때문이다. 그 때문에 시인과 작가는 "이 세상의 행복을 나타내는 두 개의 반구의 아름다움을 보통의 언어로는 표현할 수 없다"고 주장했다. 여자의 아름다움을 말한 영국의 어떤 작가 —— 어느 나라의 여자도 그 점에서는 영국 여자만큼 대접받지 못했기 때문이다 —— 는 다음과 같은 문장으로 찬미하고 있다.

> 칼리피고스 베누스의 뒤로 소복하게 부풀어오른 허벅지가 가장 뛰어난 모델이랄 수 있는 그 형태는 붓끝으로도 표현할 수 없을 만큼 아름다운 것이다. 그 아름다움의 요체는 그 부풀어오른 것이 동체와 하지 사이에 만드는 기분좋은 기복에만 있는 듯하다.

여러 가지 아름다움의 경쟁에서 유방과 함께 칼리피고스 베누스의 아름다움이 대개의 경우 승리를 차지했다. 지난날의 밀회의 회상 속에서 연인의 아름다움은 다음과 같이 묘사되었다.

> 비너스의 손으로 비단옷이 입혀진
> 사이좋은 두 언덕에 나는 얼마나 엉겨붙었던가.
> 어떤 요염한 처녀의 유방도
> 그 빛깔, 모양, 매끄러움에는 못 따라오지.

이제까지의 모든 기록들은 내가 이 장의 첫머리에서 말한 것, 곧 여자의 육체의 아름다움 중에서 자극적이고 에로틱한 아름다움만이 요구되고 또 그러한 것만이 찬미되었다는 것을 극명하게 증명하고 있다. 그러므로 그러한 기세는 여자의 옥문(玉門)과 극비의 아름다움을 여러 가지 각도에서 찬미함으로써 아마도 더욱 기세 등등해졌을 것이다. 옥문을 열렬하게 숭배한 것은 사랑의 기술에 대한 숭배, 곧 사랑의 깊은 인간적인 핵심이 아니라 사랑의 도구만이 모든 것의 중심이었음을 분명히 보여주고 있다. 그들은 향락을 위해서 사랑했을 뿐 정신적인 결합의 대가나 보충으로서는 사랑하지 않았다. 르네상스 시대도 역시 여자의 극비의 아름다움을 찬미한 감격의 시대였다. 그런데 그것은 르네상스의 건강한 힘이나 그 자체의 창조적인 특징에 의해서 참으로 대담한 것이 되었다. 그 형용과 비유는 거칠고 외설적이었으나 그럼에도 불구하고 그것은 언제나 신선했다. 그것은 대담함과 환희가 어우러진 참으로 유쾌한 외설로, 청중이나 독자들을 매우 즐겁게 했다. 그에 반해서 절대주의 시대는 벌써 그러한 힘을 하나도 보여주지 못했다. 그 시대에는 대담함을 뻔뻔스러움으로, 환희를 색정적인 방탕으로 대치했다. 그것은 세련의 막다른 골목이었다. 처녀나 아내의 옥문은 앙시앵 레짐 시대에는 수많은 잔잔한 즐거움을 주는 장소였다. 더구나 무릎은 향락을 위해서 모두가 동경하는 놀이터로 취급됨으로써 오히려 그들은 결국 마지막 기쁨에 다다를 수가 없었다. 다시 말하면 그들은 참으로 구석구석까지 따졌으며 차례로 새로운 것을 말하고 특징을 발견함으로써 그 너비가 한껏 넓어졌다. 따라서 르네상스 시대라면 1행이나 2행으로 끝낼 것도 몇백 행이나 써야 할 지경이 되었다. 그 시대에 "연애시의 우아한 격조에서는 고금의 독보적인 거장"이었던 프로이센의 프리드리히 1세 시대 궁정시인이자 당대의 한량 베서는 옥문의 은밀한 아름다움을 묘사하기 위해서 250행이나 되는 "사랑의 휴게소, 일명 연인의 옥문"이라는 송가를 지었다. 그는 그 긴 시에서 놀라운 손재

간을 부린 밀화(密畵)에 의해서 "어떤 자주빛 복숭아도 그처럼 부드럽고 또 참하게 쪼갤 수 없고 어떤 작은 공간도 그처럼 풍요로움에 가득 차 있는 곳은 없다"고 증명했다. 그 작품이 즉흥적인 변덕에 의한 시가 아니었음은 프리드리히 1세에게 바쳐진 「베서 전집」 가운데에서도 가장 걸작으로 여겨졌고 그 전집의 출판사가 그 시 앞에 서문까지 싣고 있음을 보아도 분명하다. 그 서문에는 선제후의 부인 조피가 라이프니츠의 중개로 손에 넣은 그 시를 크게 칭찬한 사실, 또 그 시가 인쇄되기 전에 그것이 선제후 부인의 손에 의해서 차례로 각국 군주의 왕비들에게 돌려졌고 그러한 명문가의 부인들까지도 그 시를 보고 미칠듯이 기뻐했다는 것이 자랑스럽게 쓰여 있다.

그런데 옥문의 아름다움을 자세히 묘사하는 일이 얼마나 그 시대의 취미에 꼭 들어맞았는가는 여자의 아름다움을 말할 때에 그것의 수식이 절대로 빠지지 않았다는 것만 보아도 명백하다. 많은 남자들에게 그것은 분명히 아름다움의 왕관이었다. 나는 여기서는 그것의 품위 있는 실례를 약간 열거하는 것으로 만족하겠다. 어떤 로코코풍의 시 속에는 이렇게 노래되어 있다.

어떤 신전도, 어떤 엘리시움(1년 내내 남풍이 부는 행복의 섬/역주)도,
클로에의 골짜기처럼 아름답지 않다.
그리고 모든 관능은 그 골짜기 속에서
작은 박카날(Bachanal : 바쿠스를 기리는 주연/역주)을 열고 기진맥진한다.

그와 마찬가지로 어떤 로코코풍의 시에 다음과 같은 비유가 있다.

마치 아침 이슬이
꽃잎 위에 맺힐 때의 장미처럼
그대의 귀여운 장미는
어떤 장미에도 그 아름다움이 지지 않는다.

"도르헨의 아름다움"을 쓴 시인은 일찍이 그것을 더욱 깊이 파고들어 묘사했다.

보라, 놀라운 작은 장소를,

그것은 그 민감함 때문에 타오른다.
아모르는 교구(敎區)에서
수문(水門)의 역할을 맡도록 선택되었다.

보라, 신성한 작은 방의
작은 입구가 넓어지거나 좁아지면서
불가사의한 샘으로부터
황금빛 분수가 솟아오른다.

비너스 산의 장식은 옥문의 가장 큰 자랑거리였다. "그의 시대의 한마디 말"이라는 시에서는 이렇게 노래되고 있다.

부끄러워하지 말라, 당신의 아름다움을,
정교하게 만들어진 당신의 벌거벗은 몸을.
디오네(그리스 신화의 아프로디테의 어머니/역주)의 작은 정원을
적시는 이슬을.

하늘 같은 도리스(바다의 여신/역주)여, 땅 같은 헤베(청춘의 여신/역주)여,
아모르의 사랑 앞에
비단의 숲이 드리워 있다.
부끄러워하지 말라, 향기를 내뿜는 장식을.

또 사랑에 대한 헌신은 그것의 아름다움을 더욱 놀랍게 끌어낸다.

조개 껍데기 가장자리 너머로 넘쳐흐르는
향기 높은 생명의 액체에 흠뻑 적셔진
찢어진 공의 작은 동굴 언저리에
풀숲이 무성하게 우거져 있다.

"결심하라"는 아름다운 유방을 바라보는 것이 남자에게 어떤 작용을 하는가를 말한 뒤에 옥문의 작용에 대해서 이렇게 노래하고 있다.

조물주의 아름다운 유방이 그 일을 하는데
부드럽고 부풀어오른 옥문이 어째서 이제껏 가만히 있어야 하는가?
무수한 쾌락이 깃들어 있는 곳.
사랑이 즐거움만 탐하는 곳.
여느 때라면 불이나 칼로 많은 적을 쳐서 이긴 사나이도
그 골짜기에서는 웬걸 쉽게 항복해버린다.

"조용한 사랑"이라는 시에는 "여자의 옥문의 감미로움은 새로워진 생명력에 의해서 얼마나 많은 기쁨을 만들어내는가"라고 쓰여 있다. 그러므로 모든 남자가 그곳에서 죽고 싶다고 생각했다. 왜냐하면 거기에서는 죽음과 함께 남자에게 아주 확실하고 행복한 부활이 주어지기 때문이었다. 사랑하는 남자는 이렇게 애원한다.

당신 몸의 동그란 해협은
내게 나의 묘비를 보여준다.
나는 오랫동안 사랑받은 뒤에
다시 부활할 수 있기 때문에.

그러나 앞에서 말했듯이 그것의 아름다움을 말하는 것은 여러 가지 아름다움을 칭찬하기 위해서 연주하는 오케스트라의 화음은 아니었다. 그 오케스트라는 자주 그것의 아름다움만을 기리기 위해서 연주되었다. 베서의 저 유명한 찬가 이외에도 그 한량 시인의 전집에는 옥문의 아름다움만을 노래한 시가 많이 있다. "여자의 옥문에 대해서", "옥문", "레스비아의 옥문", "비너스의 동굴", "비너스의 조개껍질 수레", "터럭의 재판", "제물", "도리스는 분명히 가장 아름다운 어떤 것을 가지고 있다"는 시의 제목들만 보아도 대체로 그렇다는 것을 알 수 있다.

나는 이미 유방의 아름다움에 대해서 숭배한 사례를 모두 열거한다면 여러 권의 책이 될 것이라고 했는데, 그것은 옥문에 대한 숭배에도 그대로 해당된다. 설령 그 풍부함이 증명되지 않더라도, 나는 그것의 대체적인 어림셈을 하기 위해서 그 대강이라도 말하지 않을 수 없었던 것이다.

여기서 한 가지 덧붙여 말할 것이 있다. 나는 이 책에서 그 실례를 대개 독일어로 된 시에서 가려뽑았다. 그러나 다른 나라의 언어에서도, 특히 프랑스어로부터는 독

일어에 뒤지지 않을 만큼 많은 것을 열거할 수 있다. 뿐만 아니라 오늘날에도 역시 유명한 신부 그레쿠르(1683-1743) —— 적어도 그 이름만이라도 —— 의 시만은 고려의 대상이 되어야 한다. 독일의 많은 호색시는 그레쿠르의 시의 번안이든가 아니면 그것의 단순한 모방이었다. 독일의 여러 시집에 붙어 있는 "그레쿠르풍의 시"라는 부제에 의해서도 그것은 분명해진다. 한량끼 있는 신부 그레쿠르는 놀라운 인기를 끌었으므로 호색 시를 추천할 때 그뒤로는 줄곧 그레쿠르의 시를 들면 충분했다.

3) 남녀의 육체상

여자에게서는 아름다움만이 강조되었다. "숙녀는 아름다움에 의해서 자기 생활의 목적을 달성하고, 다른 사람들에게 많든 적든 갖가지 종류의 행복을 가져다주는 특별한 힘을 가지고 있으며, 그것에 의해서 자기가 다른 사람보다 낫다는 자신감까지도 가지게 된다"는 대목이 1754년에 출판된 「숙녀와 그 아름다움」이라는 프랑크푸르트의 결혼식 설교집에 있다. 여자들은 아름다움 이외에는 이렇다할 것이 하나도 없었으므로, "하늘은 여자들에게 아름다움이라는 선물을 주었다"고 「미의 하인」에 쓰여 있다. 만약 그 시대의 여자가 아름다웠다고 한다면, 아름다움이 여자에게는 가장 좋은 재산인 셈이었다. 왜냐하면 "아름다운 얼굴로 자주 썩어빠진 엉덩이를 팔았기" 때문이다.

그러한 호색적인 인생관의 마지막 결론은 여자들에게 단 하나의 진정한 재산으로서 에로틱한 자극제라는 여러 가지 아름다움만을 주었다. 따라서 그 시대에는 여자에 대한 이야기가 나올 때면 육체로서의 여자의 모습을 될 수 있는 대로 자세히 묘사하는 것이 여자에 대한 논의의 첫째가는 그리고 가장 중요한 내용이 되었다. 사람들이 여자의 정신에 관해서 말할 때는 그 정신의 뛰어남이 어느 범위까지 남자들을 대상으로 하는 여자의 에로틱한 작용의 정도를 높여주는가라는 입장에서만 얘기되었다. 찰스 2세 시대의 영국 궁정에 관한 그라몽 백작(루이 14세의 총희와 정을 통하다가 추방되어 찰스 2세의 보호를 받음/역주)의 유명한 회상록에서 —— 그리고 그와 비슷한 많은 실례에서 —— 나는 하나의 실례만을 들어둔다. 그라몽 백작은 프랜시스 제닝스 양을 다음과 같은 묘사로 소개하고 있다.

충직한 몸종(J. 드 트루아의 유화에 의한 C.N. 코생의 동판화)

눈부실 만큼 하얀 제닝스 양은 청춘의 꽃으로 꾸며져 있다. 그 여자의 머리는 아주 훌륭한 금발이었다. 정이 넘치는 발랄한 성품이 그 여자의 피부 빛깔이 칙칙한 단조로움에 빠지는 것을 막아주고 있었다. 그것은 이목을 끌 만큼 밝은 혈색이었다. 그 여자의 입은 생각만큼 작지는 않았으나 그래도 세상에서 가장 귀여운 입이었다. 그 여자는 태어나면서부터 비길 수 없는 아름다움과 아주 상냥한 매력을 가지고 있었다. 얼굴 윤곽은 단정하고, 봉곳한 유방은 얼굴과 마찬가지로 하얗게 빛났다.

여러 가지 책들 가운데서도 1737년 출판된 필니츠 남작의 「호색 작센」 속에는 훌룡한 실례가 많이 있는데, 그것은 주로 향락가의 입장에서 여자의 특징을 참으로 잘 비평한 것이었다. 그 저자는 유명한 쾨니히스마르크의 아우로라를 얘기한 대목에서 독자에게 그 여자를 다음과 같이 소개하고 있다.

그 여자의 체격은 중간 정도이며 매우 잘 빠졌다. 얼굴 윤곽은 얼른 무엇에 비교할 수 없을 만큼 참하고 균형이 잘 잡혀 있었다. 가지런한 이는 진주처럼 하얗게 빛났다. 눈은 검고 맑았으며, 거기에는 마음의 정염과 뭐라고 말할 수 없는 상냥함이 흘러넘쳤다. 물들인 머리털은 그녀의 아름다운 얼굴을 더욱 돋보이게 했다. 그것을 보면 손으로 만져보지 않더라도 매우 보드라운 빛깔의 피부를 상상할 수 있었다. 유방, 팔, 손의 빛깔은 어떤 여자도 따르지 못할 정도로 희었다. 한마디로 말하면, 자연이 줄 수 있는 모든 아름다움이 그 여자에게 완전히 갖춰져 있는 것처럼 보였다.

강력왕 아우구스트 2세의 총희 호임 부인을 소개한 대목에서 푈니츠는 이렇게 묘사했다.

이제 이 역사를 쓰기 전에 나는 호임 부인을 말하려고 하는데, 그 부인을 묘사할 때는 그 모습을 말하는 편이 나을 것이라고 생각한다.……그 부인의 얼굴은 긴 편인데 코는 알맞게 크고 입은 작고 이는 참으로 아름다웠다. 눈은 또렷하면서도 검고 빛나며 날카로웠다. 그러나 얼굴 윤곽은 부드러웠다. 부인의 웃음은 상대방을 매혹시켜 그의 마음의 가장 깊은 곳에 있는 사랑을 불러일으키는 힘을 그에게 치솟게 했다. 머리 빛깔은 검었고, 무릎, 유방, 손, 팔은 뛰어나게 잘 생겼으며 그 빛깔은 아주 자연스러웠는데 대체로 하얗고 붉은 두 가지 색으로 조화를 이루고 있었다. 육체는 걸작이라고 할 만했다. 거기에다 부인의 얼굴에는 위엄이 있었다. 그리고 부인은 참으로 완벽한 모습으로 춤을 췄다.

소설에서도 비슷한 묘사가 유행되었다. 그러나 그 경우의 여자의 묘사는 그 여자가 어느 범위까지, 또 어떤 특징에 의해서 그녀와 함께 침대에 오르려고 하는 남자의 쾌락을 자극하는가 하는 에로틱한 모습 정도였다. 1688년에 출판되어 당시의 독자들을 열광시킨 하인리히 폰 지글러(독일의 작가, 1653-77/역주)의 「아시아의 바니제」라는 소설에서는 그 여주인공이 다음과 같이 묘사되어 있다.

사랑의 바람이 나의 관능의 돛을 여자의 대리석 같은 유방의, 아직 아무도 항해한 적이 없는 바다 위로 밀어붙였을 때, 나는 마치 순백의 아름다운 우유가 루비의 둘레에 뭉쳐 있는 것처럼 보이는, 입을 벌린 조개껍질 속에서 비너스가 헤엄치고 있는 것을 바라보았다. 쭉 뻗은 허벅지의 태엽장치는 다이아몬드 스커트를 장식하고, 신전의 장식은 부푼 동체를 더욱 아름답게 보이게 했다. 한마디로 온 지구는 그러한 기적을 일으킨 힘에 경탄했고 그러한 천사에 의해서 원기를 얻게 될 사람들, 그러한 아름다움 속에서 자기의 향락의 항구를 발견하는 사람들을 찬양했다.

서정시인은 여인을 분명히 "기술적, 도구적"으로 묘사했다. 그에 대해서는 앞에서 든 여러 가지 실례로 이미 충분할 것이다. 그러나 그 경우 그 시대에는 대개의 연애시가 가공의 연인을 소재로 다루었다는 것을 분명히 말해두려고 한다. 곧 공상에 의해서 그 시대가 가장 원했던 여러 가지 아름다움을 끌어모아서 하나로 조립하고, 간단한 이름을 일일이 붙였다. 곧 17세기에는 실비아, 알바니, 레스비아, 아리스메네, 로실리스 등으로 또 18세기에는 플뢰레트, 필리스, 뢰스헨, 루이제, 민나, 라우라 등으로 붙여졌다. 다음의 일절은 남자들이 동경하는 여자라는 아름다운 대상을 호색적으로 묘사한 초상화의 한 예이다.

나는 아름답고 또 귀여운 여자를 많이 발견했다.
어떤 여자는 빛나는 눈으로 우리를 움직인다.
어떤 여자는 살짝 웃으며 산호빛 입술을 보여준다.
많은 여자들은 언제나 그 머리카락으로 우리를 끌어들인다.
어떤 여자는 작은 턱과 돌출한 유방을 가지고 있다.
어떤 여자는 걸음걸이로 우리의 연정을 불러일으킨다.
어떤 여자는 내가 아직 모르는 아름다움을 허리에 가지고 있다.
어떤 여자는 대리석 같은 손으로 우리를 꼼짝 못하게 묶는다.
그러나 실비아여, 그러한 것을 모두 갖추고 있는 사람은 당신뿐.
더구나 그대의 손과 발은 모두 사슬 같아.
하나씩 나누면 일곱이 되는 그대의 아름다움은
이 불쌍한 나를 왜 불태워서는 안 되는가?

실비아의 모습은 시인 벤야민 노이키르히(1665-1729/역주)에 의해서 이와 같이 묘사되었다.

18세기에 출판된 여러 가지 지리지(地理誌)나 민속학 관련 책에도 갈랑트리한 시선을 보여주는 아주 재미있는 예가 많이 나타난다. 어떤 나라의 특별한 아름다움은, 대개의 경우, 그 나라에서 찬양되는 독특한 대상이었기 때문에 그런 책이라고 해서 여자의 육체적인 초상이 감춰져 있기는커녕 언제나 앞자리를 차지하기 마련이었다. 영국 여자는 누가 보더라도 가장 아름답다는 평판을 들었다. 아르헨홀츠는 「영국 연보」에서 영국 여자는 세계에서 제일가는 미인이라고 선언했다. 그 의견은 여성들에 대한 소식통으로 유명한 프랑스의 티이 백작에 의해서도 뒷받침되었다. 그 날카로운 관찰자는 덧붙여 영국에는 세계 제일의 미인만이 아니라 세계 제일의 추녀도 있다고 했다. 그것은 곧 영국 여자가 만약 추해진다면 영국 이외의 어느 나라에서도 찾아볼 수 없을 만큼 추해질 것이라는 의미였다. 티이 백작은 이렇게 말하고 있다.

영국 여자는 일반적으로 꽤 아름답지만 그중 일부는 내가 영국 이외에서는 본 일이 없을 만큼 추하게 생겼다. 우리는 그에 대해서 두 가지 사실을 인정해야 한다. 첫째, 영국에는 다른 나라들보다 미인이 많다. 왜냐하면 그 나라에서는 아름다운 여자가 많이 태어나는 것 같기 때문이다. 다만 자연이란 우아함을 잘 주지 않는다. 우아함이란 자연 그대로가 아니기 때문이다. 둘째, 영국 여자가 만약 추하다면 그 추악함이란 아주 대단하여 두번 다시 볼 수 없을 만큼 추할 것이다.

영국 미인의 고전적인 그리고 그 무렵 세계적으로 유명해진 타입은 거닝 자매와, 조각과 같은 포즈를 유행시켜 유럽의 대도시에서는 어디서나 큰 화제가 되었던 해밀턴 부인(영국의 고고학자 윌리엄 해밀턴 경의 부인/역주)이었다. 해밀턴 부인은 미인이라는 이유 하나로 유명해졌는데, 나폴리 여왕 카롤리나와의 동성애와 영국의 해군 제독 넬슨과의 스캔들에 의해서 악명도 갑자기 높아진 여자였다. 그 무렵은 여자의 아름다움이 매우 찬미되었기 때문에 세상 사람들은, 예를 들면 그 세 귀부인의 아름다움을 신문기사, 보고서, 소책자 등에 참으로 자세하게 묘사했을 뿐만 아니라 그녀들의 초상화를 많이 만들어서 각

구애(르 보의 유화에 의한 동판화, 1773)

애타는 사랑의 고백(C. 트로스트의 유화에 의한 네덜란드의 동판화, 1754)

국에서 전시했을 정도였다. 해밀턴 부인에 관해서는 방대한 컬렉션이 있다. 그 가운데서 가장 유명한 것은 화가 웨스탈의 자료이다.

그러한 연유 때문에 숙녀의 특별히 찬양된 아름다움을 비교할 경우, 영국 여자는 언제나 단단히 한몫을 했다. 그런데 영국 여자는 한몫뿐만 아니라 대개는 칼리피고스 베누스의 아름다움에서와 같이 훨씬 큰 역할을 했다. 어떤 소설에서는 "그 미인은 영국 숙녀의 육감적인 엉덩이와 아름다운 유방, 폴란드 여자의 불타는 듯한 눈초리를 가지고 있었다"고 묘사되어 있다. 다른 소설에서는 얼굴에 대해서도 묘사하고 있다. 「미의 하인」에는 이렇게 쓰여 있다. "참으로 아름답다고 일컬어지는 여자의 초상은 영국 여자의 얼굴, 독일 여자의 몸, 프랑스 여자의 엉덩이를 가지고 있어야 한다." 그러나 영국 여자의 발만은 결코 칭찬받지 못했다. 그것은 대부분의 사람들로부터 너무 크다는 말을 들었기 때문이다. 그러나 그 경우 영국 여자의 평판은 인류학적인 원인에만 의한 것이 아니라는 것도 잊어서는 안 된다. 세상이 찬미하는 영국적인 아름다움, 곧 한 손으로는 이미 감쌀 수 없을 정도로 커진 유방이나 당당한 체격 등을 더욱 좋아하게 되었을 때, 그것은 분명히 몰락하는 절대주의가 낳은 하나의 반동으로, 퇴폐적인 여자의 아름다움에 대한 찬미였다. 그러나 그 반동은 결국 기대에 못 미치는 것이 되었고 그것은 주로 부르주아 문화란 것도 역시 절대주의 문화와 마찬가지로 그 담당자가 정치적 권력을 장악하기 훨씬 이전에 이미 사회적으로 세력을 가지고 있었다는 것을 증명한다. 누구나 알고 있는 것처럼 영국에서는 부르주아 문화가 아주 일찍부터 시작되었고 철저하게 승리했다. 그러므로 부르주아 문화가 그 나라에서는 먼저 절대주의의 아름다움의 이상을 수정했던 것이다.

영국 여자의 아름다움이 크게 찬양되었다고 했는데 그 아름다움과 자기를 비교한다는 것은 언제나 가장 높은 수준과 비교한다는 의미였다. 예를 들면, 푈니츠는 독일의 작센 여자에 대해서 이렇게 말하고 있다.

> 작센의 숙녀는 그 아름다움, 시원스런 성품, 상냥함, 명랑한 행동, 뛰어난 체격 면에서 영국 숙녀의 빼어남에 지지 않는다. 더구나 드레스덴이나 라이프치히 태생의 숙녀들은 작센에서도 가장 뛰어나다. 그러나 그밖의 도시에서도 그녀들을 조금도 부러워할 필요가 없다. 사람들은 자기들의 도시가 많은 지상의 천사들로 가득 차는 것을 보기 때문이다. 그것은 그렇다 치고 외국인들 사이에서는 특히 라이프치히의 여자는 어떤 남자라도 가장 잘 홀리며, 남자들의 얘기에 의하면 하늘은 특히 라이프치히의 여자에게 남자를 오매불망하게 하는 마음을 준 듯하다는 소문이 나 있다. 그런데 그런 얘기가 정말인가 아닌가는 여자들이 가장 분명히 말할 수 있고, 또 가장 분명히 보여줄 수 있을 것이다.

노인의 달력(H. 프라고나르의 그림에 의한 당브룅의 동판화)

독일에서는 브라운슈바이크의 여자나 하노버의 여자도 특히 아름답다고 말한다. 그에 반해서 베를린의 여자는 한번도 아름답다는 말을 듣지 못했다. 오히려 아름다움과는 거리가 멀다는 말을 들었다. 요한 칼 뮐러의 「베를린, 포츠담 및 상수시의 회화」(Sansoucci, 無憂官:포츠담에 있는 프로이센 국왕의 별궁/역주)에는 이렇게 쓰여 있다.

베를린의 남자와 여자는, 전체적으로 말하면, 이웃해 있는 브라운슈바이크의 여자, 작센의 여자 또는 하노버의 여자에 비하면 별로 아름답지 않다. 그들 사이에서는 헤센 여자의 윤기나는 얼굴이나 유대인 같은 검은 머리를 찾아볼 수 없음은 물론이고 날씬하고 균형잡힌 체격이나 생기발랄하고 부드러운 얼굴도 찾아보기 어렵다. 상류계급의 숙녀들의 야한 화장, 원추의 끝부분을 자른 듯한 모양의 중산모자를 오른쪽 귀 위에 비스듬히 눌러 쓴 꼬락서니, 천박한 인간이 쓰는 보기 싫은(마치 박쥐의 날개로 얼굴 둘레에 둥근 그림자를 드리우고 있는 듯한) 유대식 두건을 두른 모습은 보는 사람에게 참으로 불쾌한 느낌을 준다. 나는 그밖에도 거의 모든 숙녀(매춘부를 제외한)가 뻔뻔스러운 표정으로 남의 얼굴을 들여다보는 시건방짐, 남자는 남자대로 자기만족에 빠져서 잘난 체하고 거드름을 피우는 경박함과 몹시 우스꽝스러운 언행을 그들에게 덧붙여두고 싶다.

프랑스 여자를 묘사할 때는 특히 그 육감적인 걸음걸이의 뇌쇄적인 아름다움이 강조되었다. "남자의 사랑에서 그때그때의 쾌락을 얻고 싶어하는" 여자들은 모두 그런 걸음걸이를 본보기로 해야 한다고 말했다. 바이마르에서 발행되었던 월간잡지 「런던과 파리」에 실린 어떤 기사에는 "세상 사람은 육감적인 생각을 하지 않고는 프랑스 여자를 바라볼 수 없다"고 쓰여 있다. 또다른 곳에서는 프랑스 여자의 육감적인 걸음걸이는 모든 남자에게 연인이 여자의 옥문에서 맛보는 것과 같은 쾌락을 발견하게 한다고 했다. 프랑스 여자는, 세상 사람들의 의견에 의하면, 그 걸음걸이로 본다면 향락의 달인이었다. 왜냐하면 "여자의 어떤 몸짓에도 사랑이라는 것이 담겨 있기 때문이다. 그래서 프랑스 여자는 세계에서 가장 아름답다. 진정한 아름다움은 완전함에 있는 것이 아니라 여자가 남자에게 주는 자극에 있는 것"이기 때문이었다. 그것이야말로 자극적인 것의 승리라고 할 수 있다.

여자의 아름다움을 두고 사람들이 회화에서 구현한 숭배는 언어로 행한 숭배와 조금도 다른 것이 아니었다. 화가, 동판화 제작가, 조각가, 모형 제작가는 즐겨 여자의 육체를 묘사했다. 그들은 그 육체를 결코 나체로 나타내지는 않았고 언제나 옷을 벗으려고 하는 모습, 곧 데콜테나 르트루세의 모습으로 나타냈다. 베누스는 어떤 그림을 보더라도 이미 탈속적인 여신은 아니었고 언제나 옷을 전부 또는 반쯤 벗으려고 하는 살롱의 귀부인이었다. 미술가들은 특수한 아름다움, 곧 보기 좋은 유방, 화사한 아랫도리, 유혹적인 허리-엉덩이 부위를 아주 자극적인 선으로 나타내려고 했다. 따라서 미술가는 "자, 이 얼마나 기막힌 하나의 아름다움입니까?"라고는 결코 말하지 않았다. 그보다는 오히려 언제나 "자, 이 얼마나 기막힌 여러 가지 아름다움입니까?"라고 말했다. 그 때문에 그러한 특수한 아름다움은 모두 시인이 언어를 매개로 한 묘사와 마찬가지로 자극적이라는 점에서 극히 강조되었다. 회화에 의한 아름다움의 숭배에서 가장 많이 행해진 수법은 비교였다. 그러므로 라 콩파레종(la comparaison : 비교)이라는 화제(畵題)가 로코코 미술에서는 크게 유행했다. 두 명 또는 여러 명의 여인이 화면 위에서 누가 어떤 특수한 아름다움에서 뛰어난가를 서로 경쟁한다. 물론 그러한 경쟁에서는 말이나 주장만으로는 충분하지 않으므로 검사에 의해서 비교할 수 있는 실제의 것을 내보여야 했다. 예를 들면, 라프렌센(스웨덴의 화가, 파리에서 활동함, 1737-1807/역주)의 "라 콩파레종"이라는 그림에서처럼 어떤 유방이 가장 찬미되는 아름다움을 집중적으로 보여주고 있는가를 모두 함께, 될 수 있는 대로 자세히 감정하기 위해서, 미인들은 요염하게 거울 앞에서 코르셋을 벗는다. 또 부아이(프랑스의 화가, 1761-1845/역주)의 그림처럼 미인들은 스커트를 무릎까지 걷어올리고 작은 발과 알맞게 살이 오른 장딴지를 서로 겨누어본다. 또 미인들은 욕탕에서 용감하게, 거기에 서 있는 칼리피고스 베누스 입상과 경쟁하기도 한다. 특히 공동 욕탕이라는 장소는 어떤 그림을 보더라도 서로의 아름다움을 끝없이 과시하고 은근히 경연하는 곳에 지나지 않았다. 어떤 미인이든 이렇게 말했다. "나는 역시 제일가는 미인이야." 그리고 자기가 선택한 포즈에 이렇게 덧붙인다. "게다가 너무나 자극적이죠?" 여자들에게는 실제로 그보다 더 고상한 경쟁이 없었고 또 그보다 더 훌륭한 경쟁도 없었다. 그러므로 그러한 경쟁은 날마다 되풀이되었던 것이다. 경염의 심판에 애인이 구경꾼으로 살며시 모습을 보일 때 여자란 대개의 경우 그렇게 심술궂게 굴지는 않았다. 왜냐하면 남자는 역시 그 방면에서는 결국 가장 훌륭한 감정인이었기 때문이다. 더구나 여자들은 남자들 앞에서만큼은 제일가는 미인이 되고 싶다고 생각했던 것이다.

라 콩파레종(샬의 유화에 의한 부야르의 동판화, 18세기)

음부 단장(프랑스의 동판화, 18세기 초)

　자신의 아름다움을 다른 것과 비교하고 있는 것을 묘사한 것 중에서 압권은 은밀한 부두아르(boudoir), 즉 규방에서 여자가 자기의 아름다움에 도취되어 있는 것을 묘사한 것이었다. 젊은 미인이 거울 앞에서 속내의를 어깨로부터 벗어내리면서 교태를 부리며 자기의 아름다움을 살펴본다. 장미꽃 봉오리와 내 유방의 봉오리는 어느 쪽이 더 아름다울까. 그녀는 그 두 가지를 조용히 비교해보고 있다. 여자에게는 모든 것이 자기의 아름다움을 비춰주는 즐거운 거울이었다. 여자는 목욕하기 위해서 맑은 샘물 곁에서 옷을 벗고 특히 자기의 허벅지와 부풀어오른 허리─엉덩이께의 육감적인 곡선을 살펴보고 있다. 여자는 때때로 그런 기회에 더욱 용기를 내어 자기의 극비의 아름다움까지 살펴본다. 뿐만 아니라 여자는 모든 아름다움 가운데서 어떤 것이 가장 찬양되는가를 알고 있으며, 그러한 것이 자기 몸에 어느 정도 갖추어져 있는가도 잘 알고 있다. 만약 미인이 자기의 아름다움을 자각하고 있다면, 팔이나 다리를 걷어올리거나 어깨나 가슴을 드러내거나 해서 자기의 아름다움을 자기 자신에게 보여주는 것만큼 큰 기쁨은 없었다. 내친 김에 여자는 노골적인 노출이나 가장 자극적인 포즈에 의해서 자기의 아름다움을 유혹적인 구경거리로 만들었다. 곧 여자의 행동이란 모두 포즈, 곧 교태부림과 연기였다. 다시 말하면, 여자는 공상에 의해서 자기가 원하는 증인을 만들었다. 그렇게 해서 그 증인 앞에서 자기의 아름다움을 과시하고, 그러한 포즈로 그 증인에게 농반진반으로 "자연이 지금까지 이처럼 뛰어난 아름다움을 조각하거나 주조한 일이 있었을까요?"라고 묻고 싶어했다. 그리고 머릿속으로 거기에 있지 않은 증인이나 초조하게 기다리는 증인에게도 같은 질문을 했다. 여자가 나체로 침대에 오를 때 그녀는 가공의 연인에게 이것이야말로 지금까지 본 것 가운데서 가장 아름다운 것이 아닐까요, 당신의 정욕을 불러일으키는 데에 이 이상 기막힌 것이 있을까요, 나의 많은 아름다움 가운데 그 어느 것이 당신의 특별한 주문에 맞을런지요라고 물었다. 자니네(프랑스의 동판조각가, 1752-1822/역주)가 펠레그리니의 그림에 의해서 만들었던 동판화인 "카리테스(우미의 세 여신)"도 역시 그와 같은 것을 포즈로 취하고 있다.

여자의 은밀한 아름다움을 그 시대의 미술로써 앞에서 이미 보았던 것처럼 천차만별로 공개하는 것, 또 그 공개에 언제나 결부시켜 그 시대가 가장 찬미했던 육체의 아름다움을 부조처럼 드러내는 것은 결국 여자의 아름다움에 대한 세상의 숭배에 뒷받침된 미술의 형식에 지나지 않았다. 그러므로 회화라는 방법은 세부적으로도 문학의 방법과 아주 같았다. 회화에서도 유방의 찬미가 가장 두드러졌다. 그 아름다움은 어떤 포즈의 경우에도 모든 사람의 눈에 공개되었다. 그것은 구경꾼에게 제공할 수 있는 구경거리 가운데서 가장 뛰어난 것이었다. 그렇게 해서 사람들은 어떤 그림에서나 노출된 유방을 보았고, 옷의 목둘레 선을 더욱더 새로운 모양으로 만들게 되었다. 그 시대의 회화, 특히 로코코풍의 회화에서는 유방에 대한 찬미를 화면에 투입시키지 않은 것은 거의 없었다. 수많은 그림은 여자의 육체의 그 놀라운 장식에 대한 찬가에 지나지 않았다. 미술가들은 그것이 "아름다움을 나타내기 위한 것"이라고 말했다. 그러므로 미술가는 유방을 노출시킨 미인만을 그렸다. "아름다움"은 그 하나의 예이다. 유방은 "남자들을 홀리는 미끼"였다. "감상하는 사람"이 요염한 자태로 누워 있는 비너스를 그린 그림을 바라볼 때 그의 눈이 가장 먼저 쏠리는 곳은 여자의 유방이라는 보물이었다.

여기서 우리는 유방의 아름다움에 굴복하여 순종한 역사적인 사례도 생각해보아야 한다. 그것은 앙시앵 레짐 시대의 에로틱한 아름다움으로서의 유방의 숭배를 얘기하는 아주 중요한 기록이다. 왜냐하면 그것은 이제까지 알려진 것 가운데서 가장 대담한 사례의 하나이기 때문이다. 그 사례란 아주 멋있는 과일 그릇의 역사로서, 그 그릇은 예전에는 베르사유의 소(小)트리아농 궁을 장식하고 있었던 것인데 참으로 아름다운 유방의 예술적인 모형이었다. 이 책에 있는 그릇 모형은, 공쿠르 형제가 전하는 바에 의하면 왕비 마리-앙투아네트의 유방을 그대로 본뜬 것이

마리-앙투아네트의 유방 모형(트리아농 궁의 과실 그릇)

다. 그 모형은 소문에 의하면 다음과 같은 유래가 있다. 어느날 그 궁전에 모인 평소에 친하게 지내던 귀부인들 사이에서 누구의 유방이 가장 아름다운가에 대한 이야기가 오고 갔다. 그 결과 만장일치로 1등상이 마리-앙투아네트에게 주어졌다. 왜냐하면 오늘날의 왕비가 모두 모범적인 국모, 정절의 귀감이라면 ── 스페인 국왕의 총희 이사벨라조차도 교황으로부터 "정절의 장미"를 받았을 정도니까 ── 로코코 시대에는 왕비가 말할 것도 없이 가장 뛰어난 미인이었음이 당연하기 때문이다. 왕비의 유방이 1등상을 탄 그 고귀한 경연을 기리고 그것을 영구히 보존하기 위해서 마리-앙투아네트는 세계 제일이라는 자기의 유방을 석고로 떠서 예술적인 모형을 만드는 것을 허용했다. 그러므로 그 모형은 실제로 왕비의 허가를 얻어 그녀의 아름다운 유방에 대한 찬미로서 바쳐진 기념비적인 것이었다. 왜 사람들은 유방을 위해서까지 특별한 기념물을 만든 것일까? 그러한 아름다운 유방이 실제로 있었다는 것을 일부러 기념물을 만들어 찬양했다는 것은 다른 여러 가지 공적과 비교하여 생각할 때 아무래도 믿을 수 없는 일이다. 더구나 나는 신중을 기하기 위해서 그 유래의 진위를 증명할 수 있는 기록이 달리 있는가 조사해보았지만 도무지 발견할 수가 없었다. 그 유래가 어떻든 공쿠르 형제가 말한 것을 일단 모두 믿는다고 하더라도, 다음과 같은 상당히 중요한 두 가지 사실만은 분명히 알 수 있다. 첫째, 그 그릇은 역시 마리-앙투아네트를 위해서 건조된 별장인 "트리아농 궁"에 놓여 있던 훌륭한 장식품이었다는 것, 둘째, 그 장식품에 사용된 상징으로부터도 분명히 알 수 있듯이 그것은 유방의 존재이유인 그 가장 중요한 기능이 아니라 남자에 대한 에로틱한 작용만을 노린 일종의 찬미를 집중적으로 드러내고 있었다는 것이다. 과일 그릇이 된 유방은 숫양의 머리가 조각된 받침대 위에 놓여 있는데, 숫양의 머리는 남자의 호색을 상징한다. 그러한 점만 보더라도 그 장식품이 그 시대의 중요한 기록이었음은 분명하다.

칼리피고스 베누스에 대한 숭배는 문학에서와 마찬가지로 유방의 아름다움에 대한 숭배와 경합하는 것이었다. 프랑수아 부셰(프랑스의 화가, 1788-1868/역주)가

행복감에 젖은 연인(프라고나르, 동판화)

세탁하는 여인의 모습을 그린 것은 세탁이라는 노동을 미술적으로 다루기 위해서가 아니라 허리-엉덩이 부위의 아름다움을 욕심껏 드러낸 자세를 그리기 위해서는 그 때가 다시없는 기회였기 때문이다. 노동은 그 시대에는 그 그림에서도 알 수 있듯 이 그것에 호색적인 목표가 결부되어 있을 때에만 흥미있는 것이 되었다. 그 시대 는 자극적으로 부풀어오른 허리-엉덩이 부위의 아름다움을 그처럼 추켜올렸으므로 여자의 뒷모습을 그리는 것도 그 당시의 미술에서는 수없이 다루어진 소재였다. 부 세의 경우는 특히 그랬다. 그는 그것의 더욱 새로운 변화를 연구해서 앙시앵 레짐 시대에 칼리피고스 베누스에 대한 가장 열광적인 미술계의 찬미자로서 유명해졌다.

18세기의 70-80년대에는 관장(灌腸)하는 모습이 여러 가지로 그려졌는데, 그 그 림들 역시 여자의 엉덩이 부위의 아름다움을 가장 자극적인 포즈로 보여주고 또 그 것을 묘사하고 찬미하려는 목적을 노린 것이었다. 왜냐하면 남자도 관장 치료를 받 았으나, 여자만이 그런 포즈로 그려졌기 때문이다. 더구나 그러한 취향이 자주 미 적 대상이 되었다는 사실은 관장 장면의 묘사에 의해서 그 시대의 시대적인 기호의 방향을 가장 잘 드러낼 수 있다고 믿었음을 말해주고 있다. 그 특수한 아름다움은 걷어올려진 옷을 틀로 하여 참으로 대담한 부조적인 작용을 했다. 더구나 몹시 과장된 세련된 르트루세에 의해서 그러한 작용에 또 하나의 자극이 배합되었다.

여자의 통통한 허벅지의 관능적인 아름다움은 이 경우 여자의 아름다움에 대한 숭배의 제3의 형태였다. 그 아름다움은 대개 지금까지 말해온 아름다움에 배합되었다. 그런데 우리가 예를 들면 졸랭의 많은 동판화 그리고 바르톨로치(이탈리아의 동판조각가, 이른바 전각법(篆刻法)의 대가, 1728-1813/역주)나 그밖의 사람들의 손에 의해서 아주 훌륭한 동판화로 만들어진 치프리아니의 보다 많은 그림에서도 볼 수 있는 것처럼 허벅지의 아름다움의 묘사는 때때로 단 하나의 목적을 위해서, 적어도 그것을 겨냥하여 그려졌던 것이다.

그 경우에도 역시 끝이 있었으나, 그 끝이 발전 쪽을 향해 있지는 않았다. 앙시앵 레짐 시대는 회화의 방면에서도 여자의 특수한 아름다움은 이것이다라고 하듯이 예찬하며 마구 그려댔다. 더욱이 그 시대는 유언을 남긴 것이며 이 세상에 있는 가장 뛰어난 것을 모두 그렸다고는 볼 수 없다. 그러나 그 시대의 끝 무렵은 바로 이제 막 시작되려고 하는 부르주아 시대의 새벽으로 이제까지의 유방, 옥문, 허리-엉덩이의 삼위일체가 아니라 전체의 마무리된 인간이 등장하고 특히 새로운 이브와 함께 다시 새로운 아담이 탄생한 때에 해당했다. 강철과 같은 근육을 가진 아담, 그러한 근육은 이미 미뉴에트 춤에는 어울리지 않았으나, 인간에게 근대 자본주의 세계의 질서를 강한 다리로 지탱하는 자격을 부여했다. 그 다리로써 강철과 같이 튼튼한 아담은 18세기 말에 마침내 온 유럽의 문명인들 속에 당당히 걸어들어왔다.

2. 유희의 복장

1) 위엄 —— 긴 옷자락, 퐁탕주, 가발

복장이란 원래 그 시대정신이 배어 있는 육체를 다시 그 시대정신 속에 집어넣는 거푸집과 같은 것이다. 그러므로 인간이 그 머릿속에서 새로운 아담과 이브를 만들려고 하는 시대에는 언제나 그 나름으로 이제까지와는 아주 다른 복장을 발명한다. 절대주의 시대가 되면 복장의 에로틱한 측면만이 아니라 복장에 의해서 끊임없이 인간을 상하로 분리하는 또는 조금이라도 떼어놓으려는 계급차별의 경향은 언제나 새로운 차별적 특징을 만들어냈다. 앙시앵 레짐 시대에 나타난 갖가지 유행도 결국 그 시대를 지배한 여러 가지 권력이나 경향이 만들어낸 하나의 거대한 선의 변화 또는 그 연장에 지나지 않았다.

르네상스 시대와의 가장 큰 차이는 절대주의 시대에 들어서 또다시, 혹은 이제야 비로소 옷을 입은 인간이 탄생하게 되었다는 것이다. 그것은 프랑스 대혁명이 지배했던 짧은 기간 이외에는 현대에도 그대로 나타나는 현상이다. 옷은 르네상스 시대처럼 나체의 장식물이 아니라 오히려 인간의 중심이 되었고 마땅히 주인이어야 할 육체는 무시되기 일쑤였다. 그 때문에 아름다움의 이상도 옷에 의해서 만들어지고 옷에 의해서 집중적으로 표현되었으며, 마침내 옷은 인간에게 없어서는 안 될 중요한 것이 되었다. 그 이래로 인간과 옷 사이에는 끊을래야 끊을 수 없는 관계가 이루어졌다. 왜냐하면 옷이 없는 인간이란 생각할 수 없게 되었기 때문이다. 인간은 어떤 특정한 옷을 입어야 비로소 인간다운 인간이 되었다. 특히 절대주의 시대에 인

아우크스부르크의 유행 의상(J. M. 빌, 1780)

간이란 이를테면 옷 그 자체였다. 대부분의 경우, 옷이 바로 인간이었다. 앞에서
든 중요한 사실로부터, 그때 이래로 풍속의 역사에서 어떤 시대의 특수한 복장의
분석 그리고 독자적인 유행을 만들려고 하는 여러 가지 변화가 이제까지와는 비교
도 할 수 없을 만큼 커다란 역할을 하고 있음을 자연히 알 수 있다. 왜냐하면 옷은
그 시대의 여러 가지 경향을 지탱하기 위한, 또 그 경향을 형태로 나타내는 데에 가
장 좋은 수단이기 때문이다. 그러한 의견에 대한 가장 좋은 증명은 그 이래로 회화
의 기록 가운데서 당시의 유행의상이 그때까지와는 비교도 할 수 없을 만큼 커다란
역할을 하게 되었다는 것이다. 소수의 선구자는 제쳐두고라도, 17세기에 들어오면
의상화가까지 나타났으며 현대까지도 계속되고 있다.

나는 이 장에서도 역시 성도덕의 역사에서 가장 중요한 줄거리를 말하고 그것을
분석하는 데에 그치려고 한다.

옷은 계급차별의 가장 중요한 방법의 하나이다. 따라서 새로운 옷은 언제나 지배
계급에서 나타난다. 그 계급은 그들을 하층계급과 외관적으로 구별하고 그들의 높
은 사회적 지위를 노골적으로 나타내기 위해서 끊임없이 열을 올리는 것이다. 앙시
앵 레짐 시대에는 특히 "신민", 곧 남작 이하의 인간과 그 이상의 진짜 인간을 분명
히 구별해야 했다. 그런데 그 시대에는 군주가 만물 가운데서 최고의 존재였으므로
군주는 모든 것의 척도였다. 그 때문에 그 시대의 초기에는 위엄(majesté)이라는 것
이 당연히 시대의 복장을 만드는 척도가 되었다. 위엄이란 속되지 않은 것, 곧 범
접하기 어려운 것을 의미한다. 두루 알려져 있듯이, 그것은 절대주의의 가장 중요

한 법칙이었다. 그러므로 그 가장 중요한 법칙이
절대주의의 중심적인 복장 속에 뚜렷이 나타나는
것은 당연지사였다. 그것은 빳빳하게 곧추 세운
목 장식이나, 남자나 여자의 옷을 장식한 길고 긴
레이스라는 그 시대의 독특한 복장으로, 또 부인
의 유행복에서는 라이프로크(Reifrock : 살대
[panier]를 넣어 허리는 가늘게 하고, 범종처럼
부풀어오르게 한 스커트/역주)에 의해서 나타났
다. 그 때문에 사람들은 그러한 의상을 입은 사람
에게는 감히 범접하지 못했고 자연히 멀리에서
우러러보게 되었다. 스페인에서 처음으로 절대주

유행의 선구자(와토 2세, 1784)

의 시대에 그런 형태가 나타났으며, 결과적으로 스페인이 그러한 복장의 선구자가
되었다. 1690년에 나온 「현대부인의 투구」라는 풍자적인 책에 다음과 같은 기록이
있다.

위엄을 과시하려는 스페인 복장이 30년도 더 전부터 독일에 들어왔다. 그 이래로 우리
는 독일에서 스페인 복장을 싫증이 날 정도로 보게 되었다. 그러한 스페인 스타일은 우리
에게 큰 가르침을 주었다. 오늘날에는 만사가 프랑스 스타일이 아니면 안 된다. 그것이 어
떤 결과를 낳을 것인가는 신만이 알 일이다. 현명한 사람은 쉽게 상상할 수 있을 것이다.

그런데 위엄은 가까이하기 어렵다는 것만이 아니라 언제나 위대함, 권력, 신과
같은 것, 곧 이미 제I권에서 말했듯이 우월성을 나타냈다. 앞에서 예로 든 그러한
경향은 프랑스에서 처음으로 루이 14세에 의해서 놀라운 형태를 띠게 되었다. 루이
14세는 불학무식하고 머리가 나빴으나 위엄을 부리는 기술에서만큼은 천재였다.
그에 대한 후대의 숭배자들은 "루이 14세는 국왕으로서 자기 자신에게 위엄을 부여
하는 기술만은 아무도 따를 수 없을 만큼 잘 체득하고 있었다"고 한다. 그 점에 대
해서는 "생애의 단 1분 동안도 자기의 역에 실패하지 않고 훌륭히 왕권신수 사상을
연기해낸 최고의 희극배우"라고 한 것도 아첨이 아니라 오히려 바른말이라고 해야
할 것이다. 프랑스의 절대주의는 그러한 노련한 희극배우를 필요로 했다. 그 까닭
은 프랑스에서는 이제까지 인민이 권력의 한 기둥이었기 때문이다. 인민의 권력은

당시에도 무시할 수 없을 만큼 강한 것이었다. 그 때문에 군주의 새로운 권력은 인민의 권력을 분명히 염두에 두지 않으면 안 되었다. 한편 스페인에서는 그러한 것이 이미 필요없게 되었다. 왜냐하면 스페인에서는 종교개혁 반대파가 종교재판을 통해서 철저히 인민을 탄압하는 데에 성공했기 때문이다. 반대파는 인민의 마지막 자유사상, 자유활동을 발본색원할 때까지 탄압의 손길을 멈추지 않았다. 그 때문에 국왕은 살아 있는 신이라는 왕권신수 사상은 그 누구도 의심하지 않는 신앙이 되었고 군주는 이미 누구의 눈치를 볼 필요도 없었다. 국왕이 인간의 모습으로 애써 스스로 살아 있는 신인 체하지 않아도 스페인 인민은 국왕을 신으로 믿었던 것이다. 그런데 프랑스의 경우는 앞에서 말했듯이 스페인과는 사정이 달랐다. 프랑스에서는 인민에 대한 탄압이 스페인에서처럼 발본색원적이지 않았기 때문이다.

남자가 알롱주페뤼크(allongeperruque)를 쓰게 된 것은 그들이 그 이래로 나타내려고 생각했던 신의 권력과 위엄 있는 몸가짐을 어느 때라도 보여주기 위해서 처음으로 생각해낸 방법이었다. 먼저 머리를 땋는 방법을 찾아내는 것이 급선무였다. 왜냐하면 이러한 머리 형태는 일정한 시간 동안 머리카락을 곧추 세워둠으로써 자기 자신을, 곧 자기의 위대함을 남에게 보이는 데에 가장 좋은 방법이었기 때문이다. 인간은 머리를 땋는 독특한 방법에 의해서 아주 간단하고 손쉽게 자기를 소박하게, 겸손하게, 점잖게 보이도록 할 수도 있고, 그와 반대로 대담하게, 무모하게, 방자하게, 경박하게 보이도록 할 수도 있으며, 또 위대하게, 근엄하게, 접근하기 어렵게, 위엄 있게, 한마디로 말하면, 존엄하게 보이도록 할 수도 있다. 그런데 여기서의 경우는 마지막에 말한 존엄이라는 효과를 노린 통상적인 수법이었다. 그것은 앞에서도 언급했듯이 긴 가발에 의해서 대단한 성공을 거두었다. 그 덕택으로 남자의 두발은 유피테르의 장엄한 머리로 바뀌었다. 그 시대의 언어로 말하면, "마치 태양이 아침 구름을 뚫고" 나타나듯이 용안이 구름처럼 탐스런 금발 속에서 빛났던 것이다. 그 위에 그러한 효과를 극대화하기 위해서 남자의 으뜸가는 장식인 수염을 깎아냈다. 긴 가발의 전성시대에는 남자들이 수염을 깎았지만, 그 시대가 지나면 수염은 다시 부활한다.

여자의 복장에 대해서 말하면, 그러한 위엄을 갖추려는 경향은 아래로는 긴 옷자락을 한껏 길게 늘어뜨리는 방법으로, 위로는 퐁탕주(fontange)라는 머리 장식으로 나타났다. 퐁탕주는 보통 루이 14세의 애첩 퐁탕주가 유행시킨 것이라고 한다. 이 괴물 같은 머리 장식은 분명히 그 여자로부터 시작되었으나, 그것은 절대로 한 개인의 우연한 장난이 아니라 오랜 세월 동안 기세를 떨친 갖가지 유행들과 마찬가지로 부침을 거듭하는 유행의 어쩔 수 없는 결과였다. 그 유행은 점차 일세를 풍미하게까지 되었다. 여자들을 사로잡았던 퐁탕주는 남자의 장발 가발에 대비되는 것이었으며, 또 놀랄 만큼 긴 치맛자락에 잘 어울리는 것이었다. 그 당시 치마의 길이는 그것을 입은 부인의 품계에 따라서 12-13미터가 되기도 했다. 그 때문에 퐁탕주의 높이도 치맛자락이 길어짐에 따라서 더욱 높아져갔다.

풍탕주에 대한 풍자화(1680)

우리는 그 시대의 도덕군자들의 입을 통해서 당대의 어떤 유행이나 풍속의 정체에 관한 여러 가지 것들, 예를 들면 머리 장식이 얼마나 높아졌는가를 알 수 있다. 아브라함 아 산타 클라라는 「100세의 아이들」이라는 설교집에서 다음과 같이 말하고 있다.

보라, 얼마나 바보스러운 머리인가를! 요즘 여자들은 부모가 준 훌륭한 머리를 무엇이 좋아서 그처럼 크게 만들려고 하는가? 그들은 머리에 너무나 많은 돈을 들인다. 자연은 두발이 머리를 보호하도록 명령했지 닭볏처럼 높이 꾸며지도록 명령하지는 않았다. 그런데도 대개의 여자들의 머리 위에는 진짜 머리보다도 더 많은 돈을 들인 또 하나의 머리가 얹혀져 있다. 때에 따라서 그러한 머리는 변덕이라는 수많은 알을 깐 황새의 둥지처럼 보인다. 대관절 누가 너희들 이발사를 그처럼 뻔뻔스럽게 만들고 여자를 그처럼 가치 없는 구경거리로 꾸며대는가? 또 대관절 누가 너희들의 양심을 마비시키는가?

아브라함 아 산타 클라라는 그 책의 다른 대목에서 또 이렇게 말하고 있다.

인간들이여, 너희들까지도 높이 3엘레(Elle : 1엘레는 약 66센티미터/역주)의 머리를 이고 있단 말인가?……너희들까지도 머릿결 속에 무게 반 메체(Metze : 1메체는 약 3.44리터/역주)의 향기를 풍기는 머리분을 넣고 다닌단 말인가?

풍탕주를 주로 공격하기 위해서 쓰여진 「현대부인의 투구」 —— 여기에 그 표지를 소개한다 —— 에는 다음과 같은 공격문이 많이 실려 있다. 그러한 괴물 같은 머리 장식에 대한 실례로서는 다음의 한 대목이면 충분할 것이다.

현대에는 높은 머리가 유행하고 있다. 귀부인은 가발이나 머리카락만이 아니라 끈으로 만든 머리조차 이고 있다. 뿐만 아니라 온갖 종류의 털실, 레이스, 리본, 깃조각으로 꾸민 높은 둥지를 탑처럼 높게 이고 있다. 그 둥지는 머리의 두 배나 되는 높이가 되어 마치 머리가 두 개 겹쳐 있는 것처럼 보인다. 그것은 어처구니없게 보일 뿐만 아니라 사람 같지도 않고 소름마저 끼치게 한다. 만약 머리가 그처럼 미친 듯이 높아진다면 주택의 문이나 교회의 입구도 훨씬 높여야만 될 것이다. 그 광경은 마치 여자들이 머리에 쓴 투구로 신과 겨룸으로써 기독교의 의식이나 명예에 일부러 대항하는 것처럼 보인다.

그밖에 그 저자는 그 유행의 목적으로 다음과 같은 것을 들고 있다.

여자들은 나 벌거벗었어요라고나 말하듯이 옷을 입는다. 여자들은 퐁탕주를 씀으로써 더욱 사람들의 눈에 띄고 싶어한다.

그러한 도덕군자들의 말이 그처럼 턱없이 과장된 것이 아니라는 것은, 예를 들면 빈에서 유행한 퐁탕주의 높이가 1엘레 이상이었다는 사실이 뒷받침하고 있다. 그런데 그 무렵의 1엘레는 1.3미터였다.

절대주의 시대의 짧은 절정기가 지나고 국가와 사회에서 그 체제의 일체의 것이 붕괴되었을 때, 당대의 유행도 역시 강력했던 지주를 잃고 그 모든 것들과 함께 붕괴되지 않을 수 없었다. 그러한 사실은 로코코풍의 복장에서도 볼 수 있다. 그 경우 모든 것은 거기서 발전되거나 쇠퇴하기도 했으나 그 주류는 언제나 유지되었다. 다시 말하면 사람들은 몇 차례나 되풀이해서 원래의 주류로 돌아간다.

30년 이상이나 계속된 라이프로크와 퐁탕주의 전제 지배가 있은 뒤 비로소 상당히 긴 반동기가 나타났다. 그 반동기에 사람들은 보다 수수한 치마 모양이나 보다 낮은 상당히 이성적인 머리 장식으로 되돌아갔다. 그런데 그 이성적이라는 말은 여자의 머리 장식에만 해당되는 것이고 남자 쪽은 변함없이 긴 가발을 썼다. 그러나 곰곰이 생각해보면 여자 쪽의 반동은 결코 이성적인 판단에서 온 것이 아니라 오히려 그들의 정욕을 가능한 한 아무렇게나 채우려는 남자들의 충동에 영합한 것일 뿐이었다. 그것은 프랑스에서는 섭정시대(la Régency : 오를레앙 공작 필리프 2세의 통치기간. 1715-23년/역주)의 개막과 함께 시작되었다. 그것은 그렇다고 치더라도 그러한 자유분방함은 외관적으로는 너무나도 시민적이어서 이제까지의 엄격한 계급차별의 이해관계와는 배치되는 것이었다. 그러한 엄격한 계급차별은 절대주의의 절정기에 볼 수 있었던 유행의상에 대한 그로테스크한 열광을, 장래를 염려하여 억누르려고 한 궁정귀족들이 만들어낸 절대적인 법칙이었다. 로코코 시대에 이르면 다시 라이프로크와 탑처럼 높은 머리 장식이 부활한다. 그 유행은 굉장한 기록을 세워

퐁탕주에 대한 풍자화(1690)

뉘른베르크의 유행의상(1710)

이제까지의 기록을 깨뜨렸다. 로코코 시대 말엽에 나타난 머리 묶는 방법은 가히 광란적인 작태를 보임으로써 여자의 라이프로크나 머리 장식에서 나타났던 이전의 유행을 능가할 만큼 기발한 모양으로 발전했다. 치마는 정말 괴물처럼 되었다. 그러한 괴물 같은 공식적인 궁정복장을 한 귀부인들은 모두 발이 달려 있는 커다란 통처럼 보였고, 팔을 한껏 뻗지 않으면 그 손은 시녀의 손에도 닿지 않을 정도였다. 머리 장식에서도 마치 소극장의 무대 위에서와 같이 갖가지 각본이 연출되었다. 이것은 절대로 과장이 아니다. 그 시대의 사회생활이나 정치생활에서 일반적인 인기를 얻은 모든 것, 예를 들면 사냥, 자연풍경, 무대배경, 수차, 요새, 연극장면 등이 귀부인의 머리 위에 아주 예술적으로 모조되었고 심지어는 사형하는 장면까지도 재현됨으로써 세상의 커다란 화제가 되었기 때문이다. 시대는 포즈를 필요로 했다. 그 때문에 귀부인들은 그러한 기이한 모습으로 공공연히 자기의 모든 감정을 드러내보였던 것이다. 자연으로 돌아가라는 말이 외쳐지면 재빨리 장난감 암소, 양, 염소, 사슴 따위가 뛰노는 목장풍경이나 씨 뿌리는 농부나 밭 가는 농부의 모습이 유행했다. 전원극이 인기를 누리면 재빨리 사교부인의 머리 위에는 전원시풍의 호색적인 목동극의 장면, 예를 들면, 셀라동이 클로에(17세기 초에 발표된 프랑스 소설 「아스트레」에 나오는 인물들로 이후 양치는 남녀의 대명사가 되었음/역주)를 유혹하는 장면이나 필리스와 티르시스(베르길리우스의 전원시에 나오는 양치는 남녀의 이름/역주)의 산뜻한 사랑의 장면 등이 등장했다. 자기의 개인적인 용기를 나타내고 싶은 귀부인은 머리 위에 전쟁하는 군인이나 숙달된 솜씨를 과시하는 호색적인 귀부인의 인형을 선택하거나 자기를 손에 넣기 위해서 결투하는 두 라이벌의 인형 따위를 올렸다. 그러한 대담한 유행은 대부분의 유행들과 마찬가지로 프랑스가 진원지였다. 그러나 모든 유행들과 마찬가지로 그 유행도 파리에만 머물지 않고 눈 깜짝할 사이에 유럽의 모든 도시들로 퍼져나갔다. 1784년에 「빈의 색」이라는 제목으로 출판된 빈의 풍속에 관한 책에는 그곳 여자들에 대한 다음과 같은 글이 있다.

이곳에서는 여자의 치장이 참으로 극단에 이르러 인간의 발명이란 발명을 모조리 유행에 뒤떨어진 것으로 만들어버린다. 여자들이 그들의 머리 위에 올려놓은 군함이라든가 공원 또는 꿩 사냥터 따위와 같은 소재는 사람의 간담을 서늘케 하는 데에 충분하다. 더구나 온갖 향수를 뿌려서 50보 앞에서도 맡을 수 있는 사향뱀과 같은 냄새를 풍기는 여자의 머리는 남자의 코를 형언할 수 없는 악취로 채워준다.

또 그 책의 다른 대목에는 다음과 같은 것도 있다.

뉘른베르크의 유행의상

손질을 하지 않은 여자의 머리는 참으로 지저분하고, 몸을 가꾸지 않은 여자도 일반적으로 지저분하다. 여자의 머리는 돛대와 노를 갖춘 범선과 같다. 여자의 모발은 여러 가지 모양으로 지지고 꾸며져 마치 고집과 넌센스가 뒤섞인 듯하다. 나는 어떤 귀부인을 보았는데, 그 귀부인은 머리를 치장하는 데에만 2파운드의 포마드, 3파운드의 머리분, 두세 병의 오 드 라반드 향수, 몇천 송이의 꽃, 푸드르 마르샬(poudre marchale), 여섯 개의 베개, 2,300개의 핀, 20-30개의 깃털 그리고 갖가지 색깔의 나비 리본을 사용하고 있었다.

이와 비슷한 얘기는 다른 도시의 여자들에 대해서도 마찬가지였다.

그러한 깃털 장식의 머리는 프랑스 혁명이 일어나기 전 절대주의 시대의 마지막 유행이었는데, 그 유행이 잠깐이나마 사라졌던 순간에만 세상은 올바른 이성을 되찾았다. 왜냐하면 여러 가지 기사나 삽화에 의해서도 알 수 있듯이, 세상은 그러한 때에도 재빨리 터무니없는 그 다음 유행으로 옮아갔기 때문이다.

끊임없는 변화는 머리 장식의 경우에도 최우선적인 법칙이었다. 그러므로 자기 머리 장식을 과감하게 새롭게 함으로써 세상을 깜짝 놀라게 하는 일이 사교계 부인들의 커다란 소원이었다. 그 무렵 귀부인의 가장 큰 자랑은 자기의 신형 머리 장식이 인기를 끌어 세상 사람들이 그것을 몇 주일이나 아니면 2-3일 동안만이라도 재빨리 모방해주는 것이었다. 왜냐하면 그러한 신형의 유행은 절대로 2-3일 이상 지속되지 않았기 때문이다. 마리-앙투아네트는 그 유명한 자신의 전속 궁중이발사

F. 부셰의 유화에 의한 라르메생의 동판화(1760)

「쿠리에 드 라 모드」 지에 실린 파리의 유행의상(1778-82)

레오나르와 함께 매주마다 몇 차례 날을 정해서 신형을 연구했다. "그 위대한 레오나르는 14엘레(약 19미터!)의 비단을 머리 장식 하나에 모두 쓰기도 했다. 그리고 그 이발사의 자랑은 레이스 따위는 절대로 사용하지 않는다는 것이었다." 그러한 방법으로 왕비는 매주일마다 새로운 머리 장식을 유행시켰다. 그 시대의 유명한 이발사들은 하나의 형을 두 번 되풀이하지 않았으며 2-3년 동안에 몇백 가지나 되는 온갖 신형을 고안했다. 파리의 복장잡지 「쿠리에 드 라 모드」는 1770년대에 매호마다 96가지나 되는 신형을 소개했는데 2-3년이 지나자 그것은 3,644가지에 이르렀다. 절대주의 시대에는 그러한 신형들이 모두 개성의 최대의 승리로서 찬미자들에게 박수갈채를 받았다. 그러나 그것은 개성의 그로테스크한 장난이었다. 머리 트는 방법이란 언제나 그 고유한 성질을 드러내고 그 곡선을 눈에 띄게 하려는 개성발휘의 수단이었다. 그 때문에 그러한 수법이 자주 이용되었던 것이다. 그런데 절대주의 시대에는 친밀한 태도, 곧 솔직함이라는 것은 없어졌고 그 대신에 포즈가 기세를 부렸으므로 시대감각은 그 하나하나가 위압적이고 허세적인 장식극을 만들어냈던 것이다.

마지막으로 또 제3의 경향이 그 시대의 복장의 주류의 특징을 만들었다. 그 경향이란 지배계급의 사회생활의 양식으로서, 그것이 언제나 복장의 형태를 결정했다. 그러한 점에서 어느 시대에나 유행복이란 사실상 사치동물과 노동동물을 구별하기 위한 특수한 인류학적인 특징이라는 결론도 나온다. 그런데 절대주의 시대에는 그 경향이 그 두 종류의 동물을 철저히 갈라놓았다. 앙시앵 레짐 아래서의 지배계급의 특수한 사회생활은 바로 놀고 먹는 생활에 적합해야 했고 옷을 만들 때도 노동 따위를 염두에 둘 필요가 없었다. 그리고 그러한 경향은 몹시 그로테스크한 형태로 나타났다. 신사들은 긴 가발을 쓰고 황금이나 보석으로 깃을 장식한 상의에 레이스가 달린 자보(jabot : 셔츠 앞에 붙이는 가슴 장식/역주) 따위를 받쳐 입었기 때문에 아장아장 걸을 수밖에 없었다. 숙녀들은 벌처럼 몸통을 꽉 죈 코르셋에다 술통처럼 펑퍼짐한 라이프로크를 입었으므로 잘 걸을 수가 없었다. 넘어져서 엉덩이를 전부 드러내지는 않더라도 적어도 남들의 웃음을 사지 않으려면 숙녀들은 걸음걸음 신경을 써야 했다. 긴 치마도 역시 노동에는 부적당한 놀이옷이었다. 그러므로 일생이 놀이의 연속인 계급에서는 긴 치마가 너무나 어울리는 옷이 되었음은 당연한 일이었다.

앞에서 든 여러 가지 경향에 따라서 만들어진 복장의 형태를 살펴보면 노동에 부적합하다는 인상을 주는데 그 전체적인 결과로 결국 바로크풍이나 로코코풍의 복장이 보여주는 기묘한 모습이 나타났다. 후세의 복장과는 아주 다른 바로크풍이나 로코코풍의 복장에는 일하고 싶지 않기 때문에 그러한 옷을 입게 된다는 경향뿐만 아니라 그러한 옷으로는 일을 할 수 없다는 선언도 드러나 있었다. 그러므로 그러한 옷들은 전체적으로 볼 때 전혀 조화의 아름다움이 없었다. 그것들은 이제까지 만들어진 옷들 가운데 가장 미치광이 같고 추악한 옷이었다. 왜냐하면 그런 옷들이 복장의 진정한 목적에 크게 위배되었기 때문이다. 손, 발을 자유롭게 쓸 수 있도록 하는 것이 복장의 진정한 목적이다. 그러므로 손발을 자유롭게 쓸 수 있다는 것은 옷의 조화나 진정한 아름다움을 위해서도 매우 중요한 일이다. 마음대로 움직일 수 없다면 옷의 조화는 엉망이 될 것이며, 그것만으로도 옷이 아름답다고는 말할 수 없다. 그러한 옷은 어떤 특수한 입장에서 볼 때에만 겨우 아름답다고 말할 수 있을 것이다. 절대주의의 복장은 그런 것이었다. 바로크풍의 복장은 화려했고 로코코풍의 복장은 말할 수 없을 만큼 우아했다. 그런데 바로크풍이 화려했던 것은 그것이 그로테스크했기 때문이다. 마치 살아 있는 인형처럼 보이는 포즈의 화려함이 기품 있는 것처럼 여겨졌다. 곧 옷을 만든 자의 생각이 그처럼 자유분방하게 복장에 나타나 있었으므로 그러한 복장은 화려했다. 로코코풍의 복장은 우아함을 표방한다.

퐁탕주와 땅에 끌리는 긴 치마를 입은 귀부인

그러한 우아함은 여자에 대해서 프랑스인이 속되지 않게, 그러면서도 은연중에 비꼬는 듯한 오직 "갈랑트리(galanterie)"의 그로테스크한 숭배와 장식에 의한 우아함이었다. 그 시대만큼 여자가 그처럼 자극적이고도 먹음직스럽고 도발적으로 보인 적은 없었다. 그러나 사람은 올바른 방법으로 상대방의 정체를 알아야 한다. 로코코풍의 복장이 여자에게 주는 특수한 자극 —— 그것은 남자에게도 자극을 주었다 —— 은 놀이의 경향을 보다 높은 이성으로 바꾼 것에 지나지 않았다. 곧 그러한 경향이 아주 정교한 방법에 의해서 복장에 나타났다. 로코코풍의 복장은 유럽 문화가 육체의 에로티시즘을 강화하기 위해서 복장에서 발견한 가장 세련된 결정체였다. 그 이외의 것은 그 목적을 위해서 모두 버려졌다. 그리고 그러한 것이 오랫동안 기승을 부렸던 것은 그것이 태어나면서부터 놀고 먹는 생활이 가능한 유한계급의 복장이었다는, 앞에서 말한 현실에 결부되어 있었기 때문이다. 그러한 복장은 그들의 인생철학을 복장으로 나타냈던 계급의 지배가 붕괴되는 날까지 줄곧 계속되었다. 로코코풍의 복장은 자취를 감춘 지 오래되었지만 그것에 대한 감격은 오늘날까지 남아 있다.……그 복장의 감춰진 의미를 알아내는 것만이 이 수수께끼를 풀어줄 것이다.

다음으로 나는 도대체 어떤 방법에 의해서 그러한 기묘한 목적이 달성되었는가를 말하려고 하는데, 그것이 점차 이 문제를 분명하게 밝혀줄 것 같다.

그래서 이번에는 문제의 여자의 복장을 특히 상세하게 말해보려고 한다. 새로운 이브의 창조가 그 시대의 중요한 강령이었으므로 그 시대의 여러 가지 경향은 여자의 복장 속에 가장 뚜렷이 나타났다. 그 시대의 아름다움에 대한 사상적 경향은 앞에서도 말했듯이 여자에 대해서는 육체를 하나하나의 아름다움, 특히 유방, 옥문, 허리─엉덩이 부위로 분해하는 데에 있었다. 그것은 복장에 대해서도 적용되었을 뿐 아니라, 복장에 의해서 그 목적이 비로소 달성되었다. 왜냐하면 육체의 본래적인 조화는 언제나 복장에 의해서만 변화될 수 있었고 또 해결되었기 때문이다.

그런데 여자의 육체를 각 부분으로 해체한 뒤, 하나하나의 아름다움을 시대정신의 발걸음에 맞춰 다시 나타내기 위해서는 그때까지의 복장이라는 수단으로는 목적을 달성할 수 없었다. 그래서 전혀 다른 새로운 수단을 만들어야 했다. 그리고 그 수단은 드디어 만들어졌다. 하이 힐의 유행이 그것이었다.

2) 구두굽의 역할

하이 힐은 얼핏 보아서는 복장 가운데에서 대단한 것이 아닌 듯이 생각된다. 하지만 그것은 이 방면에서 역시 가장 혁명적인 성공의 하나였다. 하이 힐은 육체의 과시라는 점에서 전혀 새로운 세대를 열었다. 우리는 오늘날에도 아직 하이 힐의 시대에 살고 있으며, 날마다 하이 힐의 영향을 받고 있다. 그것만으로써 나는 우선

복장화(J. B. 그뢰즈, 1760)

하이 힐이라는 과시의 수단을 생각하지 않을 수 없다. 그 수단이라는 측면이 여기에서는 하이 힐 그 자체보다도 훨씬 중요하다. 왜냐하면 그것의 응용이야말로 그 시대가 찾았고 그 이래로 손에 넣은 모든 효과가 겨냥했던 근본이었기 때문이다. 나는 이미 이전에 「캐리커처에 나타난 여성」에서 특히 여자의 육체를 드러내는 데에 하이 힐의 의의가 크다는 것을 강조했었다. 거기에서 나는 다음과 같이 썼다. "하이 힐에 의해서 자세는 전체적으로 변하게 된다. 곧 배가 들어가고 가슴을 내밀게 되는 것이다. 넘어지지 않기 위해서 몸을 뒤로 젖히는 자세를 취해야 하는데, 그 때문에 엉덩이가 튀어나와 그 풍만함이 더욱 두드러지게 된다. 무릎을 굽혀서는 안 되므로 자세는 전체적으로 더욱 젊어보이고 더욱 진취적으로 보이며 앞으로 불쑥 내밀 수밖에 없는 유방은 터질 듯이 보인다." 그와 함께 허벅지의 곡선도 팽팽해지며 그 때문에 허벅지는 더욱 부풀어 보이게 된다. 그리고 이런 것들말고도 또 하나 덧붙여야 할 것이 있다. 그러한 아름다움은 모두 적극적인 상태를 나타내고 있다는 것이다. 그런데 적극성이라는 것은 앞에서 든 여러 가지 부분, 특히 유방에서는 무엇보다도 먼저 성행위와 결부되므로 사람들의 감각에 미치는 영향은 하이 힐에 의해서 극히 도발적이 된다. 적극적이라는 인상은 하이 힐의 형태를 얼핏 보기만 해도 곧 알 수 있고, 그것은 여러 명화들을 비교해보면 더욱 수긍이 간다. 왜냐하면 그러한 특수한 아름다움을 여자의 육체에서 드러내는 것이 화가의 목적이었을 경우 또는 그러한 아름다움이 화가의 예술적 묘사의 중요한 표적이었을 경우, 그는 언제나 여자가 하이 힐을 신었을 때와 같은 자세를 그렸기 때문이다. 그 가운데 가장 유명한 것은 칼리피고스 베누스의 입상(「에로틱 미술의 역사」)과 루벤스의 "카리테스"(「르네상스」)인데 서로 비교해보기 바란다. 그러한 의미에서 하이 힐의 유행은 순간을 영원으로 영속시키는 효과적인 수단이었다. 그런데 절대주의 시대에는 기생적인 생활의 요구에 의해서 여자에게 적극적인 인상을 끊임없이 심어주는 일이 필요했으므로 바로 그 시대에 하이 힐이 나타났던 것이다. 하이 힐을 신은 그 시대의 자세가 중세나 르네상스 시대를 대표하는 자세와 아주 다르다는 것은 그 세 시대를 비교해보면 누구나 금방 알 수 있다. 그 점에 관해서 독자들은 각 시대의 여러 가지 복장화를 살펴보면 될 것이다. 나는 특히 대표적인 것으로 뒤러나 한스 홀바인의 복장화만을 들겠다. 또 제Ⅱ권 「르네상스」에도 그러한 복장화를 약간 게재했다.

하이 힐의 발명에 의해서 그 시대의 중심 문제, 곧 인체의 조화를 깨뜨리고 각 부분의 아름다움만을 눈에 띄게 하려는 목적은 거의 완전히 해결되었다. 유방이나 허리-엉덩이 부위를 일부러 내미는 것은 육체의 에로틱한 부분을 보란 듯이 과시하는 것과 같은 짓이었다. 그러한 아름다움은 그것만으로도 광고 역할을 톡톡히 했다. 여자들은 그러한 자세에 의해서 남자들에게 "당신은 나의 빼어난 곳의 아름다움을 보아주세요. 내게는 그것들이 가장 신경 쓰이는 곳이랍니다. 특히 당신에게

독일의 복장 캐리커처

특별히 보이고 싶은 것들이기도 하고요. 그곳에 눈을 돌려주세요. 당신은 그것들을 계속해서 열심히 머릿속에 그려주셔야 해요. 보세요, 얼마나 아름답고 또 얼마나 자극적인가를"이라고 말하는 듯했다. 그 결과로서 남자들은 우선적으로 그 부분들의 아름다움을 보았다. 그 부분들의 아름다움이야말로 남자들의 눈을 끄는 초점이었다. 그뿐만 아니라 남자들은 언제나 여자에 대해서 그러한 부분적이고도 특수한 아름다움 이외에는 아무것도 요구하지 않았다. 앞에서 말한 것들은 모두 절대주의의 특수한 경향에 대한 것이다. 그것은 하이 힐의 역사에 관한 여러 가지 자료가 분명히 증명하고 있다. 하이 힐은 16세기 말까지는 아직 알려지지 않았으나 17세기 초에 이르러 차차 얼굴을 내밀기 시작했다. 분명히 그것은 우연한 발명이 아니었고 단계적으로 이루어진 과정들의 결과였다. 스페인의 무어인 여자들이 신었던 목재의 높은 굽이 붙은 신이 하이 힐의 선구라고 전해진다. 그리고 물림쇠로 채우도록 된 신의 굽은 그밖의 나라, 특히 이탈리아에서 조콜리(Zoccoli : 나무 신)라는 이름으로 유행했다. 「호기심 많은 고고 연구가」라는 책에는 다음과 같은 말이 쓰여 있다.

베네치아의 귀부인들은 몹시 높은 신을 신고 걸어다닌다. 그래서 율리우스 스칼리게르(파도바의 철학자이자 의사, 1484-1558 / 역주)는 "베네치아의 남편들은 그들의 아내와 침대에서 반쯤밖에 즐기지 않는다, 나머지 절반은 구두로 즐기기 때문이다"라고 입버릇처럼 말할 정도였다.

여기에서 말한 것처럼 신의 굽은 때로는 굉장한 높이가 되었다. 베네치아에서는 한때 12-15촐(zoll : 1촐은 약 1인치/역주)이나 되는 높이에 이르렀다. 그 목적은 두 가지였는데 널리 알려져 있는 목적은 굽 덕분에 신을 더럽히지 않고 도로의 진흙탕을 건너는 것이다. 그 무렵 돌을 깐 높은 인도 따위는 어디에도 없었으며, 대개의 도시에는 도로포장이 겨우 주요 도로나 되어 있었고 뒷길은 어디나 쓰레기나 대변이 쌓여 있는데다가 비가 조금만 내려도 깊은 진흙탕이 말의 무릎께까지 빠질 만큼 깊었다는 사실, 사람이나 가축이 그런 진흙탕에 빠져 죽었다는 사실도 기록되어 있다. 16세기에 들어서도 사람들은 쓰레기나 대변을 거리에 내다버리는 처지였다. 그 무렵에도 극히 얼마 안 되는 집에만 "변소"* 시설이 갖추어져 있었으므로 대부분의 사람들은 길거리에서 대소변을 보는 습관이 남아 있었다. 그렇기 때문에 멀쩡하게 포장된 도로 그 한가운데에 대소변으로 시내가 생겼고, 그러한 오물의 시내는 일정한 장소에서만 건널 수 있었다. 가르니에의 아름다운 동판화를 보아도 알 수 있듯이 그러한 상태는 18세기에 들어와서도 별로 달라지지 않았다. 가르니에는 그 동판화에서 한 건강한 젊은이가 어떡해 하고 걱정하는 상류계급의 여자를 업고 비 온 뒤에 생긴 깊은 진흙탕을 건네주는 일로 생활비를 버는, 그 당시에는 흔해빠진 광경을 묘사하고 있다. 그러한 사정을 고려한다면, 하이 힐은 꽤 필요한 생활필수품이었다. 그러므로 그러한 신은 나름대로 충분한 존재이유가 있었다. 그런데 여자의 복장에 관한 모든 것은 실용적인 용도 이외에 그와는 다른 특수한 목적에도 이용된다. 사정이 이럴진대 바로 하이 힐도 어느새 실용적인 용도 외에 여자가 자신의 자태 중 자랑할 만한 곳이라고 생각하는 어떤 곡선을 강조하는 데에 가장 적합한 수단이 되었다. 그러한 신을 신으면 우선 키가 커 보여서 어쩐지 위엄이 있는 인상을 상대방에게 주었다. 내가 「르네상스」에서 사용한 베네치아의 고급 매춘부의 그림은 좋은 예이다. 그러한 목표는 어느 사이엔가 복장에서 중심적인 것이 되었

---

* 18세기에도 유럽에는 궁전에조차 변소가 없었다. 대표적인 궁전 베르사유에도 변소가 없어 귀부인들이 궁전 복도의 후미진 곳이나 가로수 밑을 찾아가 대소변을 보았다. 그 때문에 이 궁전의 가로수 길은 "신음의 가로수 길"이라고 불렸다. 엘리자베트 샤를로테(1652–1722, 독일의 팔츠 선제후 칼 루트비히의 딸이며 루이 14세의 동생 오를레앙 필리프 1세의 아내이자 섭정 오를레앙 필리프 2세의 어머니. 독일 풍습을 고집함으로써 프랑스 궁정의 냉대를 받음. 루이 14세 시대의 궁정풍속의 견문을 기록한 서간집 7권이 유명함)가 하노버 선제후부인에게 쓴 편지에는 다음과 같은 내용이 있다. "자신의 대변이 얼마나 좋은 냄새가 나는지를 모르고 대변을 보는 사람은 결코 없습니다. 부인의 병은 그 대부분이 대변을 보지 않기 때문에 연유한 것입니다. 의사가 부인에게 대변을 볼 수 있도록 만든다면 부인의 병은 곧 나을 것입니다. 인간이 먹은 결과로 대변을 본다든가 고기가 대변을 만든다고 하기보다는 오히려 대변이 고기를 만든다고 하는 것이 정확하다고 말하는 사람도 있습니다. 가장 맛있는 돼지는 대변을 가장 많이 먹은 돼지입니다.……대변을 시원하게 보는 기분이란 부인을 참으로 놀랍게 할 것이기 때문에……행길이건, 가로수 길이건, 공원이건, 남의 집 문앞이건 눈치볼 것이 없습니다. 부끄러운 쪽은 대변을 보고 있는 쪽이 아니라 그 광경을 보고 있는 쪽이니까요.……대변을 두려워하는 사람은 삶의 즐거움을 모르는 사람이라는 저의 의견에 부인께서는 찬성하시리라고 생각합니다." 이와 같이 궁정귀부인들은 위엄을 지키느라고 병까지 걸릴 정도로 대소변을 참았던 것이다/역주.

오물로 도랑을 이룬 도로를 건너는 청춘남녀(가르니에)

다. 그것은 거리에 진흙탕이 없을 때도 여자들이 하이 힐을 계속해서 신었다는 사실, 더구나 하이 힐을 긴 치마 밑에 교묘히 감출 줄 아는 여자만이 하이 힐을 신었다는 사실을 보더라도 수긍할 수 있을 것이다.

그림 이외에 각국의 박물관에 있는 17세기 초의 신으로도 알 수 있듯이 하이 힐의 처음 모양은 참으로 투박했으나 세월이 지남에 따라서 보다 보기 좋은 모양의 것이 나타났다. 여자들은 특수한 목적을 위해서 자기가 고안한 구두를 주문하기도 하고 그것을 스스로 여러 각도에서 개량하는 데에도 힘을 기울였다. 그것은 현대에도 변함없이 하이 힐의 개량이 추진되고 있는 것으로도 알 수 있다. 하이 힐은 또 자세를 특히 돋보이게 하는 수단이 되었는데 게 다가 발을 아주 작게 보이게 할 수도 있었다. 그 목적은 육체의 곡선과 수직선을 앞으로 밀어내는 것만으로도 무난히 달성되었다. 다만 단점은 모 습이 참으로 부자연스럽다는 것이었으나, 그렇더 라도 요령을 부릴 수 있는 여자는 많았으므로 여 자들은 어느새 그러한 요령을 단계적으로 체득했 다. 하이 힐은 또 계급도덕적인 측면에서는 육체 를 더욱 효과적으로 자기 신분에 걸맞도록 만드 는 태엽과 같은 것이 되었다. 그러므로 투박한 소 시민의 여자들이 신는 신의 굽은 귀부인이 신는

르트루세 차림의 부인(N. 게라르, 파리의 유행의상)

신의 굽과는 아주 달랐고, 매춘부가 신는 신의 굽도 그것과 아주 달랐다. 하이 힐 은 처음에는 넓고 네모난 굽을 신 바닥에 붙인 것이었다. 하이 힐을 신은 여자는 성 큼성큼 걷지 못하고 보폭을 좁게 하여 아장아장 걸었다. 그것은 마침내 아주 우아 한 모양의 것이 되었고, 또 놀랄 정도의 값비싼 물건이 되기도 했다. 루이 15세 시 대에는 그 굽의 높이가 6촐이 되었다. 이 놀랄 만한 높이의 굽은 프랑스 대혁명이 일어날 때까지 줄곧 변하지 않았다. 그러한 신을 신은 여자의 모습이 어떠했던가에 대해서 카사노바의 「회상록」에는 재미있는 대목이 있다. 그는 이렇게 말하고 있다. "어느날 프랑스 궁정에 들어갔는데, 귀부인들이 이 방에서 저 방으로 갈 때, 마치 캥거루처럼 엉거주춤한, 참으로 기묘한 자세로 훌쩍훌쩍 뛰어가는 것을 보았다." 여자들이 하이 힐을 신고 걸을 때 몸의 균형을 잡으려면 아무래도 그러한 자세를 취해야만 했다. 초기에는 남성용 신에도 여성용 신처럼 굽이 달려 있었다. 구두굽 은 남녀 모두에게 처음에는 실용적인 것이었으나, 그뒤에는 여성용 굽만이 아주 중요한 것이 되었다. 그것을 설명하는 것은 별로 어려운 일이 아니다. 남성용 신에 서도 그 굽이 때로는 아주 높아졌으나 앞에서 말한 기이할 만큼의 높이는 모두 여 성용 신에만 해당되었다. 그리고 그럴 때마다 굽에 대해서 간단없는 개량이 가해 졌다.

하이 힐이 그 시대의 여자들이 자신을 드러내는 최고의 수단이며 또 가장 두드러 진 상징이었음은 첫째, 하이 힐이 특히 여자에게 이로운 역할을 했고, 둘째, 그것

의 유행이 절대주의 시대와 일치했다는 두 가지 사실 속에 분명히 나타나 있다. 그 시대에 유행한 굽의 높이는 여자의 지배의 증거였으며 또 그 척도이기도 했다. 하이 힐은 여자 —— 곧 에로틱한 힘으로서 숭배 대상이 되는 여자 —— 의 지배가 사회생활에서 승리를 거둘 때마다 점점 높아져갔다. 여자의 지배가 모든 것에 영향을 미치게 되어 그들이 세상에서 봄을 구가할 때, 하이 힐은 현기증이 날 만큼 높아졌다. 그것은 앞에서도 말했듯이 "과인은 즐길 따름"이라든가 "내 뒤에야 어떻게 되건 내 알 바 아니다"란 생각이 지배계급의 단 하나의 종교가 되었던 루이 15세 시대에 해당되던 때였다. 그러한 사실을 분명히 안다면, 여자가 최고의 신(神)으로서 최고의 사회적 지위에 올랐다는 것이 하이 힐을 발명하게 한 토대였다고 말해도 결코 과언이 아니다. 게다가 여자의 지배의 무기로서의 하이 힐은 남자의 패배를 나타내는 증거이기도 했다. 왜냐하면 남자들은 노예로서 육욕일변도의 욕망에 패했다고 말할 수 있기 때문이다.

하이 힐의 그 후의 역사는 이제까지 전개해온 의견이 옳은 것이었음을 증명하고 있다. 국가와 사회에서 여자의 지배가 붕괴되었을 때 하이 힐의 그 기이한 형태도 저절로 쇠퇴했기 때문이다. 실제로 그러한 형태는 사라져버렸다. 그러나 그것은 영원히 사라지지는 않았다. 예를 들면, 19세기의 프랑스 제2제정 시대(농민의 지지를 받아 대통령이 된 루이 나폴레옹 보나파르트가 1851년 12월 친위 쿠데타를 일으켜 스스로 나폴레옹 3세로 제위에 오름으로써 성립된 이 시대는 초기의 독재를 거쳐 후기에는 자유주의적 개혁운동이 강해졌으며 그 한 현상이었던 부르주아 체제의 퇴폐적 현상도 심화되었음/역주)에서 볼 수 있었던 것처럼 사회가 그 비슷한 경향을 띠게 되면 어느새 하이 힐의 그로테스크한 형태는 다시 나타났다. 그리고 그 모양은 그 그로테스크할 만큼 높은 하이 힐을 신음으로써 자기의 가장 중요한 삶의 이해관계를 장악하려는 계급과 개인들 사이에서 계속해서 유행했다. 그들은 바로 매춘부와 사교계의 여자들이었다. 여자가 무엇보다도 먼저 성의 도구로서의 기능을 충족시키려고 할 경우, 또는 그 기능을 마음껏 발휘하는 것이 여자에게 가장 중요할 경우, 그로테스크할 만큼 높은 하이 힐은 언제나 여자의 끊을 수 없는 길동무가 된다. 매춘부는 결코 성큼성큼 걷지 않았으며 언제나 높은 하이 힐을 신고 아장아장 걸었다. 그에 반해서 여자가 개인으로 또는 계급적으로 의식적인 인간이 되면 금방 굽이 낮은 신을 신는다. 왜냐하면 굽이 낮은 신을 신는 것만으로도 여자는 외관적으로 다시 전체가 되며 유방, 옥문, 허리-엉덩이 부위의 삼위일체, 곧 남자의 성욕을 끊임없이 자극하려고 노리는 성기로서의 역할을 그만두기 때문이다.

3) 데콜테

여자의 신으로서의 하이 힐은 절대주의 시대의 복장에서 가장 큰 발명품이었다. 그 때문에 여자의 유방도 저절로 앞으로 튀어나오게 되어 사람의 눈에 띄게 되었다. 더구나 여자들은 그 무렵에는 축제일뿐만 아니라 집안에 있거나 외출하거나 교회에 가거나 항상 데콜테(décolleté : 어깨, 가슴 따위의 드러내기/역주) 모습이었기 때문에 더욱 그러했다. 르네상스 시대에도 여자들은 그 상품을 남자의 눈 앞에서 얼마든지 과시했으나, 절대주의 시대와는 아주 큰 차이가 있었다. 그것은 자연 그대로 드러낸 유방과 도발적으로 노출시킨 유방의 차이였다. 이 두 가지 가운데 어느것이 그 시대에 행세하느냐는 유방의 노출 정도에 의해서 결정되는 것이 아니고 복장의 전체적인 경향과 그 결과에 따라서 생기는 유방 노출의 어떤 상태에 의해서 결정된다. 르네상스 시대에는 여자는 저절로 드러난 유방을 모두에게 보였다. 여자들은 얼굴이나 손을 감추지 않았던 것처럼 유방도 별로 감추지 않았다. 그것은 어디까지나 자연스런 표현이었다. 왜냐하면 르네상스 시대의 복장은 나체의 장식에 지나지 않았기 때문이다. 그러나 절대주의 시대에는 저절로 드러난 유방 대신에 일부러 노출시킨 유방, 다시 말하면 감춘 유방을 다시 드러내었던 것이다. 이제 유방은 논리적으로 말하면 새로운 종류의 옷이었다. 그런데 여자는 특히 자기의 유방의 아름다움을 남에게 보이고 싶어했다. "유방이 유독 눈에 띄면 당신의 관능이 자극된다는 사실을 나는 잘 알고 있어요. 그리고 사실 나는 그러길 바라고 있지요. 그래서 나는 당신에게 이 별난 것을 보도록 하는 거예요" —— 이야말로 모든 여자의 은밀한 고백이었다. 그 때문에 여자는 자기의 상의 앞에 보란 듯이 구멍을 내거나 목 깃을 깊이 파거나 상의를 좌우로 열어제치거나 했다. 그것은 마치 여자들이 일부러 치마를 걷어올려 허벅지를 보이는 행동과 같은 것이었다. 더구나 르네상스 시대에는 유방은 전시되었을 뿐이었으나 이번에는 정말로 남자에게 내맡겨진 꼴이었으므로, 남자에게 갖가지 인상을 주지 않을 수 없었다. 「미의 하인」에는 이렇게 쓰여 있다. "귀부인은 앉아 있든 서 있든 언제나 유방을 능란하게 안에서 밖으로 쑥

깃털 모드를 풍자한 그로테스크한 캐리커처

내밀어놓은 채 있어야 하는데 거기에 특수한 매력이 있다는 것에 주의해야 한다.”
다시 말하면, 서 있을 때, 걷고 있을 때, 또는 다른 어떤 자세를 취하고 있을 때라
도 하이 힐이 유방에 작용하도록 해야 한다는 것이었다. 그러한 작용이 차질이 없
도록, 아니 여자가 그와 다른 자세를 취하지 않도록 하기 위해서 하이 힐 이외에 미
더(Mieder : 코르셋과 같은 속옷/역주), 미더와 같은 모양을 한 코르셋이 그뒤에 그
것의 단짝으로 나타났다. 코르셋이 그뒤로 여자의 육체의 거푸집이 되었던 것이다.

여자는 몸통 둘레를 단단한 고래 뼈의 갑옷으로 죄었다. 그 갑옷 때문에 어깨와 팔은 자연히 뒤로 젖혀져서 유방은 보란 듯이 더욱 앞으로 튀어나오게 되었다. 그 결과 여자가 어떤 자세를 취하더라도 맨 먼저 유방에 남자의 눈이 와닿게 되었다. 더욱 분명히 바꾸어 말하면, 코르셋 때문에 여자의 유방은 남자의 눈에 마치 유방의 주인이 줄곧 육욕의 흥분상태에 떨고 있는 것처럼 비쳤다. 그런 상태의 유방은 이제 막 긴장하기 시작한 모양을 하고 있었기 때문이다. 이처럼 유방이 끊임없이 긴장해 있는 것처럼 위장하는 것이 그 시대가 가장 강력하게 요구한 아름다움이었다. 그리고 그러한 형태의 유방이 참으로 도발적이란 것도 경험에 의해서 증명되었다. 사랑에 도취한 여자만큼 남자의 관능을 자극하는 것은 없으니, 상대방 여자의 성적 매력은 유방의 특수한 돌출상태에서 가장 뚜렷이 나타났기 때문이다.

상의의 가슴 부분을 깊이 파서 가슴을 활짝 드러내보이려고 한 것도 자연적인 추세였다. 그것만으로도 여자에 대한 인상은 자연히 강해졌기 때문이다. 그 때문에 그 시대의 여자는 유방의 아름다움을 세상에 드넓게 그로테스크하게 노출하기에 이르렀다. 여자는 상의를 될 수 있는 대로 넓고 깊게 팠다. 그 시대의 저술이나 풍속지에는 "재단사가 눈에 뒤덮인 높은 산을 자신들의 자유재량에 맡기지 않으면 귀부인들은 그에게 가는 것을 그만두었다"든가, "호색적인 귀부인은 그 아름다운 산의 꼭대기에 감미로운 불이 타오르고 있는 것을 보여주고 싶어한다. 그것은 남자에게 자기의 정열을 가장 잘 알려주는 장밋빛 딸기라는 것이었다"라는 이러한 대목이 수없이 나온다. 「빈의 색」에는 이렇게 쓰여 있다.

유방의 노출에 관해서 또 이런 얘기가 있다. 최근에 어떤 미인이 내 눈앞에서 재단사로부터 윗옷의 치수를 건네받고는 그에게 그처럼 윗부분까지 감추지 말아요라고 말했다.

데콜타주의 경우, 여자들이 아무리 조바심을 치더라도 어떤 일정한 한계를 벗어날 수는 없었다. 그러므로 그것을 보완하기 위해서 여자들은 코르셋으로 유방을 한껏 위로 죄어올렸다. 앞에

가슴과 엉덩이가 강조된 영국의 유행복

서 든 「빈의 색」에 등장하는 빈의 여자의 모습을 묘사한 대목에는 다음과 같은 글이 있다.

오늘날 계몽시대에는 여자의 유방이 마치 두 개의 주먹처럼 죄어올려져 겉으로 드러나 있다. 그것은 여자가 유방을 노출시키기 위해서 내장이 뒤틀릴 정도로 몸통을 심하게 죄었기 때문이다(장기간의 코르셋 착용과 하이 힐 사용의 결과 갈빗대가 오그라들고 복부의 기관들이 하수되어 하복부에 충혈이 나타나는 것을 슈트라츠는 「여자의 복장」에서 해부학적으로 묘사했음/역주). 알유방은 바람둥이들의 눈을 쾌락의 화덕에 붙들어매두었다.

1728년에 프랑크푸르트에서 출판된 "처녀의 노래"에서 슈토페는 호색적인 처녀의 입을 통해서 이렇게 노래하고 있다.

사랑스런 보물이 사람들의 눈에 띄도록
또 사람들 가운데 들어갔을 때
내가 가장 요염하고 예쁘게 보이도록
나는 가슴과 능금을 한껏 죄어올렸답니다.
나의 장신구가 사람들의 눈에는 너무 노골적이었을까?
천만에, 이제 아가씨들은 그런 것쯤은 아무렇지도 않는걸요.

처녀라도 자기가 가지고 있는 것은 될 수 있는 대로 많이 내보이는 편이 좋다는 의견에 그 시대의 대부분의 어머니들도 찬성했다. 포켈은 「여성의 성격론」에서 이렇게 말하고 있다.

딸에게 점잖지 못한 옷을 허용할 뿐 아니라 또 그런 옷을 요구하는 어머니가 있다는 것을 사람들은 모른단 말인가? 최근 어떤 상류층의 어머니가 자기 딸에게 그것도 많은 남녀가 모여 있는 곳에서 말했다 —— 저기 있는 바보 같은 애는 가슴을 온통 덮고 있구나. 나는 그 따위 바보 같은 수치심에는 찬성할 수 없어요. 처녀라도 몸쯤 내보이면 어때. 처녀의 가슴은 이 세상에서 가장 아름다운 것이 아니냐.

그대로였다. 세상을 겪어본 여자들은 남자란 누구나 그렇게 해야 미끼에 걸려든다는 것을 잘 알고 있었다. 그러므로 그들의 눈에는 그러한 수치심이 바보 같은 것으로 보였다. 유방을 높이 죄어올려주는 코르셋 덕택에 나이 먹은 여자들도 처녀시절의 팽팽함을 잃은 유방을 부풀어오른 유방으로 눈속임할 수 있었다. 물론 원래 유방이 작은 여자도 어느 시대에나 사용되는 솜을 가슴에 넣어 유방을 크게 보일 수 있었다. 시집 「시의 스튜 요리」에는 다음과 같은 시가 실려 있다.

> 아달리아가 가짜 유방을 만들었다.
> 너의 유방이 요즘 몹시 부풀어올랐다고 말해도
> 그런 말 따위는 내 귀에는 들어오지 않아요.
> 그래서 나는 별로 너를 찾지 않는걸.
> 나는 네가 곧 그 높은 산을 잃게 될 것이라는 사실을 맹세해.
> 나는 네게서 열두 장의 헝겊조각을 빼낼 테니까.
> 그때는 너의 유방은 꽈리의 묘판과 같은 모양이 될 거야.

그러한 위장은 유방을 전부 드러내는 경우에는 전혀 소용이 없었다. 그 때문에 유방을 전부 드러내는 것은 일반적인 옷에서는 별로 볼 수 없었으나, 사적인 모임이나 특히 축제일의 경우에는 크게 유행했다. 훗날 킹스턴 공작부인이 된 엘리자베스 셔들리는 1744년 베네치아 사절의 환영무도회에 이피게네이아(그리스 신화에서 아버지 아가멤논의 트로이 원정시 여신 아르테미스에게 제물로 바쳐졌으나 구원된 여인/역주) 의상으로 나타났다. 몬터규 부인은 그에 대해서 다음과 같이 말하고 있다.

셔들리 양의 옷, 옷을 입었다기보다는 벗은 듯한 모습은 단연 빼어났다. 그녀는 제물로 바쳐지기 직전의 이피게네이아의 모습을 하고 있었는데, 너무나도 몸을 드러내어 사제들이 제물의 내장까지 곧바로 검사할 수 있을 정도였다.

튀멜의 「빌헬미네」에는 빌헬미네의 모습이 다음과 같이 묘사되어 있다.

동성애적이라고 할 수밖에 없는 감정이 그녀의 감사의 염이 가득 찬 심장 속을 흘러서 물결치는 가슴을 높이 밀어올렸기 때문에 그녀의 하반신을 감싼 주황색의 새틴은 바시락 소리를 낼 정도로 흔들렸다.

은밀한 연인(영국의 동판화)

그런데 그 당시 아름다운 여자는 집안이나 향연이 벌어진 장소에서만 그처럼 대담하게 유방을 온통 드러낸 것이 아니라 거리를 걸을 때도 한결같았다. 그것은 여러 가지 기록이 증명하고 있다. 예를 들면, 스코틀랜드의 아름다운 템포터 부인은 파리에서 유방을 완전히 드러낸 채 남편과 팔짱을 끼고 거리를 산책하는 것을 즐겼다고 전해진다. 그러한 광경은 파리에서는 별로 진기한 것이 아니었으나, 그래도 많은 인파가 몰려들었다고 기록되어 있다. 그러나 그 인파는 그녀를 경멸하기 위해서가 아니라 "누구나 그 아름다운 부인의 도발적인 유방을 가까이 다가가서 찬양하고 싶었기" 때문이었다. 앞에서 말한 엘리자베스 셔들리는 런던 거리에서 "적어도 세계 제일이라고 할 만큼 뛰어난 유방을 남자들의 탐욕스럽고 도취된 시선에 드러내놓고 다녔다"고 한다. 다른 저자는 세 명의 젊은 영국 여자를 소개하고 있다. 그 여자들은 유방을 전부 드러낸 채 날마다 함께 복스홀의 가로수 길을 산책했다. 특히 세 사람 모두 그것이 유달리 컸기 때문에 그녀들은 대단한 센세이션을 불러일으켰다. "세상 사람들은 온갖 유방의 아름다움이 그처럼 신통하게 한군데 모여 있는 것을 이제까지 한번도 본 적이 없었다. 그들은 날마다 세 사람 가운데 누구의 유방이 1등품인가를 놓고 토론했으나 한두 번으로는 쉽사리 결정할 수 없었다." 그럼에도 불구하고 데콜테의 대담성은 언제나 여기저기서 가끔씩 나타난 독립적인 현상에 불과했다. 그것이 일반적인 현상이 되지 못했던 것은 전부 드러낸 경우보다는 살짝 드러낸 편이 유방이 줄곧 긴장해 있다는 정력적인 인상을 주는 데에 훨씬 더 효과적이며, 따라서 보다 도발적일 수 있다는 아주 중요한 이유에서였다. 그러나 영국의 찰스 2세의 궁정여자들의 복장은 모두 유방을 완전히 드러낸 것이었다고 전해지고 있다.

유방이 일반적으로 어느 정도까지 노출되었던가에 대해서는 그 시대의 도덕군자들이 가장 정확하게 전해주고 있다. 다른 저술가들은 대부분 깊이 패인 데콜테의 윗옷을 당연한 것으로 생각했기 때문에 그러한 것처럼 부차적으로 언급하는 정도였으나, 도덕군자들은 그런 옷을 "모든 악의 근원"이라고 몰아붙였다. 그들의 말을 빌리면, 상의의 가슴을 넓게 판 부분은 지옥의 입구이며 모든 사람, 곧 청년, 장년, 노인을 불문하고 다가오는, 그리고 굳은 결심도 삼켜버리는 지옥의 목구멍이었다. 크게 입을 벌린 그 지옥의 목구멍에서 색정이 가득한 얼굴을 내미는 동그란 유방은, 도덕군자에 따르면, 모든 사람을 미혹시키는 "세상에서 가장 끔직한 악마의 비프 스테이크"이며 "보기만 해도 머리가 돌아버리는" 그리고 "보기만 해도 순결을 되돌릴 수 없는 간음으로 바꿔버리는" 것이었다.

17세기 말에는 옷깃을 도려내는 크기에 대해서, "여자들은 옷깃을 적어도 남자의 두 손이 넉넉히 들어갈 만큼의 크기로 도려내거나 조금 더 크게 도려내도 괜찮은 것으로 여겼다"고 기록되어 있다. 한편 풍자가들은 이렇게 말했다. 그 "조금 더"라는 표현은 여자들이 전부를 보이고 싶다는 것이며, 남자들이 전부를 보고 싶다는 것을 드러내고 있다는 것이다. 왜냐하면 남자들이 여자의 심장과 신장을 갈구한다면 대부분의 여자들은 나체로 활보하는 것도 결국 마다하지 않을 것이기 때문이다. 곧 "여자들은 유방 이외의 다른 곳도 호색적인 남자에게 보이고 싶어하기 때문이다." 1685년에 알모도 피켈헤링이 가명으로 낸 풍자집 「독일의 복장 원숭이」에는 재단사와 그 도제가 대화하는 형식을 빌려서 그 시대의 모든 복장의 바보스러움이 —— 유머 이상으로 폭넓게 —— 묘사되어 있다. 그것은 다음과 같다.

주인인 플로리안이 그와 같은 것을 말하고 있을 때 어떤 귀부인이 그의 도제 앞으로 훌륭한 상의를 보내왔다. 그 옷은 깃을 너무나 깊게 팠기 때문에 명치까지 훤히 들여다보이므로 어떻게 좀 고쳐달라는 주문이었다. 도제는 이상하다는 듯이 그 상의를 플로리안에게 보이면서 이렇게 말했다. "사람들은 저에게 이 옷을 아주 잘 만들었다고 칭찬해주었습니다. 정말로 이것은 잘 만들어진 옷이라고 생각합니다." 플로리안은 깜짝 놀라서 말했다. "그것은 몹쓸 옷이야. 그러한 옷 때문에 많은 순결한 눈이 해독을 입게 된단 말이야. 난 신에게 맹세코 말하겠다. 만약 한 사람의 여자라도 그러한 옷을 입고 싶어한다면 세상의 여자들은 오히려 벌거벗고 걸어다니면서 태어날 때부터 나온 이브의 옷을 뽐내고 싶어할지도 모른다고. 또 무릎까지 올라간 짧은 치마를 입는 풍조가 조금이라도 유행한다면 세상의 여자들은 두 개의 하얀 다리를 마냥 남자에게 보이고 싶어할지도 모르지. 그렇지 않으면 남자는 자기의 상상대로 눈에 보이지 않는 상대를 골랐다가 어처구니없는 것을 떠맡게 될 수도 있으니까. 고대인은 아주 옛날에 그러한 옷을 유행시켰지. 예를 들면, 그림에 그려진 다이아나가 무릎까지 치마를 걷어올리고 있듯이 말이야."

「미의 하인」의 저자는 데콜타주 그 자체는 크게 찬성했으나, 그가 바라는 것은 오히려 여자들이 남자가 탐내는 아름다움을 "살코기 판매대 위에 마구 벌여서 진열하지 않으면 좋겠다. 그것은 내게도 별로 온당하게 생각되지 않기 때문이다"라고 말하고 있다. 그는 유방을 너무나 위로 죄어올리는 것만은 비난했다. 너무나 죄어올리면 유방이 마치 사람들에게 팔기 위해서 진열한 두 개의 전시품처럼 보이기 때문이라는 것이다. 그는 이렇게 말하고 있다.

그에 반해서 기독교 신자로서 청정무구한 여자들, 그밖에 특히 권리와 권력을 가지고 있는 아름다운 귀부인들은 예쁜 유방을 탐해서 그 금단의 열매를 만져보려는 좋지 않은 생각을 남자들에게 일으키게 하는 나쁜 원인을 그렇게 쉽사리 만들 필요가 없는데도 그렇게 한다. 귀부인들까지도 세상이 비너스의 미끼라고 말하는 바보 같은 능금을 보통 이상으로 앞으로 내밀고 더구나 그것을 마치 팔 물건처럼 진열하고 다닌다. 그 경우 그런 귀부인들이 내게는 마치 남쪽 나라의 레몬이나 귤을 달고 있는 사람처럼 보인다.

여자들은 자기의 보물을 언제나 남의 코 앞에 들이대고, 자, 자, 여러분 이걸 만져보세요, 거저 만지게 하겠어요라고 부탁하며 남자들에게 유방을 사 달라는 듯이 말한다. 그러나 노출은 역시 자극과 죄악을 반드시 부르게 된다. 그것은 어떤 학식 있는 저자가 귀부인의 유방의 노출에 대해서 쓴 탁월한 책에서 정당하고 훌륭하게 지적한 그대로이다. 나는 여자들에게 하나의 거울로서 그 책을 권하고 싶다.

앞에서 말한 유방의 노출에 대해서 쓴 탁월한 책이란 1686년에 나온 「노출된 유방은 온갖 나쁜 쾌락의 거대한 토대이다」이다. 그 책의 저자는 프로테스탄트 선교사인데, 그것은 "벌거벗은 복장"에 대해서 이제까지 쓰여진 책들 가운데서 가장 냉엄한 공격의 하나라고 할 수 있다. 그 책은 큰 인기를 끌어 몇 차례나 중판되었고, 복사판까지 나돌았다. 한번은 「높아진 퐁탕주」라는 책과 합본으로 복사되기도 했다. 이 성실한 선교사가 "유방을 드러내는 갈보 옷"을 어떤 투로 공격하고 있는가는 다음의 글을 보면 분명해진다.

우리나라의 유명한 속담에 "수치심을 한번 잃은 사람은 어떤 수를 써도 구제할 도리가 없다"라는 말이 있다. 그러나 우리는 신의 도움에 의해서 벌거벗은 귀부인이라고 할지라도 부끄럽게 여기는 피 몇 방울쯤은 아직도 이마에 남아 있지 않을까 시험해보려고 한다. 이에 대해서 소수의 오만방자한 귀부인들은 그들이 이미 세를 가지고 있는 것처럼 행세하며 작은 코를 찡그리고 작은 입을 비쭉거리면서, 비웃듯이, 이 불쌍한 사내는 여자의 알젖통에 대해서 그처럼 불손한 것을 쓰는 일말고는 다른 재주가 없는 모양이라고 말하리라는 것쯤은 나도 쉽게 상상하는 터이지만, 그러한 여자들은 분명히 곤란한 인간임에 틀림없다.

이러한 서두에 이어서 그는 이렇게 말하고 있다.

　그러나 여러분은 그러한 옷을 오히려 악마의 저주를 받은 음란의 우상이라고 부르는 편이 좋을 것이다. 그 까닭은 악마란 많은 알젖통을 진열장이나 무대 위에 벌여놓고 인간의 마음속에 있는 악독한 정욕을 더욱 교묘하게 부채질하기 때문이다. 악마는 자기에게 이미 시간이 별로 남아 있지 않다는 것, 우리의 하느님은 곧 최후의 심판과 지옥의 불을 가지고 악독한 정욕이나 육욕의 불길을 끄리라는 것을 잘 알고 있기 때문이다. 아, 그 옛날의 정숙과 수치심은 도대체 어디에 남아 있는가? 옛날에는 남자도 집에서조차 아이들이나 하인에게 맨발을 보이지 않으려고 조심했다. 그런데 요즘에는 태어날 때는 수치심이 있었던 귀부인조차도 발만이 아니라 목둘레, 어깨, 유방을 드러낸 채로 집 앞의 골목길을 산책하며 생판 모르는 외간사내는 물론 친지에게도 자기를 과시한다.……이제 나는 노출된 유방에 갈보의 악습, 갈보의 옷이라고 이름 붙이고자 한다. 갈보란 언제나 젖통을 내놓고 걸어 다니고 몸을 팔기 위해서 몸을 알몸으로 만들고 싶어하는 것이다.……그렇다면 그런 여자들을 무엇이라고 불러야 좋을까? 너 음란한 허영의 악마여, 너 색정의 자매여, 너는 덕지덕지 화장을 하고 젖통까지도 치장하고 나서 남자를 보면 재빨리 여자끼리도 서로 가슴에 손을 넣어 남자들이 대담하게 공격해오도록 도발한다.……네게 말해라, 너 벌거벗은 후안무치한 여자여, 너는 대관절 누구의 마음을 사로잡으려고 나체를 드러내는가? 너희들의 사내들을 위해서냐? 그 사내들은 아마도 너의 목적이 어디에 있는가를 뻔히 알고 있을 것이며, 너의 알젖통을 보고 자기의 눈을 즐겁게 하고 마음을 기쁘게 하려는 바람도 충족시켰을 것이다. 그러나 그것은 어리석기 짝이 없는 것이다. 외간남자의 마음에 들려고 그러는가? 만약 그렇다면 그런 사악한 욕정에 대한 참회나 회개는 필요하지 않다. 악마에게 부탁해서 어디로인가 데려다달라는 편이 좋을 것이다.……

그것은 매음을 위한 옷이라는 것이 그 저자가 큰 소리로 외친 목적이었다. 물론 그는 그러한 옷을 입고 다니는 모든 자를 매춘부라고 말하지는 않았으나, 그들은 역시 아주 값싸게 몸을 팔 것이라고 생각했다. 그러한 이유에서 그는 여자들에게 "만약 네가 매춘부가 되지 않으려거든 갈보 옷 따위를 입어서는 안 된다"고 말하고,

이번에는 힘주어 남편들에게 다음과 같은 근본적인 치료법을 권했다.

지아비들이여, 너희가 아내들의 정숙을 지키고 싶거든 또 오쟁이진 남편이 되고 싶지 않거든 너희 아내들에게 갈보나 입는 나체나 다름없는 옷을 걸치게 해서는 안 된다.…… 너희 가운데 매춘부를 아내로 삼으려고 하는 사람은 아무도 없을 것이다. 그런데도 어째 서 너희는 아내들에게 갈보 흉내를 내게 하고 갈보 옷을 입는 것을 너그럽게 봐주는가? 쐐기풀을 뜯어와서 간음의 불을 뿜는 산 위에서 그것을 태워 정욕의 색정적인 재 대신 뿌 린다면 허영이라는 부스럼은 없어질 것이라고 말하는가? 자기 아내에게 그런 매음의 옷을 허용하는 남편은 위엄 있고 훌륭한 남편이 아니라 도리어 아내에게 쥐어지내는, 엄처시하 의, 오쟁이진 남편이며 모세의 복사판이다.

그는 그러한 투로 40쪽이나 계속 써내려가고 있다. 17세기 말엽에 저술가들이 그 "죄악"을 쳐부수기 위해서 쓴 글들은 모두 그와 비슷한 투의 것이었다. 그것은 여러 저술가들 가운데서도 독설가로 가장 이름을 날렸던 아브라함 아 산타 클라라 가 가장 분명하게 보여주고 있다. 그는 다음과 같이 쓰고 있다.

어떤 여자가 몸이 불편해서 의사한테 갔는데, 그녀는 "나는 남자를 보기만 해도 유방 언저리에 심한 오한을 느낍니다"라고 호소했다. 의사는 웃으면서 말했다. "세상 사람들도 당신의 좌우의 살덩이의 산을 보고 그쯤은 빤히 알게 됩니다. 오른쪽 산은 베수비오 화산 처럼 색정의 불을 뿜어내고 있으며, 왼쪽 산은 에트나 화산처럼 뭉게뭉게 연기가 일고 새 빨간 불길을 뿜고 있으니까요. 그 때문에 하느님의 많은 도시, 많은 영혼이 불타버렸지 요." 그 의사는 그녀의 알젖통이 그녀의 영혼뿐 아니라 다른 사람의 영혼까지도 타락시켰 다는 것을 풍자하고 있는 것이다.

목걸이 역시 유방의 아름다움을 높이고 남자의 시선을 억지로 그것에 끌어들이는 데에 언제나 큰 역할을 했다. 그런데 그 무렵의 여자들은 목걸이에 황금 십자가를 즐겨 달았는데 성직자들은 그 십자가가 바로 알젖통 위에 놓여 있는 것을 보고 신 에 대한 너무나도 심각한 모독이라고 여겼다. 아브라함 아 산타 클라라는 이에 대 하여 다음과 같이 분개했다.

너희는 모두 좌우의 알젖통 사이에 다이아몬드나 황금으로 된 그리스도의 고난의 형상을 달고 다니는 나쁜 습관이 있다. 그것은 신을 믿지 않는 유대인들이 옛날 골고다 언덕에서 그랬던 것처럼 그리스도가 오늘날에도 다시 "두 명의 살인자" 사이에 매달려 있다는 뜻이 아니냐?

18세기 초에는 앙드리엔(andrienne) 또는 볼랑트(volante)라고 부르는 망토가 유행했다. 그것은 마치 실내복을 입고 있는 듯한 인상을 주어 몹시 도발적이었다. 도덕군자들은 그 망토의 유행에 크게 화를 냈다. 왜냐하면 그 망토는 여자들의 마음을 사로잡아 교회의 아침 예배 때까지도 모두 입었기 때문이다. 어느 시대에나 여자는 신앙심보다는 자기의 얼굴이나 의상을 자랑하기 위해서 교회에 갔다. 그러므로 그 시대의 아름다운 여자도 일찍부터 유방을 남자에게 보이고 싶으면, 교회에 가서 무릎을 꿇는 것이 가장 좋은 방법이라는 것을 몸으로 알고 있었다. 실제로 남자들도 역시 이것을 체득하고 있었다. 실제로 남자들은 여자가 교회에서 무릎을 꿇고 있을 때 아주 쉽게 여자의 유방을 들여다볼 수 있었다. 성직자들은 금방 여자들이 품고 있는 그러한 호색적이고 부정한 목적을 알아차렸다. 그래서 그들은 여자들이 교회에 그러한 복장으로 나타나는 것을 엄하게 꾸짖었다. 물론 여자들은 노출증에 대한 성직자들의 매도 따위는 귓등으로 흘렸으나, 일부 성직자들은 교회에 올 때 여자들이 그러한 복장을 하지 않도록 하는 데에 성공했다. 예를 들면, 1730년부터 빈의 여자들에게는 "앙드리엔"이나 "볼랑트" 모습으로 교회에 가는 것이 금지되었다. 왜냐하면 교회가 점점 남녀들의 연애장소로 바뀌었기 때문이다. 요한 게오르크 카이슬러는 「새로운 여행」이라는 책에서 이렇게 말하고 있다.

이태 전(1730)부터 여자들이 앙드리엔이나 볼랑트 또는 이른바 프랑스 자루옷을 입고 빈의 성 슈테판 성당이나 그밖의 큰 성당에 들어갈 경우 교회 어른들로부터 창피를 당하고 내쫓기는 위험을 무릅써야 했다.……여자들은 허리띠도 매지 않고 대부분이 알몸 위에 볼랑트만을 걸치고 침대에서 곧바로 교회나 미사의식에 달려가기 일쑤였다. 그러한 일이 앞에서 말한 황제의 금령의 이유가 되었다. 몇몇 교회에서는 성직자들이 그런 단정치 못한 여자를 발견하고는 설교대 위에서 크게 꾸짖었다. 성직자 한 사람은 몹시 화를 내면서 여자가 자루옷을 뒤집어쓰고 교회에 오는 것은 나이 든 신자처럼 참회를 하려는 것이 아니라 자기의 상품을 판매대 위에 될 수 있는 한 먹음직하게 진열하려고 하는 모양인데 그 지경이 되면 어떤 성직자도 미사 때 정신이 오락가락하는 것은 당연한 일이라고 꾸짖었다. 또 한 사람의 신부는 만약 가슴을 드러낸 여자가 앞으로도 내 눈에 띈다면 나는 설교대에서 뛰어내려 그 여자의 가슴에 침을 뱉겠다고 위협했다. 그런데 볼랑트를 걸치고 교회에 가는 것이 공식적으로 금지되기 조금 전에 세 명의 귀부인이 그 복장으로 미사를 올렸는데, 유방을 얼마쯤 드러낸 채 다른 사람들과 함께 제단 주위에 무릎을 꿇고 앉았다. 그런데 그 말을 한 신부는 그 여자들을 거들떠보지도 않은 듯한 얼굴을 하고 미사를 진행해갔다.

이 기회에 빈의 궁정교회에서 일어난 우스꽝스러운 사건 하나를 말해두겠다. 유방을 드러낸 채 교회에 가서는 안 된다는 금령이 성직자들에 의해서 아직 시행되기 전에 한 신부가 어느날 설교를 하면서 "복음서의 저자 요한의 독수리가 저기에 있는 부인이 드러내놓은 유방을 볼 수 있도록 기도합니다"라고 말했다. 그곳에 있던 귀부인들은 그 신부의 말이 그들의 심중을 꿰뚫는지라 앉아 있을 수가 없었다. 그런데 그 신부는 곧 상급자로부터 다음 설교 때 그 실언을 사과하도록 요구받았다. 그러나 상급자의 꾸중을 들은 그 신부는 사과를 하지 않으려고 했으므로 그의 동료인 아브라함 아 산타 클라라 신부가 그를 대신해서 사과를 하게 되었다. 그런데 그가 한 실언의 정정이야말로 참으로 그녀들의 속셈을 꿰뚫은 것이었다. 산타 클라라는 자기가 존경하는 동료의 실언에 유감의 뜻을 표하고 나서, 동료의 말에 의하면, "그 역할은 복음서의 저자 요한의 독수리가 아니라 복음서의 저자 마태오의 소가 맡도록 기도합니다"라고 정정한다고 말했다는 것이다. 그 말에는, 알아준다는 그 부인들조차도 벌린 입을 다물지 못했다.

그런데 여자들이 유방을 온통 드러내고 교회에 드나드는 것은 그래도 괜찮았다. 그보다 더 지독한 것은 17-18세기 무렵에 여러 나라, 예를 들면 이탈리아나 프랑스에서는 어떤 교단의 수녀들조차도 유방을 드러내놓고 다녔다는 사실이다. 카사노바는 그것을 몇 번이나 말하고 있다. 그 시대의 수녀들의 생활상을 그린 베네치아의 벽화를 보면 분명히 증명되고 있다. 그리고 그러한 사실이 특징적인 것이라고 할지라도, 르네상스 시대와 마찬가지로 그 무렵의 대부분의 수녀원도 집안의 재산이 분산되는 것을 방지하려고 미혼의 딸들을 보내거나, 명문의 귀부인이 어떤 이유에서 한때 숨어 살거나 했던 귀족계급의 기숙사 같은 것이었다는 것을 상기한다면 별로 놀랄 만한 것이 아니다.

흉부노출 복장에 대한 교회측의 공격이나 저주는 크게 효력을 발휘하지도 못했지만, 그것이 절대주의 시대가 처음부터 끝까지 유방을 노출시켰음을 의미하는 것은 아니다. 18세기에 들어와서 큰 변화가 나타나서 끝없는 노출 대신에 때로는 밀폐된 복장도 유행했다. 절대주의의 복장은 먼저 유방의 아름다움을 노골적으로 노출시키는 데에서 시작되었다. 그 시기는 17세기 후반기에 해당된다. 그런데 10년쯤 뒤, 곧 18세기 초가 되면 목밑으로 2촐 이상을 노출하는 것은 몹시 예의없는 짓이 되었다. 그에 반해서 18세기 중엽이 되면 어깨와 가슴 대부분을 매우 품위 있게 노출시킨 의상이 유행했고, 그뒤 몇 해가 지나자 또다시 모두 턱까지 감추게 되었

갈랑트리한 복장(당루)

다. 그것은 외관적으로도 앞뒤가 맞지 않았다. 그러나 그것은 본질적인 것을 반영한 것이었을 뿐이다. 곧 절대주의는 자기 붕괴에 부딪치자 역사적인 자기비판을 한 것이었다. 17세기 후반에 그 절정에 이르렀던 절대주의는 18세기 초가 되면 벌써 도처에서 완전하게 파산했다. 그 때문에 그 무렵이 되면 최초의 반동과 최초의 무서운 숙취현상이 나타났다. 숙취현상은 여러 나라에서 10년, 20년 또는 그 이상 계속되었다. 그 다음에 온 시대는 파산의 종말은 아니었으나 그 행동은 진퇴가 곤란한 파산자의 자포자기한 몰골과 같은 것이었다. 그 파산자는 더 이상 파산으로부터 구제될 길이 없음을 확인하고 "내 뒤에야 어떻게 되든 말든"이라는 생각으로 미치광이 같은 자기붕괴의 변태적인 쾌락을 즐기며 그 최후의 울분을 풀었다. 절대주의 시대의 열병과 같은 숙취상태는 드디어 18세기 중엽이 되면 인사불성에 이르렀다. 이번에는 발작에 이어서 죽음이 나타났다. 그것은 임종 때의 경련의 마지막 황홀상태가 단속적으로 이어지면서 다가온 완만하고도 확실한 죽음이었다. 마지막으로 대단원에 이르러 생활권을 쟁취하려고 하는 부르주아 시대의 강한 폭풍 속에서 절대주의는 그 슬픈 장송곡인 최후의 경련을 일으키면서 망해갔다. 인생의 모든 형태, 따라서 복장의 유행도 위아래가 흔들리는 역사발전의 기이한 곡선을 따라서 움직여간다. 유행복에서 데콜타주가 밀려난 것은 이를테면 숙취 기분과 같은 것이었다. 그러나 유행복의 경우도 역시 한 가닥의 굵은 선이 관통하고 있었다. 그 선은 뚜렷한 것이었다. 만취한 뒤에 새로운 숙취상태나 새로운 황홀상태가 나타나듯이 유행복의 굵은 선의 흐름은 어느 시대에나 재빨리 앞에서 말한 극단적인 가슴 노출

이라는 주류의 형태로 역류했다.

그 시대의 유행복에 어떤 계급차별의 이해관계가 나타났는가는 예의 소시민적인 도덕군자들의 도덕적인 분개보다도 더욱 인상 깊은 것이다. 지배계급이 그들의 특수한 이해관계를 복장에서도 드러낼 만큼 강력했던 나라, 또 강력했던 시대에만 지배계급은 하층계급의 여자들에게 가슴을 깊이 판 상의를 입지 못하도록 명령할 수 있었다. 곧 상류계급의 여자들만이 그 눈부신 특권을 독점하려고 했다. 상류계급의 여자들은 한눈에 미천한 민중과 구별되어야 했다. 중산계급에게는 일반적으로 재산이 없었기 때문에, 또 일반 민중은 빈곤의 구렁텅이 속에 있었기 때문에 그런 음탕한 비싼 옷을 입을 수 없었으나, 그것을 접어두더라도, 지배계급이 쥐고 있던 계급차별의 강제수단 속에는 왜 중산계급이 각국에서 복장의 "예의범절"에 의해서 상류계급으로부터 확연히 구별되었는가에 대한 뚜렷한 원인이 있었다. 그것은 다음과 같은 사실에 의해서도 분명해진다. 우리는 여러 기록에서 그 시대의 가난한 민중의 딸들이 그들의 뛰어난 육체가 남의 눈에 띄지 않도록 강제되었다는 것을 볼 수 있는데, 그 때문에 그들은 상류계급의 귀부인들이나 딸들에게만 부여된, 육체의 아름다운 모습을 마음껏 자랑할 수 있는 특권을 몹시 부러워했다. 18세기 말에 나온 「최근의 베를린 회화」라는 책에서 저자 메르시에는 그러한 선망을 베를린의 여자들을 예로 들어 인정하고 있다.

독자가 지금이라도 튀멜의 「여행기」(프랑스 남부 지방의 여행기/역자)에 있는 삽화로 볼 수 있는, 창가에 선 네덜란드 주부의 얼굴은 그 시대에는 대단히 평판이 높았으나 오늘날의 베를린 귀부인들의 노출된 팔이나 목덜미에 비하면 하찮게 보인다. 그 이래로 베를린 아카데미의 미술전시회에서는 그런 그림은 값어치가 없어졌다. 왜냐하면 세상 사람들은 눈의 즐거움뿐 아니라 또 하나의 상상력이 발동할 수 있는 진짜 미인화의 주변에 모여들기 때문이다. 베를린의 미인들은 민중의 딸이나 하녀의 알젖통이 왜 그처럼 아름다운가를 오랫동안 이해하지 못했으나 마침내 그 비밀을 캐내서 호색적인 감상가의 눈에 그처럼 매력적으로 보이는 그 아름다움의 본보기를 스스로 만들어내기에 이르렀다. 그러자 이번에는 가난한 민중의 딸들이 상류계급의 드러난 가슴을 선망과 질투가 뒤섞여 바라보게 되었다. 왜냐하면 민중의 딸들은 그런 아름다움마저 그들에게 빼앗겼다는 것을 알았기 때문이다. 옷 소매를 걷어올리고 세탁하는 민중의 딸의 아름다운 모습이 그것만으로도 도발적인 것이라면 베를린의 몇천 명이나 되는 귀부인들의 노출된 팔은 이제부터 더욱 도발적이 될 것이 틀림없다.

파리의 유행의상(1776)

그 때문에 풍속이 문란해진 곳에서는 중산계급의 여자들조차도 그러한 유행복을 대담하게 모방했다. 앞에서 말한 도덕군자들의 독설의 십자포화는 그러한 사정을 분명히 말해주고 있다. 왜냐하면 그러한 독설은 특히 "민중"에게 돌려졌기 때문이다. 만약 상류계급의 흉내를 낼 수 없을 때 민중의 딸들은 그런 유행복의 적어도 그 골자가 되는 곡선만이라도 흉내내려고 안달을 했다. 물론 금지령이나 단속법규 등은 아랑곳하지 않았다.……

앞에서 든 사실들의 증거로서 회화에 의한 기록을 얼마든지 댈 수 있으나, 몇 개만을 들어두겠다. 그러나 그것만으로도 그러한 특징들을 아는 데에는 충분하다. 첫째 증거는 어떤 방법으로 그 무렵에 "벌거숭이 복장"이 공격받았는가 하는 것인데, 그 맹렬함이나 데콜타주를 없애기 위한 특수한 공격법으로부터 첫째, 여자가 애용한 가슴 노출의 구애방법이 그 무렵의 사회생활에서 위세를 떨치고 있었다는 것, 둘째, 가슴 노출이라는 대담한 방법에 여자들이 모든 것을 걸었다는 것, 셋째, 내가 마지막으로 말했듯이 모든 계급의 여자들이 모두 열심히 가슴 노출의 효과를 노렸다는 것 등을 알 수 있다. 인용한 예는 모두 독일 문학에서 빌려온 것이어서 독일식 방법만을 말한 셈이다. 하지만 나는 이미 다른 곳에서 독일에서 유행한 복장은 언제나 외국의 모방에 지나지 않았다는 것을 지적했었다. 그러므로 그와 같은 정도의 가슴 노출이 당시 어느 나라에서나 유행했다는 것, 즉 프랑스, 영국, 이탈리아에서도 역시 독일과 비슷한 저항이 있었다는 것은 앞에서 말한 사실을 보완하는 데에 충분하다.

어느 나라에서나 가슴 노출을 반대하는 세력이 있었다. 프랑스에서는 특히 장세니즘, 곧 얀센주의(네덜란드의 가톨릭 교도 얀센이 아우구스티누스의 이론을 받아들여 은총, 자유의지, 예정(豫定) 영혼구원을 강조하고 예수회의 과오를 지적함으로써 가톨릭의 개혁을 주장한 것. 프랑스에서 포르 루아얄파 등의 지지를 받았으나 1713년 교황이 금지함/역주) 교도들이 "벌거숭이 유방의 죄악"에 대해서 글을 썼고, 영국에서는 청교도들이 그 역할을 맡았다. 영국의 왕정복고 시대에는 노골적인 복장이 당대의 모든 유행을 몰아냈으므로, 그것을 공격하는 글들이 수없이 나왔다. 나는 이에 대해서 다음과 같은 책들의 이름만을 들어둔다. 1672년에 「청년을 위한 새로운 가르침」이라는 제목의 책이 나왔다. 이어서 1678년에는 에드워드 쿡의 「벌거숭이 유방과 어깨에 대한 정의와 이성의 항의」, 1683년에는 「영국의 허영, 일명 복장과 화장의 오만하고 기괴한 죄악에 대한 신의 소리」라는 제목의 책이 나왔다. 그 가운데 그 무렵에 명성이 높았던 신학자 리처드 락스터가 서문을 쓴 두번째 책은 큰 인기를 끌었다. 저간의 흐름을 볼 때, 어느 나라에서나 그것은 완전한 의견의 일치를 본 것처럼 보였으나, 그것은 어디까지나 외관상의 일치에 지나지 않았다. 본질적으로는 이러한 영국의 책들과 그것과 같은 문제를 다룬 독일의 책들 사이에는 상당히 큰 차이가 있었다. 영국의 책들은 찰스 2세의 절대주의에 대해서 시민계급이 보인 반항의, 간접적이기는 하지만, 상당히 분명한 표시였다. 공격의 표적이 된 것은 무엇보다도 먼저 궁정의 복장이었기 때문이다. 영국의 시민계급은 궁정의 품위손상에 반대하기 위해서 그들의 기품을 과시해야만 했다.

한편 그러한 유희복장에 반대해서 독일에서 쓰여진 공격문의 일반적인 경향은 영국의 경향과는 아주 다른 것이었다. 그 어느 것에나 잘 다듬어진 신민근성이 나타나 있을 뿐 시민계급의 기품이라고는 조금도 찾아볼 수 없다. 그럼에도 독일 시민계급의 여자들이 귀족계급이나 상류계급만의 특권인 복장, 도덕군자들의 의견에 의하면 그러한 계급만의 특권이어야 할, 곧 그러한 계급에게는 별로 죄악이 되지 않는다는 그들의 복장을 대담하게 흉내내면서도 태연자약했던 것은 기묘하다고밖에 말할 수 없다.

4) 라이프로크

그 시대에 유행했던 스커트의 형태는 절대주의의 성도덕의 특징을 파악하는 경우에는 가슴 노출에 비해서 그다지 중요하지 않다. 그렇지만 라이프로크를 통해서 전형적인 곡선을 드러낸 스커트는 역시 절대주의 정신을 분명히 드러낸 형태의 옷이었다. 라이프로크의 의의는 지대하므로 만약 여기서 애욕의 무기로서의 그것의 특징을 생략해버리면 구도 전체의 중요한 선까지도 무시하게 된다. 왜냐하면 라이프로크는 위엄을 나타내는 역할 이외에도 무엇보다 먼저 에로틱한 아름다움을 내세우는 역할을 했기 때문이다.

라이프로크는 베개 스커트의 연장이었다. 그런 스커트는 이미 르네상스 때에 유행했는데, 절대주의가 승승장구하자 그 형태는 더욱 커지게 되었다(라이프로크와 같은 형태의 옷은 18세기 중반에 크리놀린으로 발전함. 제IV권 참조/역주). 라이프로크는 베개 스커트가 노린 목적을 더욱 교묘하게, 다시 말하면 더욱 품위 있게 해결한 것이었다. 프랑스의 경우, 퐁탕주나 또는 그 당시에 널리 유행한 다른 복장과 마찬가지로 이런 형태의 스커트도 국왕의 한 총희의 불현듯한 생각, 곧 자기의 임신을 될 수 있는 대로 오랫동안 궁정의 사교계에 감추려고 했던 루이 14세의 총희 몽테스팡의 발명에서 시작되었다고 한다. 오를레앙 공작부인 엘리자베트 샤를로테의 1718년 7월 22일자의 파리로부터의 편지에는 다음과 같이 쓰여 있다.

영국의 유행의상(1786)

몽테스팡 부인은 임신사실을 감추기 위해서 로브 바탕트(robe bâtante)를 발명했습니다. 그것을 입으면 불룩한 배가 드러나지 않기 때문입니다. 그런데 부인이 그 스커트를 입는 것은 나는 임신중입니다라고 광고하는 것이나 다름없는 일이었습니다. 왜냐하면 궁중 사람들은 모두 "몽테스팡 부인이 로브 바탕트를 입고 있군요. 아마도 지금 임신중인 모양이지요"라고 말할 정도였기 때문입니다. 그러므로 부인이 그것을 즐겨 입는 것은 궁중에서는 실제적인 이유보다 더 많은 이유가 있다고 부인 자신이 생각했기 때문이라고 나는 믿고 있습니다.

그것이 라이프로크를 발명한 진정한 이유가 아니었음은 프랑스보다 훨씬 먼저 영국에서 라이프로크가 유행했다는 사실에서도 드러난다. 그러므로 몽테스팡 부인과 라이프로크를 결부시키려는 것은 그것이 사실은 로코코 시대의 중요한 장치의 하나였기 때문임이 분명하다. 그것은 사교계의 귀부인들이 너나없이 날마다 간통에 의한 임신의 위험을 무릅써야 했고, 대개의 부인들은 남편의 친구나 당대의 미남으로 이름이 높은 아무개에 의해서 몇 번이나 임신되었다는 이유만 보더라도 분명하다. 애욕의 얼음지치기를 하다가 실수로 치명적인 재난을 입게 된 귀부인들에게는 될 수 있는 대로 오랫동안 그것을 비밀로 해두는 것이 그들의 사교생활을 위해서도 필요했다. 귀부인들이 그들의 임신을 감출 수 있게 되자, 임신했을 때 남편을 애 아버지로 가장 나중에 생각해본다는 믿지 못할 사교계에서도, 상대가 과연 남편일까 하고 괜히 진지하게 따져보거나 아무개가 수상쩍다고 의심하거나 하는 일이 사라져 버렸다. 그 때문에 라이프로크를 "카슈 바타르(cache bâtard : 사생아 가리개)"라고 부르게 되었다. 남자에게 순종한 죄로 원치 않은 임신을 함으로써 그 값을 치러야 했던 독신녀들에게 라이프로크는 그들의 비밀을 감추어주는 몹시 고마운 것이었다. 1730년경 아우크스부르크에서 출판된 유머 시집 「라이프로크의 끝없는 남용에 대한 개탄」에는 다음과 같은 시가 있다.

처녀의 몸으로 작은 것을 가지게 된 여인은
임신한 배 둘레에 라이프로크를 걸치는 것이 좋다.
그렇게 하면 처녀의 명예에 큰일이 난 것을
세상 사람들은 알아차리지 못할 테지.

그런데 당시의 여자들은 간통에 의하지 않은 임신까지도 될 수 있는 대로 오랫동안 비밀로 해두고 싶어했다. 향락이 모든 것을 압도했기 때문에 여자들은 향락의 기회를 될 수 있는 대로 많이 맛보려고 했고, 그 결과 당연한 임신까지도 될 수 있는 대로 회피하려고 했다. 그 때문에 "요조숙녀"조차도 자기의 임신을 최후의 순간까지 숨기려고 했다. 게다가 그 시대에는 임신이 여자에게 명예스러운 것도 아니었다. 임신은 도리어 인생의 패배 같은 것으로 간주되었다. 임신은 경멸받아 마땅한 것이었다. 임신이 남편의 지불로 이루어졌다고 하더라도 그것은 얼마나 얼빠진 짓인가! 만약 상대가 정부였다면 그것은 그것대로 얼마나 서툰 짓인가!

그렇기 때문에 이 속임수는 아주 중요했다. 라이프로크가 새롭게 역사에 등장했을 때 그것은 다시 독특한 방법으로 그런 목적에 이용되었다. 라이프로크의 부활은 논리적으로 말하면 애욕적인 향락시대의 부활과 언제나 밀접한 관계가 있었기 때문이다. 한편, 라이프로크를 임신을 감추는 데에 이용한 것은 그것을 제복으로 정한 지배계급의 여러 가지 이해관계 가운데 하나에 지나지 않았다. 임신을 감출 수 있다는 이해관계가 라이프로크를 그러한 형태로 만든 진정한 목적도 아니었고 그것을 그렇게 만든 비밀의 법칙도 아니었다. 법칙이란 언제나 어떤 상태를 일반화하기 위한 적극적인 작용 속에서 나타나기 마련이다. 이 경우의 적극적인 작용은 에로틱한 작용을 의미하며 임신이라는 일시적인 개인의 상태를 감추기 위한 소극적인 작용을 의미하지 않는다. 라이프로크의 법칙은 허리 아랫부분을 그로테스크하게 크게 보이도록 만드는 경향, 곧 거친 에로틱한 아름다움을 그로테스크하게 과장하는 것을 겨냥한 것이었다. 앞에서도 말했듯이 라이프로크는 베개 스커트의 연장이었으며 또 그것을 더욱 발전시킨 것이기도 했다. 베개 스커트도 역시 같은 목적을 노린 것이었는데, 17세기 후반에는 그밖에 커다란 주름이 붙은 옷깃 장식의 도움을 얻어서 여자의 복장에 위엄을 부여하는 목적에도 이용되었다. 라이프로크는 이미 그 무렵 참으로 훌륭한 발명이라고 칭송이 자자했다. 그리고 많은 돈이 들지 않았기 때문에 생각했던 것처럼 세인들의 공격을 받지는 않았다. 여류작가 엘레오노레 샤를로테 로이코론다는 한 책에서 라이프로크는 엉덩이를 크게 보이게 하는 데에는 베개 스커트보다도 뛰어나다고 말하고, 여러 가지 장점을 들고 있다.

그에 반해서 이 경쾌한 스커트는 우리들에게는 참으로 고마운 것이다. 왜냐하면 우리들이 우리나라의 이제까지의 풍속에 따라서 아름다운 허리를 만들려고 할 때는 아무래도 엉덩이에 무게가 반 쇼크(Schock : 1쇼크는 보리 60줌의 무게/역주)나 되는 스커트를 걸쳐야 했기 때문이다. 그것은 참으로 무거운 것이었다. 내 말에 반대하는 사람은 아무도 없을 것이다. 10년이나 12년 전의 일반 시민들의 복장을 기억하고 있는 사람은 그 무렵의 풍속이 오늘날과 별로 다르지 않았다는 것을 느낄 것이다.……예를 들면 보이, 프리스, 플란넬 그리고 아마 스커트를 여섯 벌이나 만드는 데에는 적지 않은 돈이 들었고 게다가 그것을

베를린의 궁정 야회복(J. 그라트만, 1785)

입었을 때의 불쾌함은 무엇이라고 말할 수 없다. 앞에서도 말했듯이, 그 무렵에는 자태를 발랄하게 보이기 위해서 스커트를 몸에 착 달라붙게 입었다. 그 때문에 감촉이 몹시 불쾌했고 더구나 엉덩이가 헐거나 몸이 쉬 피곤해지기도 했다. 그러나 라이프로크는 구식 스커트에 비하면 기분도 좋고 돈도 들지 않는다. 2굴덴만 있으면 되니까……

이상의 사실들로 볼 때 여자들은 베개 스커트가 노린 중요한 곡선, 곧 여자의 특수한 아름다움으로서의 허리를 마음껏 과시하려는 생각을 줄곧 버리려고 하지 않았음이 분명하다. 그뿐 아니라 여자들은 그 효과를 시대의 조류를 향해서, 다시 말하면 육체를 유방, 옥문, 허리-엉덩이라는 삼위일체로 분해하는 "여자다움"을 과장하기 위해서 더욱 크게 넓히려고 생각했다. 그 목적은 그 때문에 만들어진 코르셋의 도움으로 훌륭히 해결되었고, 비로소 벌처럼 가운데가 잘록한 몸뚱이가 되었다. 그 결과 여자의 육체는 상반부, 곧 가슴께와 하반부, 곧 허리와 엉덩이로 나누어졌다. 다음으로는 여자의 옥문을 될 수 있는 대로 눈에 띄게 하는 일이 남아 있었다. 그것은 코르셋을 슈네벤(Schnebben), 곧 새의 부리 모양으로 만듦으로써 성공했다. 그 모양은 남자의 시선을 저절로 몸뚱아리가 접히는 곳, 곧 옥문을 암시하는 곳으로 끌어들였다. 그러한 곡선은 훨씬 이전부터 여자의 복장에서 볼 수 있었으나, 18세기에 이르러 비로소 소기의 은밀한 목표가 멋지게 달성되어 여자가 어떤 자세를 취하더라도 남자의 시선이 자연히 여자의 그것에 떨어지도록 되었다. 풍자가는 "즐거운 골짜기의 안내판"이라고 부른 코르셋 끝부분의 긴 부리는 벌처럼 가운데가 잘린 몸뚱아리에 의해서 대담하게 분리된 상반신과 하반신을 자연스럽게 잇는 연결부분이었고 그 부분은 보기에 별로 부자연스럽지 않았다.

세탁부(모를랑)

벌처럼 잘록하게 만들어진 라이프로크의 몸뚱아리 덕택에 마침내 그 시대가 노렸던 아주 중요한 또 하나의 목적이 달성되었다. 다름 아니라 몸매가 아주 못생기고 날 때부터 골격이 나쁜 여자라도 그 복장을 하면 당장에 날씬하고 품위 있는 모습이 되었다. 유행의 시대적인 요구로 볼 때도 아주 몸매가 미운 여자라도 보다 날씬하게 보이고 싶으면 좀더 과장만 하면 되었으므로 그것은 고무적인 것이었다. 「빈의 색」에 비쳐진 빈 여자들의 모습을 살펴보자.

그에 반해서 빈의 여자들은 몸매가 별로 좋지 않았으나 엉덩이를 크게 하기 위해서는 허리를 졸라매는 부드러운 끈 끝에 부팡트(bouffante)라고 부르는 두 개의 커다란 패드를 넣은 스커트(곧 라이프로크를 의미함/역주)를 입으면 아주 날씬하고 그리고 우아한 모습이 되었던 것이다.

라이프로크에 의해서 훌륭하게 해결된 두번째의 에로틱한 경향도 중요한 것이다. 그것은 완전한 은폐를 뜻한다. 코르셋이 노출함으로써 그로테스크한 역할을 한 것과 마찬가지로 라이프로크는 은폐함으로써 그로테스크한 역할을 했다. 곧 코르셋에 의해서 가슴이 욕심껏 노출되었듯이 라이프로크에 의해서는 하반신이 완전히 감추어져서 그 곡선이 완전히 보이지 않게 되었다. 이제까지 유행한 스커트는 라이프로크와 달리 몸에 착 달라붙는 것이었으므로 하체가 움직일 때의 아름다운 리듬을 크든 작든 메아리처럼 밖으로 퍼져나가게 했으나, 라이프로크는 그 메아리를 완전히 차단시켰다. 여자의 선천적인 하체의 곡선은 그러한 스커트에 의해서 감추어지고 마치 범종으로 덮어씌운 것처럼 그리고 그 종이 움직이는 것처럼 보였다. 그 종밑으로 때때로 작은 발이 슬쩍슬쩍 보였다. 물론 그것은 경우에 따라서였다. 귀부인이 그녀 쪽에서 작은 발을 남자에게 보이고 싶을 때 그리 했던 것이다. 「빈의 색」에는 이렇게 쓰여 있다.

> 지체 높은 분들은 대개 여자의 아름다운 발에만 관심이 있었으므로 불행히도 아름다운 발을 가지고 있지 않은 여자들은 바닥에까지 질질 끌리는 긴 라이프로크로 발을 감추는 편이 좋다. 한편 자기의 발이 가지런하고 아름답다고 생각하는 여자는 스커트를 약간 짧게 만들어서 그 귀중한 발이 감추어지지 않도록 재봉사에게 분명히 말해두어야 한다.

그처럼 극단적인 대립, 곧 놀랍도록 대담한 노출의 형태와 은폐의 형태가 복장을 통해서 서로 인연을 맺게 되었다. 그러나 그러한 복장은 라이프로크가 끼친 간접적 효과가 성공을 거두었을 때 비로소 괄목할 만한 세련된 형태가 되었다. 다시 말하면, 스커트에 의한 은폐는 보여주기 위한 은폐에 지나지 않았다. 왜냐하면 스커트의 그로테스크한 모양 때문에 그로테스크한 노출이 발을 움직일 때마다 자연히 발생했기 때문이었다. 아래가 퍼진 특이한 스커트의 형태 때문에 발생하는 노출은 겉으로는 우연한 것처럼 보였으나, 바로 그렇게 우연적이고 순간적인 것처럼 보였기 때문에 훨씬 도발적이었다. 라이프로크는 발을 움직일 때마다, 특히 계단을 올라가든가 절을 할 때는 과다한 노출을 수반했다. 그 당시의 여자들은 스커트 밑에 짧은 속치마밖에 입지 않았다. 드로어즈(drawers)는 17세기부터 18세기 사이에 알려지긴 했으나 입는 것은 엄금되었다. 그러므로 그 사정을 생각하는 것만으로도 그 노출이 어떤 것이었는가는 상상하기에 어렵지 않다. 드로어즈를 입는 것은 여자의 수치였다. 드로어즈는 할머니들만이 입는 것으로 알았고, 젊은 여자가 드로어즈를 입는 경우는 승마를 할 때뿐이었다. 당시의 여자들이 드로어즈를 입지 않았던 것은 이 책의 삽화(114쪽)로도 알 수 있을 것이다. 그러므로 사실을 말하면, 그러한 복장 속에는 노출과 은폐가 연결되어 있는 것이 아니라 오히려 노출의 극히 세련된 두 가지 형태, 곧 교묘히 조작한 계속적인 노출과 우연이나 순간적인, 따라서 묘하게 사람의 눈을 끄는 시의적절한 돌발적인 노출이 연결되어 있었다. 시대는 여자들에게 "자극적이기를" 요구했다. 몸도 마음도 모두 바친 황홀경에서만이 아니라 아무렇지도 않은 상태에서도, 더구나 아무렇지도 않은 얼굴로 육체의 극비의 아름다움을 호기심에 불타는 남자들의 눈에 노출하는 것이 가장 자극적인 것으로 여겨졌다.

"극장에서." 라이프로크와 코르셋을 입은 부인(모로)

그러므로 그 시대에 호기심에 불타는 연인들의 마음을 졸이게 하는 구경거리, 곧 포즈, 연극, 장식극 등을 연출하는 솜씨에서 진정한 대가라고 할 만한 여자가 있었다는 것은 그리 이상한 일이 아니다.……앞에서도 말했듯이 그 복장은 그러한 역할에 마음껏 이용되었다.

겉으로는 모든 것을 냉혹하게 감추었다고 전하는 그 시대의 많은 문학적 기록들도 라이프로크가 극히 노출적이었음을 묘사하고 있다. 「시의 스튜 요리」에는 "귀부인의 고래수염 스커트"라는 시가 있는데, 다음과 같다.

여자들이 라이프로크를 입고 길을 걸을 때를 노렸다가
기분 좋은 바람을 보내주렴.
만약 여자들의 몸이 불타고 있다면
그 여자의 다리와 배를 간지럽히는 미풍을 불어넣어다오.

17세기 후반에 나온 팸플릿에도 그와 비슷한 것이 노래되어 있다.

거친 북풍이 우리의 사지에 불어오는 겨울에도
여자들이 그런 모습으로 걷는 것은 어찌된 일인가?
왜 라이프로크 따위를 벗지 않는가?
이것만은 살짝 말해도 괜찮지.
어떻게, 어떻게, 그럴 수 있는가?
더위를 막아주는 것은 추위도 막아준다는 것을.

　　세상이 끊임없이 공격의 대상으로 삼은, 여자들의 그로테스크한 노출은 다른 방면에서의 라이프로크에 대한 변호에 의해서도 분명해진다. 「유식한 호색적 귀부인에 대한 감정(鑑定)」이라는 책에는 이렇게 쓰여 있다.

　　저자가 라이프로크에는 이은 자리가 없다고 말한 것은 거짓말이다. 왜냐하면 여자들이 오늘날에는 라이프로크도 이어서 만들어서 계단을 올라갈 때에 새로운 어떤 것이 엿보이지 않도록 하고 있기 때문이다.

　　이로 미루어볼 때 그런 "개량"이 그 이전에는 알려져 있지 않았음을 대체로 알 수 있고, 또 그런 개량에 의해서 라이프로크가 자연히 걷어올려져서 그것이 호기심에 불타는 남자들에게 앞에서 말한 것처럼 극단적인 구경거리가 되었음도 증명된다.
　　어쨌든 라이프로크는 상류계급이 독점했던 특권이었다. 대부분의 도시나 국가에서는 높은 벌금을 매겨서 하층계급의 여자가 그런 스커트를 입는 것을 금지했고, 하녀나 농민의 부인이 입었을 경우에는 당장 감옥에 가두었다. 그럼에도 불구하고 하층계급의 여자들은 그들의 엉덩이와 허리를 귀부인과 마찬가지로 과장하는 것을 그만두려고 하지 않았다. 예를 들면 유행복에 항상 따라붙기 마련인 퀼(cul)이라는

것이 그 무렵 "프랑스풍의 엉덩이"라는 이름으로
나타났다. 1725년의 「숙녀사전」에는 다음과 같이
쓰여 있다.

프랑스풍의 엉덩이라는 것은 부드러운 솜을 채운
둥글고 긴 패드, 또는 뒤에만 붙이는 슈르츠(Schurtz)
이다. 귀부인은 자기의 엉덩이를 눈에 띄게 하기 위
해서 대개 그것을 상의 특히 긴 상의 속에 뒤쪽에만
두른다.

라이프로크에 대한 프랑스의 캐리커처

그 기묘한 복장에 반대해서 당장에 들고 일어
난 비평이나 도덕적인 분개에 대해서 그 당시의 여자들도 지지 않을 반증, 곧 사실
의 논리를 버젓이 가지고 있었다. 그 사실이란 에로틱한 아름다움을 한껏 과장하는
것은 남자의 관능을 마음껏 자극한다는 것이었다. 그러한 과장은 선천적인 형태를
극대화하거나 그로테스크하게 돋보이게 하는 것으로 가능했다. 그러므로 여자들은
시끄러운 도덕적인 분노의 십자포화의 대상이 되거나 또는 미학적으로 잘못되어 있
다는 냉엄한 비판을 받아도 변함없이 남자를 끌려는 그러한 소박한 방법을 그만두
려고 하지 않았다. 계급으로서의 여자의 미학은 스스로 성의 도구로서 남자의 눈에
들고 싶어하기 때문에 그 도구를 남자의 눈에 띄는 것으로 만든다는 것, 이 오직 하
나의 의미, 단 하나의 표준 그것이었다. 여자들의 본심은 "눈으로만 보아도 좋고
실물로 증명해도 좋아요, 만약 눈으로 보고서 그 정도를 알 수 있다면 전부를 보여
줘도 좋아요, 하지만 사정에 따라서는, 이대로도 더 강렬한 욕정을 줄 수 있다면,
겨자씨만큼만 보여주는 것이 좋을 것 같군요"라고 말하는 것이리라. 이제 그 영원
한 법칙을 더욱 자세히 증명하려고 한다.

5) 속옷

르트루세(retroussé), 곧 걷어올리기를 더욱더 세련된 모양으로 하려는 방법, 곧
"자기의 하체를 보이려고 하는 기술"과 함께 속옷(dessous)을 통해서 밑으로부터 걷
어올리기를 더욱 밀고 나가려는 경향이 점점 더 강력해졌다. 그것은 처음에는 신과

그네타기(영국의 메조틴트 판화)

장화, 스타킹과 스타킹 끈으로 시작했고, 상당히 오랫동안 그 정도의 범위를 벗어
나지 않았다. 여자들은 신의 모양이나 스타킹의 색깔에 의해서 종아리의 모양을 자
기가 좋아하는 대로 수정할 줄을 알았고 스타킹 끈에도 같은 효과가 있는 것을 발
견했다. 여자들은 재빨리 그 방법으로 다리의 아름다움을 높이는 것을 배웠다. 여
자들은 그들의 하체를 자기의 기호대로 욕심껏 가늘게 보이게 하거나 보다 굵게 보
이게 하기 위해서 스타킹에 여러 가지 모양이나 색깔의 츠비켈(Zwickel：양말의 복
사뼈 부분을 장식하는 삼각형의 자수/역주)을 붙였다. 너무 굵은 장딴지를 가늘게

112

보이게 하거나 너무 가는 장딴지를 굵게 보이게 하기 위해서 여자들은 스타킹의 모양이나 색깔을 여러 가지로 고안했다. 끈은 이전에는 무릎 아래서 매는 것이 보통이었으나, 그 무렵이 되면 매는 위치가 점점 무릎 위쪽으로 올라갔다. 이러한 방법으로 여러 가지 대담한 시도가 성공을 거두었다. 그 때문에 다리는 아주 길게 보였고 그 곡선도 아래에서 위로, 곧 허벅지로 부드럽게 올라가는 것처럼 보였을 뿐 아니라 걷어올리기도 훨씬 위까지 자유롭게 올라갈 수 있었다. 그 무렵이 되면 여자는 무릎 위의 다리를 이미 맨살로 놔두지 않게 되었고 맨살을 가리는 것이 예의가되었다. 그것이 유행하기 시작하자 르트루세, 곧 걷어올리기의 한계가 비로소 문제가 되었는데, 대부분의 여자는 그 한계를 무릎 위로까지 연장했다. 그처럼 르트루세가 심각해졌기 때문에 남자의 눈은 자연히 훨씬 깊숙한 곳까지 엿볼 수 있게되었고, 남자의 공상은 결국 막다른 곳에까지 이르지 않고는 제어가 불가능했다. 그것은 여자가 남몰래 남자의 욕망에 동의한 표시로서 남자에게 뇌동한 것을 의미했다.

그처럼 스타킹과 스타킹 끈은 그 시대의 아주 중요한 유행이 됨으로써 날마다 새로운 조합이 만들어졌다. 1688년의 「처녀의 해부」라는 책에는 이미 이렇게 노래되어 있다.

예쁜 스타킹은 사랑의 빛 빨간색이어야 하고.
파랑, 초록, 노랑 그리고 그밖의 색깔은 더욱 그 광채를 더해준다.

논리적인 상호작용의 역할이 다시 직접적인 원인으로 바뀌었다. 곧 르트루세의 연습에 의해서 속옷의 세련화가 진전되었는데, 속옷의 자극적인 세련화는 반대로 사정이 허락되는 한 몇 번이라도 욕심껏 걷어올리는 르트루세의 직접 원인이 되었다. 여자들은 이제는 걷어올려야 하는 원인을 끊임없이 몸으로 보여주어야 했다. 그렇지 않으면 도리어 의혹을 사게 되었다. 왜냐하면 그 경우 귀부인은 최신의 유행복장을 하지 않고 있다고 오해받기 십상이었기 때문이다. 산책을 하거나 가마 또는 사륜무개마차로 외출할 때 르트루세가 잘 되지 않았다면 놀이 때에 그것을 만회했다. 르트루세에서 가장 인기 있었던 것은 스타킹 끈의 노출이었다. 그 때문에 그 시대에 이르면 가장 간단하고도 확실하게 스타킹 끈을 노출할 수 있는 오락이나 놀

그네의 즐거움(르 클레르)

이가 유행했다. 그네를 타고 높이 공중으로 날아오르는 것도 안성맞춤의 기회였다. 그래서 그 시대에는 여러 가지 형태의 그네가 유행했다. 곧 그네만큼 인기 있는 놀이가 없었다. 그 무렵의 많은 회화나 동판화는 왜 그네타기가 유행했는가를 우리에게 설명하고 있다. 그런 그림들에는 어느 것에나 미인들이 그네를 타고 구경꾼을 향해서 거리낌없이 넓게 열리고 있는 자기의 유혹적인 무대에는 조금도 신경을 쓰지 않은 채 대담하게 그 놀이의 즐거움에만 탐닉하고 있는 모습이 그려져 있다. 여자들 가운데서도 영리한 여자 특히 그 놀이에서 어느 곳이 보이더라도 남이야 하고 눈을 흘기는 미인들은 언제나 그러한 구경거리의 열성적인 연출가로 활동했다. 그녀들은 교묘한 움직임에 의해서 모든 의도가 아낌없이 발휘될 수 있도록 배려했다. 그렇게 해서 세상이 모두 열중했던 "그네의 우연한 행운"이 다가왔다. 그 경우 출연자도 구경꾼과 마찬가지로 열중했다. 프라고나르는 이렇게 말하고 있다.

1763년의 미술전이 폐막된 지 며칠 뒤에 어떤 신사가 내게 사람을 보내서 한번 와달라는 전갈을 해왔다. 그 신사를 방문했을 때 그는 마침 그의 애인과 함께 시골 별장에 머물고 있었다. 그는 대뜸 내 그림을 칭찬하고 난 뒤 자기가 생각하고 있는 그림을 그려주었으면 좋겠다고 하고 다음과 같이 속셈을 털어놓았다. "나는 이번에 당신이 그네를 타고 있는 귀부인을 그려주었으면 하오. 내가 아름다운 그 부인의 발을 보고 있는 장면 말이오. 그리고 당신이 나를 보다 기쁘게 하고 싶다면 더욱 깊숙한 데를 그려도 좋을 거요."

프라고나르는 곧바로 그 사람이 주문한 "더욱 깊숙한 데"를 자극적인 스타킹 끈 모양으로 그려 주었다. 그네는 목적 그 자체가 아니라 르트루세를 위한 수단에 지나지 않았다. 그러므로 그네를 타는 사람은 언제나 여자이며 남자 쪽은 거의 "구경꾼"이든가 아니면 모두가 바라는 우연한 르트루세를 될 수 있는 대로 잘 이루어지도록 연출하는, 그 역할로 말하면 "연출가"와 같은 것이었다.

파리의 유행의상(F. 게라르, 1700)

이처럼 인공적으로 또 조직적으로 이루어진 르트루세 덕택에 인간의 친화성은 더욱 제거되어 연애란 공개된 연극에 지나지 않는다는 선언은 마침내 막바지를 향해서 치달았다. 곧 모든 여자들에게 "나 모든 걸 먹어치우겠소" 하고 선언하는 시대의 법칙이 그로테스크한 형태로 그 열매를 맺게 되었다.

6) 절대주의의 색채

그 시대가 특히 좋아한 색채도 역시 유행의상이 요구한 에로틱 바로 그것이었다. 시대가 복장에 즐겨 쓰는 색채는 감정의 진정한 담당자로서의 그 시대의 혈액의 온도를 나타낸 것이다. 왜냐하면 혈액은 물질화된 생명이며 생명은 또 행위에 의해서 나타나는 육욕에 지나지 않기 때문이다. 어떤 시대에 육욕이 크게 꿈틀거리며 고동친다면 그것은 마치 불덩어리처럼 되어 혈관 속을 돌아다닐 것이다. 그 경우 그 시대가 몸에 두르는 색채는 강렬한 것이다. 그것은 불처럼 빛나며 또 원색일 경우가 보통이다. 모든 것은 아주 대담한 색채의 대비 속에 놓여진다. 그러한 이유로 르네상스는 특히 짙은 색채, 곧 빨강, 파랑, 짙은 주황, 진보라를 좋아했다. 그것은 르네상스라는 시대의 생명을 표현하는 색채였다. 르네상스는 혼합색을 알지 못했다. 현란한 색채가 미술이나 복장의 특징이 되었다. 남자도 여자도 즐거운 축제의 나들이 옷뿐 아니라 일상적인 작업복으로 현란한 색채의 옷을 입었다. 인간은 모두 열광 속에서 성장했고 또 자신과 시대의 내부를 흐르는 생활은 활활 타오르는 불길과 같았다. 축제의 열기는 현란한 색채의 소용돌이치는 불길이었고 그 빛나는 색채의

사랑과 포도주(드로이어, 동판화)

큰 물결 속에 기쁨, 감격, 즐거움이 어우러졌다. 그것은 넘치는 힘의 합창이며, 그 시대에 나타남으로써 비로소 실현된 창조적인 정신의 산물들이 어울리는 놀라운 교향악이었다.

그런데 절대주의 시대가 되자 육욕은 바야흐로 하나의 포즈가 되었으나 점차 경박한 유희로 바뀌었다. 드디어 바로크 시대의 색채는 이제까지의 광휘를 잃어버렸다. 사람들은 아직도 차가운 찬란함말고는 그 어떤 것도 알지 못했다. 그들은 그것

라이프로크에 관한 독일의 캐리커처(1720)

만을 좋아했다. 파란색이나 빨간색이 아직 쇠퇴하지는 않았으나 그보다도 차가운 황금색과 결부된 위엄 있는 색채, 권력을 상징하는 색채가 유행했고, 빛나는 불꽃 대신에 황금색이 지배했던 것이다. 복장은 차가운 황금색이 지배적이 되었다. 궁궐의 벽이나 교회 내부는 모두 황금색으로 장식되었다. 흑과 백 위에 군림하는 황금색, 그것은 권력과 영향력의 정상에 있는 절대주의의 지표였으며 그 시대의 미술을 지배한 색채였다. 로코코 시대가 되어 경직된 위엄을 대신해서 경박한 향락이 유행했을 때 혼합색, 곧 창조적인 충동이나 의욕을 상실한 육욕이 나타났다. 이번에는 황금색 대신에 은색이 세력을 떨쳤다. 모든 것은 부드러운 은색에 그 색조를 맞추었다. 밝은 하늘색, 부드러운 장밋빛이 이제까지의 보랏빛과 자줏빛을 몰아냈다. 권력은 이제 한풀 꺾이게 되었다. 강렬한 오렌지색 대신에 바랜 노란색이 나타났다. 이전에는 오만한 권력의 방자한 증오가 기승을 부렸으나 에메랄드 빛은 광택이 없는 엷은 초록빛에 의해서 밀려났다. 필승을 다짐하는 미래의 희망은 그 시대부터 모습을 감추고, 남겨진 것은 창조가 아닌 의혹뿐이었다. 그 때문에 색채의 콘트라스트에 대한 감각은 뿌리뽑혔다.…… 엷은 자주색, 어두운 노란색, 엷은 장밋빛, 바랜 초록빛이 미술이나 복장에서 가장 인기 있는 빛깔이 되었고 이제까지의 색채

남자가 하나 이상의 위험을 무릅쓰다!(L. 모로)

의 등급은 몇백 가지로 분류되었다. 곧 향락이 몇천 가지의 뉘앙스를 가졌던 것이다. 한동안은 벼룩의 빛깔이 가장 인기 있는 색채가 되었다. 누구나 벼룩 빛깔의 옷을 입었다. 그런데 그 색채에도 아주 세련된 섬세한 농담이 있었다. 그 색들은 벼룩, 벼룩의 머리, 벼룩의 등, 벼룩의 배, 벼룩의 허벅지, 심지어는 유선열(乳腺熱)이 있을 때의 벼룩이라는 명칭으로 분류되었다. 살갗의 부드러운 색이 선호되고 유행하면, 그 역시 당장에 그리고 자극적으로 미세하게 분류되었다. 사람들은 그 하나하나의 색조를 수녀의 배, 아내의 배, 매춘부의 허벅지, 처녀의 엉덩이 등으로

위험한 널뛰기(M. 파키에)

분류했다. 가장 부드럽고 깨끗한 장밋빛은 수녀의 배이며, 그것이 비단처럼 빛날
때는 매춘부의 허벅지이며, 향기를 풍기고 감촉이 부드러울 때는 처녀의 엉덩이이
며, 짙고 두터운 것은 아내의 배였다. 그 시대의 갈랑트리한 사고방식으로 볼 때
색채에 붙인 그러한 용어만큼 품위 있는 것은 없을 것 같다. 왜냐하면 갈랑트리한
사고방식에 의하면 분명히 그런 색깔의 옷을 입은 수녀의 살결처럼 부드러운 것이
없었고 매춘부의 살결처럼 매끄러운 것이 없었으며 아내의 하루도 거르지 않는 사
랑의 축제의 기쁨에 들뜬 살결처럼 자극적인 것은 없었기 때문이다.……앞에서 든
몇몇 예는 그것들 가운데서 가장 손쉬운 예일 뿐 그것이 그 시대가 생각한 가장 교
묘한 것은 아니다. 사실 심각한 것은 여자의 은밀한 구중심처의 아름다움의 색깔에
까지도 이름을 붙였다는 것이다. 자극적인 붉은색은 소녀의 붉은색(à la Fillette),
숫처녀의 붉은색(à la Vierge), 귀부인의 붉은색(à la Dame), 수녀의 붉은색(à la
Religieuse)으로 분류되었다. 처녀와 수녀의 붉은색은 어떤 미세한 구별이 있었던
가? 한편 쾌락의 단계에도 그 시대에는 그 방면의 달인밖에는 헤아릴 수 없는 수많

은 단계가 있었다.

한마디 덧붙여 말하면 인간의 공상도 역시 그와 마찬가지로 노예근성의 나락에 빠져 있었다. 세자가 태어나면 파리 사람들은 한 계절에 걸쳐서 카카 도팽(caca dauphin: 세자 즉 루이 14세의 장남의 똥색/역주) 옷을 입었다. 그때만큼 노예근성이 분명히 드러난 적은 없었다. 곧 파리 사람들은 광신적으로 거위의 똥색깔인 담황색의 옷을 입었던 것이다. 그것은 얼핏 볼 때는 국왕의 위엄을 가장 모욕한 것으로 여겨야 한다. 확실히 국왕의 위엄을 모욕한 것처럼 생각되었다. 왜냐하면 그 색채도 역시 궁정의 명령, 곧 국왕이 가장 좋아하는 총희가 생각해낸 것이었기 때문이다.

7) 복장의 사치

이제까지 설명한 복장은 그로테스크하게 발전한 사치의 요구에서 생겨난 것이므로 그것만으로도 사치와 복장은 분리할 수 없다는 것을 알 수 있다. 게다가 지배계급이 마음껏 복장의 사치를 부린 것은 역시 그 시대정신에 의해서였다. 그 반대의 일이 생긴다면 오히려 기적이었다. 왜냐하면 양적인 사치는 어느 시대에나 값비싼 것, 곧 질적인 것에 반드시 결부되기 때문이다. 여자들이 자기의 아름다움을 자랑하려는 육체의 모습은 연출기술에 따라서 더욱 강렬한 매력을 발산하고 더욱 요염하게 보이는 것이 보통이다. 그 때문에 여자들은 자기의 모습을 될 수 있는 대로 여러 가지 방법으로 또 더욱 새로운 방법으로, 다시 말하면 더욱 새로운 복장으로 드러냈다. 그것이 곧 양적인 사치였다. 절대주의 시대에는 그러한 요소가 끝없이 발산되었다. 그 경우에도 역시 연기의 법칙이 위세를 떨쳤다. 그런데 연기란, 위로는 국왕으로부터 아래로는 가장 미천한 하인에 이르기까지 개인적으로는 힘을 과시하는 것일 뿐 아니라 자기가 남보다 뛰어나다는 것을 자랑하는 일이었다. 그 시대의 사람은 그것을 무섭도록 값비싼 복장이나 끊임없이 새로운 유행복을 고안하여 몸에 걸침으로써 분명히 나타낼 수 있었다. 왜냐하면 만사를 옷차림에 의해서 판단했던 시대에는 복장은 신분제 속에서 자기의 뛰어난 지위를 나타내기 위한 가장 원초적이고도 보편적인 방법이었기 때문이다. 온몸은 황금과 보석으로 장식되었고, 특히 "예복과 사교복"은 온통 검은 바탕에 황금의 레이스, 금은 자수, 그밖의 장식이 붙

아우크스부르크의 그로테스크한 머리 장식에 대한 캐리커처(J. M. 빌, 1780)

게 되었다. 단추는 보석으로 만들어지고 구두의 조임쇠는 보석을 박은 아그라프 (agraffe : 물림쇠/역주)로 만들어졌다. 양말에까지 보석을 달거나 수놓았다. 우리는 루이 14세의 총희 맹트농의 편지에서 멘 공작부인의 머리 장식은 황금과 보석으로 꾸며졌으며 그 무게가 그녀의 체중보다도 무거웠다는 것을 알고 있다. 사람들은 예복에도 머리 장식에 지지 않을 만큼 변화를 주었다. 명문가 숙녀나 신사는 아주 값비싼 옷을 입었다. 값이 때로는 몇천 금이 되었는데도 대개는 한 번 입고 나면 버렸다. 일류 미술가들도 그러한 숙녀나 신사들의 고용인이 되어 끊임없이 복장의 스타일을 고안해야만 했다. 몽테스키외는 이렇게 쓰고 있다.

어떤 귀부인이 이번 모임에는 이러저러한 의상으로 출석하고 싶다는 생각이 문득 떠올랐다면 그 순간부터 50명의 미술가들은 한숨도 못 자게 되며 식사할 시간도 없게 된다.

마리-앙투아네트의 시녀 베르탱 양은 궁정이발사와 함께 매일 왕비 옆에서 옷에 대한 연구를 했고, 그 귀부인의 회상록으로써도 알 수 있듯이 그 방면에서 가장 왕비의 마음에 드는 상담역이었다. 사람들은 베르탱 양을 "유행복의 대신"이라고 불

모성애(페테르스의 유화에 의한 슈빌레의 동판화)

렀는데, 그 "대신"이 1787년에 200만 리브르의 빚을 지고 파산에 직면했을 때 왕비
는 그녀를 구제하기도 했다. 1761년에 러시아의 여제 엘리자베타(표트르 대제의
딸. 이반 6세를 폐하고 제위에 오름. 무식하고 기분파이며 황음하여 정치는 총신들
이 좌우했음/역주)가 죽었을 때, 그녀는 자그만치 8,700벌의 예복을 남겼다. 그 가
운데서 절반 이상이 한 벌에 5만–10만 루불이나 나가는 것들이었다! 이발사와 재
봉사는 그 시대에는 으뜸가는 명사였다. 군주만이 아니라 돈 많은 평민도 자신들의

의복을 담당하는 전속 의상미술가를 고용하고 있었다. 마티뇽 집안의 어떤 부인은 단 한 벌의 의상으로 큰 평판을 얻었다는 이유만으로 전속 여재봉사에게 매년 600리브르의 은급을 지급했다. 600리브르라면 오늘날의 화폐시세로 대략 1,500-1,800마르크의 금액이다. 상류계층 여자들은 특히 겉치레를 위해서 온갖 사치를 다했는데, 평생이 걸려도 다 입을 수 없을 만큼 많은 의상을 가지고 있는 것이 보통이었다. 왜냐하면 최신유행의 의상만이 여자의 이해관계를 지켜주는 가장 중요한 방패였기 때문이다. 여자들이 새로운 옷을 입

파리의 유행의상(와토 2세, 1784)

고 새로운 조명 아래 나타날 때마다 그 아름다움은 더욱 매력을 발휘했고 또 끊임없이 다른 조명 아래 나타남으로써 그 아름다움은 모든 남자를 황홀하게 만들었다. 왜냐하면 그런 방법으로 여자들은 여러 가지 새롭고 특수한 아름다움을 과시했기 때문이다. 그런데 절대주의 시대에는 남자도 역시 사치에 탐닉했다. 많은 저술가들이 남자의 사치가 때로는 여자의 사치를 능가했다고 했다. 예를 들면, 프랑스의 역사가 앙리 드 갈리에는 18세기의 복장의 사치에 대한 연구에서 다음과 같이 재미있는 사례를 들고 있다.

17세기와 18세기에는 신사의 치장이 귀부인의 치장보다도 훨씬 많은 돈이 들었다는 것을 특히 말해두어야겠다. 신사는 가죽구두, 무도화(escarpin), 가죽 덧신(galoche) 등을 갖춰야 할 뿐 아니라 가죽, 양모, 비단으로 만든 양말에다 야간용 모자를 꾸미기 위한 비단 리본, 야간용 플란넬과 망셰트를 단 잠옷 등이 있어야 했다. 남자의 경우 검은 비단 외출복에만 1년이면 87리브르, 모자 하나에 12리브르, 가발에 265리브르가 들었다. 1720년의 파리의 경우 비단 양말 한 켤레에 40리브르, 흑회색 라사 1피트당 70-80리브르였다. 사교계에 드나드는 남자는 의복에만 1,200-1,600리브르의 큰돈을 썼다. 그 가운데는 레이스나 장식품은 포함되지 않았다. 귀부인의 치장도 그와 경쟁하듯 많은 돈이 들었음은 물론이다. 투르농 양이 결혼했을 때 그의 백모 뒤바리 백작부인은 그녀에게 모두 1,000리브르어치나 되는 편물 주머니, 지갑, 부채, 스타킹 끈 등의 장신구 그리고 2,400리브르와 5,840리브르나 나가는 의상 두 벌을 선물했다. 대례복이나 약식예복은 더욱 값이 나갔다. 그것은 12,000리브르 또는 그 이상이었다 —— 더구나 그 옷에는 따로 셔츠와 레이스도

LE BOURGEOIS ET LA BOURGEOISE.

La Bourgeoisie est l'état le plus considerable d'un Royaume, d'autant qu'il est le plus nombreux, c'est la Bourgeoisie qui remplit les coffres des Souverains et qui peuple les villes. Un Empire est plus ou moins florissant selon l'aisance des Bourgeois, les Rois de France ont fait tant de cas de cette partie de leurs sujets, qu'ils ont exempté le Bourgeois de Paris et d'autres grandes villes du Royaume des droits de francs fiefs, du banc et arriere banc et qu'ils leur ont permis de porter des Armoiries de même que les nobles Chevaliers, mais voyons qu'elles sont les qualités, qui constituent le bourgeois, à Paris tous les marchands passent pour tels et presque tous les habitans de Paris en prennent la qualité, sans qu'on la leur conteste, cependant les marchands et les gens de pareils etats ne sont point regardés comme nobles, quand même ils auroient acquis le droit de noblesse par l'Echevinage, du moment qu'ils continuent le commerce, si ce n'est sous corde, car ils derogent par là à la noblesse. Dans la Province on appelle actuellement bourgeois ce qu'on nommoit autre fois Noble Homme, c'est a dire, un habitant d'une Ville qui vit noblement de ses propres revenus sans faire aucun negoce, ni metier et à la rigueur un vrai bourgeois de Paris ne differe de celui de la Province, qu'en ce qu'il doit jouir de revenus plus considerables, pour y vivre honorablement suivant l'ordre civil, un marchand aspire a la bourgeoisie et la bourgeoisie à la noblesse comme le bourgeois est un demi noble il porte tantôt des habits noirs, ainsi que le magistrat, tantôt des habits en velours, galonnés de même que les nobles, son Epouse n'ose pas s'orner de tous les pompons qui distinguent les femmes de qualité, aux quelles on porte la robe ; mais a cela près son ajustement et sa personne sont aussi elegans et aussi recherchés, ainsi qu'il est representé dans l'Estampe elle a avec elle son enfant qui est habillé à la façon moderne et propre a son age et à son sexe.

시민계급(프랑스의 동판화)

필요했다. 1770년부터 1774년까지의 4년 동안에 뒤
바리 백작부인은 그녀의 외출복의 속옷에만 91,000리
브르나 되는 큰돈을 썼다. 검소하다고 알려진 슈아죌
부인도 때로는 45,000리브르짜리 레이스를 달았고,
부플레 부인은 30만 리브르나 나가는 레이스를 가지
고 있었다. 베뤼 부인이 죽었을 때 그녀의 재산목록에
는 다음과 같은 물품이 들어 있었다. 코르셋 60개, 속
내의 480장, 손수건 500다스, 뫼동에 있는 별장의 시
트만도 129장, 그밖에 헤아릴 수 없을 만큼 많은 의
복 —— 그 가운데는 실크 의상만도 45벌이나 있었다.
1774년에 뒤바리 백작부인은 48만 리브르짜리 보석
을 샀고, 그녀의 조카딸에게 6만 리브르짜리 다이아

아우크스부르크의 의상 캐리커처(J.M. 빌)

몬드를 선물했다. 퐁파두르 부인은 300만 리브르나
하는 보석을 가지고 있었다. 미르푸아 공작부인은 궁중에 들어올 때는 40만 리브르짜리
진주목걸이를 목에 걸었다. 륀은 큰 재산과 맞먹는 보석을 가지고 있었다. 명문의 가족들
모두가 거의 100만 리브르에 상당하는 보석을 가지고 있었다.

그 당시 "검소하다"는 말을 들었던 여자들 가운데에는 마리-앙투아네트도 포함
되었다. 그러한 의견이 어떻게 해서 역사 속에 얼굴을 내밀었는가는 불가사의한 일
이다. 왜냐하면 그 고귀한 숙녀가 왕비 자리에 앉은 첫 해에 장식품과 장신구류를
사기 위해서 재빨리 30만 프랑이라는 목돈을 빌렸던 일은 당시에도 큰 화제가 되었
기 때문이다. 그런데 왕비가 다이아몬드에 대해서는 약간 변덕을 부렸다는 것은 그
녀의 찬미자들조차도 인정한다. 그러나 그녀로 볼 때는 이 하찮은 변덕도 분명히
비싼 대가를 치러야 하는 것이었다. 그만한 돈이면 프랑스의 수많은 가난한 사람들
을 며칠 동안 먹일 수 있었다. 예를 들면 마리-앙투아네트는 1776년에 파리의 보
석상 뵈머의 가게에서 한 쌍의 다이아몬드 귀걸이를 보았다. 아내에게 빠져 있던
남편은 대뜸 거금 34만 리브르를 들여서 그 다이아몬드를 그녀에게 사주었다. 그
돈은 당시 상당한 수입을 올리고 있던 몇천 명의 노동자 가족들이 1년 동안 편히
살 수 있을 만한 액수였다.
  우리는 영국에서 복장의 사치를 위해서 사용한 돈에 관해서도 그와 비슷한 수치
를 알고 있다. 바이스는 변태성욕자인 제임스 1세의 총신 버킹엄 공작의 의상술에

「다른 연령」(1720)에서

관한 책에서 다음과 같이 말하고 있다.

자신의 의복감으로 언제나 가장 값비싼 직물, 예를 들면 벨벳, 새틴, 금란(金襴), 은란(銀襴)을 선택한 것은 빼놓고라도 버킹엄 공작은 그의 의복을 가장 값비싼 레이스나 가지각색의 자수로 엄청날 만큼 호화롭게 장식했을 뿐 아니라, 진주나 보석 특히 정교하게 금세공을 한 다이아몬드 단추까지 달았다. 그리고 공작은 1625년에는 한 벌에 무려 35,000프랑이나 하는 훌륭한 의복을 26벌이나 가지고 있었고, 찰스 1세의 성혼식에 참석하기 위해서 지은 대례복에는 50만 프랑의 거금을 들이는 호기를 보였다.

아르헨홀츠의 「영국 연보」에 의해서 데번셔 공작부인의 보통 나이트 캡 한 개의 값은 10기니였다. 러틀랜드 공작의 미망인은 그녀의 야간복의 가장자리를 장식하는 데에 100기니나 썼다. 영국의 사교계의 부인 한 사람이 1년 동안에 쓰는 치장비는 평균 500-600기니나 되었다. 그것을 오늘날의 화폐시세로 따지면 20,000-25,000마르크나 된다. 어떤 고관이 채권자들에게 빚을 청산할 때에 한 모자공이 청구서를 냈는데, 그 장인은 17개월 동안에 합계 109파운드 스털링어치나 되는 모자를 그 고관에게 팔았다. 여배우인 애빙턴 부인은 그녀의 세련되고 품위 있는 안목 덕분에 런던의 명문 귀부인들의 상담역으로 초빙되었는데, 고문료로 해마다 1,500-1,600파운드 스털링이라는 큰돈을 받았다. 그런데 독일에서는 그러한 엄청난 돈을 낼 수 있는 곳이라고는 궁정사회밖에 없었다. 독일에는 프랑스나 영국처럼 돈 많은 부르주아가 한 사람도 없었기 때문이다. 그러나 독일의 각국 궁정들이 누렸던 사치는 프랑스나 영국의 사치와 조금도 다르지 않은 것이었다.

그 시대에는 하층계급에서도 역시 사치풍조가

방물장수(르 클레르)

유행했다. 왜냐하면 세상은 사치를 부를 과시하는
첫째의 표지로 삼았고, 대부분의 인간은 어느 시
대에나 돈 없는 사람으로 보이지 않기 위해서 상
류계급의 흉내를 냈기 때문이다. 그 때문에 아내
가 남편에게 투덜댄 가장 큰 불평은 당신의 수입
이 너무 적기 때문에 다른 여자와 의상으로는 도
저히 경쟁할 수 없다는 것이었다. 그것은 또 아내
가 남편에게 퍼붓는 가장 큰 비난이기도 했다. 시
민계급에서 사치풍조가 얼마나 유행했는가에 대해
서는 그 시대의 도덕군자들이 여러 가지로 말하고

화장대에서(N. 랑크레, 1740)

있다. 1707년에 나온 「최근 발견된 놀랄 만한 멍청이들의 보금자리」라는 책에는 다
음과 같이 쓰여 있다.

대서사나 변호사의 딸들을 보라. 그 멍청한 처녀들이 어떻게 몸단장을 하는가를. 네덜
란드의 레이스, 프랑스의 리본, 외국제 의상……이 멍청이들아, 이 멍청이들아.

아브라함 아 산타 클라라는 「대악당 유다」 속에서 이렇게 말하고 있다.

네 옷의 가짓수는 평복, 여행복, 여름옷, 봄옷, 가
을옷, 교회복, 회의복, 혼례복, 예복, 축제복, 작업
복, 웃도리, 아랫도리, 비옷, 막옷, 스페인 옷. 여기
또 있지, 사육제 때의 어릿광대 옷.

산타 클라라의 말을 빌리면, "농사꾼"까지도 남
에게 뒤질세라 사치에 혈안이 되었던 것은 괘씸한
일이었다. 그는 「모두를 위한 것」이라는 책에서
다음과 같이 외치고 있다.

오늘날에는 시골 처녀가 가까운 도시에 나와서 하
녀 노릇이라도 하게 되면, 그 어리석은 처녀는 최신

아우크스부르크의 복장화(J.F. 괴즈)

유행에 따라서 옷을 입으려고 한다. 구두를 신지 않은 발은 그 처녀의 마음에 들지 않으며 게다가 구두에는 굽을 달아야 한다. 지금까지 입었던 스커트나 검정 아마포로 만든 슐츠는 너무 짧게 보인다. 이제 하녀는 복숭아뼈까지 내려오는 염색 옷감의 스커트나 슐츠를 입고 앞이 뾰족한 작은 구두나 붉은 양말이 슬쩍슬쩍 보이게 한다. 하녀는 이전의 유플레(Jupple : 쟈켓/역주)나 시골풍의 가슴받이도 유행에 뒤졌다며 어울리지 않는다고 한다. 그래서 긴 자락과 신식 소매를 단 최신유행의 밤메스(Wammes : 짧은 동옷/역주)를 입는다. 시골풍의 작고 둥근 옷깃은 잘라내어 그것으로 소매 끝에 붙이는 장갑을 만든다. 두툼한 두건은 시골풍의 라펜(Lappen)에나 어울린다. 그래서 아름다운 신식 두건이나 레이스를 단 주름모자를 쓴다. 아무튼 몽땅 최신유행이 아니면 안 된다고 전부를 바꿔치움으로써 몇 주일 안 되어 시골에서 갓 올라온 그레트 양은 완전히 환골탈퇴한다. 그 때문에 그녀가 얼마 전까지 집에서 일할 때 쓰던 갈퀴나 쇠스랑이나 삽이나 빗자루나 우유통을 소리쳐 불러도 이들이 최신유행으로 차린 그녀를 못 알아보는 것은 당연한 일이다.

도시의 관청에서 그 시대에 여러 차례 내린 복장단속령 가운데에도 복장이 사치로 흘렀음을 말해주는 증거가 여러 가지 남아 있다. 1640년에 라이프치히가 실시한 복장단속 기록에는 다음과 같은 대목이 있다.

여자, 상인, 장인 등은 날마다 가슴받이나 조끼, 소매 장식에 새롭고 기발하고 게다가 돈이 드는 허영에 찬 것을 고안하는 데에 열중해 있다. 그 결과 그것들로 장사를 하는 여자도 나타나서 옷이나 구두의 새로운 모양을 고안하거나 그러한 물건을 가지고 단골들에게 다니기도 하며 더구나 젊은 여자나 처녀들까지도 끌어들여 새 유행으로 그들의 마음을 여러 가지로 흔들어놓아 그러한 좋지 않은 유행을 더욱 퍼뜨리는 실정이다.

사치에 대한 비난이나 단속은 다른 나라에서도 비슷했다. 예를 들면, 영국의 어떤 저자는 이렇게 말하고 있다.

무용교사, 음악교사, 제화공, 재봉사나 그밖의 장인의 아내와 딸들도 오늘날에는 입성만으로는 일류 귀부인들과 구별할 수 없게 되었다. 그러한 여자들은 귀족의 화려함만이 아니라 귀족이 퍼뜨리는 최신유행의 얼간이짓까지도 흉내내고 싶어하기 때문이다.

그 방면에 대해서도 내가 수집한 것들을 전부 보여주기는 어렵지 않은 일이나 여기에서는 다음과 같은 하나의 예만을 들어둔다.

부셰의 유화에 의한 J.B. 미셸의 동판화

　복장의 사치에 대한 공격은 무엇보다도 계급차별에 의한 이해관계를 위해서 행해졌다. 그것은 따로 설명할 것도 없이 앞에서 든 공격문의 말투만 보아도 분명해진다. 그 공격의 창끝은 앞에서도 보았듯이 중소 시민계급을 겨냥하고 있다. 어떤 옷감, 레이스, 장식품을 사용해서는 안 된다는 금령이 내려졌다면 그것은 계급이익 이외에 르네상스 시대와 마찬가지로 그러한 금령에 의해서 국내산업을 외국과의 경쟁에서 보호하려는 목적을 위한 것이다.

　어떤 시대에 대부분의 사람들이 사치스러운 복장을 선호했다는 사실은 단순히 경제적인 문제에만 국한되지 않고 그것이 미치는 범위와 특수한 성질에 의해서 일반적인 풍기상태에도 크게 영향을 미친다. 사치가 일반 사회의 풍조가 되었는데도 화려한 복장으로 남과 경쟁할 수 없는 여자는 사회적으로는 자기가 뒤떨어진 것으로 느꼈고 그렇게 되면 여성의 순결이나 정조는 오히려 웃음거리가 되고 부정이 성행하기 마련이었다. 그러한 시대와 계급에서는 남편은 남편대로 자기에게 호의를 보이는 나이 든 바람둥이 여자의 마음에 드는 남자친구가 되고, 아내는 아내대로 돈 잘 쓰는 정부의 마음에 드는 여자친구가 되는 것이 보통이다. 장 에르베는 「17세기의 여자의 색」이라는 책에서 다음과 같은 예를 들고 있다.

라 로슈기용 부인은 방세르드에게 홀딱 반해 있었다. 그는 그 해에 그 부인으로부터 집 한 채, 문장이 새겨진 마차 세 대, 하인 세 명, 그리고 은제 식기류를 받았고 상당히 좋은 가구까지도 받았다. 그의 생활은 그처럼 호화로운 것이었는데도 어쩐지 심기가 불편한 모 습이었다. 나이 든 여자를 사랑한다는 것이 그에게는 상당히 김빠지는 일이었기 때문이라 고 나는 믿고 있다.

다시 그는 다른 대목에서 이렇게 말하고 있다.

신분이 높은 귀부인까지도 그 시대에는 예사롭게 몸을 팔았다. 돈 많은 정치가 파제는 하룻밤을 같이 자고 싶다는 생각에서 알론 백작부인에게 편지를 보내, "나는 상대에게 보 통 100피스톨(pistole : 프랑스 금화/역주)을 지불합니다만 부인에게 대해서만은 특별히 200피스톨을 치르려고 합니다"라고 제의했다. 그에 대해서 알론 백작부인은 "나는 당신의 편지처럼 훌륭한 편지를 받아보기는 생전 처음입니다"라고 답장을 썼다.

여주인에게 맞는 일은 그대로 하녀에게도 맞았다. 그것은 17세기나 18세기에도 마찬가지였다. 「빈의 색」에는 이렇게 쓰여 있다.

하녀에서 귀부인에 이르기까지, 문지기에서 고관에 이르기까지 모든 사람이 화려함과 끝없는 낭비에 탐닉해 있다. 그것은 색이라는 용수철 장치에 뒷받침되어 있다. 더구나 1년 에 겨우 20굴덴의 급료밖에 받지 못하는 주제에 비단 슬리퍼를 신고 비단 옷으로 날마다 나다니는 하녀는 결국 바깥 주인의 첩으로서 그 집에서 이중의 일을 하고 있든가 외간남자 의 정부가 되어 벌이를 하고 있든가 그 어느 쪽이라는 것을 독자도 쉽게 간파할 것이다.

나는 다음 장에서 그 점에 대해서 더욱 자세히 말하고자 한다.

어떤 시대의 풍속이 극단적으로 사치로 흘렀다는 사실은 그 시대의 사상 전체를 비판할 때에 당연히 제시되는 다른 풍조를 생각하는 데에서도 중요한 작용을 한다. 곧 절대주의 시대에 유행한 복장의 끝없는 사치는 그 시대의 사람들이 온 생활을 바쳐서 거친 육욕에만 얼마나 탐닉했던가를 말해주는 가장 두드러진 사실의 하나이 다. 한편 그러한 사치가 여자 쪽에 보다 집중되어 있었다는 점에서 또한 그 시대의 여자는 남자를 위해서 만들어진 사치품 —— 곧 남자의 눈을 즐겁게 하기 위해서 현실세계에서 가장 세련된 구경거리로서 만들어진 가장 값비싼 사치품 —— 에 지 나지 않았다는 중요한 사실도 저절로 드러난다.

3. 연애

1) 연애기술에 대한 숭배

연애는 개인적 성애가 눈뜨고 나서부터 몇 세기 동안에 유럽 문명에 의해서 고도로 정신화되었다. 그러나 16세기에 최하층 민중에게 연애는 아직도 자연의 법칙에 의한 야만스런 만족에 지나지 않았으나, 귀족계급이나 소수의 도시 부르주아지 사이에서는 일부일처제의 지고한 이상을 지향하고 있었고 남자와 여자를 한 쌍으로 결합시키는 구실을 했다. 그러한 남녀들은 연애를 통해서 결혼했고 인간적 완성을 맛보았다. 그런데 연애의 정신화는 이성에 의해서만 이루어졌고 감정은 전혀 무시되었다. 그것은 아주 당연한 결과였다.

지배계급의 이해관계는 각 시대에 특수한 발자취를 선명하게 남겼는데, 그들에게는 인생이란 인류진화의 보다 높은 단계를 향한 투쟁의 문제 또는 진출의 기회가 아니고 문화적 재산을 소유할 수 있는 방법을 강구하는 기회에 지나지 않았다. 지배계급은 그들의 지배자로서의 특권을 언제나 소유의 목적에 봉사시켰다. 독자들도 알고 있듯이 문화적 재산에 대한 지배계급의 독점권이 절대주의 시대처럼 일방통행적이었던 때는 없었으며 거기서 자연히 그 시대의 지배계급을 위한 참으로 기분 좋고 유쾌한 인생철학이 생겨났다. 그러한 인생철학에 의하면, 인생이란 짧은 여행에 불과하므로 인간은 될 수 있는 대로 재미있고 즐겁게 그날그날을 보내야 한다는 것이었다. 그리고 그렇게 지내기 위해서는 그들의 향락을 방해하는 인생의 모든 복잡함을 이 세상의 일이 아닌 것처럼 무시해야만 했다. 그런 인생관 때문에 연

술잔 장식(1694)

애의 철학에도 특수한 사고방식이 나타났다. 나는 이미 그 본질과 특수성을 여러 군데에서 말했지만, 그것은 연애기술에 대한 숭배로서 가장 뚜렷이 나타났다. 그 시대의 연애형태는 연애의 눈부신 경이를 장식하는 화려한 무늬일 뿐만 아니라 경이 그 자체이며 경이를 위한 단 하나의 항목, 곧 최선을 다하겠다는 것이었다. 그 법칙은 그 시대를 가장 반영하는 모토로서 모든 침대 휘장에도 쓰여 있었고 때로는 그대로 실행되었다. 어떤 고관의 첩이었던 발리니 퐁텐은 그녀의 침대 위의 휘장에 최선을 다하라라고 썼다 —— 참으로 노골적인 것이 때로는 인간의 진심임이 분명하다.

연애는 오직 쾌락만을 위한 기회였다. 그리고 사람들은 그것을 조금도 거리낌없이 공공연하게 선언했다. 18세기 전반에 살았던 뷔퐁(프랑스의 박물학자, 1707-89/역주)은 "연애에서는 육체적인 것만이 선이다"라고 썼다. 샹포르(프랑스의 문학자, 1741-49/역주)는 그 반세기 뒤에 "연애란 두 피부의 접촉에 지나지 않는다"라고 조롱했다. 맛없고 멋없는 그런 말들에는 그밖에도 순간적인 정열의 선언, 곧 결과가 없는 정열이라는 의미도 포함되어 있었다. 그런데 그 순간적인 정열에서는, 그 정열을 표시하기 위한 육체적인 힘과 열기도 이전 시대보다 훨씬 억눌려졌다. 미쳐서 날뛰던 화산은 보다 온화한 작은 불로 변했다. 거기에는 상대방에게 전신을 던지는 충동이 결여되어 있었다. 다시 말하면, 인간은 훨씬 온순해졌다. 그 시대의 언어로 말하면 인간은 "보다 이성적"이 되었다. 더구나 모든 면에서 보다 이성적이 된 것이다. 아브라함 아 산타 클라라는 이전과의 차이를, 상당히 난폭하긴 하지만 그만큼 누구에게나 공감되는 비유로써 말하고 있다. 그는 그 조사(弔辭)의 하나로 다음과 같이 호소한다. "옛날에는 첫날밤 새벽 잠자리는 마치 한 쌍의 곰이 서로 맞붙어 싸운 것 같았으나 오늘날에는 목졸라 죽인 암탉의 흔적마저도 찾아볼래야

밀밭에서의 사랑

찾아볼 수 없을 정도이다."

진정한 정열이 지배하는 곳에서 연애는 인생의 영원한 선물이었으나, 이제 연애는 빌려주는 대여품에 지나지 않았다. 그 시대에 연애관계는 영속적인 의무 따위는 지지 않는, 대개는 언제나 파기할 수 있는 대여계약 같은 것이 되었다. 그리고 나중에는 두 사람 사이에는 아무 일도 없었던 것처럼 되돌아간다. 남자든 여자든 일생 동안 자기 육체에 대해서는 독자적인 소유권을 가지고 있었다. 만약 여자가 고맙게도 구애자 가운데 한 사람의 충성을 받아들였다면, 그녀는 자기 자신을 선물한 것이 아니라 환희의 순간을 위해서만 자신을 빌려주거나 또는 세속적인 상황을 위

사랑 고백(J.B 위에의 파스텔화에 의한 프랑스의 동판화)

해서만 자기 자신을 팔았다. 18세기의 풍속의 역사에서 아주 중요한 자료의 보고라고 할 수 있는 앙시앵 레짐 시대의 파리 경찰의 보고서에서 그와 같은 여러 가지 기록을 볼 수 있는데, 그 가운데에는 다음과 같은 것도 있다. "마르빌 남작부인은 오늘 아침 그녀의 부정을 힐문하는 어떤 고등법원의 고문에게 '도대체 내가 당신에게 무엇을 약속했단 말예요?' 하고 대들었다. 그 고문은 오직 한 번 그 부인과 잤을 뿐이었다." 한 번 같이 잤다는 대수롭지 않은 일을 빌미삼아 영원의 권리와 요구를 주장하려는 것은 그 얼마나 어리석은 짓인가.

그 고등법원의 고문은 "새로운 것, 언제나 새로운 것(du nouveau, toujours du nouveau)!"을 모토로 하는 향락의 원칙을 알지 못했던 것이다. 인간이 끊임없이 새로운 것을 동경하는 곳에서는 일체의 것은 무(無)라고 여겨졌다. 그러한 사고방식은 생활의 구석구석에까지 스며들었다. 한때 파리에 머물렀던 이탈리아 여자는 여자친구들에게 다음과 같은 편지를 썼다. "여기서는 모든 것이 무입니다. 그리고 모든 것이 무를 중심으로 돌고 있습니다. 사람들은 무에 목숨을 걸고 있습니다. 인간은 무 때문에 흥분하고 화해합니다. 자기가 가지고 있는 것이 거의 무일 뿐인데도 그들은 거기에 많은 돈을 쓴답니다. 그들은 무를 위해서 부인과 결혼합니다. 딜레탕티슴은 그들의 정신과 종교를 무로 바꾸어버립니다. 그리고 나 역시 프랑스화한 이래 당신에게 무에 대해서만 너스레를 늘어놓았습니다." 그러나 그녀가 그 무를 단순히 프랑스적인 현상이라고 본 것만은 옳은 관찰이라고 할 수 없다. 베를린, 런던, 빈에서도 파리에서와 같은 일들이 벌어졌으므로, 절대주의 세계의 중심, 파리에서 그것이 가장 두드러지게 나타났다고 할 수 있을 뿐이다.

감정의 그러한 일방적인 천박성은 필연적으로 설상가상이 될 수밖에 없었고 그것은 마침내 연애의 최고의 논리를 일부러 회피하는 것, 곧 아이를 만들지 않는 것에 이르렀다. 남자는 포옹할 때부터 이미 아이를 원하지 않았고 여자도 아이를 배려고 하지 않았다. 남자나 여자나 실컷 즐기려고만 했다. 성생활의 높은 목적, 곧 높은 헌신인 아이는 그들의 손발을 얽어매는 불행이었다. 17세기에는 무자식이 천벌로 여겨졌는데, 이번에는 그것이 높은 은총으로서 많은 사람들이 원하는 바가 되었다. 18세기에는 자식이 많으면 경멸의 대상이 되었다. 그러한 도덕은 사회의 상층계급을 휩쓸었을 뿐 아니라 대부분의 중산계급까지도 지배하게 되었다. 그러나 중산계급에서는 또다른 원인이 핵심적인 문제가 되었다. 경제적으로 정체된 그 시대에 많은 자식은 재산이 아니었고, 자식만이 자꾸 불어나는 것은 도저히 경제적으로 감당할 수 없는 사치였다. 그런데 연애에서의 자연의 법칙을 조직적으로 회피하는 행위는 자연의 법칙에 대한 거부가 언제나 그

까다로운 부인에 대한 풍자

렇듯이 보복받지 않을 수 없었고 결국 어김없이 보복당했다. 일반의 육체적 퇴폐가 그 시대의 특징이 되었다. 그러한 의미에서 앙시앵 레짐 시대는 중세의 종말 이후의 유럽 문명사에서 가장 혹독한 퇴폐의 시대였다.

2) 세련과 감상

성의 일반적인 퇴폐는 언제나 성적 향락을 더욱 세련화하려는 풍조에 따른 현상이다. 이 풍조는 두 가지 대표적인 형태, 곧 첫째로는 육체적 향락에서 더욱더 새로운 기술을 추구하다가 대개는 변태에까지 이르는 후안무치한 방탕, 둘째로는 감상적 연애라는 이름으로 알려져 있는 성에 대한 체념으로 나타난다. 그것은 강한 인간과 약한 인간 모두에게 자극제가 된다. 그 어떤 인간도 육욕의 향락에 꼭 필요한 흥분상태에 이르기 위해서, 또 자연스런 자극에는 이미 흥분하지 않는 자신을 억지로 흥분시키기 위해서 자극제를 찾으려고 했다. 문학에서는 두 타입의 가장 유명한 대표로 범죄적인 탕아인 발몽(1782년에 출판된 라클로의 소설 「위험한 관계」의 주인공/역주)과 모든 것을 체념하는 약골 베르테르로 나타났다. 만약 퇴폐가 극에 달하는 시대가 온다면 발몽과 베르테르는 소설 속의 인물이 아니라 현실 속의 인물로 나타날 것이다. 그들의 인생철학은 그 시대의 특수한 계급도덕, 곧 발몽의 인생철학은 지배계급의 계급도덕, 베르테르의 인생철학은 피지배계급의 계급도덕

프랑스의 동판화

을 표현한 것임에 틀림없다.

그런데 그 두 가지 퇴폐의 형태는 얼핏 보아서는 정반대인 듯하나 그 내용은 결국 같은 것이다. 그것은 분명히 서로 대립되는 자매였다. 그러나 어디까지나 자매라는 사실에는 변함이 없었고, 그것이 대중현상으로 나타나든가 개인현상으로 나타나든가는 아무래도 상관없었다. 그 두 주인공은 모두 정신의 방탕에서 태어났다. 왜냐하면 그들은 감정적인 인물이라기보다는 오히려 이성적인 인물이었기 때문이다. 그들이 추구한 것은 향락을 향한 순수한 정신적인 항진이었다. 그들은 행위 대신에 철학과 반성을 우위에 두었다. 강한 개인과 지배계급이 성적 향락을 높이려고 하는 방탕에서는 본래의 성행위는 이미 메인 요리가 아니고 오히려 세련을 극한 오르-되브르, 곧 전채요리로 바뀌어버렸으나, 한편 성불구인 개인과 피압박계급의 감상적인 연애에서는 성관계의 중심이 이미 펴져 있는 이불 속에서가 아니라 성행위를 오히려 자극제로서만 이용하려고 하는 다정다감한 편지의 교환으로 옮아갔다. 여기서 말하는 자극제란 두 극단으로 향하는 플러스와 마이너스의 항진이었다.……

혁명 전의 앙시앵 레짐 시대에 일반의 퇴폐가 걷잡을 수 없을 정도로 심각해지자 감상주의는 시대의 풍조가 되었고 세계관으로까지 발전했다. 그것은 남녀의 관능적인 관계의 특징이 되었을 뿐만 아니라 인생의 지적, 정서적인 것의 구석구석에까지 스며들었다. 몰락하는 절대주의가 끝없는 환락의 소용돌이 속에서 인간의 모든 덕성을 걷어차려고 했을 때였기 때문에 감상주의는 회피할 수 없는 반작용이었다. 이 역사의 단계에서는 회의와 체념의 철학밖에 만들어지지 않았다. 그 철학이 곧 감상주의였던 것이다. 왜냐하면 그 혼란은 훨씬 뒤에 가서야 비로소 확신에 찬 희망을 발전시킬 수가 있었기 때문이다. 희망은 이윽고 민중의 감정활동, 따라서 관능적 감각까지도 건강한 길로 끌어들였고 그것을 그 속에서 지탱시켰다. 그 이유에서 세계관으로서의 감상주의는 권력이 없는 개인이나 계급의 사고방식이 아니라 자기는 무력하다고 체념하고 모든 것에 대해서 진지한 저항을 해보려고 하지 않은 사람들의 사고방식이었다. 그 세계관은 모든 것을 끊임없이 비관적으로 보며 심약하

프랑스의 동판화(1740)

고 감상적인 반성에만 빠져들었다.

　감상주의가 유행하게 된 여러 가지 조건을 살펴보면 18세기 후반기의 감상주의는 어느 나라에서나 인간 전체의 사상과 감정의 중요한 요소가 되지 않을 수 없었음이 저절로 드러난다. 그와 같이 독일에서도 감상주의가 일반적 인생철학으로서 자리잡게 되어 꽤 오랫동안 그 시대적 풍조가 되었다. 독일의 시민 대중은 어느 나

프랑스의 복장화(자크 쿠르탱, 동판화, 1710)

라보다도 더욱 절실히, 더욱 오랫동안 모든 것에 대해서, 곧 그들을 압도한 완전한 정신적, 정치적 압제에 대해서 무력함을 깨달았다. 독일에서는 행동으로 옮기려는 의지가 아직 싹트기도 전에 나는 이젠 안 된다고 체념하는 무기력한 개인들이 많았다. 그러한 상태에서 어떻게 행동할 수 있을 것인가? 체념은 그 무렵 독일 시민계급의 보편적인 단 하나의 특징이었다. 이제 독일에서는 감상주의가 모든 정신분야, 특히 연애 속에 특징적인 형태를 만들었고 때로는 진짜 유행병이 되기도 했다. 베르테르의 유행병이 그처럼 그로테스크한 모습을 띤 것도 독일에서뿐이었다. 마침

138

여주인의 발을 씻는 시종(자크 쿠르탱, 동판화, 1725)

그 무렵은 유럽의 인간이 모두 같은 정신에 눈뜨기 시작했던 시대였으므로 외국 사
람이라면 누구나 독일의 베르테르의 유행병에 어안이 벙벙해져서 머리를 갸우뚱거
렸다. 영국이나 프랑스와 같은 나라들에서는 부르주아 계급이 이미 오래 전부터 혁
명적인 행동을 해왔고 부르주아적 자유라는 정치적 이상이 확고하게 자리잡기 시작
하고 있었는데, 독일에서는 아직도 정치적 압제의 상태가 지속되었으므로 베르테
르의 유행병도 그러한 기묘한 모습을 띨 수밖에 없었다. 사람들은 연애에서 정액보
다도 훨씬 많은 잉크를 내쏟았다 —— 곧 포옹에 이르기까지 그들은 언제나 적어도

감상적 연애에 대한 상징화(영국의 메조틴트 판화, 1786)

전지 한 장을 인쇄할 만큼 많은 분량의 편지를 썼기 때문이다. 이와 같이 눈물에 흠
뻑 젖은 독일의 감상주의는 19세기가 되어도 아직 마르지 않았다. 따라서 베르테르
는 연애철학으로서의 독일 감상주의의 본질을 아주 천재적으로 묘사한 분석일 뿐만
아니라 결과적으로 봉건권력에 대한 독일 부르주아 계급의 정치적, 사회적 무능함
을 전체적으로 예술화한 형식이기도 했다. 그것은 한 사람의 예언자에 의해서 부각
된 형식이었다.……

　연애철학으로서의, 또 세계관으로서의 감상주의의 본질에 대한 짧은 언급이 그

140

문제의 범위와 내용을 모두 망라했다고는 할 수 없다. 오히려 나는 개략적인 줄거리와 일반적인 맥락 속에서 그 문제를 파헤쳐보려고 시도했을 뿐이다. 그런데도 나는 지금 그 짧은 스케치에 크게 만족하고 있다. 왜냐하면 그 문제는 내 연구의 중요한 테마이기 때문에 나는 앞으로도 그 문제를 거듭 다루려고 하기 때문이다.

3) 성교육

18세기의 연애는 "최선을 다하라!"라는 수공업적인 것이었다. 그러므로 모든 사람은 연애를 미리 배워 익혀야 했다. 만약 남녀가 그 방면에서 미숙련공으로 만족하지 않고 일류 장인이 되려고 한다면 그들은 그만큼 열성적으로 연애를 배워야 했다. 그 때문에 무엇보다도 시대의 사고방식 속에서는 일종의 성교육이 훌륭한 역할을 하게 되었다. 사람들은 각각 "연애"로 자기를 교육했고 모두 "연애"로 남을 교육했다.

"최선을 다하라"라는 수공업에서 먼저 배워야 할 수백 가지의 비결과 기술 가운데서 유혹술과 속임수는 극히 보편적인 개념에 지나지 않았다. 그 개념은 다시 여러 가지 숙달된 유혹의 방법, 가장 황홀한 헌신의 형태, 약속을 깨뜨리는 가장 인상적인 방법, 애인 또는 정부를 손에 넣거나 또 그들과 인연을 끊는 방법 등으로 세분되었다. 인간은 자기의 전문분야를 끊임없이 연구할 때에만 그 방면의 대가가 될 수 있었기 때문에 이제는 늙은이나 젊은이나 시간을 들여 이 문제에 열중했다. 여자를 유혹하는 기술은 남자들이 가장 선호하는 화제였다. 이쪽에서 발휘하는 능란한 솜씨와 매력에 언제나 유혹의 대상이 되고 그때마다 생기는 훌륭한 보수에 자기도 한몫 낀다는 것이 150년 동안 줄곧 빈틈없는 여자들이 노려왔던 가장 절박한 문제였다. 「위험한 관계」라는 소설 속에서 주인공은 이렇게 말하고 있다. "우리들은 뭔가 다른 것에 대해서 얘기하고 싶습니다. 뭔가 다른 것에 대해서. 겉보기로는 틀림없이 서로 다른 것 같지만, 내가 손에 넣고 싶은 여자와 내가 타락시키고 싶은 여자에 관한 것이라면 그 어느 것이나 늘 같은 것이죠." 호색적인 교훈이나 충고는 철학자나 저술가의 펜으로부터 끊임없이 흘러나왔으며, 그와 마찬가지로 자연스러운 교사인 양친, 친척, 친구, 후견인의 입으로부터도 대담하게 또 끊임없이 흘러나왔다. 모랭의 아내는 젊은 아들에게 이렇게 말했다. "나는 네게 한 가지 충고할 것이

유쾌한 연애수업(J.E. 닐손, 독일의 동판화)

있다. 어떤 여자에게든 반해보라는 것이다." 영국의 어떤 귀족은 이제 막 사교계에 발을 들여놓으려는 아들에게 다음과 같은 충고를 써보냈다. "낮에는 남자를 연구하고 밤에는 여자를 연구해라. 그러나 가장 훌륭한 본보기만을 연구해라. 그것이 네가 해야 할 공부이다." 그러나 양친의 주의 깊은 충고에 이어서 또다시 친척이나 친구들도 호의에 찬 조언을 해주었다. 어머니나 또는 사려 깊은 여자들은 소년기에서 청년기로 접어든 인간을 연애가 차려놓는 여러 가지 성찬으로 충동질했다. 곧 그녀들은 그를 겉으로는 아이처럼 다루면서도 그때마다 그의 정욕을 슬그머니, 또는 극도로 자극시키는 일을 즐겨 하곤 했다. 연애에서 한몫을 다하는 성인 남자에게는 대단한 총애의 표시라고 할 수 있는 행동이 처음부터 마치 아무것도 아닌 일처럼 천진스럽게 소년에게는 허용된다. 그녀들은 소년의 눈앞에서 옷을 벗으며, 침대 곁에 불러들여 가장 비밀스런 일에 대해서 소년이 거들어주기를 바란다. 그때 소년은 언제나 "어떤 것"을

여자의 유형들(프랑스의 동판화)

보게 되며 그뿐 아니라 몸의 이곳저곳을, 어디라도 좋다는 듯이 방임되어 있었으므로, 마음껏 볼 수 있게 된다. 오이겐 뒤렌(독일의 성 과학자 이반 블로흐의 필명/역주)이 레티프 드 라 브르톤에 관해서 쓴 책에서 파라공 부인이 아직 어린 레티프에게 연애를 교육시키는 방법을 살펴보자.

레티프가 책을 읽고 있는 동안, 파라공 부인은 시선을 줄곧 그에게 쏟고 있었다. 부인의 팔은 소년이 앉아 있는 의자 팔걸이 위에 얹혀 있었는데 가끔 가볍게 소년의 어깨에 가 닿았다. 부인은 때때로 꿈꾸는 듯이 눈을 감고 다리를 포갠 채 뒤로 기댔으므로 부인의 발이, 여신처럼 아름다운 작은 발이 살짝 보였다. 그 비밀스럽고 친밀한 분위기의 감미로운 공기, 그 아련한 정신과 육체의 접촉은 얼마나 순간적이고 위험한 것이었을까! 니콜라는 때때로 더욱 비밀스러운 것을 보았다. 그것은 바로 티에네트가 여주인의 옷을 벗겨줄 때였다. 레티프는 그것을 거드는 일조차도 허용받았으므로 "순결무구한 체하는" 부인의 온갖 아름다움을 바라볼 수 있었다. 그리고 그러는 동안에 소년의 정욕은 폭풍처럼 세차게 일어났다.

이와 같은 것은 성교육의 흔히 볼 수 있는 초보단계였다. 초보적인 가르침이 점차 효과를 발휘하면 여자들은 마침내 그녀들의 수단이 젊은 친구의 정욕을 폭풍처럼 불러일으키게 된 것을 마치 우연히 발견한 체한다. "아아, 어쩌지, 넌 벌써 어른

폭로(J. 콜레의 그림에 의한 J. 골다르의 동판화, 1767)

이 다 되었구나, 난 아직 어린 소년으로 알고 있었는데." 두 사람은 처음에는 놀라지만, 그것이 어머니뻘의 여자들이 일을 막바지로 몰고 가는 것을 결코 방해하는 것은 아니다. 상대가 한 사람의 남자가 되어 있다는 것은 성공의 징조이다 —— 그러나 그렇더라도 그는 죄악의 팔에 안겨서는 안 된다. 최초의 승리가 젊은 "남자"를 점차 대담하게 만들면, 그 다음은 어떻게 하면 상대의 즐거움을 높일 수 있는가를 상냥하게 가르치는 단계가 된다. 총명하고 남을 돌봐주기를 좋아하는 어머니들 —— 그러한 어머니들은 훌륭한 여자로서 그 시대의 사람들로부터 칭찬을 받았다 —— 의 희망은 자기 자식이 언젠가는 사교계에서 모두로부터 존경받는 위치에 이르는 것이었으며, 게다가 어머니는 자식의 마음에 드는 하녀를 골라줌으로써 "계집

몽시앙의 유화에 의한 프랑스의 채색 동판화

물주기(오귀스트 드 생-토뱅의 그림에 의한 모레의 동판화)

에로틱한 동판화

J. B. 위에의 유화에 의한 프랑스 동판화

남자의 무덤. 영국 창녀(영국 채색 동판화, 1780)

우정의 키스(두블레의 유화에 의한 자니네의 채색 동판화, 1780년경)

연정의 키스(두블레의 유화에 의한 자니네의 채색 동판화, 1780년경)

연인들의 식사(르 클레르, 프랑스 채색 동판화)

어울리지 않는 부부를 풍자한 동판화(1782)

파티에 가는 길(영국 동판화, 18세기)

파티에서 돌아오는 길(영국 동판화, 18세기)

사랑의 고뇌(J. 웨슬리의 유화에 의한 P. 시몬의 영국 동판화, 1786)

아내의 배신(J. 웨슬리의 유화에 의한 P. 시몬의 영국 동판화, 1786)

프랑스 의상실(C. 안젤의 그림에 의한 P. W. 톰킨스의 영국 동판화)

프랑스식 벽난로 앞에서(C. 안젤의 그림에 의한 P. W. 톰킨스의 영국 동판화)

누구 발이 더 작을까?(L. 보일리의 유화에 의한 샤포니에의 프랑스 동판화, 1788년경)

질이나 서방질이 남녀 모두에게 가장 자연스럽게 이루어지도록" 주변 환경을 정리해주는 일도 했다. "그러한 방법으로 어머니는 여자와 교제할 때 방해물이 되는 수줍음을 제거해주고 자식이 연애의 즐거움에 흥미를 가지게 하며 동시에 매춘부와 어울릴 경우에 가장 걱정스런 위험에 빠지는 것을 예방했다." 그녀들은 여자와 교제할 때 어쩔 줄 몰라 하는 청년에게 적당한 수단으로 용기를 불어넣어주는 방법도 알고 있었다. 메르퇴유 후작부인(라클로의 소설「위험한 관계」의 등장 인물/역주)은 어떤 청년의 친구에게 다음과 같이 편지를 쓴다. 그 청년은 아직 애인에게 과감하게 행동할 용기가 없었던 것이다.

> 당신은 제발 그 잠꾸러기가 그처럼 플라토닉하게 처신하지 않도록 손 좀 써주세요. 하지만 그 청년에게는 결국 모두 말하지 않으면 안 될테니까, 당신은 그 청년에게 이런저런 계산을 극복할 수 있는 진짜 기술은 계산 때문에 머뭇거릴 것이 아니라 과감하게 돌진하는 것밖에 다른 아무것도 아니라는 것을 가르쳐주세요.

회상문학은 이에 대해서 참으로 많은 역사적인 사례를 기록하고 있다. 오를레앙가의 샤르트르 공

브르통의 몽상적 소설에서

작이 성년에 이르렀을 때, "그의 아버지의 가장 큰 걱정은 아들에게 애인을 골라주는 일이었다. 용의주도한 아버지는 아들의 행복을 당시 겨우 열다섯 살이 된 뒤테양에게 위탁했다. 아버지 오를레앙 공작은 그러한 자기의 행동을 애정이 충만한 큰 배려라고 스스로 만족했다."

한편 딸들의 성교육은 최후의 목적은 같았지만 다른 방법으로 추진되었다. 성교육은 소시민의 딸들에게는 참으로 열성적으로 실시되었다. 그 계급에서는 딸이 "보

석 가마를 타는" 것이 어머니의 가장 큰 야심이었으므로, 수많은 어머니들이 딸에 대해서 입만 벌렸다 하면 이렇게 말한다. "우리 딸은 너무 이뻐서 장인 따위에게는 어울리지 않는 걸요. 훨씬 훌륭한 사람에게 시집보내야 해요." 어머니는 딸에게도 역시 같은 말을 했다. 예를 들면 너는 미식가가 먹고 싶어하는 성찬이다, 너는 참으로 아름다워서 이웃 총각 프란츠에게는 어울리지 않는다, 가게집 안주인으로 시들어버리기에는 너무나 아깝다라는 말들을 입버릇처럼 종알거렸다. 그러한 이유로 "야비한 흉내 따위를 내서는 안 돼, 몸가짐을 더욱 기품 있게 가져야 해요"라는 것이 딸에 대한 어머니의 한결같은 주의였다. 「베를린의 색에 관한 편지」(1782)에는 이렇게 쓰여 있다.

아름다운 딸을 가진 어머니는 딸이 잠자리에 들 때 대체로 나체로 만들었는데, 그때 어머니는 딸의 아름다운 몸매를 훔쳐보다가 새삼스럽게 그 메디치의 비너스에게 황홀해져서, "아, 귀여운 민헨아, 너는 꼭 추밀원 고문이나 귀족과 결혼해야 해!"라고 절규하는 것이었다.

연애에 대한 본격적인 실제 교육은 여자의 경우 대개 결혼생활에 들어간 뒤에 시작되었다. 즉 결혼생활에 의해서 비로소 여자를 위한 진정한 고등교육의 길이 열리며 모든 것, 곧 향락의 여러 가지 방법, 모든 무대장면을 자기의 향락에 이용하기 위해서 어떻게 해야 하는가 하는 기술까지도 체계적으로 공부하게 되었다. 그러한 교육은 바로 신혼 다음날부터 시작되며 기회 있을 때마다 시행되었다. 젊은 아내는 그녀의 친구들로부터 어떻게 하면 "남편의 야수성"을 교묘하게 피할 수 있는가와 같은 문제에 대해서도 명확한 충고를 받았다. 젊은 아내가 결혼한 뒤 처음으로 권태로워하는 것을 본 가까운 여자친구들은 기다렸다는 듯이 당장에 다음과 같이 말한다. "연인만이 우리들에게 사랑의 진정한 기쁨을 가르쳐줄 수 있을 거야. 남편은 우리들을 아내로서 또 아이들의 어머니로서만 취급하지만 연인은 우리들에게서 즐거움을 구하지. 연인은 즐거움만을 전문적으로, 그것도 여러 가지 것들로 보여줄거야." 하지만 그 시대의 남편들도 대개는 아내에게 세련된 성찬을 마련해줄 정도로 총명했다. 그리고 그러한 결혼생활은 그 당시 대체로 행복한 결혼이라고 치부되었다. 그러나 그러한 방법을 거쳐서 아내는 한걸음 한걸음 확실하게 남편이든 연인이든 상관없이 사랑하는 사람을 위해서 최후에는 모든 세라이(serail : 터키 황제의 별

연애수업(J.B. 그뢰즈, 1747)

궁, 하렘/역주)를 대표하는 뛰어난 연애술의 대가로 성장하게 되었다. 메르퇴유 후작부인은 그녀의 침대 모험의 친구(곧 발몽 자작/역주)에게 다음과 같은 편지를 썼다.

　우리는 아직도 여섯 시간이나 함께 있을 수 있고 그 동안에 나는 적어도 그 사람을 즐겁게 해주려고 결심했기 때문에, 그가 한 가지에 열중하는 것을 제지한 뒤 부드러운 애정 대신에 사랑스럽게 아양을 떨었지요. 나는 남자에게 교태를 보이기 위해서 그때처럼 고심한 적은 없었다고 생각합니다. 그리고 정말로 나 자신과 내 수완에 그처럼 만족한 적도 없었고요. 만찬이 끝나자 나는 일부러 철없는 아이처럼 굴었으나 다시 분별 있는 여인의 얼굴

아우크스부르크의 유행의상

을, 장난을 치다가는 눈물을 흘리기도 했으며, 그 사이 사이에 슬쩍 음란한 자태를 보여주기도 했습니다. 그 사람을 하렘에 들어온 술탄처럼 굴게 만들었던 나는 거기 있는 모든 후궁들의 역할을 빠짐없이 연기하면서 즐겼습니다. 그의 기쁨은 그때마다 다른 것이었지만 사실은 한 여자가 주는 것이었고 그 기쁨을 다시 받는 것도 한 여자였습니다. 그 여자는 바로 나였으므로 내 기분은 언제나 새로운 후궁으로 바뀌어 있었던 거예요.

절세의 무대감독으로서의 수완을 발휘해서 여자는 모든 장면을 자기의 기분에 들도록 배치하거나 마련하는 일을 어김없이 터득하고 있었다. 방향전환의 적기를 놓치는 우둔한 연인에게 타성적인 연애는 물론이고 남자가 여자의 사랑의 부담감에서 해방되어 안도의 한숨을 쉬도록 하기 위해서 여자는 남자에게 잠시 동안 애정의 미끼를 표면적으로만 던지는 체하며, 음탕하고 거친 치료법으로 될 수 있는 대로 빨리 남자의 정력을 소모시키는 방법을 사용했다. 메르퇴유 후작부인은 그 침대 모험의 친구에게 보낸 편지에서 계획을 털어놓고 있다.

나는 이미 14일 전부터 그 계획을 시도하고 있습니다. 냉담, 변덕, 신경질, 시비걸기 등의 수단을 돌아가면서 써봤지만 그 집요한 남자는 그 정도로는 쉽사리 내 곁을 떠나려고 하지 않아요. 그래서 보다 거친 처방을 쓸 생각으로 그 남자를 시골 별장으로 데려가기로 했습니다. 우리는 모레 출발한답니다. 우리는 우리의 깊은 사정은 전혀 모르는, 마음을 터놓을 수 있는 친구들 몇 사람과 동행하므로 거기 가더라도 단 두 사람이 있을 때와 같은 자유를 만끽할 수 있을 듯합니다. 시골 별장에서는 애정과 애무로 그 남자를 실컷 만족시키는 것은 물론 둘끼리만 온갖 짓을 다할 작정이므로 지금은 이 여행을 저렇게 좋아하는 그 남자도 마지막에 가서는 나보다도 더 분명 신물이 날 거예요. 만약 내가 그 남자에게 신물이 나는 이상으로 그 남자가 내게 신물이 나서 돌아가버린다면 당신은 내가 당신 이상으로 지독하다고 말해도 괜찮겠지요.

그리고 많은 여자들이 그와 같은 방법을 실천에 옮겼다.
그런데 여자는 헤어지고 싶은 남자, 또는 어떤 특별한 사정 때문에 잠깐 관계하려고 처음부터 계획한 남자에 대해서만 그러한 거친 방법을 썼다. 한편 함께 사교계의 화제에 오르내리고 싶은, 놓치고 싶지 않은 남자에 대해서는 마치 훌륭한 말을 돌보듯이 소중하게 다루었다. 만약 그 남자의 정열이 식어가기라도 하면 여자는 "상대를 얼마쯤 즐기게 하고 나서 건강을 해쳐서는 안 된다"는 모의전(模擬戰)으로 남자를 만족시켰다. 인연을 끊을 주제에 아직도 자기에게 미련을 가지고 이런저런 로맨틱한 망상에 빠져 있는 남자에 대해서는 납득할 만한 이유를 들어 온당하게 남자의 정열을 거두게 하는 방법도 알고 있었다. 어떤 귀부인이 젊은 로죙 공작의 사랑의 솜씨에 몹시 감탄하고, 거기에 맞추어 후계자를 주선해주었는데도 공작이 자신에게 미련을 버리지 못하는 것을 보자 그 귀부인은 어머니처럼 상냥하게 충고했다.

나의 귀여운 이여, 나를 믿어주세요. 로맨틱한 것만으로는 인간은 성공하지 못해요. 거기에만 매달려 있으면 여자에게 바보 취급을 당하지요. 더 말하는 것은 시골뜨기 같은 짓이에요. 당신은 아직도 내게 몹시 마음이 있는 모양이군요. 하지만 당신이 그것을 대단한 정열로 생각하거나 또는 영원한 것으로 생각하더라도 그것은 나와는 아무런 관계도 없어요. 다시 말하지만 당신과 나는 아무런 관계가 없으므로 내가 다른 연인을 손에 넣거나 연인 없이 평생 동안을 살거나 그것은 당신과는 아무런 관계도 없는 일이에요. 당신에게는 여자가 좋아할 수 있는 많은 것들이 있어요. 그 좋은 점을 잘 가꿔서 다른 여자의 사랑을 받도록 하세요. 그리고 한 여자를 잃은 불행은 언제나 다른 여자에 의해서 보충된다는 것을 깨닫도록 하세요. 그렇게 하면 인간은 행복해질 것이고 또 사람들로부터도 환영받게 될 거예요.

사정이 이 지경에 이르렀을진대 남자들 또한 자신의 수공업 기술을 여자와 같은 수준으로까지 연마해야만 했다. 어느 시대에나 남자는 여자에게 위험이나 후환을 남기지 않을 것임을 분명히 보증하고 나서 육욕에 투자하는 것이 유혹의 최상의 방법이었다. 그리고 그것은 로코코 시대에도 그대로 적용되었다. 그 시대의 호색적인 문학은 그러한 유혹의 형태를 주제로 한 작품이었으나, 그 방법은 역시 "보통 수준의 정신"을 가진 자만이 행하는 방법이었고 보다 "뛰어난 정신"을 가진 자는 그 방법을 우습게 알고 전혀 상대도 하지 않았다. 그들은 정신만으로 승리를 쟁취하려고 했다. 정신이 뛰어나고 그러한 정신적인 방법만으로 성공하는 것이 고등인간

(homme supérieur)의 가장 큰 긍지였던 것이다.

외설스런 크레비용(프랑스의 소설가, 1707-77/역주)의 유명한 소설 「난로불 곁의 우연한 행운」은 재치있는 설득만으로 여자를 손에 넣는 방법을 묘사한 아마도 가장 고전적인 작품일 것이다. 그 소설에서는 유혹하는 남자가 사랑의 감언이설을 입에 올리지도 않을 뿐 아니라 여자에게 "사랑"이라는 말이 그녀와 그녀의 몸을 순종케 하는 당장의 구실이 되는 절호의 순간에도 그것을 전혀 입에 올리지 않으며 그럼에도 그 기회에 사랑만이 남자에게 허용할 수 있는 모든 것을 붙잡을 수 있었다는 주제를 다루고 있다. 그러나 그러한 방법은 지나칠 만큼 간접적이기 때문에 회화로 충실하게 묘사하기란 참으로 어려웠다. 회화에서는 과연 그렇군 하고 납득할 만한 아슬아슬한 장면은 하나도 발견되지 않는다. 따라서 나는 고등인간에게나 어울린다고 여겨지는 손이 많이 가는 방법을 대표적인 회화로 설명하는 것을 그만두지 않을 수 없다.

그 시대의 연애에서는 최후의 것을 향해서 항상 돌진함으로써 어김없이 생각지도 않은 일이 일어나게 되는 정열이 중심이 아니라 오히려 명석한 두뇌로 하는 수공업 쪽이 중심이 되었다. 그러므로 남자는 최후의 것을 향해서 돌진하는 도중에 여자가 차례로 내놓는 여러 가지 성찬을 맛보기 위해서 충분한 여유를 가져야 했다. 그래서 남자는 일부러 최후의 것에 이르는 그 도정을 길게 잡았다. 왜냐하면 그렇게 함으로써 기분좋게 머물 수 있는 숙소가 숫적으로 불어나기 때문이었다. 남자는 점찍은 여자가 고비마다 새로운 저항을 하도록 교묘하게 도발했다. 바로 그 저항에 의해서 새로운 향락이 약속되었기 때문이다. 그리고 여자가 이제는 그의 말에 따르려고 기다리는 순간에도 남자는 저항을 일부러 야기시켰다. 정숙이라는 덕으로 무장하고 남편이나 애인을 위해서 정조를 지키려고 하는 굳은 의지를 가진 여자들에게 남자는 그러한 방법을 즐겨 썼다. 여자가 남자에게 몸을 맡기려고 하는 최후의 순간에까지도 그 정숙한 여자를 한 번만이 아니라 몇 차례나 거듭해서 유혹하는 것은 그 얼마나 놀라운 승리였던가!

그때는 아무리 미세한 마음의 움직임도 놓치지 않았다. 그 하나하나의 뉘앙스는 자극적으로 만들어졌다. 남자는 여자를 일부러 부끄럽게 만드는 향락마저도 놓치지 않았다. 그것은 풍류남아에게는 아주 훌륭한 성찬이었다. 연애에서는 말이나 행동이 대담무쌍해져서 여자의 얼굴이 붉어지거나, 처녀나 유부녀가 "부끄러워 어쩔 줄 모르는" 순간만큼 절호의 기회는 다시 없었다. 왜냐하면 그러한 기회에 여자를 손에 넣기가 가장 쉬웠기 때문이다. 그 때문에 여자의 수치심을 일부러 건드리는 기술도 크게 발달했다. 그 경우 정신적인 음탕으로서의 연애는 철저하게 승리했다. 그것은 또한 여자에게도 상당히 즐거운 것이었다. 분명히 여자는 최초의 순간에는 무척 놀라게 된다. 왜냐하면 그녀는 "정숙한" 아내이며 또 남편을 사랑하고 있기 때문이다. 그런데 바로 그 여자가 더구나 바로 그날 밤 여자친구에게 다음과 같은 편지를 썼다고 한다. "내가 얼마나 위험에 직면했는가를 당신이 알기나 할는지 몰라요. 그 괴물이 사냥감을 쫓아다니면서 욕심을 채우려고 하는 것을 나는 도저히 막을 수가 없었답니다. 하지만 오, 하느님, 그것은 즐거운 일이었어요." 더구나 그 남자가 그 이튿날 그녀를 보는 것도 역시 훌륭한 성찬이었다. 그 여자의 고통스러운 모습 역시 뛰어난 정신적인 쾌락의 하나였던 것이다. 18세기에 여러 가지 형태로 흘린 눈물은 어떤 경우에나 향락을 위한 자극제에 지나지 않았다.

허영은 육욕에 대한 투자와 함께 가장 좋은 유혹의 방법이었다. 그 경우 남녀의 허영이 모두 문제가 된다. 그 시대 최고의 허영은 사교계에서 회자되는 인기 있는 인물이 되는 것이었다. 그러므로 남자와 여자가 짝이 되어 모두가 부러워하는 사교계의 스타가 되는 것만큼 명예스러운 것은 없었다. 따라서 스타가 된다는 것은 그 시대의 모토였다. 그것은 허영의 승리를 의미했으므로 교제 상대들 가운데 인기 있는 남자가 있다면 그는 바로 뛰어난 유혹자를 의미했다. 따라서 모든 대문은 당대 사교계의 총아에게 열려 있었으며 그의 발길은 언제나 곧바로 침실과 통했고, 어떤 여자도 저항을 포기했다. 남자의 말 한 마디에 어떤 여자라도 쓸개까지 빼주는 사랑을 바쳤다. 어쨌든 어떤 여자든 그를 손에 넣으려고 경쟁했고 어떤 요조숙녀도 그의 욕망을 거절할 정도로 군세지는 못했다. 사교계의 총아들끼리 경쟁할 경우에는 체력, 풍채, 지식 등 모든 남성적인 장점들이 동원되었다. 사교계에서 어떤 이유로든 인기를 끌게 된 귀부인도 역시 그와 같은 특권을 누렸다. 설사 그 여자가 냉담하게 굴지라도 아랑곳하지 않고 많은 남자들이 그녀를 쫓아다녔다. 어떤 남자라도 그녀를 손에 넣는 것을 자랑으로 여겼다. 그리고 그 시대의 표현 그대로 그녀를 "자기의 리스트에 올리고 싶다"고 생각했다. 그러므로 인기인이 된다는 것은 남녀 모두가 열심히 추구했던 목표였다. 그 때문에 인기인이란 무엇인가라는 테마에 수많은 설명이 가해졌다. 왜냐하면 그러한 설명은 가장 중요한 처방, 곧 "입신출세하기" 위한 비결이기도 했기 때문이다.

감정에 의해서 또는 정신이나 허영에 의해서 남자 따위에게 정복되지 않을 것이라고 여자가 선언했을 때 그 시대 그 방면의 달인들은 그런 여자에게는 냉혹하게도 최후의 수단, 곧 폭력을 사용했다. 남자는 자기의 허영을 채우기 위해서는 어떤 경우에라도 승리자가 되어야 했으므로 그가 노리는 여자를 폭력으로 손에 넣으려고 한 것은 당연했다. 그러나 그런 폭력사태는 거의 상류사회에 한정된 것이었으며, 모든 장소에서, 예를 들면 살롱의 화장실, 저녁 산책 때의 공원 숲속, 특히 여행 길의 마차 속에서 이루어졌다. 수완을 자랑하는 난봉꾼들에게는 폭력수단은 이를테면 스포츠였다. 카사노바, 티이 백작, 그밖의 수많은 사교계의 명사들도 난폭하게 폭력을 휘둘렀다. 그리고 우리는 그들의 회상록에 의해서 그러한 우악스러운 방법이 모든 경우에 성공을 했다는 것, 또 폭력사태가 서로의 생명에 관계되었던 적은 거의 없었다는 것을 알고 있다. 물론 그것은 결코 진정한 범죄는 아니었고, 사교계의 수완가들에게는 묵시적으로 허용된 유혹의 형식이었다. 직업적인 유혹자만이 그 수법을 가장 잘 알고 있었고, 어떤 경우에 폭력을 휘두르는 것이 가장 효과적인가도 잘 알고 있었다. 첫째, 폭력으로도 손을 댈 수 없는 여자는 아주 적으며, 대개의 여자는 "폭력 탓일 뿐 내가 죄를 저지른 것은 아니다"라는 옛 속담까지 들추어가며 스스로를 달랜다는 것쯤은 그들 스스로 알고 있었다. 둘째, 여자는 스캔들을 몹시 두려워하고 있다는 사실도 그들은 어김없이 알고 있었다. 만약 여자가 끝까지 저항한다면 폭력사태는 십중팔구 스캔들로 널리 번질 것이다. 그러므로 아무리 정숙한 여자도 변명이 될 만큼의 저항을 시도하다가 제풀에 꺾이는 것이 고작이었다. 셋째, 모든 탕아는 여자가 남자에게 폭력으로 당하는 것을 내심 가장 동경하고 있다는 것도 잘 꿰뚫어보고 있었다. 곧 적나라한 폭력은, 여자의 말을 빌린다면, 사랑의 쾌락을 가장 높여주는 것이었다. 여자는 폭력에 호소하도록 남자를 도발하든가 또는 그렇게 해주기를 기대했다. 코데를로스 드 라클로는 마지막 경우의 노림을 메르퇴유 후작부인의 다음과 같은 편지로 설명하고 있다.

그래서 사랑으로 번민하고 있는 당신에게 살짝 물어보겠습니다만 지금까지 당신이 손에 넣었던 여자들은 모두 강탈한 것이라고 내게 말할 수 있을까요? 여자가 남자에게 몸을 맡기고 싶어서 아무리 애가 닳아도 구실이라는 것을 찾는답니다. 그리고 남자의 폭력에 굴복하는 것처럼 행동하는 구실만큼 여자에게 편리한 것은 없답니다. 사실대로 말하면, 나에게도 잽싸고 또 일관되게 행해지는 맹렬하고도 선명한 공격만큼 즐거운 것은 없답니다. 여자 쪽에서 이게 웬 떡이냐고 달려들어야 하는 딱한 때에, 여자 자신이 오히려 뒷마무리를 해야 하는 어줍잖은 지경으로 여자를 빠뜨리지 않는 공격. 여자가 허용할 때까지 사뭇 폭력을 휘두르는 체하면서 우리들 여자가 가장 쾌락을 느끼는 두 가지 욕망 —— 거절했다는 긍지와 패배한 기쁨을 교묘히 만족시켜줄 줄 아는 공격. 분명히 말하면, 그러한 수완을 가진 사람은 생각보다는 적더군요. 그래서 그러한 사람이 나를 유혹하지 않더라도 나는 그를 미덥게 생각했고, 때로는 그를 추켜주고 싶어서 일부러 몸을 맡긴 적도 있답니다. 그것은 마치 옛날의 마상 창시합에서 미인이 기사의 용기와 솜씨에 대해서 상을 준 것이나 같은 기분이었지요.

따라서 여자의 명예에 대한 지나칠 정도의 난폭한 공격도 거의 법정문제로 번지지 않았을 뿐 아니라 대개의 경우 관대하게 용서되었다. 여행하는 귀부인의 마차를 한적한 길에서 습격하여 폭행을 하지만 몸값으로 그 이상의 아무것도 요구하지 않는 복면의 도적이 여자들의 공상 속에서 이상형이 되었던 것은 이러한 당대의 풍조가 반영된 특수 현상이었다.

독자들은 내가 예로 든 성교육의 실제에 대해서 별로 이의를 제기하지는 않겠지만, 그러한 일은 악덕과 음탕의 흔해빠진 방법으로서 훨씬 옛날부터 있었던 일이라고 내 의견에 반대할지도 모른다. 독자들 역시 사실의 일부를 시인하지 않을 수 없겠지만 옛날부터 있었다는 믿을 수 없는 반대는 다음의 사실에 의해서 그 의미를 잃게 된다. 곧 앞의 사실들이 그 시대의 의식, 다시 말하면 전체의 의식을 반영한다는 것이 앙시앵 레짐과 그 이전의 시대를 분명히 구별하는 차이이다.

나는 그 차이를 앞으로도 되풀이해서 강조하지 않을 수 없다. 바로 그러한 사실은 옛날처럼 개인의 문제가 아니라, 계급에 따라서 다소의 차이는 있을망정, 그 내용에서는 어느 계급에나 통하는 연애철학의 중요한 요소가 되었다. 그 사실을 가장 강력하게 뒷받침하는 것은 성교육의 그와 같은 방법과 중심 문제가 체계적으로 짜여져 있다는 점이다. 그 시대의 사람은 그것에 대해서 여러 가지 이론을 만들었고 사상을 학설로 구성했으며 프로그램까지도 작성했다. 그 시대의 책에서 흔히 찾을 수 있는 연애와 우정의 다감한 대화나 담화는 결국 무섭게 세련된 정신적인 환락에 관한 강의와 연습에 지나지 않았으며 한편으로 감상주의 시대에 대개의 소설은 하나부터 열까지 감상적인 연애를 위한 진지한 교과서였다. 또 그와 같은 것은 소설의 형태를 빌려서 쓴 악덕의 기쁨에 관한 기술이나 논쟁에도 그대로 들어맞는다. 그것은 우연이 아니었고 작가의 의도에 위배되는 것도 아니었다. 오히려 저자가 희망한 목적이었을 뿐만 아니라 교육학의 효과를 충분히 고려해서 추구한 목적이기도 했다.

그렇다면 앞에서 든 두 가지 사정을 간과해서는 전혀 얘기가 되지 않는다. 당대의 세계에 만연했던 교훈적인 목적을 위해서 어느 문학작품이나 자연히 교과서풍이 되었는데, 출판된 소설과 교훈시는 대체로 그러했다. 진지한 과학문제까지도 소설의 형태로 쓰거나 논하게 되었다. 세상은 현실의 모범으로서 선에서나 악에서나 프시케(Psyche: 에로스가 사랑한 미녀/역주)를 가장 훌륭한 교사로 쳤는데, 소설에서는 이를테면 보다 앞선 현실이 중심이 되었다. 확실히 소설 역시 그 시대의 다른 특징, 곧 유희적인 특징을 그대로 반영하고 있었다. 사회는 과학의 문제까지도 유희적으로 해결하려고 했다. 왜냐하면 그 시대 사회의 대표자들은 향락으로 지새지 않은 날은 하루로 치지 않는 인생관을 신봉하고 있었기 때문이다. 정신을 진지하게 괴롭히기보다는 유쾌하게 즐기게 한다는 소설의 처방전 때문에 그러한 일이 쉽게 이루어진 것 같다.

이제 사람들은 소설을 정치, 종교, 철학 문제의 모든 토론에 이용한 것과 마찬가지로 성문제나 학설의 발달에도 대폭적으로 이용했다. 그 무렵이 되면 성교육의 여러 가지 학설을 실제로 응용하는 일도 나타났다. 나는 가장 유명한 것으로서, 사기꾼 의사 그레이엄이 영국에서 세운 재생의 신전만을 예로 들겠다. 그레이엄은 그 취지서에서 자신의 학설을 "이유를 알지도 못하고서 서로 싸우거나 멱살을 잡거나 물어뜯거나 목을 베거나 하는 인간들이 아니라 그보다 훨씬 강하고 아름답고 정력적이고 건강하고 총명하고 품행 방정한 인종을 제조하는" 일을 할 수 있을 것이라고 주장했다.

그런데 실제로는 그와 같은 인종의 제조는 권태에 빠진 방탕한 노인들을 성적으로 실제로 젊게 만들어주지는 못했으나 기분만은 적어도 젊어진 것으로 믿게 하는 장사를 미화하는, 꽤 그 시대의 풍조에 어울리는 사기수단이었다.

4) 예술품으로서의 연애

그 시대의 연애는 정신의 방탕이었다. 그 때문에 성교육은 이제까지 말해왔듯이 결국 기교의 숭배 일변도가 되어버렸다. 성교육의 본질은 모든 것에 대해서 무엇인가 말을 발견한다는 것이었다. 그 결과 본능적으로 나타나는 천성을 대신해서 의식한 것, 경험한 것이 중요하게 여겨졌고 따라서 소박한 것은 점점 제외되었다. 그럼에도 불구하고 만약 그런 소박함을 고집하려고 했을 때에는 한바탕 웃음거리가 되었으므로 미리 많은 시련을 통해서 그것을 연마해두어야만 했다. 그 최후의 결과로서, 다시 말하면 앙시앵 레짐하의 사업으로서 연애의 실천, 곧 어떤 형태이든, 장면이든 간에 "최선을 다하라"는 마침내 훌륭한 조형예술품이 되었다. 이제 연애는 어디까지나 예술품으로서 모습을 드러냈다. 왜냐하면 연애를 방해하는 요소, 곧 진정한 정열에는 예측불허한 일이 있기 마련이었으나 이제 그것은 모조리 제거되었기 때문이다. 사람들은 이제 분명히 그 일 하나하나가 언제 그리고 어떻게 충족되는가를 미리 알고 있었다. 그 때문에 사람들은 상황에 맞추어 잘 대처할 수 있었다.

그것은, 어떻게 보더라도, 그 예술품을 구경꾼의 눈에 제공하는 훌륭한 연극이었다. 그러나 그것은 독이 있는 수렁에 살고 있는 식물이 피고 있는 색깔의 아름다움이었다. 그리고 먼 곳 —— 역사적으로 먼 곳 —— 에서 볼 때만 아름다울 뿐이었다. 만약 가까이 다가가서 살펴본다면 그것은 인간을 죽일 만큼 독한 것이었다. 그 독향은 인간성의 위대한 것을 질식시킬 만했다.

그것은 관능생활에 결부된 어쩔 수 없는 운명은 아니었으나, 관능생활의 모든 격렬한 흥분에 결부되어 있었다. 앙시앵 레짐하에서 그러한 종착역까지 치닫게 한 추진력은 무엇보다도 향락이라는 프리미엄이었다. 관능생활의 격렬한 흥분은 원래 문화적으로 중요한 것이었음에도 불구하고 그 시대에는 결과적으로 볼 때 인간성의 높은 목표를 풍부하게 하지 못하고 오로지 방탕의 형태를 풍부하게 했을 뿐이며, 나아가서는 세상에 대해서도 대

유리한 기회

담하게 드높아진 악덕을 대대적으로 자행하게 했다. 그러한 악덕은 분명히 의식적으로 추구한 목적이었으며, 그 시대는 그 목적을 대규모 수법으로 손에 넣었다. 그것을 뒷받침하는 가장 좋은 증거는 그 시대 사람들의 수치심에 대한 조소였다. 그리고 그 시대는 그러한 조소를 위한 가장 엄격한 형식을 귀부인의 입을 빌려서 참으로 놀랄 정도로 잘 표현하고 있다. 연애의 대예술가로서의 마담 데피네는 손님들이 그녀의 살롱에서 수치심에 대해서 토론했을 때 그것을 비웃으며 "아름다운 정조라구요. 그건 핀으로 몸에 꽂아둔 것이라고나 할까요"라고 했다. 정조란 핀으로 잠시 꽂아둔 것이었으므로 언제라도 떼어내면 그만이었다. 저간의 사정으로 보면, 그 시대의 예술품으로서의 연애의 본질은 바로 서로의 자존심의 경멸이었음이 분명하다. 그리고 자존심의 경멸을 토대로 해서 남녀교제의 여러 가지 형태가 만들어졌다. 그 시대에는 여자를 존경하고 인간으로서 순수하게 대하는 것은 여자의 아름다움을 모욕하는 것이었다. 그것은 그 시대의 가장 신성한 것에 대한 예의이기도 했다. 그러므로 사교계의 총아들은 어떤 여자와 교제하든 야비하고 외설적인 것만을 말하고 행했다. 귀부인에 대한 가장 재치있는 외설은 그 방면의 아주 좋은 길잡이였다. 다른 태도를 취하는 남자는 현학적인 남자, 곧 편벽된 사람이라는 말을 듣게 되고, 보다 심한 경우에는 구역질이 날 만큼 권태로운 남자라고 해서 얼간이 취급을 받았다. 남자가 입에 올리는 이야기들의 외설스런 의미를 재빨리 이해하고 품위 있는 대답을 하는 여자는 뛰어난 인간으로 또 풍류를 아는 인간으로 대접받았다. 앙시앵 레짐은 강제적으로 무조건 외설을 합리화했을 뿐만 아니라 그 시대의 품위라는 것은 곧 외설적인 것이었다. 상류사회의 사람들은 모두 그러한 공기 속에서 살아왔으므로 소시민계급의 여자들은 부럽다는 듯이 그 구름 위를 쳐다보았다. 그리고 그러한 품위가 소시민계급을 끌고 가는 생활의 이상이었다.

여자의 교태(coquetterie)와 남녀의 플러트에 의해서 관능의 향락을 높이는 일이 여자들의 예술적인 곡선이 되었다.

교태란 연애의 피동적인 형태이다. 그러므로 교태는 여자의 특수한 상징이었고 어느 시대에나 남자를 얻는 여자의 가장 중요한 구애수단이었다. 여자가 쉽게 결혼하기 어려운 시대에는 그 사회적 역할이 점점 커지게 된다. 나중에 자세히 논하겠지만, 앙시앵 레짐 시대에는 그것이 극단에 이르렀다. 이것으로 미루어보아 앙시앵 레짐 시대는 교태만 하더라도 다른 시대와는 아주 다른 의미가 있었다. 한편 교태

사랑의 유희(F. 부셰의 유화에 의한 보바를레의 동판화)

의 본질은 그밖에도 자기시위와 포즈, 곧 남자가 요구하는 아름다움을 교묘히 클로즈업 시키는 것이었다. 따라서 절대주의 시대만큼 교태를 극도로 발전시키는 데에 적당한 시대는 없었다. 왜냐하면 교태는 절대주의 그 자체와 내용적으로는 같은 것이었기 때문이다. 앞에서도 말한 대로 인간과 사물에 대한 절대주의의 첫째 요구는 역시 자기시위와 포즈였다.

이 두 가지 이유에서 교태가 그 시대만큼 풍부하고 교묘히 다루어졌던 시대는 없었고, 남자의 제스처에서도 이전과 비교할 때 그것이 훨씬 커다란 역할을 하게 된 것도 별로 이상할 것이 없다. 그 시대 남자들, 또는 적어도 세계의 지배자들이 유약해짐에 따라서 교태가 점점 더 늘어났고 여자들 가운데에서는 그 방면의 대가까지도 나타났다. 앙시앵 레짐 시대의 여자들은 모두 어느 정도까지는 교태의 고난이 기술에 통달한 그 방면의 달인들이었다. 여자들의 교태는 그들이 너나없이 아침부터 저녁까지 끊임없이 쏘아올린 화려한 불꽃과 같은 것이었다. 여자들의 모든 행동은 많든 적든 교태로 장식되었다. 모든 스포츠는 교태의 법칙에 따라서 이루어졌으며 모든 행동은 교태에 의해서 수정되었고 교태를 위해서 이용되었다. 모든 감정은 교태에 도움을 주었고 교태의 의미에 따라서 그 형태가 결정되었다. 고통조차도 그러했다. "여자란 좋을 때에 웃기도 할 뿐 아니라 울기도 한다." 교태는 비밀스런 향연과 대연극을 연출했다. 그리고 연출되고 있는 연극은 일순간에 다른 연극으로 바꿀 수도 있었고 두 가지 연극을 함께 연출할 수도 있었다. 교태를 부리는 여자는 모든 남자를 앞에 두고 큰 연극을 벌이고 있는 동안에도 가장 마음에 드는 남자에게 슬쩍슬쩍 비밀스런 추파를 던질 수도 있었다.

여자들은 분명히 끊임없는 연구와 극심한 자제에 의해서 비로소 그러한 대가의 경지에 도달한 것이었다. 그리고 어느 나라에서나 여자들은 교태에서만은 남에게 뒤떨어지지 않았다. 대부분의 여자는 그 기술을 참으로 열성적으로 그리고 부지런히 닦았다. 그 열성의 정도는 교태가 그 시대 여성의 가장 중요한 생활의 부분이 되었다는 데에서 뚜렷하게 상상할 수 있을 것이다. 「담쟁이 덩굴로 덮인 아브라함의 시골집」이라는 책에는 이렇게 쓰여 있다.

여자들은 대개 몇 시간 동안 아니 때로는 한나절이나 계속해서 거울 앞에 앉아 자기 얼굴을 들여다본다. 여자들은 거울 앞에서 여러 가지 표정을 짓는데, 어떤 때는 슬픈 얼굴을, 어떤 때는 화난 얼굴을, 어떤 때는 요염한 얼굴을 한다. 그렇게 하면서 좋지 못한 상담역인 거울을 향해서 어떤 표정이 자기에게 가장 어울리는가, 또는 놀이나 교회에 갈 때는 어떤 표정이 좋은가를 묻는다. 곧 여자들은 진정으로 아름다워지고 싶어하는 것이다.

대개의 여자들이 도달한, 곧 그 시대의 특징이 된 세련화는 그처럼 아름다워지고 싶다는 신성한 열성과도 일치한다. 그 증거로서 나는 「베를린의 색에 관한 편지」에서 다음의 대목을 인용한다.

손에손에 군기(軍旗)를 들고 이 시대의 첨단을 걷는 아마존(Amazon : 그리스 신화의 여전사 부족. 사내애는 죽이거나 불구로 만들고 여자는 오른쪽 젖가슴을 도려내어 활쏘기에 지장이 없도록 함/역주)은 그들의 공동작전에 따라서 전쟁터로 돌진한다. 여자는 그때 그 얼마나 크고 아름다운 눈매로 적을 쏘아맞히는가! 그 얼마나 신묘한 표정과 몸짓으로 지껄이는가! 그 얼마나 부드럽고 유혹적인 악수로, 또는 달콤한 말투로 불쌍한 겁쟁이들에게 돌진하는가! 그때 칼을 뽑아들고 달려들어도 좋다는 듯이 코르셋을 풀고 적에게 맨살을 보이거나 싸우지 않고도 벌써 어질어질해진 적에게 마치 항복하라는 신호처럼 일부러 자기의 부풀어오른 가슴을 보인다. 여자는 부드러운 소파에 앉아 마치 결투를 신청하듯이 적의 곁으로 다가가서는 아름답고 석고와 같이 흰 작은 손가락으로 그의 바지의 단추를 가볍게 만지작거린다. 그러다가 갑자기 정신을 잃고 적에게 도움을 청한다. 성은 함락된다. 승리자인 여자가 정복된 남자의 발치에 쓰러진다. 마침내 2인극의 막이 오르며, 사랑의 어린 천사들이 총출동하여 은빛 구름 위에서 환희하며 박수갈채한다.

그러한 방법을 쓴다면 아무리 좀스런 촌스러움도 모조리 제거될 것임은 불을 보듯이 환하다. 그리고 촌스러움 그 자체도 앞에서 말했듯이 언제나 의식적인 교태에 지나지 않았다.……

이번에는 여자의 교태의 기술적인 면, 곧 으레 사용되는 도구들만을 따로 자세히 살펴보자. 도구들 가운데서 그 시대에 가장 중요하게 여겼던 것은 숄, 부채, 가면, 장식품, 그리고 무슈, 즉 애교점이었다. 얼핏 보아서는 대수롭지 않은 것처럼 보이겠지만, 우리는 그것들에 보다 큰 주의를 기울여야 한다. 만약 우리가 많은 사람들의 눈을 속이는 표면적 목적에 미혹되지 않고 숄, 부채, 가면과 같은 도구의 진정한 목적을 깨닫게 된다면, 이제 곧 알 수 있듯이, 얼핏 보아서는 우리의 눈을 현혹시키는 현상들보다도 훨씬 더 뚜렷하게 시대의 본질을 알게 되기 때문이다.

어깨와 목 둘레를 장식하기 위해서 걸치는 숄의 본래 목적은 데콜테가 상식으로서는 너무나 온당치 않은 경우, 예를 들면 집에서 일을 할 때나 교회에 갈 때 당대의 유행인 가슴의 맨살을 일시적으로 가리는 데에 있었다. 그런데 이 세상의 것은 무엇이나 신앙심이 두터운 사람에 의해서가 아니라 죄 많은 사람에 의해서 이용되기 마련이므로, 맨살을 숄로 가리는 일은 오히려 간음에 큰 도움이 되었다. 다시 말하면 숄은 여자의 교태를 위한 아주 세련된 도구의 하나가 되었다. 그것은 얼마든지 가슴께를 가릴 수 있었으므로 상의의 앞부분을 얼마만큼 파내어도 된다는 이

기습(프로이데베르크의 파스텔화에 의한 동판화)

제까지의 규칙은 어디론지 날아가버렸다. 아름다운 유방을 가진 여자는 어김없이 그때그때 유행하는 복장보다도 훨씬 더 깊게 가슴 부위를 파내게 되었다. 한편 그런 여자는 어떤 특별한 목적이 있을 때 숄을 열어서 그 깊이 드러난 가슴을 보일 수도 있었다. 일순간에 모든 것을 감출 수도 보일 수도 있었던 것이다. 여자는 몹시 얌전한 포즈로 거리를 걷거나 사교계에 나타나기도 했으나, 필요한 순간에는 자기 자신이나 다른 사람의 방종한 기분을 만족시켜줄 수도 있었다. 곧 약간의 몸짓, 또는 구애자가 교묘하게 건 장난만으로도 숄이 활짝 열렸기 때문이다. 숄은 그처럼 교태를 부리는 데에 견마의 노를 다했을 뿐 아니라, 여자가 구애할 당시에는 두번째 겨냥도 충족시켜주었다. 그것은 얼굴을 가리는 베일과 마찬가지로 가슴 노출의 효과를 높여주었다. 곧 숄 틈으로 이따금 유방이 구름 속의 달처럼 드러나기도 했으므로 그것이 도리어 남자의 왕성한 공상을 자극하거나 호기심을 유발했고 발동이 걸린 호기심은 욕정으로까지 치달려갔다. 교태의 가장 큰 목적은 달성된 것이다. 옹색한 민중은 흔해빠진 목도리가 그 목적에 사용되었지만, 부자들은 가장자리를 레이스로 장식한 세모꼴의 숄이나 값비싼 숄을 사용했다. 한편 그 시대의 한 풍자가는 아름다운 유방을 남자의 눈으로부터 감추는 데에 숄은 크게 도움이 되든가 아니면 도움이 되지 않든가 그 어느 쪽이라고 비꼬았다. 비란트도 말했듯이, 여자가 호기심을 자극하며 숄을 열게 되는 것은 미풍만으로도 족했는데, 그 미풍은 언제나 "움직이는 공기"에 지나지 않았기 때문이다. 따라서 숄이 남녀의 바람기에 커다란 작용을 했다고 말하더라도 별로 놀랄 일이 못 된다.

오늘날 중부 유럽에서는 부채가 무도회의 부속품에 지나지 않으나, 더운 남부 유럽에서는 여자들이 어느 시대에나 손에 부채를 들고 있었다. 앙시앵 레짐 시대에도 부채는 여자의 필수품이었다. 부채는 사교계의 여자만이 아니라 중소시민계급의 아내나 딸들에게도 아주 중요한 장신구의 하나였다. 부채가 처음부터 교태의 도구로 사용된 것은 당연한 일이었다. 왜냐하면 더위를 식히려는 본래의 목적을 위해서 부채를 솜씨 있게 다루는 것만으로도 교태에 크게 도움이 되기 때문이다. 아름다운 손, 사랑스러운 손목, 화사한 몸짓, 잘 다듬어진 몸매는 부채를 손에 쥔 것만으로도 두드러지게 사람의 눈에 띄었고, 다른 어떤 장신구보다도 훨씬 오랫동안 구경꾼들의 이목을 끌었다. 그 때문에 자연히, 또 일찍부터 유명한 부채 언어가 나타났다. 여자들은 그 부채 언어에 의해서 어떤 남자와도 기회만 닿으면 매우 친밀한 얘기를 주고받을 수 있었다. 물론 다른 사람은 그 누구도 눈치를 채지 못했다. 여자는 부채를 이리저리 움직임으로써 상대방 남자에게 접근해오라고 용기를 불어넣어주었는데, 당신의 의도는 충분히 이해할 수 있다는 것, 어느 시각쯤에 방문 및 밀회했으면 좋겠다는 것을 신호해주기도 했다. 그리고 올 수 있는지 없는지를 신호로 묻기도 했다. 여자가 부채를 완만하게 기울이면 날 잡아잡수, 부채를 의기양양하게 펴면 당신 따위에게는 잡아먹히지 않겠다고 선언하는 것이었다. 애정, 사랑, 절망 ─── 감정의 모든 움직임은 빈약한 눈짓에만 의존하지 않고 부채에 의해서도 훌륭하게 전달할 수 있었다. 스페인 여자들은 지금도 이 기술에서는 대가라고 알려져

부서진 부채(J.B. 위에의 유화에 의한 메조틴트 판화, 1775)

있지만 이것은 앙시앵 레짐 시대에는 대부분의 여자가 몸에 익히고 있던 과학이다.

그러나 부채 언어의 현란한 상형문자가 갈랑트리를 위한 부채의 목록의 전부는 아니다. 근본적인 역할은 아니었지만 예를 들면 여자는 부채로써 자신의 얼굴에 염치없이 드러나는 기분을 능숙하게 숨기거나, 유쾌하거나 불쾌한 놀람을 숨길 수 있었고, 게다가 부끄러워 더 이상 배겨낼 수 없을 때라도 어물어물 넘어갈 수 있었을 뿐만 아니라 그러한 장면에서 도망쳐 나올 수 없을 때에도 부채는 요긴하게 쓰였다. 따라서 그것의 최후의 의미는 다음과 같다. 세기의 사교계에서 날마다 언어나 행동으로 끝없이 행해졌던 탕음난무에 여자들이 적극적으로건 소극적으로건 참여한 것은 무엇보다도 부채 덕택이었다. 여자들은 부채로 얼굴을 가리고서는 그 뒤에서 음란한 배짱을 부추기는 박수를 보냈고 부채를 넓게 펴서 플러트의 노골성을 돕거나 숨겨주었으며 그것에 스스로 응답하기도 했다.

이와 같은 이유에서 부채는 이 시대 여자들의 필수품이었다. 부채를 지니지 않은 여자는 싸움터에서 강철 갑옷과 투구로 무장한 적에게 맨손으로 맞붙는 용사와 같았다. 용사처럼 여자들도 언제나 부채를 손에서 놓지 않았다. 한 영국 여인은 그와 같은 것을 회상하며 이렇게 썼다. "그 때문에 나 역시 부채를 손에서 놓지 않았지요. 오늘날의 처녀들은 부채 하나면 충분하지만 우리들은 일본인처럼 몇 개나 되는 부채를 가지고 다녔습니다. 하나는 외출용으로, 하나는 아침용으로, 하나는 저녁용으로 그리고 또 하나는 특별한 기회를 위해서 가지고 다녔던 것입니다." 이 시대에는 부채도 신격화되었다는 것, 부채는 여자의 손에 쥐어진 훌륭한 재산이 되었으며, 여자의 공상에 따라서 또 교태의 목적을 위해서 장식적으로 갖가지 모양으로 만들어졌으며, 또한 끝없이 새로워졌다고 해서 특별히 이상할 것도 없다.

이 시대의 공공생활에서 마스크가 유행했던 것 또한 논의될 가치가 있다. 그 이유는 마스크가 어떤 의미에서는 부채와 똑같은 목적으로 이용되었기 때문이다. 소수의 나라와 도시, 특히 베네치아에서는 사육제 때만이 아니라 1년 내내 가면을 쓰고 거리를 걷거나 극장에 가는 것이 귀족계급에게는 허용되었다. 지배계급과 유산계급만이 가면을 쓸 수 있었던 특권은 어디까지나 적극적인 호색을 위해서 존재했다. 카사노바의 회상록은 가면이 언제나 그의 호색적인 행동을 숨기는 수단이 된 것을 참으로 자세히 쓰고 있다. 베네치아에서는 노상 곤돌라를 타고 다녔기 때문에 어디를 갈 때 가면을 쓰지 않으면 당장 세간에 소문이 돌거나 협박의 구실이 되기도 했다. 극장에 갈 때도 가면을 쓸 수 있었던 까닭에 아무리 정숙한 여자라도 차마 얼굴을 들 수도 없었던 외설적인 연극을 남자들 틈에 섞여서 볼 수 있었다. 그러므로 가면을 쓰고 극장에 가는 습관은 특히 베네치아뿐만 아니라 앙시앵 레

아우크스부르크의 복장화(18세기)

이피게네이아로 분장한 셔들리 양(1760)

짐 시대의 다른 도시, 예를 들면, 파리나 런던에서도 흔히 볼 수 있었다. 런던의 경우, 왕정복고기의 유명한 영국 희극들에 나오는 농담은 모두 지독한 외설이었으며 그 희극들에 따르기 마련인 어릿광대의 몸짓은 외설스런 동작의 연속이었음에도 불구하고 상류계급의 여자들이 그 따위 연극을 보려고 언제나 밀려들었다. 그 여자들은 서민의 비난을 피하기 위해서 가면으로 얼굴을 가리고 갔다는 기록들이 남아 있다. 다시 말하면 가면은 부채 이상으로 "정숙한" 여자들이 대대적으로 외설 놀음에 참가하기 위해서 사용한 생활용품이었다는 것을 알 수 있다.

장신구. 대개의 장신구는 교태의 도구였다. 그 때문에 어느 시대에나 남자보다도 여자를 위해서 그것은 큰 역할을 했다. 남자의 장신구는 옛날부터 반지에 한정되었으며, 만약 남자가 팔찌를 끼었다면 대개 마조히즘의 경향을 나타낸 것이라고 할 수 있다. 장신구의 목적은 그것의 의미로도 알 수 있듯이 오직 육체를 꾸미는 데에 있었다. 다시 말하면 장신구란 그것을 사용하는 사람을 아름답게 하는 것이다. 그것이 통설이었음에도 불구하고 그 생각은 가장 중요한 목적, 특히 가장 중요한 효과를 간과하고 있다. "아름답게" 한다는 것은 장신구의 첫번째 목적이었고, 육체의 어떤 부분을 강조한다는 것이 두번째 목적이었다. 곧, 육체의 특수한 형태에 따라서 그 부분의 특수한 아름다움을 눈에 띄게 하려고 여자는 그것을 사용했다. 느슨한 팔찌는 손목을 화사하게, 꼭 끼는 팔찌는 손목을 굵게, 구두의 커다란 조임쇠는 다리를 가늘게, 허리띠는 몸통을 우아하게, 귀걸이는 귀를 작게, 반지는 손가락을 가늘게 보이기 위한 것이었다. 아름다운 유방은 언제나 여자의 가장 큰 자랑이었으므로 여자는 남자의 시선을 무엇보다도 그것에 끌어들이고 싶어한다. 그런데 유방의 특성 때문에 대개의 의상은 유방 부위에 바로 장식할 수 없다. 그 두 가지 이유로 인해서 유방 부위에 착용하는 장신구, 특히 목걸이는 바로 유방 부위에서 남자의 시선을 끌며, 또 그 특별한 아름다움이 눈에 띄게 하는 것을 목적으로 하고 있다. 목걸이에 매단 장신구는 우아한 목을 눈에 띄게 하려는 것일 뿐 아니라 아름다운 유방을 좌우로 나누는 깊고 넓은 골짜기도 눈에 띄게 하려는 것이었다. 그것은 또 언덕처럼 융기한 유방에 남자의 주의를 끌기 위한 것이기도 했다. 옷깃에 장식용 걸쇠를 흔히 다는 것은 유방의 융기를 돋보이게 하려는 것이고, 코르셋에 쇠 장식을 다는 것은 유방 좌우의 첨탑, 곧 젖꼭지에 남자의 시선을 고정시키려는 것이다. 이와 같은 이유로, 가슴을 넓게 노출함에 따라서 여자는 장신구를 요란하게, 또는 가능한 한 고급스러운 것 하나만을 달게 된다. 왜냐하면 그 하나로도 여러 가지 다른 효과를 백 퍼센트 발휘할 수 있었기 때문이다.

부부(쇠나우의 유화에 의한 동판화)

장신구는 그와 같은 법칙과 목적을 이상적으로 표현했으므로, 교태의 중요한 도구였고 자기시위, 포즈, 선전의 무기이기도 했다. 대부분의 여자는 그 법칙을 모르고 있었다. 하지만 장신구는 드러내 보이려는 아름다움과 조화가 이루어져, 아름다움의 곡선을 보다 더 높일 때만 그 주인을 아름답게 보이게 했으므로 장신구를 착용한 여자는 부지중에 그 법칙을 터득하고 있는 셈이었다.

여자가 장신구에 의해서 정말로 아름답게 보이는 것은 대개 간접적 효과 덕분이다. 곧 장신구란 정교하게 만들어진 모양이나 색채에 의해서 보는 사람에게 광학적인 착각을 불러일으키고 그 때문에 육체의 불완전한, 또는 아름답지 못한 곡선을 수정하기 때문이다. 허리띠를 약간만 넓히면 긴 몸통도 짧게 보였고, 팔찌의 너비로 굵은 손목도 가늘게 보였고, 진주 목걸이를 목에 꼭 끼게 하면 가는 목도 굵게 보였고, 느슨하게 하면 굵은 목도 가늘게 보였다. 반대의 경우는 그와 반대의 효과가 있었다.

앙시앵 레짐 시대의 여자들은 훨씬 옛날부터 알려져 있던 장신구의 효과를 극대화하여 이용했을 뿐 아니라, 새로운 뉘앙스까지 덧붙였다. 그러한 뉘앙스는 어디까지나 세련을 위한 것이었고 호색의 강도를 높이기 위한 것이었다. 절대주의 시대가 되자 르네상스 시대의 거칠고 큼직한 장신구는 자취를 감추고 그 대신 —— 특히 로코코 시대에는 —— 마술적인 보석이 나타났다. 특히 다이아몬드, 에메랄드, 루

유행의상(J. 호프너의 그림에 의한 J.R. 스미스의 동판화)

비는 마치 향수에 적신 것처럼 여자가 드러내려는 아름다움을 눈부시도록 만들었다.

장신구는 값이 비쌌으므로 시민계급의 여자들은 보통 한 쌍의 소박한 반지라든가 수수한 목걸이나 브로치로 만족해야 했으나 앙시앵 레짐의 유산계급이나 궁정계급은 놀랄 만큼 사치스러운 장신구들을 착용했다. 이 계급에서는 여자뿐 아니라 남자도 장신구를 온몸에 가득 달고 다녔다. 손가락, 팔, 목은 보석으로 뒤덮였고, 손에 들고 있는 꽃은 보석으로 만든 것이었다. 보석은 마치 생명이 있는 불꽃처럼 물결치는 여자의 가슴을 수놓았고 흐르는 물처럼 양말이나 구두에 단 단추에까지 박혀 있었다. 인간은 마치 명장의 손으로 만든 하나의 장신구와 같았다 —— 태어나면서부터 놀고 먹는 생활을 할 수 있는 계급의 모습은 그러한 장신구에 의해서 비로소 완전한 것이 되었다. 다시 말하면 그 계급의 사람들은 한 사람도 남김없이 우주의 장식물이 되었던 것이다.

교태의 가장 중요한 도구의 하나는 무슈(mouche), 곧 애교점이었다. 무슈는 로코코 시대가 지나가자 곧바로 사라졌으므로 색의 시대의 고유한 것이라고 해도 좋다. 무슈는 처음에는 여자의 얼굴이나 살갗에 있는 보기 싫은 흠을 감추기 위한 도구에 지나지 않았다. 「숙녀사전」에서 "비너스의 작은 꽃"이라는 항목을 살펴보자. "그것은 얼굴에 생긴 여드름이라는 뜻으로서, 여자들은 여드름을 애교점으로 감춘다." 그런데 검은 점을 붙이면 하얀 피부가 훨씬 돋보이게 되어 참으로 아름답게 보였을 뿐 아니라, 그 생각지도 않았던 색다른 모습이 사람들의 눈을 끌게 되어 그것은 금방 유행의 물결을 탔다 —— 그 때문에 "애교점"이라는 이름이 붙게 되었다. 더구나 애교점은 세련화에 극히 자극적인 효과를 주었다. 여자가 남자의 눈을 끊임없이 혼란시키고 싶을 때는 남자의 시선이 가장 자주 가는 곳에 능청스럽게 애교점을 붙이기만 하면 되었다. 여자는 불문곡직하고 노상 애교점을 붙였다. 예를 들면 자기의 아름다운 목덜미에 남자의 시선을 끌고 싶은 여자는 거기에 그것을 붙였다. 호색적인 여자는 가슴 위에, 후안무치한 여자는 좌우 유방의 사이나 그보다 훨씬 아래쪽에 그것을 붙였다. 이러한 것들이 애교점의 중요한 목적이었으나, 그것이 전부는 아니었다. 처음에는 남자의 시선만을 노렸으나, 그뒤로는 점차 정신에 자극을 주는 유희로 옮아가서 이번에는 분명히 색다르기는 하지만 역시 세련화를 목표로 하는 과학이 됨으로써 그 시대의 여자들 사이에서 유행했다. 다름이 아니라 그것을 얼굴 어디에 붙이느냐에 따라서 여자의 용모는 특유한 표정을 얻었으므로 여자는 바로 여기라고 생각하는 곳에 애교점을 붙여서 자신이 노리는 표정을 자유자재로 만들었다. 독부로 보이고 싶은 여자는 입가에, 쉽게 반하는 여자로 보이고 싶은 여

프랑스의 동판화(부셰)

자는 눈 곁에, 차게 보이고 싶은 여자는 턱에, 시건방지게 보이고 싶은 여자는 코 위에, 요염하게 보이고 싶은 여자는 입술 위에, 오만하게 보이고 싶은 여자는 이마에 붙였다. 그런 방법으로 여자들은 장기간 또는 단기간의 목적을 위해서 자기가 광고하고 싶은 여러 가지 성격의 특징을 마냥 표현했다. 그리고 나이를 불문하고 모든 여자가 그 방법을 썼으며, 어린 소녀까지도 애교점을 붙이고 부끄러운 듯이 여성적인 포즈를 취했다. 모셰로슈(독일의 풍자작가, 1601-69/역주)는 이렇게 꾸짖었다.

처녀들은 자기를 수줍은 여자처럼 보이려고 얼굴 여기저기에 검은 호박단의 애교점을 붙인다. 그러면서도 애교점 붙이는 짓 자체는 조금도 부끄러워하지 않는다.

심지어는 남자조차도 애교점을 붙였다.

그러한 교태의 방법은 17세기 중엽에 나타났는데, 여자들은 오래잖아 검고 작은 애교점이 마음에 차지 않아 그것을 욕심대로 대담한 모양으로 변형시켰다. 예를 들면 호박단 대신 벨벳을 선택했고 더구나 그 벨벳을 상처에 붙이는 고약만큼 크게 만들어 붙였다. 오른쪽 볼에 붙인 그 커다란 애교점을 "치통"이라고 불렀다. 귀부인들은 더욱더 자극적으로 보이기 위해서 그 커다란 것에 보석까지도 박았다. 한편 달이나 별 모양, 특히 동물 형태는 큰 인기가 있었다. 여자들은 여러 가지 동물, 예를 들면 토끼, 여우, 개, 나비, 말 등의 모양을 골랐고 아주 기묘한 것까지 손을 내

연인(쿠르탱의 그림에 의한 동판화, 1725)

밀었다. 한때는 뛰는 벼룩 모양까지도 붙이는 여자가 있었다. 그러한 점을 사람의 시선이 가까스로 닿는 앞가슴의 가장 깊은 곳이나, 부푼 유방 위에 보란 듯이 붙었다. 여자들은 이제 남자의 눈만이 아니라 손까지도 그곳으로 유혹했다. 교태에 의한 농담이나 유희는 분명히 조잡스럽고 요상한 것이었으나 그런데도 그 풍속은 어느 나라에서나 수십 년에 걸쳐서 극성을 떨었다. 17세기의 끝무렵에 아브라함 아 산타 클라라는 또 이런 것도 써 놓았다.

오만한 헬레네는 번들번들한 하얀 살을 보다 훌륭하게 보이기 위해서 사슴이나 백로나 여우의 모양을 한 검은 애교점을 달고 있다. 어디 그뿐인가. 그러한 부류의 여자는 할 수 있다면 얼굴에 살아 있는 새조차도 붙여서 자랑하고 싶어한다. 그럴 경우에는 여자의 오만한 콧대 위에 바보새가 앉아 있는 것처럼 보일 것이다.

로코코 시대가 되면 그로테스크한 모양의 애교점은 보다 세련되고 델리킷한 모양으로 바뀐다. 로코코 시대는 교태의 리스트에서 그것을 제외시킨 것이 아니다. 지배의 최후의 날까지 그것을 널리 이용했다.……

플러트. 교태는 각 시대의 여성이 보인 성격의 특징을 가장 뚜렷하게 드러낸 것인데, 그와 마찬가지로 남녀교제에서의 플러트, 곧 농탕질의 여러 가지 형태도 큰 역할을 하고 있다. 곧 교태가 겨냥하는 바는 어느 시대에나 플러트에 있을 뿐 아니라 어떤 교태도 결국은 플러트 그 자체이며 플러트의 예술적 변형에 지나지 않기 때문이다. 앙시앵 레짐 시대에 플러트는 어떤 종류의 남녀교제에도 스며들어 있었을 뿐 아니라 모든 것을 불태우는 정열로서의 연애까지도 플러트라는 돈으로 환산되었다. 그 시대에는 성행위까지도 르네상스 시대와는 비교할 수 없을 만큼 플러트로 행해졌다. 왜냐하면 여자는 남자에게 자기 전체를 주지 않고 그 남자와 함께 요상한 유희만을 했기 때문이다. 그리고 그 경우 상대는 한 사람이 아니라 여럿이었다.

168

유리한 기회(프랑스의 동판화)

플러트의 본질은 시대가 바뀌어도 별로 변하지 않았다. 첫째는 남녀가 약간 정겹게 애무하는 것, 둘째는 여자가 육체의 은밀한 아름다움을 자극적으로 보여주는 것, 셋째는 자극적인 사랑의 대화만을 나눔으로써 언어만이 나타나는 것, 이 세 가지가 플러트의 본질이다. 각 시대를 구별하는 것은 남녀의 구애에서 그 시대의 한계가 넓으냐 좁으냐, 곧 자기가 깊은 애정을 쏟고 있는 한 사람의 상대와만 플러트를 하느냐 혹은 상대를 가리지 않고 그 누구든 플러트의 상대로 삼느냐 하는 남녀가 구애하는 범위, 그리고 그러한 구애의 모든 것이 어느 정도까지 공공연하게 플러트를 행하느냐의 정도에 있다. 각 시대를 비교해서 발전의 선이 상향적인가 하향적인가를 결정하는 역사적 비판의 견지에서는 무엇보다도 먼저 어느 정도까지 공공연하게 플러트를 행하느냐의 정도를 문제로 삼아야 한다. 예를 들면, 사랑하는 두 사람의 플러트의 형태는 그 어느 것이나 진정한 애정에서 이루어지는 것이므로 두 사람 사이의 그것은 관능생활의 가장 존중할 만한 사건 —— 충동적인 생활의 가장 기품 있는 교향악의 완성 —— 일 것이다. 만약 그렇다면 플러트는 비밀의 장막에 가려 있지 않으면 존귀하다고 말할 수 없다. 그런 것을 주저없이 깨뜨리는 것은 개인적으로는 변태이고 대중적으로는 상대적으로 부도덕할 뿐 아니라 —— 우리의

연애 169

오늘날 도덕 척도로 볼 때 —— 절대적으로도 부도덕하다. 왜냐하면 그러한 현상은 사회적 규범에 어긋나기 때문이다. 더구나 미성년자의 성은 모두 스스로 실현되는 자연법에 의해서 비밀을 조건으로 하므로 또한 자연에도 어긋난다. 재삼재사 얘기한 것처럼 앙시앵 레짐 시대의 플러트는 모든 점에서, 곧 언어에 의해서나 행위에 의해서나 아슬아슬한 한계점에까지 이르렀다는 것이 그 특징이었다. 그 아슬아슬한 한계는 시대가 의식적으로 결정한 목표였다. 더구나 여자들이 대대적으로 플러트를 했다 —— 연애 또한 공개적으로 행해진 연극이었다! —— 는 것 또한 그 특징이었다. 앙시앵 레짐 시대의 여자의 교태의 경우, 대개의 여자는 마치 간판을 내건 것처럼 교태를 매물로 삼았다. 그와 마찬가지로 남녀의 플러트도 마치 중세의 수공업처럼 이웃, 친구, 지나가는 사람들의 중인환시리에 한길에서 행해졌다고 해도 무방하다.

우리는 그 시대의 난봉꾼들이 거위깃털 펜으로 있는 그대로 써놓은 기록 이외에도 그 시대에 그려진 애무에 대한 탐닉적인 찬미의 미술에서 그 시대의 연애의 일반적인 포즈가 어떤 것이었는가를 분명히 상상할 수 있다. 앙시앵 레짐 시대의 문학이나 미술에서는 연애는 모두 순수한 의미에서 플러트에 지나지 않았다. 곧 연애에 대한 얘기나 그림이나 그것은 내놓고 벌이는 플러트의 자극적인 연극에 지나지 않았다. 바로크풍이나 로코코풍의 시인이나 화가는 연애의 정신적이고도 인간적인 내용은 화제로 삼지 않았다. 그들은 결국 평범하고 아주 무딘 표현밖에 하지 못했으나 애무의 특별한 맛에 대한 것이라면 시시콜콜한 것까지 언제나 굉장히 열띤 비유로써 지껄여댔다.

입맞춤은 오늘날의 중부 유럽의 관능감각으로 볼 때 플러트의 가장 흔해빠진 형태라고는 할 수 없으나 가장 세련된 형태가 되었다. 그런데 앙시앵 레짐 시대에는 입맞춤의 고귀한 신성함에 대해서는 전혀 알지 못했다. 그 시대에는 입맞춤이란 자기의 욕망을 남에게 옮기는 수단에 지나지 않았다. "왜냐하면 입맞춤은 두 개의 다른 것을 하나로 만들려는 욕망을 그대에게 불러일으키기 때문이다." 그 위에 입맞춤은 향락에 변화를 주는 것이라고도 말했다. 그리하여 남자는 기꺼이 입맞춤을 여자의 가슴에 하곤 했다. "희망이라는 것이 없다면 나는 더 이상 이 세상에 살아 있지 않으리"라는 시에서 사랑하는 남자는 "그리고 가장 뜨거운 입맞춤을 하기 위해서는 마치 열에 들뜬 것처럼 깃 장식을 풀어헤친 가슴을 들이대셔요" 하고 애원한

입맞춤(프랑스의 동판화)

다. 여자들은 이 따위 농탕질이나 유희를 기꺼이 받아들였다. 레티프 드 라 브르톤
은 「무슈 니콜라」에서 그가 어느 집을 방문했을 때 경험했다는 다음과 같은 일을 얘
기하고 있다.

　배를 채우고 나자 나는 내게 줄곧 포도주를 따라주던 아름다운 부인의 자태에 마음이

동했다. 그래서 부인에게 농치듯이 얘기를 걸면서 특히 부인의 눈부실 만큼 하얀 가슴께를 칭찬했다. 부인은 마치 우쭐대기라도 하듯이 가슴을 앞으로 내밀었으므로 한쪽 유방이 통째로 굴러나올 지경이었다. 나는 볼테르의 「오를레앙의 처녀」 가운데서 다음의 시를 빌어 그 부인에게 찬사를 보냈다.

그것을 보고 넋이 나갈 만큼 도취하지 않는 사람이 있을까?
순백의 석고처럼 하얀 목덜미여
그 훨씬 아래에는 아모르의 언덕이 있는데
거기 두 개의 유방이 따뜻하게
붉은 장미처럼 빛나는 봉오리를 달고 서 있다.
너, 팽팽한 나의 유방이여, 나의 연심을 솟구치게 한다.
너는 나의 손을 경련시키며
나의 눈을 뽑아버릴 듯이 끌어들인다.
나의 입술은 네게 빨려들고 싶어 안달하고……

주인 라프레는 조금 눈살을 찌푸렸다. 셰로 부인은 그 낌새를 알아차렸지만 재빨리 내게 입을 맞추도록 그녀의 드러난 유방을 내밀었다. 나는 무릎을 꿇었다.
"당신이 무릎을 꿇었다면 양쪽 모두에 입맞추지 않으면 안 돼요"라고 셰로 부인은 외치면서 또 한쪽의 유방을 내밀었다. 나는 취한 듯이 입술을 봉오리 하나에 가져다댔다. 부인은 자극되어 저도 모르게 두 손으로 나의 머리를 감싸고는 끌어안았다.……

지방의 소시민 여자가 자기의 유방을 호색적인 레티프에게 앙증스럽게 내던진 것과 마찬가지로 그 시대의 귀부인도 회상문학의 여러 기록에도 나타나 있듯이 자기의 유방을 요염하게 남자에게 허락했다. 여자의 유방에 입맞춤을 하는 것은 일반적으로 공인된 존경의 하나로 여겨졌다. 세상은 남녀 쌍방에게 인기가 있었던 유방의 애무에 가능한 한 기회를 마련해주었다. 릴리우스 샤메드리는 「처녀 변호사」에서 이렇게 말하고 있다.

어느 날 슬픈 얼굴을 한 처녀가 그를 찾아와서 이렇게 하소연했다. "어느 사교계에 참석했을 때 모두가 벌금내기 놀이를 하고 있었습니다. 나도 함께 어울렸는데 어떤 남자를 샀을 때 나는 내 입술과 가슴에 입맞춤을 하도록 그 남자에게 허락했습니다. 그런데 그 입맞춤이 너무나 뜨거워 나는 몹시 고통을 느끼고 금방이라도 정신을 잃을 것 같았습니다."

입맞춤(오노레 프라고나르, 동판화)

남자가 여자에게 입맞춤할 용기가 없다든가, 입에 해야 할 입맞춤을 손에 했을 때 여자들은 마음 속으로 실망했다. 로고는 이렇게 조소했다.

처녀들은 남자가 손에만 입맞춤하면
마음속으로 노여워하지, 이것이 바로 요즘의 세태
입에 내뿜어야 할 불을
손에 내뿜기 때문이다.

그러나 뻔뻔스러운 남자가 입맞춤을 할 때 특별한 사랑의 표시로서, 예를 들면 당신의 동그란 무릎에 입맞추게 해달라고 부탁하면 대개의 여자들은 그것을 대단한 경의의 표시로 이해했다. 그리고 그 방법은 사교계에서도 때때로 허용되었다. "무릎은 우정의 마지막 거처이다. 스타킹 끈보다 위쪽에 입맞춤을 하는 것은 애인밖에

L'INFIDELITÉ RECONNUE

부정현장을 발각당하다(무아트의 파스텔화에 의한 당브룅의 동판화)

는 허용되지 않는다." 그런데 사랑에 빠진 남자는 그러한 순진한 입맞춤만으로는 만족하지 않았다. 그는 언제나 연인의 육체의 가장 비밀스런 곳에도 입을 맞추려고 했다. 그런 세련된 욕망은 호색문학에서도 자주 다루어졌다.

사람들은 온몸에 입맞춤하기를 원했고, 또 온몸에 입맞춤해주기를 원했으므로 —— 특히 남자는 자기가 여자에게 상냥하게 베푼 친밀함의 표시를 여자가 그대로

육욕에 관한 풍자

자기에게 되돌려주기를 기대했다 —— 입맞춤은 수백 종류에 이르렀다. 입맞춤의
기술은 훌륭한 과학이었으며 게다가 아주 통속적인 과학이었다. 16세기에 키스의
대가였던 요하네스 세쿤두스(라틴어 시 「입맞춤」으로 유명함, 1511-96/역주)의 세
련의 극치는 공공연한 비밀이었다. 입맞춤이란 무엇인가, 어떤 방법으로 여러 가지
다른 입맞춤을 하는가, 또 상대에 따라서 어떻게 입맞춤을 해야 하는가 따위가 진
지한 책들에도 쓰여졌고 또 논의되었다. 1715년의 「숙녀사전」에는 입맞춤에 대해
서 이렇게 쓰여 있다.

입맞춤, 일명 모일겐(Mäulgen), 슈메츠겐(Schmätzgen), 하이츠겐(Heitzgen)이라고 부
르는 것은 사랑에 불타는 입술의 결합과 포갬이다. 그럴 경우, 두 사람의 입은 딱 붙게 되
므로 입술을 뗀 순간에 놀랍고도 달콤하다는 표시로 입술은 저절로 뚜렷한 소리를 낸다.

「숙녀사전」에 의하면, 더욱 열렬한 형태는 이른바 "피렌체식 입맞춤"이었다. 그
것은 "남자가 상대방의 양쪽 귀를 붙잡고 입을 맞추는" 것이다. 촉촉한 입맞춤에
의해서 남자는 여자에게 나는 당신과 천진난만하게 놀 수 있을 뿐 아니라 당신에게
그 이상의 것을 바란다고 털어놓았다. 호프만스발다우(독일의 시인, 1617-79/역
주)는 "촉촉히 젖은 입맞춤으로 나는 여자에게 나의 욕정을 전했다"라고 말했다.

그리고 어떤 여자도 그런 방법으로 자주 입맞춤을 당했으므로 입맞춤이 자기의 관능에 어떤 영향을 미치는가를 경험으로 잘 알고 있었다. 호프만스발다우의 시 가운데는 그 방법으로 입맞춤당한 여자가 성을 내어 "당신이 제정신이라면 나의 청정무구한 생울타리 안에 정욕을 운반해들이지 마세요" 하고 외치는 대목이 있다. 다음으로 "처녀의 입맞춤"이라는 것이 있는데, 그것은 입맞춤하는 남자가 처녀의 유방에 입을 맞추면서 젖꼭지를 입안에 넣는 대목이었다. "그런 상태로 입맞춤하는 것은 사랑에 빠진 숙녀를 가장 기쁘게 한다. 왜냐하면 그때 상대에게 자기의 아름다운 유방을 통째로 보일 수 있기 때문이다." 이것은 「사랑하는 사람을 위한 편람」이라는 책의 한 대목이다. 남부 독일의 길쌈방에서는 "아기배기"라는 벌금놀이를 하는데, 그때 그런 입맞춤이 처녀가 내놓는 벌금이다. 그런데 시골 처녀가 코르셋을 풀기를 거절하면 놀이 친구들은 "와, 널빤지구나"라고 떠들어댄다. 널빤지라는 것은 유방이 널빤지처럼 밋밋하니까 그처럼 몸을 사린다는 것이다. 프랑스풍으로 입맞춤을 한다는 것은, 「사랑하는 사람을 위한 편람」에 의하면, 입맞춤을 할 때 두 혀를 서로 접촉시키는 것이다. 그것은 기혼남녀들의 입맞춤 방법이다. 왜냐하면 그것은 남녀에게 가장 부드러운 즐거움을 주기 때문이다. 인기 있는 남자는 이 방법으로만 입맞춤을 했다. 남자는 이렇게 여자의 욕정을 한껏 자극했으며, "사랑의 즐거움을 낚는 여자들은 그와 같은 입맞춤만을 학수고대했기" 때문이다. 입맞춤에는 그밖에도 여러 가지 종류가 있었으며, 그 각각의 입맞춤에는 그 나름의 뉘앙스와 그에 수반하는 특유한 맛이 있었다. "입맞춤 놀이"라는 시에는 이렇게 노래되어 있다.

한 가지 입맞춤만으로는 내 마음이 동하지 않는걸.
촉촉한 입술로 이슬에 젖은 입맞춤을 내게 다오.
젖은 입맞춤은 즐거운 것, 메마른 입맞춤도 그 나름의 자극이 없지는 않는 법.
그 입맞춤의 기쁨은 나의 골수까지 스며든다.
슬픔에 젖은 눈에 입을 맞춰
그 슬픔의 샘에서 기쁨을 긷는 것은 그 얼마나 사랑스러운 일인가.
장밋빛 볼, 눈처럼 하얀 목, 가슴, 어깨에 바짝 다가가,
그리하여 어깨, 볼,
하얀 목덜미, 하얀 가슴에
입맞춤의 작은 흔적으로 푸른 표시를 하고

행운의 순간(영국의 동판화)

떨리는 입술로 엉킨 혀를 빨아들이고
입술을 꼭 포갠 채
두 영혼을 하나로 융합시키는 것은
그 얼마나 즐거운 일인가.
만약 사랑의 불꽃이 온전히 한 초점에 모아진다면
두 몸뚱이는 하나가 된다.
당신의 입맞춤은 길고 짧고, 깊고 얕고
사랑하는 이여, 당신이 내게 바라기 때문에
나도 당신에게 주는 것이라오.

그것은 언제나 나를 당신 쪽으로 끌어당긴다.
내가 준 입맞춤을 그대로 내게 되돌리지 말라.
어떤 사람이든 저 나름의 독특한 입맞춤 놀이를 해야 한다오.

남자가 어떻게 입맞춤을 하는가에 따라서 여자는 그 남자와의 사랑놀이에서 어떤 쾌락을 맛볼 수 있을 것인지 훤히 꿰뚫어보고 있었다. "남자란 여자에게 입맞춤을 하듯이 여자를 사랑하는 것이고" 또 남자가 어떻게 해서라도 입맞춤을 하려는 것은 "어떤 여자든 알고 싶어서 못 배기기" 때문이기도 했다. 그러므로 남자가 여자에게 입맞춤을 할 때는 어떤 여자도 그것을 거절하지는 않았다. 가령 여자가 애인이나 남편에게 정조를 과시하려고 생각했더라도 "경의를 표하는 입맞춤 정도라면 어떤 여자라도 거절할 수 없는 것"이었다.

그 시대에도 입맞춤을 하는 것은 상대방의 욕정을 자극하기 위한 것이었다. 그 때문에 어머니라고 할지라도 기쁨을 나타낼 때 자기 아이들의 볼이나 눈, 이마에는 입을 맞추지만 입에 대한 입맞춤은 삼갔다. 입 이외의 곳에 하는 입맞춤은 우정, 곧 성이 개재되지 않은 사랑의 입맞춤이었다.

플러트에서는 손에 대해서도 입의 권리와 마찬가지로 많은 권리가 부여되었다. 그리고 그 시대의 특징으로서 그와 같은 권리가 시시콜콜하게 분류되었으며 또 시시콜콜한 부분까지 설명되었다. 특히 남자는 처녀나 유부녀의 유방을 희롱하려고 했다. "유방은 행복의 봉우리이다. 이 세상의 남자들은 그 봉우리의 바위를 붙잡으려고 젖 먹던 힘까지 쓴다." 당대의 시인들은 너나없이 그러한 동경을 보다 뚜렷하게 표현했다. 호프만스발다우는 노래한다.

내가 방 안에서 레스비를 가까이서 보았을 때
그 옛날 풍족했던 동양에 있었던 것보다도
훨씬 아름다운 능금을 늘어뜨린 가슴이 통째로 드러나 있었다.
그녀는 졸리는 듯 아무렇게나 기대앉아 있었기 때문에
그 가슴이 나의 혼을 끌어당기고
호기심에 내 손은 거기서 흔들거리는 것을 부여잡으려고 했다.

그레셀은 "그 여자의 유방에"라는 시에서 벼룩에게조차도 같은 권리가 허용되는 것을 보고 자기의 바람이 터무니없는 것이 아니라고 설명한다.

레스비여, 당신이 나를 그처럼 저주하다니!
나의 왼손은 부드러운 비츠겐을 원하고 있다.
둥근 유방은 진정한 사랑의 불꽃
나의 혼이 강하게 끌리는 것도 별로 이상하지 않다.
당신은 날마다 벼룩에게조차도 같은 짓을 용서하는 터에
어째서 이 불쌍한 나를 미워하려고 하는가?
나의 갈망이 부드러운 한 쌍을 동경하고 있어도
나는 벼룩보다도 못하다고 말할 셈인가?
그렇더라도 이 주먹은 그 부드러운 공을 어루만지려고 몸부림친다.
나는 그러면서 정말 당신에게 수많은 입맞춤을 가르치고 싶다.
그 여자의 불 같은 루비는 내 동경을 불태우네.
나는 마음속 깊이 그 여자의 산봉우리에 머물고 싶다.

이 시는 남자가 처음으로 만난 여자에게조차도 당장 그러한 친근함을 보이려고 한 것을 말하고 있으며 그것은 그밖의 여러 가지 것, 예를 들면 여자의 저항은 대개 내숭을 떠는 것에 지나지 않는다는 것이다. 그러므로 여자의 눈과 말은 대개 정반대였다. "당신의 입은 싫다고 말하지만 당신의 눈은 좋다고 말하는걸" 하고 프랑스의 시 "2부 합창"은 노래하고 있다. 그 시는 최후의 행위에까지 나아가기 마련인 플러트의 모든 뉘앙스를 묘사한 것이다. 그처럼 묵시적인 허락이 보통이었으므로 뒤멜은 승리를 과시하듯 이렇게 노래했다. "열 겹으로 동여맨 유방도 결국은 남자가 마음먹기 마련. 결국은 남자에게 주어야 할 것이기에." 그 노래의 당연한 결론은 여자란 어쩔 수 없는 것에 결국 따를 뿐 아니라 나아가서는 애인의 그와 같은 행위로 인한 쾌락을 결코 숨기려고 하지 않는다는 것이었다. 그 때문에 그레셀은 노래했다.

미츠겐이 고요히 잠든 틈을 타
내, 그것을 어루만졌을 때
당신도 나를 끌어안았지.
내, 당신의 기분을 살피며

당신을 무릎에 안아올렸을 때
젖 두 쪽이 굴러나왔지.
떡 본 김에 제사지내듯 나는 젖을 애무하며
젖꼭지에 몇 번이나 입을 맞췄네.
참으로 그것은 당신을 솔직하게 만들었던 것을.

그런 사랑의 유희를 하도록 애인을 고무하는 것은 사랑하는 여자에게 별로 수치
스러운 일이 아니었다. 그레셀은 이렇게 노래했다.

아, 아름다운 마르가리스여, 나의 혼은 타오르고 있다.
당신의 손이 나를 당신의 유방으로 끌어들였을 때.

그런데 남자의 손은 더욱 마음대로 할 수 있는 권리를 요구하면서 도처에서 극비
의 장소에까지 들어가려고 용을 썼다. 그 시대의 통설에 따르면, 남자는 그렇게 하
지 않으면 여자의 아름다움을 진정으로 이해할 수 없다는 것이다. 남자의 불덩어리
같은 욕망이 저지르는 앞뒤 분간 못 하는 대담한 행동은 여자에게는 명예가 되었
다. 「사랑하는 학생들」의 작가인 첼란더는 "아리스메네에게"라는 시 속에서 "여자
가 나의 손에 왕관을 준다면 그것은 옥문의 명예가 아니겠는가"라고 노래했다. 이
런 짓거리에 대해서 낯을 붉히며 화를 낸 것은 그 시대의 여자들 가운데서 가장 표
독한 여자들만이었다. 입과 손이 파고드는 곳에는 눈 또한 따라들어갔다. "라우라
에게"라는 시에서는 사랑받는 남자가 다음과 같이 기뻐하고 있다.

나의 운명이 얼마나 즐거운 것인가는 당신도 알고 있다.
당신이 나의 무릎에 몸을 맡기고
당신을 끌어안으려는 나의 팔을 허락하고
양껏 당신에게 입맞춤하도록 나의 입술을 허락하고
감춰진 것을 찾아내도록 나의 손을 허락하고
모든 것을 볼 수 있도록 나의 눈을 허락할 때.
옷 속에서 부드럽게 물결치는
유방의 아름다운 모습은 보란 듯이
나의 입맞춤으로 지상에 나타나고

농부의 희롱(네덜란드의 동판화)

축제일을 알리며
그리고 밀회의 시간을 알리고
아침 햇빛처럼 붉은 볼을 보란 듯이.

　말하자면 남자의 눈에 유혹적인 구경거리를 만들어주는 것은 여자가 남자에게
허용하는 최초의 은총이며 일반적으로는 여자의 플러트의 서곡이었다. 왜냐하면
대담한 여자가 부리는 교태의 클라이맥스는 은밀한 아름다움을 드러내어 남자들에
게 황홀한 눈의 즐거움을 주는 것이었기 때문이다. 안락 의자에 비스듬히 기대앉은
풀린 자세, 난로 곁의 자극적인 자세, 대담한 기회를 만들기 위한 허벅진 농담이나
유희 등이 그러한 목적에 이용되었다. 사랑하는 여자에게는 자기의 아름다움을 연
인에게 과시하는 것만큼 커다란 기쁨은 없었다. 그밖에도 어느 여자나 "눈이 포로
가 되는 경우에는 손이나 입이 가만히 있지 않는다"는 것을 잘 알고 있었다. 그러
므로 어느 여자나 어떤 것을 연인에게 보이기 위해서 훌륭한 빌미를 많이 만들어냈
다. 그 가운데서도 가장 좋은 것은 아닌 밤중의 통증이었다. 그 경우, 연인은 자기
의 눈으로 그 통증을 감정하고 그것을 진정시켜주어야 했다. 예를 들면 가슴에 단

장미가 상의 속으로 떨어져 그 가시가 여자의 살갗을 찔렀을 경우 여자는 느닷없이 큰 소리를 지르며 옆방에 있는 연인에게 달려간다. 그것은 하게도른이 "호색적인 뮤즈의 아이들"에서 노래한 것이다.

아, 장미 가시에 찔려서
아파서 난 어쩔 줄 모르겠어요.
내 가슴에서 떨어져
심장 부근을 찌른 것 같아요!

아, 아파서 난 어떻게 해요!
여기, 여기 왼쪽이에요!
좀 봐주셔요, 당신 정말로 봐주시지 않을 거에요.
영리한 사람은 정말로 그렇게 하는데!

내게 가시에 찔린 데를 보이려고
여자는 목덜미와 가슴을 드러냈다.
그때 욕정의 옥좌가 갑자기 내게,
나무람을 듣더라도 주저하지 말라고 외쳤다.

가장 흔한 것은 비밀스런 데를 벼룩이 꾹꾹 쏘아 가렵다면서, 연인에게 보아달라는 것으로서 그것은 다시없는 기회였다. 그런 가려움은 다른 곳과는 비교도 할 수 없을 만큼 자극적인 장면을 연출했다. 그 경우, 부탁받은 남자는 가려워하는 여자를 긁어주는 것은 물론 안아주도록 노력해야 했다. 그러나 그것은 상상처럼 그렇게 간단한 일은 아니었다. 시인 역시 그런 테마를 묘사할 때는 몇 줄로 끝내는 일이 드물고 대개 한 페이지를 할애해야 했다.……

나는 갈랑트리한 문학이나 미술은 앙시앵 레짐 시대에 행해진 구애의 갖가지 형태를 가장 분명하게 보여준다고 앞에서 말한 바 있다. 그러나 그와 같은 명명백백한 사실에 일일이 상세한 "역사적" 주석을 단다면 예정한 페이지를 훨씬 초과하게 되므로 일단 덮어두기로 하겠다. 독자는 그 시대의 회상문학의 갖가지 묘사에서 뉘앙스의 다채로운 빛깔을 살필 수 있고, 그렇게 함으로써 "미인의 마음을 사로잡기보다는 그 유방을 만지는 것이 항상 쉽다"는 그 시대에 유행했던 말이 옳았음을 분

아침 접견(보두앵의 유화에 의한 동판화)

명히 인정할 수 있을 것이다.

　시대의 여러 가지 경향은 언제나 어떤 하나의 목표를 추구하며 그럼으로써 꽤 훌륭한 해결을 발견하려고 한다. 그 목표는 앙시앵 레짐 시대의 플러트에서는 귀부인의 "아침 접견(르베)"으로 달성되었다. 귀부인은 날마다 화장에 열중했는데, 그때는 모두 네글리제를 걸쳤다. 네글리제를 걸친 모습이란 훨씬 그 옛날에는 아직 알려지지 않은 것이었으며, 가령 알려졌다고 하더라도 아주 원시적인 상태의 것이었다. 그러한 개념은 분명히 절대주의 시대에 나타날 수밖에 없는 것이었다. 왜냐하면 여자를 단순한 사치품으로 보는 경향이 그 시대에 이르러 극단화됨으로써 그 무렵의 여자는 최신유행의 화장을 하는 데에 날마다 오랜 시간을 허비해야 했기 때문이다. 그런데 그 부득이한 필요가 목적 그 자체가 되었고 결국에는 그 장면이 사회로부터도 허용되어 조직화된 관능적 향락의 가장 큰 매력이 되었다. 그것은 누구나 인정할 수밖에 없는 것이었고 또 당연한 것이기도 했다. 한편 플러트는 그 시대의 공공연한 제도였으므로 그것을 살리기 위한 공공연한 기회도 만들어져야 했다. 전자는 후자의 조건이 되었다. 다시 말하면, 일상생활도 플러트에 가장 알맞고 가장 좋은 기회로 삼기 위해서 화장시간도 플러트의 공공연한 기회로 삼아야 했다. 명문가 귀부인은 아침 접견을 공식적인 방문은 물론 응접시간으로 함으로써 그 두 가지 목적이 완전히 일치되었다.

분명히 남녀의 플러트에 대해서 그처럼 알맞고도 고마운 기회는 다시 없었다. 그 경우, 여자는 네글리제 차림으로 화장에 열중하고 있는 체했으므로 남자의 관능을 자극적으로 도발했다. 그리고 그 시대에는 정성들여 화장을 했기 때문에 화장은 언제나 여러 시간 지속되었다. 친구나 구애자에게 자기의 아름다움을 속속들이 고혹적인 구경거리로 제공하기 위해서 여자들은 참으로 훌륭하게 화장을 활용했다. 어떤 때는 팔을 노출하고 우연인 것처럼 겨드랑이 밑까지 드러내기도 했으며, 어떤 때는 스타킹이나 구두를 매만지는 척하면서 스커트를 걷어올리기도 했고, 어떤 때는 눈부신 가슴께를 드러냈으며, 어떤 때는 상반신의 자극을 새로운 방법으로 보여주기도 했다. 그 구경거리 풍성한 갖가지 성찬에는 끝이 없었다. 성찬은 언제나 여자들의 솜씨 여하에 달려 있었으나, 그 솜씨 역시 한 측면에 지나지 않았다. 오히려 네글리제라는 것이 구경거리의 효과를 백 퍼센트 상승시켜주었다. 즉 네글리제 차림이었으므로 여자는 거부할 수 없었던 것이다. 그 경우, 여자는 응하기만 하면 되었다. 그리고 남자는 본다는 범위에서는 그가 오매불망하던 소망을 충족시킬 수 있었다. 자극적인 네글리제 모습 그 자체가 여자의 응낙과 같은 것이었다. 왜냐하면 여자의 화장은 또 여자의 갑옷이었기 때문이다. 갑옷 때문에 남자는 언제나 보기만 할 뿐, 아무리 뻔뻔스러워도 그 여자 곁으로 다가갈 수는 없었다. 그러므로 만약 여자가 그런 갑옷을 입지 않고 남자를 돌아보았다면 그것은 곧 이 기회를 놓치지 말라고 여자가 남자에게 말하는 것과 다를 바 없었다. 그 내용의 논리는 다른 어떤 시대와도 맞아떨어졌다. 왜냐하면 화장, 곧 "당신은 무엇을 멍청히 생각하고 있는 거에요. 내 화장인가요?……"라는 여자의 성난 말은 여자에게 말 또는 눈요기 이상으로, 플러트를 위해서 사회가 허용한 공공연한 기회를 더 늘이기 위해서 짜여 졌다는 사실은 앙시앵 레짐 시대의 언어나 회화, 특히 행동에 의해서도 분명히 드러나 있다.

귀부인의 아침 접견에 초대되는 것은 그 귀부인의 저택을 방문한 남자에게 허용된 최초의 총애였다. 그리고 이른 시간에 그 귀부인의 저택에 들어서야 하는 것은 초대를 받은 남자의 의무이기도 했다. 프랑스의 티이 백작은 그의 「회상록」에서 자기가 원했던 귀부인을 매일 아침 방문했던 일에 대해서 다음과 같이 말하고 있다.

나는 여자가 있는 곳에 갔다. 여자는 내 청을 승낙하고 들어오라고 했다. 처음에는 보통 표정으로 내게 대한 자신의 흥미를 보였고 다음에는 자신의 관심을 더욱 격의 없이 털어놓기 위해서 내게 여러 가지 것을 물어왔다. 그리고 내가 그녀의 아름다움을 흘긋 쳐다보다가 그녀의 시선과 서로 마주쳤을 때(여자는 참으로 아름다웠는데 화장중이라서 더욱 아름다웠다) 여자는 한순간 당황한 듯이 보였다. 그리고 여자는 내가 그녀에게 불러일으켰고 그러나 그녀가 간신히 감출 수밖에 없었던 흥분을 그러한 당황한 표정으로 나에게 남김없이 보여주었던 것이다.

그러한 장면에서 널리 드러나 있는 친밀성은 이 책의 여러 삽화로 비교해보기 바란다. 만약 귀부인에게 총애받는 남자가 아침 접견에 하루라도 결석을 하면 당장 그 이튿날 "당신은 나를 무시했어요"라는 호된 나무람을 들어야만 했다. 한편 여자 쪽도 아침 접견에 오던 남자친구들의 발길이 끊긴 그 날부터 인생의 고독을 느꼈다.

여자들은 자기가 가장 고혹스럽게 보이는 것은 화장을 할 때라는 사실을 잘 알고 있었다.

따라서 그녀들은 네글리제의 자극적인 모습을 끝없이 극도로 세련화하는 데에 전력을 집중하게 되었다. 해밀턴 공작은 찰스 2세의 궁정에 관하여 "예의범절을 범하지 않는 범위에서 아름다움을 진열해야 했기 때문에, 궁정의 귀부인들을 위해서, 특히 그 때문에, 목욕용 네글리제가 마련되었다"라고 술회했다. 메르퇴유 후작부인은 외간남자와 밀회 때에 입으려고 마련한 네글리제에 관하여 "그것은 인간이 상상할 수 있는 것 중에서 가장 호색적인 네글리제였습니다. 그것은 정말 황홀한 것이었으며, 내가 손수 고안한 것입니다. 이 네글리제를 입으면 신체의 어떤 부분도 보이지 않았지만 그러나 상대방은 모든 것을 상상할 수 있었습니다"라고 했다. 그리고 난봉꾼 발몽 자작도 이러한 자극적인 모습의 효과에 관하여 말한 바 있다.

이러한 모습은 내 정욕을 도발할 뿐만 아니라 내가 원하는 것을 전부 내 눈앞에 보여줍니다. 최초의 정감은 여자가 눈을 내리뜨는 것입니다. 내 눈은 잠시 동안 여자의 천사와 같은 맑은 얼굴을 뚫어져라 쳐다보았으나 곧 저절로 여자의 아랫도리 쪽으로 미끄러져 내려갔습니다. 그리고 바로 이 눈으로 여자를 발끝까지 발가벗길 수 있었던 것은 그 무엇에도 비길 수 없는 환희였습니다.

세련된 연애술이 뛰어난 여자도 또한 대부분의 경우 자신의 목표를 이와 같은 쪽으로 몰고 갔다.

귀부인의 아침 접견은 무엇보다도 눈을 위한 정식(table d'hôtel)이었으나 손의 호기심도 흔히 참견했다. 그것은 시녀가 잠시라도 자리를 비우게 되면 남자친구는 여자로부터 손을 좀 빌려달라는 청을 받기 때문이다. 그것은 여자가 남자에게 총애를 내리는 증거이든가 그렇지 않으면 남자의 욕정을 불타오르도록 부추김으로써 여자가 남자를 재촉하는 서비스이든가 그 둘 중 하나이지만 은혜를 베푸는 것임에 틀림없었으며 요염한 분위기 속에서 허용된 이 기회를 남자는 가능한 한, 플러트에 대한 자신의 능력을 발휘할 수 있도록 총력을 다했다. 카사노바는 토리노의 부유한 유대인의 딸과 인연을 맺고 있을 때의 에피소드를 털어놓은 바 있다.

아침 뒤에 그녀는 승마하는 데 찬성하고는 내 눈앞에서 곧 남자 승마복으로 갈아입었다. 그녀의 어머니도 마침 그 자리에 있었다. 그녀는 가죽 속바지를 입고 있었으므로 먼저 스커트를 벗고 그 다음에 코르셋을 끌러놓고 재킷을 입었다. 그런데 여우 같은 그녀는 내가 냉담함을 가장한다는 것을 눈치채고 "당신, 내 재킷의 가슴 장식을 똑바로 해주시지 않겠어요?"라고 내게 물었다. 그 순간 내 마음은 불타올랐고 내 손은 이때까지의 신중함을 잃어버렸다.

이 시대의 여자들은 남자들을 화장대 앞에 불러들였을 뿐만 아니라 정식으로 욕탕이나 침대 옆에까지 안내했다. 그것은 공개적인 플러트의 가장 세련된 방법이었다. 왜냐하면 그것은 여자에게는 상대에게 자신의 은밀한 아름다움을 마음껏 보여줄 수 있는 절호의 기회였으며 대담한 행동을 작심하고 있는 남자에게는 유혹의 가장 좋은 기회가 되었기 때문이다. 남자친구들을 욕탕까지 불러들인 주제에 귀부인들은 예의범절을 지킨답시고 욕조에 휘장을 치고 머리, 목, 가슴만을 드러내보였다. 그러나 이러한 휘장은 언제나 간단하게 처치할 수 있는 것이었다! 당대의 거울이라고도 할 수 있는, 내용이 풍부한 책 「영국인 첩자」에는 특히 다음과 같은 기록이 있는 프랑스 궁정신하의 회상록도 보인다.

아름다운 G부인은 그때 마침 욕조 속에 있었다. 시녀가 잠시 방에서 나간 사이에 나는 재빨리 부인에게 목욕탕의 휘장에 관해서 의사를 타진했다. 부인은 방긋 웃으며 내게 그것을 허용했다. 그리고 부인은 예의를 잃지 않고서 참으로 우아하게 자신의 모든 아름다움을 구석구석 내게 보여주었다. 나도 이미 분명히 알고 있었던 것이지만, 부인은 자신의 아름다움을 단단히 내게 자랑할 참이었다. 그러나 유감스럽게도 이 매혹적인 구경거리는 이내 막을 내리지 않으면 안 되었다. 그것은 이전부터 이 부인에 대해서 권리를 소유하고 있었던 B후작이 오리라는 전갈이 있었기 때문이다. 드디어 부인의 주인도 나타나게 되어 나는 그 자리를 떴다. 별 재미가 없었던 것이다. 그 다음날에는 운수가 좋았는데 나를 번거롭게 하는 손님은 하나도 없었다. 내가 부인의 아름다움을 구석구석까지 찬양했던 감격적인 언어는 나와 마찬가지로 부인의 정욕을 자극했다. 그리고 이 미인에게 내가 더 이상 그 어떤 것도 기대할 것이 없을 때에 막은 비로소 내렸다.

마리-앙투아네트의 궁정에서 절세미인이라고 찬양되던 귀메네 부인은 온갖 사람들까지도 친구로 대접하면서 목욕탕 접견을 했다. 그것은 슈아죌 공작의 회상록에 기록되어 있는데 이러한 작태를 마치 당연한 것처럼 기록하고 있다. 카사노바는 그 시대의 여자가 구애자를 자신의 침대에까지 안내했던 사례를 숱하게 들고 있다. 나는 그 한 보기로서 그가 안트웨르펜에서 어떤 돈 많은 상인의 딸을 찾아갔던 아침 접견 기록을 들고 싶다.

그녀는 침대에 앉은 채로 호감이 가는 웃음을 날리면서 나를 맞이했다. 이 아름다운 여자는 실로 물찬 제비처럼 보였다. 그녀의 머리는 연한 청색의 리본, 레이스의 테두리 장식을 한 아름다운 아마 캡으로 장식되어 있었다. 그녀가 대범하게 자신의 상아와 같은 목덜미에 걸어둔 가벼운 인도 모슬린 숄은 그녀의 석고와 같은 흰 유방을 겨우 반만큼만 숨겨줄 수 있었다. 숨겨진 유방의 형태는 프락시텔레스(고대 그리스의 조각가/역주)라도 무색해질 정도로 아름다웠다. 그녀는 자신의 장밋빛 입술로 골백 번이라도 입맞춤을 하도록 허락했기 때문에 나는 점점 더 불타올랐다. 그녀가 내게 그와 같이 강렬한 아름다움을 보여주었던 결과 나는 물론 냉정을 지킬 수 없었다. 그러나 그녀는 불타오르는 정열로 내 두 손 중 어느 손이 그것을 움켜잡을까봐 두 개의 반구를 아름다운 그녀의 두 손으로 완강하게 방어하고 있었다.

귀부인은 이와 같은 기회를 잘 이용했기 때문에 자신의 품위를 잃지 않고도 남자 친구의 방문을 침대 속에 있는 채로 받아들일 수 있었다. 그 시대의 호색적인 의견에 의하면 잠든 여자는 남자에게 모든 권리를 허락했다는 것이다. 왜냐하면 침대에 누워 있는 여자는 자신에게 유익한 일이 벌어지는 한 계속 잠자는 체했기 때문이다. 그것은 또한 공식화된 관습, 즉 세련된 풍속 중의 하나였다.

아침 접견이 공식화된 제도인데다 모든 여자는 모든 남자의 것이었기 때문에 여자들은 화장이라는 자극적인 구경거리를 특히 패트런 역할을 하는 남자친구만이 아니라 자신의 숭배자와 구애자인 구경꾼 전체에게도 허용하게 되었다. 귀부인이 고귀하면 고귀한 만큼 이러한 구경꾼 집단은 더 큰 집단이 되었다. 사교계에서 인기가 있는 귀부인인 경우 이러한 아침 접견은 말 그대로 공공연한 구경거리였다. 영국의 찰스 2세를 수행하여 포츠머스 공작부인을 방문했던 한 사람은 자신의 일기장에 이렇게 썼다.

나는 전하를 따라서 복도를 거쳐 수행원들과 함께 포츠머스 공작부인의 침실에 붙어 있는 화장방에 들어갔다. 부인은 막 침대에서 일어나서 가벼운 네글리제 차림 그대로 거기에 있었다. 시녀들이 부인의 머리를 빗고 있는 동안 전하와 우리 수행원들도 그 주위에 서서 구경했다.

더구나 대부분의 상류층 여자들은 남편보다 오히려 다른 남자들의 것이었기 때문에 그와 같은 장소에 남자친구들은 그 누구나 그녀와 같이 있을 수 있었으나 남편이 같이 있을 때는 참으로 드물었다. 만약 남편이 그 장소에 마침 있었다면 그의 신세는 참으로 처량한 것이었다. 왜냐하면 남자친구들은 그 남편의 코앞에서도 자신의 권리를 나누어가졌기 때문이다. 여자들은 이런 기회를 틈타 거리낌없이 자신의 용무를 해치웠다. 새 물품을 들여온 장신구 판매 상인을 맞아들여 주문을 하기도 했으나 가장 중요한 것은 역시 플러트였다. 파울 헨젤은 18세기의 영국 여자들에 관한 책에서 이렇게 썼다.

> 상류층 귀부인들은 오전까지(그 당시 상류계급은 오후 세 시경에야 점심을 먹었다) 여자 친구들뿐만 아니라 그 도시의 문예 애호가, 한량, 멋쟁이들의 방문을 받았기 때문에 그 준비를 하지 않으면 안 되었다. 그러나 이때의 대화는 어떤 세상에서도 인기가 있었던 루머가 아닌 한에서는 색사와 음담패설, 또는 그런 것에 대한 반응이나 대꾸의 범위를 넘어서지 않았다.

이와 같은 것말고도 또 하나 덧붙일 것이 있는데, 그것은 이러한 공식적인 플러트의 연극은 언제나 그 현장에 있었던 주된 단골 구경꾼들을 상대로 연출되었다는 것이다. 그런데 적어도 자신의 전성시대에는 텅빈 좌석을 향하여 여자가 연극을 하는 그와 같은 불쾌한 사태는 결코 일어나지 않았다. 그리고 단골 구경꾼들은 앙시앵 레짐의 산물인 이른바 프티 메트르(petit maître)였다. 프티 메트르는 결정적인 관계에 있는 귀부인에게만 붙어다니는 애인, 즉 치치스베오(cicisbeo : 고대 이탈리아의 관습으로 기혼의 귀부인이 동반하는 남자친구. 매일 붙어다님/역주)는 아니었다. 프티 메트르는 어떤 귀부인의 애인도 되었다. 그것은 남자가 갈랑트리한 봉사를 바칠 때 우선 첫째로 얻게 되는 지위였으나 일반적으로는 치치스베오가 아닌 남자에게 주어지는 지위였다. 프티 메트르의 역은 각국의 청년들의 공명심을 자극했다. 따라서 프티 메트르는 어디서나 유행적인 현상이 되었다. 그들은 나비처럼 이꽃 저꽃을 날아다니며 전력을 다하여 봉사했다. 그것이 바로 프티 메트르의 특징이었다. 드디어 독일에서는 "프티 메트르 기질"이라는 말까지 유행하기 시작했다. 가톨릭 국가들, 특히 프랑스와 이탈리아에서는 젊은 사제들이 그 역을 맡기도 했다. 이들 사제들은 물론 사제복만을 걸친 사이비들이었다. 왜냐하면 이 시대의 교회직은 교회와 배타적인 관계가 없어도 승록만은 가로챌 수 있는 참으로 노골적인 수단에 지나지 않기 때문이다. 국왕이 내리는 첫째 가는 승록이 바로 사제의 승록이었다. 그런데 사제의 승록이란 그 대부분이 갈랑트리한 봉사에 대한 것이었다.

곧 자신에게 호의를 가진 귀부인이 유력한 남자친구에게 한마디만 부탁하면 승록 따위는 식은 죽 먹기였다. 사정이 이럴진대 프티 메트르라는 것은 이른바 여자라고 하는 신의 신하이며 그 영원한 위성으로서 신의 주위를 회전했다. 따라서 그들은 이미 얘기했던 것처럼 귀부인의 아침 접견에 열석하는 단골 구경꾼이 되었다. 그리고 이때 사제가 얼마나 큰 역을 맡았던가는 프랑스의 갈랑트리한 미술이 가장 확실하게 증명하고 있다. 귀부인의 아침 접견에 이들 단골 구경꾼들이 호기심을 보이지 않는 연극은 막을 내릴 수밖에 없기 때문이다.……

이제 이야기를 맺으면, 각국의 부두아르(규방)에서는 매일 몇 시간 동안이나 갈랑트리한 예배가 행해졌으며, 그것은 비너스 신전과 같았다는 것이다. 물론 플러트 중에서 가장 세련된 형태였던 이러한 방법은 유산 지배계급에 한정되었다. 왜냐하면 그들은 관능생활을 이처럼 고양시키지 않고서는 흥분할 수 없었기 때문이다. 따라서 이 강력한 계급과 계층에서만이 연애는 세련된 예술품으로서 그 절정을 맞이할 수 있었다.

5) 혼례의 선금

우리들은 앞에서 에스카르팽(무도화)을 신은 아도니스가 앙시앵 레짐 시대에 남성의 이상이었다고 설명했다. 그 시대의 대단원에 가서는 오히려 케루빔(Cherubim : 세라핌 다음 가는 제2계급의 천사. 지품(智品) 천사. 지혜가 뛰어나고 날개 달린 귀여운 어린이의 모습으로 나타냄/역주)이었다고 말하는 것이 옳을지도 모른다. 앞에서도 이야기했던 것처럼 사람들은 늙게 보이고 싶어하지 않았다. 여자는 스무 살, 남자는 서른 살 이상으로 보이고 싶어하지 않았다. 이러한 경향은 거꾸로 사춘기를 계획적으로 앞당기는 결과가 되어 사람들은 참으로 일찍부터 조숙해져버렸다. 소년은 대개 열다섯 살, 소녀는 그보다 일찍 열두 살이 되면 아이의 태를 벗어버리고 적극적으로 색을 찾았다. 소년은 그때부터 "남자"가 되었고 소녀는 "여자"가 되었다. 플레겔야레(Flegeljahre : 사춘기 전의 한창 장난할 나이/역주)라든가 바크피시 (Backfisch : 구워먹을 수 있는 물고기, 곧 사춘기 전의 말괄량이 계집아이를 희화한 말/역주)란 이미 그 시대에는 없었다. 플레겔야레는 그들의 인생에서 제거되었다. 즉 이 시대의 특유한 지적, 정서적 분위기가 사춘기를 억지로 재촉했던 것이다. 이

슬리퍼(네르베, 동판화)

분위기는 모든 것을 자극적인 안개 속에 감추고, 아직 졸고 있는 관능을 자연의 명
령보다도 훨씬 일찍 허락하고 채찍질하여 억지로 눈뜨게 만듦으로써 사람들은 모두
연애에 대해서 말하고, 그것을 화제로 삼았다. 연애는 아이의 귀에 가장 먼저 들려
오는 유일한 말이 되었다. 또한 모든 아이에게 인생의 문을 열어주는 모토처럼 생각
되었다. 이 때문에 소년이건 소녀건 가능한 한 일찍부터, 또 짬만 있으면 연애를 이

야기했다. 대부분의 소년소녀는 언제나 저절로, 참으로 일찍부터 얻게 되는 최초의 경험으로부터 "연애는 쾌락이다"라는 단 하나의 정의만을 배웠다.

앞에서도 설명했던 것처럼 이러한 조숙에 대한 숭배는 체계적으로 모든 향락을 세련시키고 고양시킴으로써 부지불식간에 도달한 결과였다. 시바리스 사람, 즉 향락을 좇는 자는 남자건 여자건 누구나 "한 번이라도 좋으니 그것에 홀딱 빠져봤으면 하고" 학수고대했다. 그들은 "아직 누구도 손댄 적이 없는 훌륭한 요리"만을 열렬히 탐하고 있었다. 어리면 어린 만큼 손대지 않은 것이 확실했기 때문이다. 이경우 당장 처녀성이 문제가 된다. 이 시대에는 처녀성만큼 인생에서 높은 가치를 지닌 것은 없었다. 처녀성은 "이 세상의 왕관에 붙은 가장 귀한 진주"였다. 히펠은 「결혼에 관하여」(1774)에서 이렇게 설명하고 있다.

> 처녀성이란 말하자면 연중 오월에 해당하고, 나무로 치면 꽃에 해당하고, 하루 중 아침에 해당한다. 그렇지만 아름답고 싱싱한 것은 어떤 것에도 꺾이기 쉽다. 처녀성은 말로 표현할 수 없을 만큼 미묘한 것이다.

그런데 세상 사람들이 그렇게도 감격적으로 처녀성을 찬양했던 것은 특별히 처녀성을 야만적인 능욕이나 다가오는 위험으로부터 보호하기 위해서가 아니라 오히려 풍류남아들을 위한 훌륭한 요리로 삼기 위해서일 뿐이었다. 후안무치한 인간들이 들끓던 그 시대에는 이러한 훌륭한 요리는 처녀성의 찬미가 뒤에 은밀히 감추어진 비밀이 아니었다. 오히려 처녀성은 오늘날의 풍류사회에서 샴페인의 특제 마크가 찬양되는 것과 같이 공공연히 찬양되었던 것이다. 1760년에 나온 「비너스의 싸움」이라는 책에서 작가는 말하고 있다.

> 정직하게 말해서 우리들은 유혹자의 육체감각과 정신감각을 전제함으로써 처녀성이라는 말을 관능적 쾌락 중 최상의 것이라고 생각하고 있다. 무엇보다도 남자의 공상은 자신이 오랫동안 동경하고 있던 처녀, 자신이 오래 전부터 손에 넣기를 바라던 처녀, 지금까지 한번도 다른 남자(남자가 믿고 있는 것처럼)와 잠잔 적이 없는 처녀, 자신이 처음으로 그 처녀성의 아름다움을 승리자로서 만끽할 수 있는 처녀, 그러한 처녀에 대한 향락의 기대로 자신의 가슴을 뛰게 만든다. 즉 이러한 공상의 멋진 작용이 관능적 쾌락에 대해서 남자의 육체를 더욱 흥분시키는 것이다.

사혈과 목욕을 하는 여인(J.M. 빌, 동판화)

그 시대에 이르러 디플로레이션매니아(Deflorationmania : 처녀성 파괴광/역주)가 대중현상으로 근대사에 나타난 것도 육체의 처녀성에 대한 찬미에 의해서 간단히 설명된다. 이 경향은 영국에서 만연되어 오늘날까지 아직도 계속되고 있지만 이 대중현상으로부터 벗어난 나라는 하나도 없다.

사춘기를 조직적으로 앞당기게 된 것이 앙시앵 레짐 시대의 성생활에서 가장 눈에 띄는 현상이었듯이 상습적인 성관계가 특히 어린 나이부터 시작되었고, 따라서 혼전 성관계도 꽤 기승을 부렸다. 두 가지 결과는 서로 뒤얽혔다. 조숙한 성관계에서는 상습적이라는 데에 중점을 두지 않으면 안 된다. 왜냐하면 대개 개인적으로는 어린 나이에 상습적인 것은 아니라고 하더라도 성관계를 때때로 경험하는 것은 어느 시대에도 발견되는 현상이기 때문이다.

앙시앵 레짐 시대의 이런 성생활의 특색을 뒷받침해주는 가장 흥미있는 증거는 그 방면의 보고(寶庫)라고 할 수 있는 그 시대의 회상문학 가운데에 수없이 나오고 있다. 이들 자료는 모두 훌륭하다고는 할 수 없지만, 전체적으로는 분명 훌륭한 것이니, 소년이 "남자"로, 소녀가 "여자"로 승격하는 적령기와 앞에서 설명했던 나이는 대개의 경우 상습적인 성관계를 시작하는 나이였다는 것이 이 무렵의 대표적인 현상임을 말하고 있다. 라우크하르트는 열세 살이 되었을 무렵에 연애의 실습장에 갔는데, 그 신비극은 연애문제에 경험이 있는 하녀의 주선으로 행해진 것이었다고 쓰고 있다. 그러나 그는 그보다도 훨씬 전에 음담패설에 특히 정통한 하인의 지도로 초급 과정을 빈틈없이 끝마쳤다. 레티프 드 라 브르통은 그의 회상록에 따르면, 열 살 9개월째에 "벌써 남자"가 되었고 그와 동시에 유혹자가 되었다. 그는 일찍이 열다섯 살에 한 남자 몫의 유혹자 역할을 훌륭하게 해냈다. 카사노바는 열한 살에 처음으로 그의 훌륭한 연애편력의 첫걸음을 내디뎠고, 일찍이 열다섯 살에 "수완 있는 남자"로서 여자들의 칭송을 받기 시작했다. 로쟁 공작은 이미 열네 살에 세 번의 연애를 경험했다. 그의 최초의 연애는 최초의 간통이기도 했다. 그리고 열여섯 살이 되었을 때 참으로 매력있는 기사로서 명성을 떨쳤고, 그 때문에 궁정의 귀부인들은 즐겨 그에게 자신의 침실 문을 열어주었다. 티이 백작은 그의 「회상록」에서 이렇게 설명하고 있다. "내가 어떤 하녀의 음탕한 자극에 대해서 무관심하지 않다는 것을 부친이 눈치챈 것은 내 나이 아홉 살 때였다. 그 하녀의 애무는 일찍이 나에게 깊은 인상을 주었다." 이 때문에 그는 하녀에게 밤중에 그녀의 침실에 몰래 숨어들어갈 수 있게 해달라는 제안을 한다. 그는 열세 살에 "싱싱하고 수줍은 농부의 딸에게" 정신을 잃었다. 그 처녀는 당장 그에게 연애의 첫 열매를 달라고 했다. 열여섯 살 때에는, 훌륭한 전문적 유혹자가 되기에는 아직 까마득했지만, 그래도 이미 상당한 전문가가 되었다. 그것은 그 나이에 그에게 상당한 비난이 쏟아졌다는 것으로도 알 수 있다. 즉 그는 매일 여배우들이 있는 곳에서 시간을 보내고 "정숙이라는 좁은 길을 걸어가려고 하는 여배우들을 유혹하려고" 했던 것이다. 기사 포블라가 연애와 유혹의 편력을 시작했던 것은 소년시대였다. 악명 높은 독살녀 브랭빌리에는 일찍이 일곱 살에 처녀성을 잃었다. 발레리나 코르티첼리는 열 살에 카사노바의 애인이 되었다. 카사노바는 수년 동안 열 살부터 열두 살 사이의 처녀들과 어떤 때는 오랫동안, 어떤 때는 짧은 기간 동안 수없이 관계를 가졌다.……그러한 이야기는 한이 없기 때문에 이 정도로 그만두자.

세상에서는 레티프 드 라 브르통, 카사노바, 포블라, 브랭빌리에 후작부인 같은 인물들을 보통 돈 후안이라고 부르지만 특별하게 이 시대 남녀의 대표적인 모습이라고는 할 수 없다. 그러나 만약 더욱 자세히 살펴보면, 이러한 고전적인 탕남탕녀들이 그 시대의 사람들과 달랐던 점은 그들이 첫 무대부터 성공적이었다는 것뿐이다. 그런데 그들이 일찍이 어린 시절에 놀랄 만큼 많은 성공적인 사례를 가질 수 있었던 것은 곧 내 주장이 옳음을 뒷받침해준다. 이마에 피도 마르지 않았다고 해서 결코 그들의 양양한 장도가 방해당하지는 않았다는 것이다. 오히려 어린 시절이 언제나 그들에게 가장 호시절로 꼽혔다.

이와 마찬가지로, 대체로 결혼이 놀랄 만큼 일찍 행해졌다는 것은 앙시앵 레짐 시대에는 사춘기가 조직적으로 앞당겨졌다는 것을 보여주는 두번째의 중요한 증거

포레스트의 동판화

이다. 그러나 조혼은 귀족이나 부호에게만 한정된 것이었다. 그 시대에는 열 살이
나 열두 살 된 연인도 사람들 입에 오르내릴 일이 아니었기 때문에 귀족계급에서는
열다섯 살 난 기혼녀가 흔했다. 로죙 공작은 열다섯 살에 결혼했다. 그의 처는 열
다섯 살이 채 못 되었기 때문에 "안절부절 못 하는 어떻게도 할 수 없는 아이"였다
고 전해지고 있다. 세실 볼랑주는 열다섯 살 때 수도원 기숙사에서 나오는 길로 바
로 혼인했다. 뿐만 아니라 대부분의 여자는 이 나이에 이미 어머니가 되었다. 그

서곡(프랑수아 부셰, 유화)

시대의 어떤 사람은 "아직 젖내 나는, 어린애 같은 어머니처럼 자극적인 것은 없다"라고 쓰고 있다. 몽바레 백작은 스물한 살 때 열세 살 난 소녀와 결혼해서 그 다음 해에 벌써 아버지가 되었다. 루이 14세와 그의 총희 몽테스팡의 딸 부르봉 공작부인은 열한 살에 혼인했는데 그것은 형식적인 것이 아니었다. 그때 행해진 성관계에 대한 공식발표로부터도 알 수 있는 것처럼 혼인은 분명히 그 나이 때에 이루어지고 있었던 것이다.

그런데 중소 시민계급에서는 조혼이 아직 보이지 않았지만 —— 그 이유에 대해서는 나중에 설명하기로 한다 —— 그래도 귀족 계급에 뒤지지 않을 정도로 처녀들이 조숙했다. 이것은 호색문학에서 가장 뚜렷하게 나타난다. 시민계급의 처녀들은 모두 남자를 엄친의 압제하에서 자신을 구출해주는 구원자라고 생각했다. 처녀들의 의견에 따르면, 구원자는 그렇게 일찍 모습을 드러내지 않으나, 너무 오래 기다리게 하는 것은 견디기 어려운 일이라는 것이다. 그런데 오래라고 하는 것이 어느 정도인가 하면, 처녀들은 "처녀성이라는 무거운 짐"을 지는 것을 기껏해야 열여섯 살에서 열일곱 살까지만으로 한정했다 —— 왜냐하면 이 시대에는 처녀성만큼 무거운 짐

버림받은 처녀의 비애(치프리아니, 이탈리아의 동판화)

이 없었기 때문이다. 따라서 이 비애는 대부분의 민요나 시의 테마가 되었다. 다니엘 슈토페가 쓴 "처녀의 노래"(1728)의 제1절은 이렇게 되어 있다.

가련하게도, 나는 아직도 기다려야 하나요?
나는 벌써 열세 살.
아니, 벌써 멋지게 놀 줄 알기 때문에
참고 견디라니, 당치도 않은 말씀.
나는 빨리 나의 그물에서 벗어나고 싶어.
아아, 그러한 것은 처녀에게는 아무것도 아니라네.

르 팡시프의 "소녀의 노래"(1729)는 다음과 같이 노래하고 있다.

아직 열네 살도 안 된 주제에
소녀는 벌써 사내 생각에 괴로워하네,
매일 저녁 남자와 자고 싶어,
그리고 노래하네, 아아, 나에게 남자를 데려다주세요.
나를 다정하고 부드럽게 껴안아줄 남자를 데려다주세요,
나의 처녀에도 이미 날개가 돋았으니까요.

프랑스와 영국의 문학도 역시 같은 내용을 이야기하고 있다. "불행한 처녀"라는 시에서 처녀는 "어떻게 하면 푹 잘 수 있을까" 하고 한탄한다. 왜냐하면 벌써 열다섯 살이나 되었는데 아직 어떤 남자도 자신의 불타는 듯한 가슴을 진정시켜주지 않았기 때문이다. 민요나 해학에서는 언제나 과장하는 경향이 있지만 도리어 과장 때문에 사물의 본질이 한층 더 뚜렷하게 드러난다.

우리들은 일반적으로 수도의 주민들이 절대주의의 부패한 성 모럴에 가장 쉽게 굴복했다는 점을 인정해야 하지만 그렇다고 수도에 비해서 지방도시에서는 모두 모범적인 품행, 정조, 순결한 생활을 지키고 있었다고 가정하는 것은 당치도 않다. 지방에서는 표면상으로 미풍양속이 강조되었기 때문에 그만큼 몰래 숨어서 하는 놀이가 성행했다. 상대적인 숫자이지만, 반촌인 지방도시에서는 처녀로 시집가는 일이 참으로 드물었다. 그뿐만 아니라 청년이나 처녀나 모두 혼전까지는 분명히 많이 놀아났다. "처녀들은 대개 숫처녀 같은 얼굴을 하고 있지만 자세하게 들여다보면 모두 화냥끼가 흐른다"는 속담은 이들 지방의 산물이었다. 정신적인 시야가 참으로 좁고 세상 사람들의 흥미가 지방의 소문에 한정되어 있었던 것이 그와 같은 속담의 원인이었다. 관계를 시작했다든가 일을 치렀다든가 하는 것이 시골의 유일한 이야깃거리였다. 시골아이들은 자신의 성욕이 밖으로부터 무리하게, 또는 적당한 실물교육에 의해서 자극을 받고 최초의 충동이 불끈 일어나면 당장 그런 화제에 열중했다. 청년도, 처녀도 유혹에 대해서 진지하게 저항하는 일은 없었다. 대부분의 처녀들이 연인의 가슴에 안길 때는 "아무 일도 일어나지 않는다"는 보증만으로 충분했다. 따라서 그러한 보증하에서 언제나 유혹의 손길이 뻗쳐왔다. 17세기에 유행했고 참으로 오랫동안 애달픈 멜로디로 애송되었던 독일 민요는 다음과 같은 구절로 시작된다.

아름다운 처녀여, 허락할 것이 있다면
내게도 허락해주오.
아기가 태어나지 않게 하려면
어떻게 하면 좋은가 하는 것쯤은
나 역시 알고 있다네,
아름다운 리스텐이여.

처녀성 시험(작자 미상, 동판화)

혼전의 성관계가 지방에서 어느 정도 성행하고 있었던가를 실례로 보여주기 위해서 나는 레티프 드 라 브르통의 자서전 가운데서 "오세르의 장(章)"을 들겠다. 잃어버린 미풍양속의 시대로서 "그 좋았던 옛 시절"을 동경하는 소박한 독자들은 이 시대의 거의 모든 가정생활을 지배한, 소박한 예의범절을 지키며 점잖을 빼는 얼굴에 숨겨진 진흙 수렁에 대해서는 눈을 감을 것임에 틀림없다. 이 나라 저 나라의 미성숙한 소녀에서부터 성인 여자에 이르기까지 모든 연령의 거의 백 명에 가까운 처녀와 유부녀는 젊은 레티프가 작은 지방도시에서 보낸 수년간의 도제시절에 손에 넣은 상대였다. 즉 그는 여자들에게 유혹당하고 또 그녀들을 유혹했던 것이다. 레티프 드 라 브르통에게는 확실히 여자들을 유달리 끄는, 참으로 정력이 무쌍한 색정광의 경력이 있다는 것을 말했다. 그런데 우리들이 "오세르의 장"에서 알게 된 것은 그것이 레티프의 개인적 수완에만 의존했던 것은 아니라는 사실이다. 우리들은 그의 많은 친구들이나 동년배들이 상대한 여자의 숫자가 레티프와 같지는 않았더라도 역시 꽤 성공을 거두었다는 것, 마농, 마리안, 나르시스, 나네트, 마틸드 등의 고장 사람들이 미인이라고 불렀던 처녀들은 누구나 아직 열세 살, 열다섯 살, 열여섯 살이 되었을 뿐인데 그녀 자신들은 이미 연애에서 여자 몫을 자신하고 있었다는 것, 게다가 그 처녀들 중 어느 누구도 처녀성이라는 육체의 보석을 혼인할 때까지

지키려고 진지하게 생각하지 않았을 뿐만 아니라 대부분의 처녀는 무거운 짐과도 같은 처녀성을 될 수 있는 한 일찍 홀가분하게 벗어던지고 싶어했다는 것을 알게 된다. 더구나 요염한 미인들이 남김없이 차례로 유혹에 넘어갔다는 것, 누구는 일찍이 "처녀에게 날개가 생기는" 첫날부터, 누구는 일 주일 만에 혹은 소수이기는 하지만 한 달 만에 유혹에 넘어갔다는 것, 그 가운데 누구도 크게 저항하지 않았다는 것을 알게 된다. 농촌의 처녀뿐만 아니라 도시의 처녀도 모두 청소년들을 위해서 풀어놓은 사냥감이었다. 물론 그 가운데 몇몇 처녀는 사냥감의 운명에서 벗어났지만 대부분의 처녀는 이 운명을 자신들이 즐길 수 있는 유희 가운데서 가장 즐거운 것이라고 보았기 때문에 자신들을 좇는 청년들에 대해서 불감청일지언정 고소원이었다. 따라서 한 연인에게만 만족하려고 하는 처녀는 대단히 드물었다. 그들은 첫 연인으로부터 곧장 두번째 연인으로, 두번째 연인으로부터 곧장 세번째 연인으로 날아갔고 대부분의 처녀는 한꺼번에 두세 명의 연인까지 날개 속에 품고 있었다. 지금은 훌륭한 남편 곁에서 정숙한 얼굴을 하고 있는 도시의 버젓한 아내도 그 반수 이상은 혼전에 한 사람 이상의 남자와 사랑을 즐긴 경험이 있었다. 그렇기 때문에 대부분의 아내는 거리를 오고 갈 때 만나는 많은 친구나 지인들과, 젊은 시절의 연애모험이 눈에 삼삼하다는 듯이 의미심장한 인사나 악수를 주고받았다. 그러나 이미 언급했던 것처럼 이러한 것은 모두 예의범절이라는 두꺼운 가면 속에 감추어져 있었다. 마음속으로는 서로 모든 것을 알고 있었지만 겉으로는 모두 아무것도 모르는 듯한 무심한 얼굴을 하고 있었던 것이다. 왜냐하면 자신들이 한평생 벗어날 수 없는 협소한 생활환경이 그렇게 만들었기 때문이다.

레티프 드 라 브르톤이 프랑스에서 보여준 것과 똑같은 현상을 카사노바는 이탈리아에서, 라우크하르트는 독일의 여러 도시에서 보여주었다. 카사노바는 여러 지상에서, 또 모든 사회계층에서 양가의 처녀들이 종종 낯선 객을 첫대면한 날부터 귀를 쫑긋거리고 밤에는 당장 객의 침대로 숨어드는 것을 보았다. 게다가 그의 「회상록」에 의하면, 이러한 경험이 가장 빈번했던 것은 오히려 지방도시였음을 알게 된다. 또 하나 당시의 학생들의 생활풍속을 묘사한 참으로 귀중한 라우크하르트의 책에도 독일의 대학촌에서는 하녀뿐만 아니라 시민의 딸, 심지어 대학교수의 딸까지도 학생과 연애를 즐겼던 사실이 나온다. 이 책에는 그러한 기록이 대단히 많다. 이에 대해서 그는 예나와 괴팅겐을 비교해서 다음과 같이 쓰고 있다.

예나의 대학생들은 모두 소위 "샤르만테(Scharmante : 속어로 연인/역주)"가 있다. 샤르만테는 신분이 천한 처녀인데, 대학생은 이 도시에 있는 한 이 처녀와 관계를 계속하고 이 도시를 떠날 때는 다른 대학생에게 넘겨주었다. 그러나 괴팅겐에서는 그렇게 할 수 있는, 즉 돈이 있는 대학생은 더욱 상류층의 아가씨들에게 접근하려고 하고 그녀들과 열렬히 교제한다. 일반적으로, 이 단계에서는 교제만을 할 뿐이므로 남자의 돈주머니가 텅 비게 될 걱정은 없다. 그러나 대부분의 경우 그 관계는 더욱 발전하여 결국 가슴이 불룩한 친절한 하녀만이 아니라 기사의 딸까지도 진심이 되어 떨어지기 어려운 관계가 생긴다.

이러한 사태는 대학생이 특별히 불량했기 때문은 아니었다. 라우크하르트도 한때 열중했던 것처럼, 진지하게 상대를 구하는 것은 결코 대학생으로서 나쁜 일이 아니었다. 그러나 이 방면에 경험 있는 친구들은 그에게 이렇게 충고했다.

친애하는 벗이여, 질탕 마시고 사생아를 낳고 때리고 맞붙어 싸우고, 요컨대 엉뚱한 짓은 무엇이라도 하게. 그것은 자네의 자유사상과 마찬가지로 자네의 명예를 그다지 손상시키지는 않는다네.

더욱이 우리가 라우크하르트의 글로부터 알 수 있는 것처럼 자기 집에 출입하는 대학생을 모조리 그리고 동시에 수년 동안 연인으로 삼았던 대학교수의 딸도 있었다. 라우크하르트는 어떤 장에서 이렇게 설명하고 있다.

나는 그 무렵 예나에서, 기센 대학의 학장 코흐 씨의 딸인 한첸 양을 만나본 적은 없지만 그녀의 소문은 수없이 듣고 있었다. 그녀는 그 무렵 이미 여러 사람에게 사랑을 나누어줄 정도로 발전했던 것이다.

다른 기록에 의하면 소위 하숙집 아주머니, 즉 대학생에게 방을 빌려주고 있는 여자들은 한 사람도 남김없이 하숙생에게 "침대 시중까지 들었다." 대부분의 아주머니는 "자기 집 하숙생들과 매일 저녁 번갈아가며 함께 잤다." 대학촌에서 학생은 그밖의 다른 여자들 사이에서도 "대단히 인기 있는 침대 손님"이라고 그 시대의 속담에서 회자될 정도로 인기가 있었다. 이 속담은 "부부의 침대가 정결하기를 원하는 남편은 집에 대학생을 하숙시키는 것만은 그만두는 편이 좋다"라는 의미였다.

군 주둔지에서는 병사들이 여자들에게 대단히 인기가 있었다. 병사들은 연애를 즐겼고, 그것이 관용시되었기 때문에 병사들의 상대가 차례로 바뀌는 것은 흔히 있는 일이었다. 그래서 이것 또한 민요에서 가장 즐겨 다루었던 테마였다.

오직 한 여자에게 반해서
죽느니 사느니 소동을 피우는 것은
군대식으로 말하면 촌놈 중의 촌놈.
우리들에게 사랑의 여물을 먹여줄
여자들은 흔하기 때문에,
이런저런 여자들이
우리들에게 주는 가슴의 아픔을 쓰다듬어주는
고마운 관습도 주둔지에는 충분하네.
우리들이 다른 여자를 함락시키면
먼저 사귀던 여자는 일제퇴각이라네.

장교가 미인 처녀에게 "유방을 찾아 뻔뻔스럽게 돌진할" 때에는 엄격한 도시의 어머니라도 대체로 너그럽게 바라보는 것이 보통이었다.

절대주의 시대에도 귀족계급과 돈 많은 시민계급의 처녀들은 혼전의 성관계에 대해서 엄격했다. 그러나 이것은 이 계급의 성 모럴이 특별히 엄격했기 때문이 아니라 오히려 이 계급에서 행해졌던 교육과정 때문이었다. 왜냐하면 이 계급에서는 자식을 무거운 짐으로 느끼고 양친은 태어난 자식을 당장 다른 사람에게 맡겨서 길렀기 때문이다. 프랑스에서 귀족계급의 자식은 태어나면 곧장 시골의 유모에게 수양아들이나 수양 딸로 보내졌다. 그리고 그들은 몇 년 뒤에는 학교로 보내졌다. 가톨릭 나라에서는 어디에서나 수도원 기숙사가 이 일을 떠맡아 책임졌다. 남자 아이는 유년학교 또는 파주리(pagerie : 귀족의 자제들은 궁정시동이 되기 위해서 우선 파주리, 즉 시동 양성학교에 들어갔음/역주)에 입학하기까지 계속 수도원 기숙사에 들어가 있었다. 앞에서도 설명했던 것처럼 스물한 살에 겨우 열세 살의 "아가씨"와 결혼한 몽바레 백작은 그의 회상록에서 "나는 혼례식 수일 전에 파리에 온 후 그 사흘 전에 비로소 아내가 될 아가씨를 만났다"라고 쓰고 있다. 즉 처녀는 혼례식 수일 전에 수도원 기숙사에서 나왔던 것이다. 이것이 바로 전형적인 예이다. 그 덕분에 이 계급의 처녀는 대체로 혼전의 유혹이라는 큰 위험으로부터 격리되어 있다가 청정무구한 육체로 부부의 침대에 오를 수 있었던 것이다. 그런데 이 계급에서는 처녀의 순결을 지키기 위한 조건이 이토록 보장되어 있었는데도 상당히 많은 처녀가 결혼 전에 이미 성관계를 가졌다는 것을 간과해서는 안 된다. 처녀가 혼례식 직전에 수도원 기숙사에서 나오지 않고 약혼기간에 나오게 되면, 이 시대의 정신적 분위기로 볼 때, 식을 올리기까지의 수주일 혹은 수개월 사이에, 때로는 눈깜박할 사이에 유혹자가 장래의 지아비를 앞질러서 처녀성을 실례해버렸다.

나는 이 장에서 주로 여자의 혼전 성관계만을 설명하고 남자에 대해서는 자세하게 설명하지 않았다. 왜냐하면 여자의 반수 이상이 이미 혼전에 성관계를 가져도 좋은 사회, 더구나 일반적으로 조숙한 성관계가 그 시대의 큰 특징이었던 사회에서는 모든 남자가 혼전에 이미 성관계를 가졌다고 말해도 별로 지나치지 않기 때문이다. 남자들은 그들의 계급이 무엇이든 설사 폐쇄적인 민중계급 출신이라고 하더라도 개인적으로는 여자들에게 인기가 있을 수 있었다. 그러나 특히 유산 지배계급의 아들들이 가장 인기가 있었다는 설명만으로도 남자에 대한 설명은 충분하다.

일부일처제를 토대로 한 사회에서는 혼전의 성관계를 피할 수 없기 때문에 성관계에서 바라지 않는 결과를 미리 제거하는 예방법을 사용하게 되었다. 만약 이 예방법이 실패했다든가 충분하지 않았을 때에는 당장 낙태나 영아살해의 범죄, 혹은 간통을 한 임신부의 비밀분만, 그리고 마지막으로는 인공적으로 처녀막을 복구하는 것으로 보완될 수 있었다. 혼전의 성관계가 각 시대마다 어느 정도의 범위에서 행해졌는가는 앞에서 말한 피할 수 없는 결과 가운데에서도 충분히 그 실상을 알 수 있다.

앙시앵 레짐 시대의 생활 가운데 이러한 결과가 개별적으로 또는 전체적으로 어떻게 확산되었는가를 살펴보는 것은 이 시대의 조숙한 성관계나 혼전 성관계에 대해서 앞에서 설명한 모든 사실을 그대로 뒷받침해주는 것으로서, 그것은 더할 나위 없이 비참한 증거이다. 르네상스 시대에는 원시적인 가내약품에 지나지 않았던 것이 이 시대가 되면 과학적으로 치밀하게 연구되는 정도로까지 발전했다. 그리고 이전까지는 몰래 숨어서 행해졌던 것이 본격적인 대경영의 형태를 띠게 되었다. 여기서 말하는 과학은 수태의 예방을 위한 것이었고 대경영은 비밀 분만조직이나 영아살해를 위한 것이었다. 그리고 이 과학과 대경영은 또한 낙태라는 범죄와 처녀막의

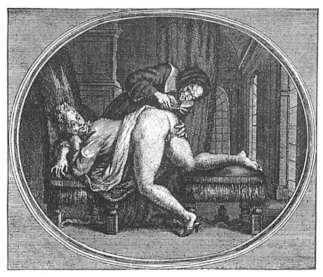

처녀막 재생 시술(1700)

인공적 복구를 위한 것이기도 했다.

수태를 확실하게 예방하는 기술은 그 사용방법이 첫째로 서로의 심미감을 상하지 않게 해주고, 둘째로 정열의 충분한 발산을 제한하지 않고, 셋째로 건강을 해치지 않는 한에서는 대단히 치하해야 할 문화적 진보의 하나이다. 이 세 가지는 서로 보완적인 관계에 있었다. 만약 보완이 성공했다면 그것은 인류에게 최대의 행복을 줄 것임에 틀림없다. 왜냐하면 그로써 가장 중요한 목적이 달성되기 때문이다. 즉 생식과 수태는 어느 범위까지는 인류의 자유의지에 의한 행위로 고양되고 그것만으로도 인류는 더없이 비참한 빈곤에서 일부분이나마 구제되기 때문이다. 더구나 그 결과 쾌락이 귀중히 여겨지게 됨으로써 그것은 인생이라는 나무에 피는 가장 향기 높고 우아한 꽃으로서 모든 인류에게 개방될 것이다. 그런데 이러한 이상적인 목표는 앙시앵 레짐의 정신 속에서는 한번도 떠오르지 않았다. 그 시대의 목표는 결국, 첫째로 흥을 돋우기 위하여 일부러 여자의 수태를 피하고, 둘째로 감염의 공포를 제거시켜 여자에게 용기를 주고, 셋째로 남자란 자신의 정욕을 어떤 형태로든 격하게 자극해주는 존재라는 지식말고도 특별히 깊은 지식을 가지고 있지 않더라도 순진한 여자가 안심하고 이 남자 저 남자에게 몸을 맡길 수 있도록 하는 것이었다. 그들은 쾌락의 기회를 가능한 한 늘리고 싶어했다. 그것이야말로 그 시대의 요구였다. 그

관능적인 희롱(샬의 그림에 의한 르그랑의 동판화)

리고 그 요구는 상당히 확실한 방법의 고안에 의해서 즉시 달성되었다. 즉 영국의 찰스 2세의 궁정에 출입하고 있던 의사 콘돈(Condon 또는 Condom/역주)이 그의 이름을 딴 예방 주머니(condom)의 피임법을 고안했던 것이다. 수태와 감염을 피하기 위한 이 주머니는 그 시대의 여러 기록으로부터도 상상할 수 있는 것처럼 순식간에 참으로 널리 보급되었고 특히 탕남탕녀에게나 사회의 상류층에서 확산되었다. 연애에서 이 비밀스러운 친구가 얼마나 인기가 있었던가는 무라노 수도원의 아름다운 수녀 마리아 막달레나와 정사를 벌였던 카사노바의 기록으로 자세하게 알 수 있다. 이처럼 그 무렵은 수녀들조차 이 주머니의 훌륭한 장점을 인정하게 되어 그것을 즐겨 이용했던 것이다. 어떤 사람이든 확실하게 이 주머니를 사용할 수 있다는 사실 자체가 수녀들에게 총애를 받는 첫째 조건이었다. 게다가 그것이 무엇보다도 우선 음사(淫事)의 목적에 이용되었다는 것은 그것의 여러 가지 이름으로도 상상할 수 있다. 이 주머니를 산문적인 이름 대신에 "위험한 관(棺)", "품행방정한 투구", "은밀한 연인의 첫째가는 친구"라고 불렀다.

그럼에도 불구하고 대부분의 경우 역시 임신이 되었다. 임신은 대체로 환영받지 못했기 때문에 그 시대의 사람들은 즉시 낙태라는 위험한 방법에 의존했다. 그 시대에는 낙태가 대단히 흔한 일이었다. 큰 도시에는 어디서나 낙태 전문 의사가 살고 있었다. 이들 병원의 대기실은 서로 뒤질세라 경쟁이라도 하듯 여자들이 들끓었다. 산파조차도 낙태약을 팔고 또 외과적인 처치까지 했다. 한편 처녀와 유부녀들 사이에서도 효험 있는 낙태약에 대한 지식이 확산되었고 이전 시대보다 더욱 광범위하게 확산되었다. 그러므로 처녀 교육은 처녀에게 낙태약의 지식까지 전수하지 않으면 완전하다고 할 수가 없었다. 어떤 여자가 사교계 여성에게 자신의 몸에 일어난 가장 화나는 일, 즉 임신을 털어놓았을 때에 그 여성은 이렇게 외쳤다. "당신은 아무것도 배우지 않았기 때문이에요. 어머나, 당신 어머니는 어쩌면 그렇게 명청한가요!" 그 시대의 어떤 작가는 런던의 여자들에 대해서 이렇게 쓰고 있다.

아가씨들이 대부분 바라지 않는 수태는 이미 걱정의 씨앗이 되지 못했다. 이러한 재난은 상류계급에서는 오히려 드문 일이다. 어떻게 예방하는가, 어떻게 피하는가 하는 과학은 유감스럽게도 놀라운 기세로 모두들 사이에 확산되었다. 이 증오해야 할 약의 이름, 사용방법, 용량을 모르는 아가씨는 이미 한 사람도 없다.

또 하나, 프랑스의 기록에서는 이렇게 설명하고 있다.

아가씨들은 어떤 순간에도 성적인 모험의 불안과 결과를 피할 수 있는 방법을 빈틈없이 체득하고 있었기 때문에 자신의 명예를 태워버릴 수 있는 불놀이도 태연하게 해치운다. 그뿐만 아니라 여자가 남자의 팔에서 맛보고 싶어하는 향락을 망쳐버리는 너무나 소심한 연인은 경멸의 대상이 될 정도이다.

색정적인 동판화(쿠르탱)

그 때문에 이 시대 여자들에게는 대부분 낙태의 경험이 있었다. 유명한 마리옹 드 로름에 관한 일화를 들어보자. "이 여자는 서너 번 임신했지만 모두 지워버렸다." 그런데 유치한 속임수 선전문구에도 불구하고 낙태약은 대단히 위험한, 그 시대에는 오늘날보다 더욱 위험한 과학의 하나였기 때문에 이 "과학"이 실로 많은 희생자를 만들어냈다는 것은 놀라운 일이 아니다. 그 시대의 기록들은 낙태약 때문에 젊은 처녀나 유부녀가 죽은 것을 다양하게 보고하고 있다. 앞에서 예를 들었던 마리옹 드 로름은 낙태약을 먹었기 때문에 마침내 저 세상으로 가버렸다. "이 여자는 죽기 조금 전에 태아를 지우려고 강한 안티몬을 먹었다. 그것이 이 여자의 생명과 관계되었다." 사교계의 많은 귀부인들도 이와 같은 운명을 겪었다. 티이 백작은 그의 「회상록」에서 이것과 비슷한 어떤 부인의 예를 들고 있다. 그는 이 부인과 애인관계였으므로 잠자리를 같이한 결과 생긴 씨앗을 낙태약으로 지우려고 했던 것이다.

낙태약으로도 효과가 없을 때 여자들은 가능하면 어딘가에서 몰래 낳으려고 생각했다. 이 시대에는 그러한 시설이 많이 있었다. 영국에서 비밀분만을 위한 대경영 조직이 얼마나 번창했던가에 대한 실로 자세한 기록이 많이 남아 있다. 요한 칼 휘트너는 1801년에 고타에서 출판한 「런던의 풍속화」에서 이렇게 설명하고 있다.

이 나라에는 아가씨들이 아이를 몰래 낳게 해주고 그 갓난아기를 맡아주는 훌륭하고 은밀한 사가(私家)가 여기저기 있다. 대부분의 신문에는 이러한 사가에 관한 광고가 실려 있다. 그리고 그 소유주는 모두 훌륭한 상거래로 대단히 화려한 생활을 하고 있다.

이와 같은 기록은 얼마든지 구할 수 있는데 이것은 그런 사가가 정부로부터 확실히 공인된 제도였다는 것을 말한다. 하기야 별로 놀라운 일이 아니다. 왜냐하면 사생아를 위한 공공제도는 소위 고아원이라는 형태로 정부에 의해서도 만들어졌기 때문이다. 자기가 낳은 갓난아기를 버리려는 어머니는 고아원에 몰래 맡겼다. 이미 중세에도 고아원이 있었지만 그것이 이렇게 번창하게 된 것은 역시 18세기에 들어와서부터이다. 고아원은 특히 라틴계 나라, 곧 프랑스, 이탈리아, 스페인에 있었으며 그밖에 오스트리아에도 있었다. 이런 나라에서는 어머니가 사생아의 아버지를 찾는 것이 법률로써 금지되었고 또한 아버지는 사생아의 양육에 책임이 없었기 때문이다. 고아원이란 영아유기나 영아살해 같은 흔해빠진 범죄를 방지하기 위하여 국가가 사생아를 낳은 어머니들에게 싫더라도 설치해주지 않으면 안 되었던 구제기관이었다. 그 목적으로 보아도 고아원은 대부분의 경우 극빈자나 무산자들의 요구의 소산이었다는 것은 명확하다. 한편 특히 프랑스에서 유행했던 시골의 "유모"는 유산계급의 전용이었다. 즉 갓난아기는 태어나면 곧장 시골의 유모에게 맡겨지고 이때 유모에게는 생모의 이름조차 털어놓지 않는 것이 보통이었다. 계약금만으로

결혼식 다음날 세 아기의 아버지가 된 빵장수 이야기(1700)

거래는 끝났으며 게다가 어머니도 자신이 바라지 않는 자식 따위는 어떻게 되든 오불관언이었기 때문이다. 그러나 이 방식은 그 무렵 여기저기서 행해졌던 영아살해의 "인도적인" 형태에 지나지 않았다. 왜냐하면 용감한 유모가 있는 곳에서는 수양 아들, 수양 딸을 살해해주는 상거래가 가장 번창했기 때문이다. 확실히 수양 아들,

임신한 돌리, 사랑의 고배를 마시다(부아타르의 그림에 의한 D. 콜의 동판화, 영국)

수양 딸이 된 갓난아기의 4분의 3은 용감한 "수양 어머니"의 손에 의해서 살해되었
다. 이것은 또한 사생아를 낳은 대부분의 어머니에게 불감청일지언정 고소원이기
도 했다.

자 이제, 행복을 위한 마지막이면서도 가장 중요한 교정수단으로서 육체의 처녀
성을 인공적으로 복원하는 일이 남아 있다. 아마란투스의 「숙녀사전」에서는 이렇게
설명하고 있다.

가짜 처녀, 일명 소피스티카티오 비르기눔(Sophisticatio Virginum)이라고 부르는 것은
처녀가 자신의 꽃을 너무나 일찍 꺾어서 뿌려버렸기 때문에 여러 가지 약이나 방법으로
그것을 원상복구하는 것을 말한다.

유모(작자 미상, 프랑스의 동판화)

처녀들이 자신의 처녀성을 "그렇게 값싸게 팔았기" 때문에 처녀성의 가치는 도리어 하늘 높은 줄 모르고 치솟았다. 그 때문에 어떤 처녀도 가장 값이 높은 예외가 되고 싶어했다. 다시 말하면 어떤 처녀라도 색사의 온갖 폭풍 속에서도 여전히 숫처녀인 체하려고 했고 또한 여전히 처녀성을 유지하고 싶어했다. 이 때문에 처녀들은 처녀막 재생 수술의 고통조차 기꺼이 참아냈다. 어떤 의사는 이렇게 쓰고 있다.

그런데 순결한 처녀가 되고 싶다는 열렬한 소원은 종종 극단적이 되어 처녀들은 참으로 고통스러운 수술을 받는 위험까지도 두려워하지 않게 되었다. 자신이 정식으로 어떤 남자와 혼례를 치러야 할 때, 처녀로 보이고 싶다는 생각만으로 옥문에 수술을 해달라는 수많은 아가씨들이 있다.

"스니더 마이어는 돈만 생긴다면 무엇이라도 만들어준다네, 가짜 처녀라도"라는 말이 유행했는데 대부분의 처녀는 이 시대에 "순결한 처녀"로서 합격했다. 왜냐하면 돈만 있으면 무엇이라도 할 수 있었기 때문이다. 대부분의 여자는 어떻게 하면 수태를 예방할 수 있는가, 어떻게 하면 낙태할 수 있는가를 분명히 체득하고 있었으며, 또 한편으로 의심많은 남자조차 감쪽같이 속이는, 즉 풍자가가 조소하는 "배가 너무 많이 지나간 화냥년을 천사로 착각하게 만드는" 방법까지도 잘 알고 있었다. 중세나 르네상스 시대에 이미 알려져 그 후 대대로 전해져온 가정상비약 가운데 경험과 정제를 거침으로써 많은 새로운 약, 즉 "너무나도 지나치게 커지고 넓어

돌이킬 수 없는 상실(영국의 동판화, 1780)

진 처녀의 옥문을 원상대로 줄이고 좁히기" 위한 수렴용 물약이나 연고가 추가되었다. 이 시대의 의사들은 이러한 종류의 수렴제를 많이 예로 들었다. 즉 도토리와 자두를 달인 약, 몰약(沒藥 : 아프리카에서 나는 미라나무의 진으로 만든 약/역주), 실측백나무의 열매 등이 그것이었다. 더구나 유명한 의사나 돌팔이 의사나 광고에 다 이러한 약의 사용을 이해시키려고 자세한 이론까지 소개했다. 이를테면 독일의 어떤 의사는 자신이 발명한 약의 추천문에 이렇게 쓰고 있다.

의롭지 못한 쾌락으로 수년 동안 인생을 살아온 처녀들에게 말씀드립니다. 우선 새끼

양의 피를 조금 그늘에서 말려 두세 개의 환약으로 만들어, 그것을 옥문 입구에 집어넣어 두면 신혼 첫날밤에 남편의 사랑을 받을 수 있다는 것을 보증합니다. 처녀가 가정의 평화를 지키고 나아가 남편에게 육체의 순결을 보여주기 위하여 할 수 있는 데까지 해보는 것이 왜 나쁜 일입니까.

그런데 가짜 처녀를 만들기 위해서 이보다 더 심한 방법이 끊임없이 횡행했다. 왜냐하면 순진한 신랑은 대부분 간단히 속아넘어가지만 백전노장인 난봉꾼의 경우에는 뜻대로 되지 않았기 때문이다. 난봉꾼은 "한 번 찔러서 들어가는 처녀는 진짜가 아니다"라는 속담 그대로 "견고한 처녀성"을 요구했다. 그래서 처녀들은 외과수술로 교묘하게 봉합하여 그것을 견고하게 만들었다. 수술은, 일부는 의사에 의해서 행해졌지만, 대부분의 경우 숙달된 뚜쟁이에 의해서 행해졌다. 이러한 지독한 관습은 옛날부터 있었지만 이 시대에 들어와서 얼마나 성행했는가는 그것이 희곡의 소개로까지 이용되었던 것으로도 알 수 있다. 우리는 이 모든 것을 뒷받침해주는 한 가지 예로서 세르반테스의 희극 「아주머니라니」를 들 수 있다.

그런데 백전노장에게 걸리면 이 방법도 소용이 없었다. 그런 난봉꾼은 그 정도에는 통달하고 있었으며 상품의 공급자, 즉 처녀의 부모로부터 이 상품은 귀하의 주문과 결코 어긋남이 없습니다라는, 말하자면 공식 증명서까지 요구했다. 따라서 의사의 감정서에 의해서 진짜 처녀라고 확실한 감정이 내려진 처녀만이 "거래"에서 처녀로서 통했다. 그런데 이 확실한 보증이 특별히 그 시대에 결혼 전의 성관계가 얼마나 성행했는가에 대한 척도는 되지 못했다. 왜냐하면 이러한 감정서를 건네주는 의사는 화류계 인사들의 주치의이든가 그렇지 않으면 직업적인 뚜쟁이의 앞잡이였고 그 처녀와 한통속이었기 때문이다. 즉 이러한 의사는 결국 뚜쟁이에 의해서 연출되는 사기의 앞잡이가 되어 사기의 보증인으로서 돈을 벌었던 것이다.

소시민계급에서는 "주머니에 들어 있는 고양이를 사는(물건을 살펴보지 않고 사는/역주)" 것과

맞선(예비 왕비의 신체검사)

같은 구매방식은 결코 바라지 않았지만 그래도 대부분의 사람들은 옛날부터 전해오는 "백발백중의" 감응요법으로 만족했다. 「실감개 대의 철학」이나 「숙녀사전」에 의하면 가장 널리 알려져 있는 감응요법은 "방금 불이 꺼진 양초를 입으로 불어서 다시 불을 붙이는" 방법이었다. 만약 처녀가 불이 꺼진 양초를 다시 불붙이는 데에 성공하면 연인은 자신이 선택한 처녀가 아직은 더럽혀지지 않았다고 생각했다. 대부분의 처녀는 자신의 연인에게서 어떤 때는 농반 진반으로, 어떤 때는 흡사 일생의 중대사인 것처럼 심각하게 이 "불의 시험"을 치렀다고 한다. 그러나 이 곡예도 의심 많은 남자를 안심시키는 데에는 큰 역할을 하지 못했다. 왜냐하면 젊은 처녀는 모두 그 곡예 또는 그것과 비슷한 곡예를 몰래 필사적으로 연습했음에도 불구하고 흔히 그렇듯이 막상 결정적인 순간에는 대부분 실패했기 때문이다. 그렇기 때문에 현명한 남자는 그것을 "믿는 것은 쓸데없는 위험한 미신"이므로 그 방법을 신용하지 않았다고 한다.

혼전 성관계의 어쩔 수 없는 이러한 결과는 모두가 그대로 혼전 성관계가 그 시대에 꽤 성행했다는 중요한 증거인데 또 한편으로 그 시대의 회화도 지금까지 설명했던 여러 가지 사실에 대한 생생한 증거가 된다. 이런저런 장면묘사는 이 시대에 특히 주요한 테마였다. 따라서 그와 같은 종류의 그림이 참으로 많으며 동시에 그 가운데에는 모든 것이 남김없이 묘사되어 있다. 이를테면 처녀를 유혹하는 미묘한 장면은 물론이고 처녀성을 의사가 확인하는 잔혹한 장면까지 옆, 앞, 뒤 가릴 것 없이 모든 방향에서 갖가지 뉘앙스로 표현되어 있다. 이러한 회화는 모두 혼전의 유혹을 찬미하기 위해서 묘사되었기 때문에 화가는 언제나 사랑하는 연인의 편이 되어 그들이 부모나 감시자를 감쪽같이 따돌리는 장면만을 즐겨 찬미하고 있다. 이를테면 부모나 감시자가 깊이 잠들어서 살금살금 숨어든 사내를 눈치채지 못했다든가 사내가 도망간 뒤에 앗 하고 눈을 뜨는 식의 장면이 많다. 일반적으로 여성의 옥문은 물론이고 심지어는 상처를 받았건 아니건 간에 처녀성과 같은 대상은 사실적으로는 묘사될 수 없었기 때문에 그 경우 화가는 어떤 상징으로 나타내지 않으면 안 되었다. 여자의 옥문은 일반적으로 장미로 표현되었다. 따라서 완벽하게 처녀성을 지킨 처녀는 아직 열리지 않은 장미 봉오리로 묘사되었다. 처녀가 마치 "이 봉오리를 피우는 쾌락을 그 누가 가질런지요"라고 말하는 듯이 자랑스럽게 장미꽃 봉오리를 손에 쥐고 있는 모습이나, 무법자로부터 그 봉오리를 지키려는 모습이 이러

깨어진 거울(쇠나무의 그림에 의한 동판화)

한 것에 해당된다. 네덜란드에서는 혼례식 날까지 육체의 순결을 지킨 신부는 앞치
마에다 자수로 장미 꽃봉오리를 수놓을 수 있었다. 잃어버린 처녀성에 대해서도 많
은 상징이 있었다. 가장 흔했던 것은 부서진 꽃병이나 깨어진 거울이었다. 자신의
부서진 꽃병이나 연인이 부수어버려 금이 간 거울을 보고 슬퍼하는 처녀는 실은 자

신의 잃어버린 처녀성을 슬퍼하고 있는 것이다.

절대주의 시대에는 사춘기가 앞당겨진 것이 특징이었고, 또한 회화에 이것이 극명하게 나타나 있다. 이때 화가는, 이미 앞에서 설명했던 대로, 성인의 육체를 일부러 남자 아이 혹은 여자 아이같이 묘사했지만, 한편으로는 아이들끼리의 연애장면 같은 것도 묘사했고 덕분에 이러한 아이들에게 성숙한 육체의 증거, 즉 여자 아이에게는 처녀같이 부풀어오른 유방을, 남자 아이에게는 모험을 좋아하는 호색한의 대담한 몸짓을 표현했다. 이 책의 삽화는 거의가 그러한 것을 보여주고 있다.

지금까지 설명했던 사실이나 기록의 대부분은 당대의 호색적인 인생철학을 토대로 한 조숙한 성관계 혹은 혼전 성관계의 추진력만을 문제로 했다. 만약 이 정도에 만족하고 경제사관을 도외시한다면 그러한 논의는 결국 문제의 진정한 원인을 일부러 회피하는 것이다. 오늘날 우리들은 그 시대가 거의 의식하지 못했던 것, 그 시대의 도덕군자의 관념론에 따르면 단지 개인의 경박한 성벽의 분출처럼 보였던 것을 모두, 제1장에서 설명했던 것과 같은 시대의 특수한 경제적 조건에 의해서 설명하지 않을 수 없다. 이에 덧붙여 당대의 독일과 마찬가지로 각국에서도 절대주의의 직접적인 삶의 조건이 앞에서 말한 측면에 대해서 추진력 역할을 했다는 것도 간과해서는 안 된다. 절대주의 시대가 시작되었을 당시 독일에서는 빈곤이 심각했고 인구가 놀랄 만큼 감소하고 있었다. 그 이유는 독일의 절대주의가 30년전쟁을 토대로 성립했기 때문이다. 그 때문에 17세기의 독일에서는 절대적인 인구증가가 역사의 절대적인 요구였다. 즉 될 수 있는 한 자식을 많이 낳는 것이 남자의 첫째가는 의무였고 여자의 보편적 의무였다. 다만 그것은 결혼이라는 테두리를 전제로 한 것이었다. 그런데 이 시대는 혼외 정사에 대해서도 관대했을 뿐만 아니라 인구증가를 강제하기 위하여 일부일처제의 원칙까지도 법률로 수정했을 정도였다. 제I권 제1장에서 설명했던 것처럼 1650년 2월 14일 뉘른베르크 시의 프랑크 지방의회의 포고는 이 사실을 확실하게 증명하고 있다. 이 포고에 의하면 "금후 10년 동안 모든 남자는 두 사람의 여자와 결혼해도 좋다." 즉 필요한 인적 자원을 확보하기 위하여 당분간 혼인의 토대인 일부일처제의 본질이 거부되고 일부다처제가 공인되었던 것이다. 그로부터 100년 뒤 프로이센의 프리드리히 2세가 병역대상자와 납세자를 대폭 늘리기 위해서 인구가 적은 자신의 나라에 인구정책을 강제했을 때, 그 정책이란 역시 형법 부문에서 일부다처제를 인정하는 것이었다.

그러나 그럼에도 불구하고 독일에서 역시 유산계급이 자식을 가장 귀찮은 것, 따라서 가족의 불행으로 생각한다는, 앞에서 설명했던 도덕을 결정적으로 타파하지는 못했다. 지배계급은 언제나 자식을 많이 둠으로써 국가의 존재를 유지하는 의무를 민중계급에게만 전가하고 강제했다. 그들은 기껏해야 이러한 임무의 향락적인 면만을 받아들이고 자신의 책임량에 대해서는 시치미를 뗐던 것이다.

한편 인구부족 현상이 어느 나라에도 나타나지 않았던 18세기에는 평화시대가 장기간 계속되었기 때문에 비로소 옛날부터 어느 나라에서나 지배적인 현상이었던 심각한 여초현상이 근본적으로 조정되었다. 그러나 앞에서 설명했던 것처럼 중산계급에서는 어느 나라에서나 빈곤이 보편적으로 대중화되고 있었다. 대부분의 남자는 중년이 되어서야 겨우 결혼할 형편이 되었다. 왜냐하면 남자가 너무 일찍 결혼하면 가족을 부양할 수 없었고, 대부분 혼자의 생계만을 꾸려가기에도 벅찼기 때문이다. 그런데 이러한 운명이 특히 중산계급을 위협했던 것은 다음과 같은 이유에서였다. 즉 이 계급에서는 지배계급의 사고방식을 좇아 남편만이 가족 전부를 부양하고 아내는 말하자면 부분적으로는 사치품이 되어서 프롤레타리아의 경우처럼 함께 일하는 아내는 이미 사라졌기 때문이다. 그러므로 그 시대의 중산계급 남녀는 거의 모두 자신들의 성욕의 자연적인 배설구를 일부는 상습적으로, 일부는 중년에 이르기까지 결혼 이외의 방법을 택해서만 구했던 것이다.

이와 똑같은 원인, 즉 경제적 원인에 의해서 17세기와 18세기의 농민계급의 상태가 왜 르네상스 시대와 똑같았던가도 무리 없이 설명된다. 농민의 경우에는 생산메커니즘의 원칙은 전혀 혹은 거의 변하지 않았다. 따라서 그들의 사회생활도 여전히 옛날 그대로였다. 전체에 적용되는 것은 개인에게도 적용되었다. 혼전 성관계의 가장 중요한 형태, 즉 콤네흐테(Kommnächte:다가오는 밤)와 프로베네흐테(Probenächte:시험삼아 지내보는 밤)는 그 모든 특징 그대로, 게다가 야만적이고 원시적인 형태 그대로 후세에까지 계속되었다. 그것은 우리의 목적을 위해서 제II권에서 자세하게 설명했던 그대로이다. 절대주의는 농민의 성욕에 대해서도 끊임없이 "촉진제" 역할을 했다. 왜냐하면 농민에게는 도시인에게서와 같은 한계는 아직 나타나지 않기 때문에 절대주의는 농민을 그 뼛속까지 짜냄으로써 모든 문화의 진보를 억눌렀을 뿐만 아니라 종종 도덕적인 억제 따위는 벌써 어디에서도 찾아볼 수 없는 짐승과 같은 상태에 빠뜨렸기 때문이다. 그중 가장 눈에 띄는 결과의 하나는 농민의 경우에도 역시 사춘기가 앞당겨진 것이었다. 보통 농촌에서는 자식들이 양친과 함께 좁은 방에서 콩나물 시루같이 유년시절을 보내지 않으면 안 되었다. 따라서 그들은 이미 유년시절에 연애과정에 대해서 적나라한 현장교육을 받았다. 부모가 즐기는 유희를 그 목적이 무엇인지도 모르고 그대로 모방하는 것은 별로 신기한 일이 아니었다. 앞에서도 설명했던 것처럼 이것 또한 사춘기를 앞당기는 강제였지만 참으로 비참한 결과를 가져오는 강제였다. 왜냐하면 절제가 없는 야만적인 풍기상태는 언제나 도시에서가 아니라 농촌에서 먼저 발견되었기 때문이다.

6) 여자의 색정

각 방면의 여러 가지 기록이 제시하는 앙시앵 레짐 시대의 또 하나의 큰 문제는 당대의 언어로 표현하면 "색의 봉사에 대한" 모든 여자의 열광이었다. 그래서 남자를 밝히는 것이 유례가 없을 정도로 일반적인 현상이 되었다. 자신이 언제나 "색적으로", "끝내주게 색적으로" 보이고 싶다는 것이 앙시앵 레짐 시대에 모든 여성의 최고의 야심이었다. 국적, 신분, 연령을 불문하고 이 시대의 여자란 여자는 모두 약속이나 한 것처럼 색적이었다. 여기에서 나는 지금까지 여기저기에서 단편적으로 설명했던 이러한 부류의 제목이 붙은 내용들을 이 기회에 뭉뚱그려서 더욱 자세하게 설명하려고 한다. 그렇게 함으로써 참으로 중요한 여러 가지 결론에 도달할 것이기 때문이다.……

당시 여자들이 남자를 몸살이 나도록 밝혔다는 주장이 정당하다는 것은 어떻든 의심할 여지가 없다. 그 무렵 여자들이 가장 애독했던 아마란투스의 「숙녀사전」의 어느 항을 보아도 "숙녀의 일반적인 상태"로서 강한 연애욕을 언급하고 있다. 게다가 여자의 이러한 상태는 지극히 자연스럽다고까지 설명되고 있다. "호색(Geilheit)"이라는 항에는 이렇게 설명되어 있다.

의사들이 살라키타스(Salacitas)라고 부르는 호색은 여자들에게는 연애에 대한 끝없는 욕망과 충족되지 않는 정욕이다. 즉 그것은 육체의 그 부분의 구조가 뜨겁고, 액이 많고, 민감하고, 색을 밝히기 때문이다. 그래서 그런 여자는 점점 더 색에 자극받는 것이다.

만약 이러한 사랑의 동경이 "계속" 충족되지 않는 상태에 있으면 대부분의 처녀나 아내에게 실제의 남자에 대한 열광, 즉 소위 "어머니 광란(Wüten der Mutter)"이 발생한다는 것은 아마란투스에게도 역시 자연스럽게 생각되었다.

어머니 광란은 남자광이나 성직자광이라고 불리는데 의사는 푸로르 우테리누스(Furor uterinus : 자궁의 광기)라고 부른다. 그것은 일종의 부인병이다. 젊은 처녀는 곧잘 이 병에 걸린다. 이 병은 일반적으로 색욕 그리고 미모의 남자에 대한 망상이나 금욕에서 생긴다. 그 때문에 이와 같은 상태의 여자는 처음에는 슬퍼하다가 불안해하고 우울해하다가 마침내는 광란에까지 빠져버린다. 세상에서는 그 병에 걸린 사람을 유청광(乳淸狂 : Schottenthöricht)이라고 부른다.

도덕군자는 이 문제를 앞에서처럼 간단히 처리하지는 않았다. 1720년에 나온 「무화과 잎사귀를 딴 아담과 이브」라는 책의 저자는 "미혼녀"의 남자광에 대하여 설명한 긴 내용의 한 장을 다음의 문장으로 시작하고 있다.

미혼녀는 (다음과 같은 비유를 사용하는 것은 변명이 있어야겠지만) 수소가 한 마리도 없기 때문에 암소를 끊임없이 자기 등에다 태우는 첫봄의 젊은 암소처럼 거칠고 제멋대로이다. 숙녀가 젊은 남자를 볼 때의 그 눈은 마치 단독(丹毒)에 걸린 사람이 죽기 직전과 같이 맹독의 카르푼켈 궤양처럼 시뻘겋다. 뿐만 아니라 남자를 밝히는 열기는 그 머리카락에서도 엿볼 수 있다. 그래서 그러한 처녀를 둔 어머니는 어쨌든 딸을 자기 곁으로 불러 크게 꾸짖어 처녀의 대담함에 쐐기를 박고 상사병이나 광란에 빠지지 않도록 해야 한다. 일단 그 병에 걸리면 처녀의 불 같은 정욕은 걷잡을 수 없이 폭발하게 되어 어머니의 희망도 쓸모없이 되어버리고 그 처녀는 아직 적기도 안 되었는데 자신의 가문이나 처녀성을 욕되게 하고 만다. 처녀란 어머니가 곁에 없으면, 다시 말해서 자신을 다잡는 어머니의 힘이 조금이라도 느슨해지면 작고 가는 끈을 가지고 재롱부리는 어린 고양이처럼 기뻐 날뛰고 아직 한번도 기수를 태운 적이 없거나 마차를 끌어본 적이 없는 어린 망아지처럼 여기저기 날뛰며 돌아다닌다. 처녀는 신랑의 힘을 빌리지 않고 자기 마음대로 처녀라는 무거운 짐으로부터 도망치고 싶어서 홀에서 춤을 추고 기묘한 꼴을 하고 노련한 양다리를 여기저기로 뻗친다.

속담도 역시 도덕군자와 마찬가지였다. 나는 그 당시 가장 유행한 속담 가운데 "허리띠 아래로는 여자는 언제나 무엇을 갈망하고 있다", "언제나 식탁을 마주하고 있든가 반듯이 누워 있든가, 이것은 둘 다 여자가 즐기는 일이다"만을 들어둔다. 이 시대에는 어떤 남자든 일단 화제에 오르내리게 되면 어디를 가나 여자들의 대환영을 받았다. 여자들은 그에게는 언제나 밀회의 기회를 준비해두고 그의 눈짓을 이제나 저제나 하고 기다렸다. 장 에르베는 「17세기의 여자와 색」이라는 책에서 재무대신 푸케를 화제로 삼고 있다.

> 푸케는 다른 걱정거리가 산더미처럼 쌓여 있었기 때문에 여자 따위에는 신경을 쓸 수 없었다. 그는 자신의 희망을 알리는 것만으로 만족했다. 그리고 정한 시간에, 지정한 침대에서 희망한 여자와 함께 잤다.

이와 같은 행운은 날마다 많은 남자들에게 주어졌다. 1742년에 터키의 사절 자이드 에펜디가 파리를 방문했을 때는 도시의 모든 여자들이 흥분의 도가니에 빠졌다. 왜냐하면 이 파샤는 자신의 하렘에 많은 여자를 데리고 있기 때문에 그런 남자야말로 남자 중의 남자라고 회자되었기 때문이다. 마침내 그 날이 되자 색욕을 자극하는 남자들의 야비한 조소는 거들떠보지도 않고 도시의 처녀와 유부녀들은 파샤의 얼굴을 보기 위해서 우르르 몰려들었다. 그것은 이윽고 만화나 풍자시의 화제가 되었다. 덧붙여 말하면 곡예사나 길거리의 흥행사들도 명문귀족과 마찬가지로 여자들에게 인기가 있었다. 어떤 심술사나운 독설가는 파리 여자들에게 통렬하고도 입심 사납게 욕을 퍼부었다.

> 파리의 부인들은 남자라면 모든 것인 정중선(正中線)에 집중되어 있다고 생각한다. 즉 신분의 차이 따위는 무시하고 남자가 태어나면서부터 가지고 나온 장점만 인정하는 것이다. 만약 그 누구든 이러한 장점을 구비하고 있다고 예상해도 좋을 증거가 있다면 귀부인들은 마치 자기와 같은 신분을 가진 사람 대하듯이 상대에게 교제를 신청했다.

찰스 2세 시대의 영국 사교계에서도 유명한 줄타기꾼, 곡예사, 무용수가 귀족계급의 침실에서 거의 무대의 특등석에서와 같은 대단한 인기를 누렸다.

미신적인 관습의 유행도 특징적이다. 17세기와 18세기에는 여자라면 누구나 참으로 열심히 사랑의 신탁(神託)을 이용했다. 사랑의 신탁은 독신녀에게는 곧 남자에게 인기가 있는지 없는지를 알려주고 기혼녀에게는 애타게 기다리는 연인이 진정

올 것인지 또 언제 올 것인지를 알려준다고들 믿었다. 독신녀들은 사랑의 신탁을 받는 데에는 성 안드레아스의 날(11월 30일)의 전야가 가장 좋다고 했다. 성 안드레아스는 시집가고 싶어 안달하는 여자들의 수호신이었기 때문이다. 이 성자에게서 신탁을 듣기를 기도할 때에는 독특한 방법을 취하지 않으면 안 되었다. 이를테면 신탁을 듣는 여자는 우선 옷을 모두 벗고 알몸이 되어야 하는 것이 첫째 조건이었다. 여자가 알몸으로 기도하지 않으면 이 신은 신탁을 내리지 않는다고 믿었다. 「윤이 나는 실감개 대의 철학」에서는 이렇게 설명하고 있다.

남자를 원하는 처녀들은 성 안드레아스의 날 전야에 알몸으로 성 안드레아스에게 기도드리면 꿈 속에 미래의 연인이 나타날 것이다.

어떤 지방에서는 호기심에 찬 처녀들이 알몸으로 머리를 난로 구멍에 처박고, 동시에 "옥문"을 될 수 있는 한 넓게 벌려 바깥 공기에 노출시키는 풍습이 있었다. 또 다른 지방에서는 뒤로 돌아서서 방문을 향해서 신을 던지거나 얼굴을 옆으로 돌린 채 쌓아놓은 장작더미에서 장작 하나를 집어드는 풍습도 있었다. 신발이 문에 부딪혀서 바닥에 떨어질 때까지 튄 횟수는 바로 연인이 나타나기까지 기다려야 하는 햇수였다. 그리고 곧고 바른 장작을 꺼내면 젊은 애인을, 구부러진 장작을 꺼내면 나이 먹은 애인을 지아비로 맞아들인다는 것이었다. 또한 성 안드레아스에게 바치는 길고 짧은 기도문들도 역시 앞에서 말한 사실과 결부되어 있었다.

안드레아스, 지아비를 점지해주시는 신이시여,
당신, 진실한 처녀의 교사이시여,
우리들은 여기 완전히 벌거벗고 섰습니다.
지아비가 우리들의 새 침대에서
벌거벗은 우리들을 포옹하는
그 때는 언제 옵니까.

그 당시 이보다 더 큰 열정으로 하늘에 올린 기도는 없었다. 그런데 대부분의 처녀는 기도를 드릴 때 성 안드레아스 한 사람에게 만족하지 않고 수십 명의 다른 성자를 구원의 신으로 삼았다. 덕분에 그들 성자에게 각각 특별한 역할이 할당되었다. 더욱이 처녀들은 일 년에 한 번만이 아니라 날마다 이런 기도를 올리면서 많은 것을 하늘에 기원했다. 벨기에의 여자고등학교에서는 오늘날까지도 졸업 직전에 처녀들에게 18세기경에 만들어졌다는 다음과 같은 혼배를 위한 기도를 암송시킨다고 한다.

> 성스러운 마리아여, 우리들을 혼배시켜주시기를!
> 성스러운 요셉이여, 일찍 결혼하게 해주시기를!
> 성스러운 안토니우스여, 그 사람이 많은 재산을 상속받게 해주시기를!
> 성스러운 요하네스여, 그 사람이 돈을 산더미처럼 가지게 해주시기를!
> 성스러운 클라라여, 그 사람이 바람둥이가 아니기를!
> 성스러운 아나톨여, 그 사람이 경박한 남자가 아니기를!
> 성스러운 루푸스여, 그 사람이 질투심이 많은 남자가 아니기를!
> 성스러운 샤를로테여, 우리들이 자기 주장을 하며 살 수 있기를!
> 성스러운 마가레타여, 그 사람이 일찍 오기를!
> 성스러운 알렉산더여, 우리들을 오래 기다리지 않게 하기를!
> 성스러운 클레우테리우스여, 그 사람이 좋은 아버지이기를!
> 성스러운 앙겔리쿠스여, 좋은 가톨릭 신자이기를!
> 성스러운 니콜라우스여, 우리들을 잊지 마시기를!

　그 시대의 예술, 즉 회화나 문학도 모든 여자가 말하자면 남자광인 것을 명백하게 묘사했다. 문학은 이 테마를 여러 가지로 변화시켜 묘사했고, 결국에는 여자란 색에 관해서는 진짜 미노타우로스(Minotauros : 미노스의 남편으로 몸은 인간이고 머리는 소인 괴물. 미노스에 의해서 미궁에 감금되어 청년이나 처녀의 살코기를 먹고 살았다고 함/역주)와도 같다고 마구 꾸짖기도 했다.
　오일로기우스 슈나이더는 4행시 "서약"에서 이렇게 노래했다.

> 아름다운 도리스는 평생 동안
> 마음에 드는 한 남자에게만 몸을 맡길 것을 서약한다네.
> 하지만 남자란 남자는 모두 마음에 들었기에
> 온세계 남자에게 몸을 맡기게 된다네!

어떤 여자들은 결혼생활에서 "달콤한 연애놀이"에만 흥미를 가졌다. 그 대표적인 시는 요한 프리드리히 리데러의 "아름다운 게르트루트"(1711년 뉘른베르크에서 간행)이다.

바로 전날 시집온 아름다운 게르트루트는
언제 즐기는 것이 사랑하기에 가장 좋은 시간인지 알고 싶었다네.
이 문제를 즉시 연구한 의사가
이 여자 곁에 앉아 아무 생각없이 말하길
아침 일찍 장미를 따먹는 것은
가장 죄 많은 놀이지만, 허리에는 아주 좋아요.
하지만 밤에 일을 시작하는 사람은
더욱 깊은 즐거움을 맛보지요, 그것은 더욱 달콤하기 때문이지요.
젊은 아내는 이렇게 말했지. 그럼 나는 지금부턴
우선 첫째로 건강을 위해서 아침 일찍, 날이 밝을 때에,
그 다음엔 달콤함을 맛보기 위해서 밤에
젊을 때의 열매를 침대에서 따먹을 수 있도록 해주세요, 네.

가장 노골적인 시에 속하는 "나이 많은 음부에게"나 "예순 살 노파에게" 등으로 알 수 있듯이 이러한 것은 나이를 먹는다고 변하지 않았다. 더구나 유혹하는 쪽은 남자가 아니라 언제나 여자였으며 남자는 여자를 연애 스승으로 모셨다.

그것만은 고백하고 싶어요, 사랑하는 이여,
그리고 너무나 날 냉대하지 않았으면,
틀림없이, 첫사랑의 첫걸음은
당신이 나에게 가르쳐줄 것을.
당신의 달콤한 입술이
그것은 도박이라고 말했을 때
나는 생각했어요.
사태가 어떻게 될지.……

그리고 남자를 차례대로 유혹하는 것도 역시 여자였다. 18세기 슬픈 멜로디의 민요에서 사랑하는 여자는 이렇게 애원한다.

오세요, 아아, 저의 가슴을 진정시켜주세요,

오세요, 저의 가슴을 맑게 해주세요,

자, 저를 꼭 껴안아주세요,

그리고 저의 사랑하는 영혼이

기꺼이 당신에게 바치는

이 큰 즐거움을 맛보세요.

회화도 그 붓을 통해서 이것과 똑같은 것을 묘사하고 있으며 게다가 더욱 열렬하게 표현하고 있다. 회화로부터 상상하건대, 이 시대의 여자는 가까이 가면 그 불로 어떤 남자든 태워죽이는 관능의 에트나(이탈리아의 유명한 화산/역주)였다. 회화에서는 일반적으로 사랑하는 여자, 사랑을 동경하는 여자, 사랑을 아낌없이 주는 여자말고는 소재로 삼지 않았다. 그리고 여자가 어떤 상태에 있어도, 예를 들면 울고 있다든가, 수심에 잠겨 있다든가, 자고 있다든가, 일을 하고 있다든가 등은 상관하지 않았다. 연애는 여자의 머리에서 한순간도 떠나지 않는 대상이었기 때문에 여자는 한 사람도 남김없이 앞에서 설명했던 것처럼 관능의 진정한 에트나였다. 사랑하는 여자는 언제나 관능의 황홀경에 빠져 있었는데 특히 혼자 있는 경우에 가장 깊은 황홀경에 빠져 있었다. 남편, 드디어는 연인의 모습을 잠깐 본 것만으로도 그녀의 공상 가운데에서는 상대와 즐겼던, 또는 이전에 맛보았던 육욕의 감각이 되살아났다. 여자가 가장 몰두하는 일은 에로틱한 생각에 빠지는 것이었다. 그 시대의 여자는 책이라면 호색적인 소설밖에 읽지 않았으므로 사랑의 상념에 빠질 때는 언제나 소설에서 일어났던 일을 현실화했다. 그리고 시인이 호색적인 장면에 등장시키는 이런저런 여자를 닥치는 대로 자기 자신과 비교했다. 즉 주위의 모든 것이 여자의 생각을 사랑에 빠뜨렸다. 그리고 색이나 사랑에 결부되지 않는 것은 여자의 마음을 끌지 못했다. 주둥이를 서로 비비는 비둘기의 사랑놀이를 탐욕스럽게 바라보는 여자의 얼굴에는 이 풍경을 공상에 의해서 여러 가지로 변화시키는 표정이 여실히 나타난다. 화가는 혼기의 처녀를 즐겨 이런 식으로 나타냈다. 여자의 초상화도 역시 이렇게 그려졌다. 왕비, 양가집 규수, 갈보를 불문하고 모든 여자는 호색적으로 묘사되었는데 붓으로 묘사되건 언어로 묘사되건 똑같았다. 이에 대해서는 이 책에서 소개하는 갖가지 여자들의 초상화를 비교해보기 바란다. 이런 그림 하나하나, 다시 말하면 이 책에 있는 모든 그림은 결국 절대주의 시대에는 여자도 인간이라는 보편적인 개념은 벌써 깨끗이 사라졌고 성이라는 개념에 대한 앞에서 말한 원칙만이 존재했다는 것을 가르쳐줄 뿐이다.……

그것은 제I권 제1장에서 여자에 대한 시대의 요구, 즉 호색적인 인생관의 논리라고 규정했다. 그러므로 거기에서 설명했던 것은 지금까지 소개했던 인용문으로써 한층 뒷받침된다. 그런데 여기서 하나의 의문이 생긴다. 사실이 참으로 그러했던가, 다시 말하면 이와 같은 특수한 성적 매력은 진짜로 이 시대를 살았던 여자의 대표적인 모습이었던가, 과장을 좋아하는 남성심리라는 오목거울에 비친 허상이었던가? 이러한 의문에 대해서 그 시대에는 참으로 그러했다고 답하지 않을 수 없다. 그뿐만 아니라 그 시대 여자의 몸짓은 오늘날에는 거의 상상도 할 수 없을 정도로 요염했고 어떤 순간에는 성적 매력에 대한 긴장감이 팽팽하게 지속되었으며 모든 것이 성적 매력에 둘러싸여 있었던 것이다. 따라서 범위를 넓히지 않으면 안 된다. 공쿠르 형제가 "이 시대의 여자의 생명은 색의 쾌락뿐이었다"라고 했던 것은 실로 정확한 말이었다.

그런데 두번째의 의문, 즉 이러한 성적인 인생관의 원인과 나란히 이 현상을 그 내부에서부터 만드는 필연성은 무엇이었던가는 한층 더 중요하다. 이 의문에는 간단히 답할 수 없다. 이 경우 함께 영향을 끼친 세 가지 원인을 생각하지 않으면 안 된다. 가장 중요한 첫째 원인은 이미 앞에서 설명한 바 있다. 그것은 대다수 시민계급의 혼인난에서 저절로 생긴, 성욕을 충족시킬 수 있는 기회가 어쩔 수 없이 적었다는 것이다. 남자도 그랬지만 여자는 남자와는 비교도 안 될 만큼 심각했다. 왜냐하면 남자에 대해서는 언제나 매춘제도가 부분적인 배설구를 만들어주었기 때문이다. 한편 여자들 사이에서는 혼인난 때문에 바지 쟁탈전이 참으로 어지럽게 벌어졌다. 그런데 남자를 손에 넣기 위한 맹렬한 경쟁만큼 여자의 본질에 성적 매력을 조직적으로 부여하는 것은 없다. 이는 남자란 지극히 손쉽게, 또 지극히 재빠르게 여자의 색욕에 걸려든다는 간단한 사실을 이용한 것이다. 그 시대에는 쉽게 남자를 손에 넣는 것은 처음부터 그 가능성이 희박했기 때문에 여자라면 누구나 결국 스스로 갖가지 수단을 동원하여 알게 모르게 일을 꾸몄으며 대부분의 경우 우선 미인계로 남자를 낚으려고 했다. 어떤 여자든지 언제나 철철 넘치도록 애교를 부리고 공격할 자세를 갖추고 심한 교태를 부리며 생각지도 않은 기회에 선금을 뿌렸다. 이 시대의 여러 기록에 나타난 여자들의 이러한 대표적인 성적 매력은 쾌락을 추구하기 위해서 만들어진 색욕의 외투와 같은 것이었다고 말하면 그 시대의 사람들로부터 천박하다고 비웃음을 살지도 모른다. 그러나 우리들은 대부분 이 번쩍번쩍 빛나는 색욕의 외투 속에 이 비참한 필연성이 감추어져 있었다는 것을 잊어서는 안 된다.

이 시대의 여자들에게 농후했던 성적 매력의 두번째 원인은 색을 충동질하는 복장의 영향이었다. 복장의 이러한 사정도 가볍게 여겨서는 안 된다. 왜냐하면 복장의 에로틱한 자극은 일시적으로 개인 각각에게 영향을 주었기 때문이다. 그 시대의 여성복은 여자를 항상 성적 흥분상태에 몰아넣었다. 제2장에서 설명했던 것처럼 시대는 여성의 육체를 유방, 옥문, 허리-엉덩이라는 세 개의 성 특징으로 분할했고 여자의 하복부를 조직적으로 압박했다. 왜냐하면 이러한 분할은 몸체를 충분히 조르지 않으면 잘 드러나지 않았기 때문이다. 여자는 밤에도 코르셋을 입고 잤기 때문에 그 압박은 성기를 끊임없이 자극해서 자극이 자극을 불러 정도가 지나치게 되었다. 게다가 이런 에로틱한 지나친 자극은 여자의 용모에도 반영되어 여자의 모든 행위는 색에 "감염되지" 않을 수 없었다. 18세기의 여자들에게 만연했던 유행병, 즉 대부분의 여자가 걸렸다는 바푀르(vapeurs : 우울증)는, 이반 블로흐 같은 성 과학자의 비판에 의하면, 코르셋에 의해서 끊임없이 과도한 성적 자극을 받았기 때문에 일어났던 히스테리의 특수한 형태였다는 것을 여기에서 덧붙여둔다.

여자들의 용모에 나타났던 성적 매력이라는 특수한 곡선을 강요한 세번째 원인은 앞에서 설명했던, 색사는 즐기지만 수태를 하지 않는 것은 물론 실수로 자식이 태어나더라도 그 양육이나 교육을 남에게 떠넘긴 데에 있다. 그 때문에 남녀의 혼인 생활에서 부부를 연결하는 가장 중요한 자연의 띠, 즉 필수적인 윤활유 역할을 하는 자식이 제거되었다. 자식이 없는 경우에 인간은 그것을 대신할 무엇인가를 바라게 된다. 그리고 그것을 대신하는 것은 플러트로서의 연애에 의해서 아내 쪽에서 즐겨 만들었던 끝없는 호색적인 곡선이었다. 남자와 여자가 감정을 토대로 해서 서로 맺어지지 않았기 때문에 아내는 남편을 영구히 자신에게 묶어두기 위하여 끊임없이 새롭게 남편의 색욕을 자극하지 않으면 안 되었다. 왜냐하면 혼인생활이 계속되는 것, 즉 남편에게 버림받지 않는 것은 언제나 아내에게는 남편과는 비교할 수 없는 진지한 것이었기 때문이다.

앞에서도 설명했던 것 같은, 남자를 손에 넣으려는 경쟁에서만이 아니라 지금 말한 경우에서도 남자와 한번도 붙어본 적이 없는 여자는 지극히 드물었다. 왜냐하면 이런 짓거리를 부끄러워한 얌전한 여자라도, 설사 감정이 무딘 남자는 그렇지 못하더라도, 정력적인 남자라면 당장 성적 도발을 일으켜 상대를 이미 참을 수 없는 지경으로 몰아넣었기 때문이다. 그리하여 이 놀이는 대부분의 여자에게는 단순한 놀이가 아니라 눈깜짝할 사이에 현실이 되었던 것이다.

7) 법률의 형식

우리는 앞에서 앙시앵 레짐 시대의 결혼에 관해서 매우 중요한 현실상황을 보았다. 그 상황이란 귀족계급과 유산 시민계급의 두드러진 조혼 그리고 무산계급, 주로 중간 시민계급의 두드러진 만혼이었다. 또 그것말고도 유산 시민계급에서는 혼인하는 당사자들끼리는 혼례 전에 "얼굴"조차 보지 못하는 경우가 허다했고 더구나 상대의 성격이나 인물 됨됨이에 대해서는 더더욱 서로 전혀 알지 못했다. 남자와 여자가 혼례식이 있기 며칠 전이나 당일에 난생 처음으로 얼굴을 마주하는 방식은 18세기의 이 계급에서는 일상화되다시피 한 규칙이었다. 그러나 이러한 방식도 결국에는 남녀의 혼인을 성립시키는 유일한 규칙으로서의 인습의 전제적 지배를 의미

할 뿐이었다. 결혼은 상거래적인 계산을 위한 법률적 형식에 불과했다. 이것이 혼인의 진정한 정체였다. 귀족계급은 두 가문을 결합시킴으로써 자신들의 세력을 확장하든가 혹은 이러한 목적하에 어느 가문과 어느 가문의 재산을 결합시켰다. 유산 시민계급은 두 가문의 재산을 결합시키든가 혹은 자신의 재산을 가능한 한 유효하게 이용하기 위해서 재산과 신분을 결합시켰다. 여자에게는 자신에게 운명지어진 협애한 인생을 가능한 한 편안하게 헤쳐나가는 것이 인생의 최대 목표였다. 마지막으로 무산계급에서는 대부분의 남녀는 "두 사람이 함께 생활함으로써 생활비를 보다 절감하기" 위해서, 바꾸어 말하면 언제까지나 독

라베너의 「풍자」의 한 삽화

신으로 있으면 돈벌이에 전념할 수 없기 때문에 혼인했다. 따라서 영혼을 공유하려는 충동을 만족시키려는 것과 같은 높은 이상은 특수한 개인 외에는 보이지 않았다. 이것은 얼핏 생각하면 색의 시대의 풍조와 모순되는 듯하나 이 시대에는 개인적인 성애 따위는 혼인에서 배척되었음을 상기하기 바란다. 따라서 그것을 특별히 모순이라고는 말할 수 없다. 기술적인 것이 연애에서 제1위를 차지했던 시대에는 연애와 혼인은 절대로 연결될 수 없었기 때문이다. 적어도 결혼은 연애를 위한 인생행로에서는 거추장스러운 것이었다. 그 때문에 혼인문제에서만큼은 앙시앵 레짐 시대에는 남편은 남편, 아내는 아내였다. 그리고 남편의 권력과 품위, 아내의 아름다움과 요염한 자태가 중요했다면 그것은 특별한 경우에 반드시 필요한 재산의 하나로서, 즉 귀족에게는 과시의 수단으로서, 소상인에게는 아름다운 아내를 통한 고객 유치의 수단으로서만 중요했다.

결혼의 인습적 성격은 귀족계급과 유산 시민계급에서는 매우 노골적으로 드러났다. 이 점에 대해서 가스통 모그라는 대단히 정확하게 기술하고 있다.

오늘날만큼 인간이 허세를 부리려고 하는 시대는 없다. 혼인은 하나의 거래이며 세상 사람들도 역시 혼인을 거래라고 생각하고 있다. 혼인이란 혼인하는 두 집안 사이의 계약이기 때문에 혼인하는 당사자는 자기도 모르는 새 따돌림을 당하게 된다. 가령 집안에서 이 계약을 맺을 때에 당사자를 불러낸다면 그것은 계약에 당사자가 얼굴을 내밀지 않으면 재미없기 때문에 불러낸 데에 지나지 않는다.

각국의 수없이 많은 심각한 사례들, 예를 들면 최소한의 관념적인 위장조차 노골적으로 일축당했던 것, 혼인에 즈음하여 연애(Liebe)라는 단어를 사용하면 연애 따위는 시대적 사조를 거역하는 것이므로 웃음거리로 치부되어 사실상 엄금되었다는 것이 이러한 상황을 뒷받침해주고 있다. 이러한 노골성 뒤에는 공공연한 경제적 원인이 있었다. 과시 —— 자신의 가문이나 신분에 대한 —— 가 시대의 단 하나의 법칙이었기 때문에 과시수단이 단 하나의 매우 중요한 관심사였다. 따라서 이러한 상황과 뗄 수 없는 간통도 역시 보란 듯이 또 서슴없이 무죄로 인정되었던 이유는 앞에서 말한 혼인의 첫째 목적이 간통에 의해서 위협당하지 않았기 때문이었다. 과시가 점점 더 큰 수단을 목표로 하자 귀족계급의 아들과 부유한 대부르주아의 딸 사이의 혼인, 정확하게 말하면 귀족계급의 혈통과 부르주아의 재산 사이의 혼인이

17-18세기에 이르면 점점 더 위세를 떨치게 되었다. 돈이 굴러들어온다면 헤어지는 것은 아무것도 아니었다. 종교는 괜찮은 거래도 깨뜨려버리는 결정적인 역할을 함으로써 종교 역시 이때는 전혀 문제시되지 않았다. 「정치도덕의 침식」에는 이렇게 쓰여 있다.

　아가씨들이 종교의 은혜에 의지하여 결국 그 덕에 훌륭한 혼인이라는 복을 누리게 된다는 말은 요사이에는 이미 설득력을 잃었다. 요즘의 견해로는 인간은 마리아의 뜻에 의해서 육체와 정신이 하나가 되듯이 종교까지도 조절한다.

　세례를 받는 데에 동의하면 "유대인의 운명"일지라도 개인적으로는 하루아침에 기독교인과 동등한 대접을 받게 되었다. 부유한 유대인의 고리대 살롱에는 백작, 공작, 원수까지 몰려들어 빈틈없는 계산하에서 그 집 딸에게 구혼했다. 특별히 돈을 노린 것은 아니었다고 하지만 루이 14세조차 역시 유명한 유대인 부호 사뮈엘 베르나르의 6,000만 금 앞에서는 모자를 벗었다. 파산한 귀족은 돈에 굽신거리지만 자신의 봉건적인 예의범절을 잊은 것은 아니었다. 결혼에 의해서 상대가 자신의 소유가 되기가 무섭게 그는 즉시 그 예의범절을 되찾으려고 한다. 그때 그는 큰 목소리로 세상 사람들을 향해서 "나는 오로지 가문만을 위해서 이 희생을 바친다"라고 말한다. 그리고 이 희생 때문에 대개의 경우 일찍이 첫날밤부터 아내에 대한 그 후의 모든 것, 즉 애정만이 아니라 배려의 어떤 표현도 면제받았다고 생각했다. 시민계급 출신의 아내는 그때부터 육체적으로 백작, 후작, 공작에 의해서 한두 번 아이를 가지게 된다는 명예와 남편의 고귀한 가문의 명

계약결혼(와토의 그림에 의한 동판화)

성을 함께 누리는 일이 허용되었다는 데에 만족하지 않으면 안 되었다. 이것이 종종 부부 사이의 오직 하나의 혼인관계였다. 그러나 두 사람, 즉 귀족과 대 부르주아는 서로가 확실하게 상대의 가치를 인정하고 있었다. 귀족이 부르주아 아내를 맞이한 후에는 그 다음날부터 신분이 다른 처가친척들을 얼씬도 못하게 하는 전형적인 경멸적 태도를 보이는 것도 시민계급의 내친 걸음을 중단시키지는 못했다. 샹포르가 "시민계급은 자신의 딸을 귀족의 토지에다 비료로 바치는 대신에 어리석은 명예를 구하고 있다"라고 말한 것은 실로 적절한 비유이다.

중간 시민계급이나 소시민계급에서는 귀족이나 부호와는 달리 그러한 노골성은 어디에서도 볼 수 없었다. 이 계급들에서는 오히려 혼인의 상거래적인 성격은 관념적으로 매우 희박했다. 우선 남자는 처녀에게 오랜 기간 구애하지 않으면 안 되었다. 남자는 사랑 이외의 것을 말해서는 안 된다. 그리고 자신이 원하는 처녀의 존경을 받지 않으면 안 된다. 또 그는 자신의 개인적인 장점을 나타내지 않으면 안 된다. 한마디로 말하면 자신이 상대에게 얼마나 어울리는가를 보여주고 처녀의 사랑을 정식으로 구하지 않으면 안 된다. 이것은 처녀 쪽도 마찬가지였다. 그러나 이 계급에서도 혼인 당사자끼리의 형식적인 자유는 근시안들의 앞에만 나타나는 유령일 뿐이었다. 여기에서도 역시 타산적으로 서로 맞아떨어질 때에야 비로소 서로의 존경과 연애가 시작되고 그것이 그들의 혼인의 비밀이었다. 왜냐하면 겉보기에는 이상적인 상호구애라는 형식도 결국에는 각자의 계산이 틀림없는지 음미하기 위한

어울리지 않는 사랑(코르넬리스 트로스트, 유화)

관념적인 형식에 지나지 않았기 때문이다. 이들 계급에서는 타산적이라고 하더라도 재산의 양이 세상에 이미 숫자나 토지면적으로 확실하게 드러나 있기 때문에 "이쪽은 돈, 저쪽은 가문"이라는 분명한 방정식이 세워져 있는 계급에 비하면 다소 복잡했다. 더구나 재산이 적으면 적은 만큼 쌍방이 한층 치밀하게 계산하지 않으면 안 된다. 작은 숫자인 경우에는 작은 계산착오도 엄청난 것이 되기 때문이다. 소시민계급에서는 쌍방에게 첫째가는 재산은 검약이었다. 그러나 그런 검약이 생활화되고 있는가는 다소 오랜 기간에 걸친 직접적 관찰에 의해서 비로소 파악할 수 있다. 이러한 치밀한 계산은 서로 구애하는 형식 중에서도 반영되고 있었다. 남자는 자신의 견실함을 성실함으로 나타내고 여자는 가장 중요한 주부로서의 소질을 근면함, 겸손, 복종 등으로 나타냈다. 덧붙여 말하면 전광석화 같은 정열, 즉 당장 생애를 약속하려고 하는 "첫눈에 반한 사랑"에 대해서는 이 계급에서도 대단히 경멸에 찬 눈으로 바라보았다는 사실은 쌍방의 구애가 역시 물질적인 동기에서 이루어졌다는 것을 실제로 보여주는 좋은 증거이다.

시민계급의 집안에서는 매우 사소한 일까지도 서로 터놓고 이야기하는 것이 중요했다. 따라서 이 사소한 계산문제를 관념적으로 위장하는 것이 비록 상층사회에서는 노골적으로 배척되더라도, 시민계급에서는 없어서는 안 될 일이었다. 그리고 이러한 관념적인 위장은 매우 사소한 것에서까지 행해지지 않으면 안 되었다. 그러므로 자질구레한 집안 일을 꾸려가는 당사자뿐만 아니라 그 자손까지도 실제로는 어디까지나 외관에 불과한 모든 것을 실체로 본 것은 별로 이상한 일이 아니다. 그런데 외관과 실체의 이와 같은 혼동은 그 당사자에게서 외관이 천 배나 부풀어올라 일생 동안 유지되는 것을 방해하지 않았다. 이에 대한 증거는 이러한 것이 그 무렵에 등장하여 전형이 되었던 슈피스뷔르거(Spießbürger : 창으로 무장하고 도보로 걷는 시민, 경멸적으로 소시민을 가리킴/역주)적인 혼인의 이상이었다는 점이다. 이 이상은 현대에 이르기까지 쭉 혼인의 이상이 되었으나 실제로는 매우 협소한 물질적인 예속에 포박당한 노예근성의 성사상에 불과하다. 따라서 이 이상을 좀더 자세히 들여다보면 그것은 지금까지 보았던 것들 가운데 필시 가장 천박한 혼인의 정체를 드러낼 것이다. 이러한 이상에서는 인간을 천상으로 이끄는 위대한 정열 같은 것은 어느 곳에서도 보이지 않았다. 있다고 해도 극히 드물었으며 오히려 정면으로 따돌림을 당했다. 그리고 행복의 별을 향한 비약 혹은 절망의 늪으로 떨어지는 타락 같은 것도 결코 보이지 않았다. 신중하게 돌다리를 두드리며 한걸음 한걸음씩 모든 일을 이루어나갔다. 이 이상으로 보면 이 계급은 모든 것, 악덕뿐만 아니라 미덕에 대해서도 실로 소심했다. 확실히 그것은 선에도, 악에도 이르지 못했다. 그리고 그 소심함에 품행이 방정하다고 하여 극구 칭찬받는 속물의 비밀이 있었다. 그러나 그것은 이가 부러져 사람을 물 수 없는 개는 사람을 지킬 수 없는 것과 마찬가지였다.

그런데 이 계급에서도 시대 자체의 결정적인 동기만은 매우 분명하게 인식하고

늙은 색녀(코르넬리스 트로스트, 유화)

있었다. 바꾸어 말하면 위장에도 불구하고 계산문제가 어떤 순간에도 확실하게 모습을 드러내었다. 계산문제가 설령 사사건건 분명하게 등장하지는 않는다고 하더라도 당대의 도덕군자들은 그들의 설교 가운데에서 그것을 모든 것의 중심이라고 언명했기 때문이다. 만리 부인은 18세기 초에 발표한 「아틀란티스」에서 이렇게 쓰고 있다.

　　오늘날 인간은 사랑에 빠지는 일 없이 이 정열의 뒤안에서 오로지 자신의 이익이나 행복을 계산하지 않으면 안 된다.

한편 아브라함 아 산타 클라라는 「초막(草幕)」에서 예의 노골적인 수다를 늘어놓고 있다. 그 가운데에서 중간시민계급의 결혼에 대해서 들어보자.

　　친애하는 헨슬, 자네는 이런 처녀들을 맞아들이지 않으면 안 된다네. 메들은 약간 곱추이지만 그녀의 훌륭한 배낭 안에는 돈이 가득 찬 돈궤가 있다네. 이웃집 베베를은 약간 절름발이이지만 그 집이 그녀의 것으로 되어 있다네. 마리엔델은 애꾸이지만 다른 사람에게 두카텐 금화를 감추어두고 있다네.

더욱이 또 이 책의 다른 부분에서는 이렇게 쓰여 있다.

　　이 호색적인, 자기 잇속만 차리는 자들이 판을 치는 세상에서 여자들은 돈을 가지지 않으면 안 되네. 따라서 세상 사람들은 게지히트(Gesicht : 얼굴) 따위는 보지 않고 게비히트(Gewicht : 무게)만을 본다네. 처녀 사비나가 싱싱한 젊은이를 맞이하고 싶다면 돈과 보석과 진주를 가지지 않으면 안 되네. 처녀 잔델이 용감한 장교를 맞이하고 싶다면 금화와 은식기를 가지지 않으면 안 되네. 처녀 레오노를이 폐하의 은총을 받고 싶다면 바첸 금화가 가장 효험이 있다네. 금화가 속세에서는 만사를 해결하지. 돈궤에 탈러 은화를 가지고 있지 않으면 처녀 클레를은 헤를에게, 처녀 카타리늘은 쿠에드리늘에게, 바베를은 할레를에게 궁합이 맞지 않다네. 고귀함과 미덕 따위는 혼인에는 아무 짝에도 쓸모가 없으나 처녀가 금화를 가지고 있다면 고귀함과 미덕은 두번째 자격요건이 되지. 황금빛 머리에 잿빛

첫날밤(B. 피카르)

돈지갑은 거들떠보지도 않지만 잿빛 머리에 황금빛 돈지갑은 크게 인기를 끌어 어디를 가든 퇴짜당하는 법이 없다네.

비관론자인 도덕군자는 소시민의 혼인이 상거래적인 성격을 분명하게 가진다는 것을 증언할 뿐만 아니라 더욱 타당성 있는 유력한 증거로 이 시대의 또다른 현상, 즉 구혼광고를 제시했다. 이것은 풍속의 역사의 기록으로서 그때 이래 매우 큰 의의가 있으며 이 유행은 그 시대에 아주 걸맞았다.

구혼광고는 맨 먼저 영국에서 등장했다. 영국은 최초로 자본주의로 이행했고 따라서 그곳에서는 인생의 어떤 문제들도 단순한 금전거래로 돌려버리면 만사가 해결되었다. 게다가 영국에서는 같은 이유로 매우 일찍 쟁취한 정치적 자유와 결부되어 신문사업이 상당히 일찍부터 큰 세력을 장악했다. 18세기 후반기에는 런던에 이미 1만, 1만5,000, 2만 부를 발행하는 일간신문이나 주간신문이 많이 있었다. 「데일리 애드버타이저」의 발행부수는 1779년에는 이미 2만 부에 달했다. 구혼광고의 정확한 탄생일은 1695년 7월 19일이다. 이 날 이런 부류의 최초의 광고가 호튼의 「농업 및 상업의 진보를 위한 컬렉션」에 등장했다. "영국 광고업의 아버지"로

부유하지만 못생긴 부인의 결혼에 대한 풍자

알려진 호튼은 이 기회에 "나는 존경할 만한 것이면 무엇이든지 광고하는 사업에 착수했다. 그리고 다음의 것도 역시 그 가운데 하나이다. 나는 후한 지불을 받는다"라고 쓰고 있다. 여기에서 다음의 것이란 최초의 두 종류의 구혼광고로서 그 내용을 보자.

신사, 30세, 그는 막대한 재산이 있으며 약 3,000파운드의 재산을 가진 묘령의 숙녀와 혼인하기를 희망한다. 그리고 거기에 따른 적당한 계약서를 작성하고 싶다고 한다.

청년, 25세, 훌륭한 사업을 하고 있으며 만약 적당한 혼인이 흔쾌히 약속된다면 그의 부친은 1,000파운드에 상당한 것을 그에게 줄 용의가 있다. 그는 양친에 의해서 디센터 (dissenter : 비국교도)로 교육받은 착실한 남자이다.

풍속의 역사에서 이후 그렇게도 중요시되었던 구혼광고의 내용이 이 이상 적절하게 소개된 적이 있는가! 혼인은 실로 노골적으로 모든 당사자들에게 단순한 금전거래의 측면에서 광고되었다. 돈, 돈, 돈이 최고였다. 제3자인 신문발행인은 중매의 대가로 막대한 바첸 금화가 굴러들어왔으므로 기꺼이 이 사업에 손을 뻗쳤다. 세상 사람들은 처음에는 도덕적으로 분개하고 반발했으나 이러한 반발은 오래가지 않았다. 머지 않아 그들은 곧 그것에 익숙해져버렸고 마침내 한 세기 동안이나 광고계는 노골적, 대대적으로 이 작업에 매달렸다. 인간은 어떤 방면에서든 인정받을 수 있다면 기꺼이 노골적이 되기도 한다. 어떤 남자는 어느 정도를 원한다고 노골적으로 광고했으며 "얼마든지 가지고 있기 때문에 얼마든지 요구할 수 있는" 어떤 남자는 여체의 특별한 자격을 명세서로 작성한 광고를 냈다. 남자는 자신이 가진 돈이 위력을 발휘하여 전제적인 향락의 권리를 누리기를 원했던 것이다. 첫번째 부유한 지방귀족은 체격이 큰, 특히 "팽팽하고, 당당한, 흰 유방"을 가진 숙녀를 주문한다. 두번째 지방귀족은 "매우 단단한(작지 않은!) 유방과 커다란 엉덩이"를 가진 여자만이 자신의 구혼에 응하도록 주문한다. 세번째 지방귀족은 "관계할 때 요설을 하고 평상시에도 자신의 쾌락을 분명하게 표현하는" 배우자를 주문한다. 더욱이 네번째 지방귀족은 "왕성한 성욕을 가진 미망인"을 특별히 주문한다. 그리고 그 미망인이 팽팽한 유방으로 호가 나고 "눈으로도, 손으로도 큰 즐거움을 줄 수 있다"면 서른 살이 넘었더라도 별다른 지장이 없다고 말한다. 그러한 실례는 수없이 들 수 있으며 여자들의 실례를 드는 일도 가능하다. 여자들의 주문이 그 정도로 뻔뻔스럽지 않았음은 당연하지만 그래도 자신의 재산과 더불어 즐거운 색사에 대한 자신의 탁월함을 적나라하게 광고하기도 했다. 여자들은 "나는 내 풍미 있는 향락을 남편에게 충분히 제공할 수 있다고 자신하는 만큼 남편도

구혼광고 전단(18세기, 빈)

그에 못지않게 그것을 충분히 제공하기를 바란다"라고 광고하고 있다. 여자들은 신중하기 때문에 "남자들의 애정이 아름다운 숙녀에게서 발견하기를 원하는" 바로 그것이 자신의 육체에 빠짐없이 갖추어져 있다는 것 이외에 "내 육체에 대해서는 상세하게 말하지 않겠다"라고도 광고하고 있다.

구혼광고는 거의 18세기 중엽부터 모든 나라에서 유행했다. 그러나 신문사업은 어느 나라도 영국만큼 발달하지 않았으므로 대부분 명함 모양의 전단을 이용했으며 거리에서 배달부들이 나누어주었다. 독일의 전형적인 소시민 근성이 상당히 체면을 요구한 것과 같이 성에 관한 유럽 대륙의 광고는 영국의 구혼광고처럼 노골적이지는 않았으나 그래도 예외 없이 결혼의 상거래적인 성격이 나타나 있다. 돈이 언제든지 중심 문제가 되었다. 신문에 구혼광고를 내는 여성은 상대가 없는 노처녀나 아이들을 줄줄이 거느린 미망인이었다. 여자들은 자신의 종교는 이러하다, 최소한 재산 얼마는 적어도 자신의 명의로 하고 싶다고 광고하고 있다. 여기에서는 종종 "품행의 오점"도 대수로운 것이 아니었다. 예를 들면 30세의 어느 남자는 상대가 부정 때문에 이혼한 여자일지라도 자신의 잡화상을 계속 도와줄 수 있는 정도의 돈만 있으면 다른 남자의 사랑의 결실이라도 자기 자신의 살과 피처럼 다루겠다고 광고하고 있다. 상류 시민계급의 젊은 처녀도 미구에 닥칠 불명예를 우려하여 이따금 구혼광고를 이용했다. 어떤 명함 모양의 광고에는 이렇게 쓰여 있다. "한 진실한 청년과의 약속을 너무나도 빨리 믿은 나머지 현재 가련한 처지에 놓여 있는 젊고

술잔 장식 그림(17세기)

아름다운 아가씨"가 체면을 욕되게 하고 싶지 않은 까닭에 가능한 한 빨리 같은 마을 사람을 피하여 외지 남자와 결혼하고 싶다는 것이다. 그에게는 "젊은 기분에 못 이긴 그러나 진실한 충동의 결과로 태어나는" 그녀의 아이에게 성(姓)을 붙여주는 대가로 2만2,000굴덴의 지참금을 바치겠다고 광고하고 있다.

곧 요약하면 이렇다. 플러트가 공적인 제도로 절정에 달했던 것과 마찬가지로 혼인의 상거래도 실로 완벽하게 구혼광고에 의해서 절정에 달했다. 이것은 확실히 혼인의 인습적 성격을 비교적 분명하게 해결한 형태였다.

여기에서 간과할 수 없고 또 간과해서도 안 되는 특수한 영국적인 특징은 그 당시의 손쉬운 혼인과 거기에서 비롯되는 전형적인 결과이다. 손쉬운 혼인은 지금도 여전히 영국적인 특징이다. 그러나 오늘날의 용이함은 법률의 보증 따위가 전혀 없었던 과거와는 비교도 되지 않는다. 당시에는 서류도, 증명서도 없었다. 관리의 자격이 있는 목사 앞에서 우리들은 혼인하기를 원합니다라고 간단하게 말하기만 하면 교회든, 여관이든 그 자리에서 혼인식을 올릴 수 있었다. 다니엘 디포가 쓴 몰 플란더스의 전기에는 그 전형적인 실례가 매우 생생하게 그려져 있다. 인생을 즐기는 아가씨가 한 연인과 스트라트포드에서 은밀히 만나기로 약속했다. 그런데 우연하게도 두 사람은 그보다 빨리 다른 지방의 숙소에서 뜻밖에 조우하게 되었다. 즐거운 하룻밤을 보낸 후 두 사람은 이 아름다운 곳에서 즐거운 밤을 몇 번이고 마음껏 지내기 위해서 당장 혼례식을 올리기로 결심했다. 촌스러운 여관주인이 꼭두새벽에 불려갔고 급히 목사를 데려다달라는 부탁을 받았다.

그래서 그는 밖으로 나가서 목사를 데려왔다. 목사는 매우 쾌활한 신사였다. 나는 즉시 목사에게 우리 두 사람은 뜻밖에도 도중에 이곳에서 마주쳤습니다. 나는 웨스트 체스터에서 역마차로 왔습니다만 이분은 런던에서 자기 마차로 왔습니다. 우리는 원래 스트라트포드에서 첫 상봉을 할 예정이었는데 나의 용감한 기사는 스트라트포드에 채 도착하기도 전에 나를 만난 거예요라고 말했다.

그러자 목사는 나와 악수를 한 다음 유쾌한 어조로 말했다. "보십시오, 부인, 불행에는 오히려 행운이 따릅니다. 부인은 예정이 빗나갔다는 불행을 겪으셨습니다. 그러나 나는 부인의 혼인식을 올려주는 행운을 얻었습니다. 부인이 훨씬 전에 스트라트포드에 도착했다면 그곳의 나의 동료가 지금쯤 즐거움을 맛보고 있겠지요. 자, 주인장, 성서를 가지고 있지요?"

그러나 나는 그 말을 듣고 화가 났다. "뭐라구요, 목사님? 목사님은 우리들이 여관에서, 더구나 한밤중에 혼인식을 올리기를 바라세요?"

목사는 말했다. "부인, 당신이 교회에 가기를 원한다면 나는 교회에서 당신의 혼인식을 올려주어도 좋습니다. 그러나 나는 이곳이 훨씬 기분이 좋습니다. 고맙게도 교회법은 목사들에게 혼인식을 교회에서만 올릴 것을 절대적으로 요구하고 있지는 않아요. 시간 따위는 언제라도 관계가 없습니다. 예를 들면 우리나라의 제후는 혼례식을 대부분 자신의 거실에서, 때로는 밤 여덟 시, 아홉 시, 열 시에도 올리고 있습니다."

그렇지만 얼른 이해할 수 없었으므로 나는 혼례식을 꼭 교회에서 올리고 싶다고 고집을 부렸다. 물론 그것은 나의 희극에 불과했다. 결국에는 나도 굽히고 말았다. 여관주인은 자기 마누라와 딸을 그곳으로 부르고 서기, 심부름꾼, 증인의 일인삼역을 했다.

당시 영국에서의 손쉬운 혼인의 또 하나의 특색은 소위 "플리트 매리지(fleet marriage)"였다. 파니 레발트(독일의 여류작가, 1811–88/역주)가 「영국과 스코틀랜드」라는 책에서 언급했던 "플리트 매리지"는 이러한 혼례식이 행해졌던 런던의 플리트 디치에 있는 플리트 감옥에서 유래한 것이다. 이에 대해서 이 여류작가는 이렇게 쓰고 있다.

18세기 초에는 플리트 감옥 앞에서 한 남자가 하루종일 배회하며 통행인에게 혼례식 하지 않겠습니까 하고 묻고 다녔다. 이것은 마치 오늘날 시장에서 잡상인이 밀랍인형이나 동물 곡예를 벌이며 어서 오십시오, 어서 오십시오 하며 호객행위를 하는 것과 마찬가지이다. 오두막집의 입구에는 악수를 하고 있는 남녀를 그린 간판이 걸려 있다. 그곳에서 근무하고 있는 목사가 혼인하기를 원하는 남녀에게 몇 펜스의 사례를 받고 혼례식을 올려준다. 1704년에는 4개월 동안 이러한 방법으로 3,000회에 가까운 식이 올려졌다.

음탕한 노인(W. 폰 미리스, 동판화)

영국에서의 손쉬운 혼인의 낭만주의적 정수는 현대에까지도 남아 있는 그리트너 그린 지방의 대장장이 전설이다. 그 전설에 의하면 목사는 고사하고 대장장이까지도 남녀를 맺어주는 역할을 했다. 그러나 실제로는 그 지방에서도 중심 인물은 언제나 목사나 뚜쟁이었다.

손쉬운 혼인을 특별히 금지시키지 않았던 제일 큰 이유는 기독교 국가에서 대단히 불미스럽게 여겼던 혼외 성관계라는 악덕을 가능한 한 억제하려는 의도 때문이었는지도 모른다. 또 영국의 고도로 발달한 부르주아적 자유가 가장 손쉬운 방법을 발달시켰는지도 모른다. 다른 한편으로는 손쉬운 결혼의 대부분이 방탕을 은폐하는 데에 이용되었다는 것은 거의 의심할 여지가 없다. 장래의 결과 따위는 염두에 두지 않고 순간의 쾌락만을 추구하는 무모한 사람에게는 잔소리꾼이나 신심이 두터

238

운 사람의 감시를 받지 않고 여자와 동거하는 일은 매우 좋았기 때문에 이러한 손쉬운 결혼을 택하게 되었던 것이다. 더욱이 대륙에서도 같은 이유로 흔히 이런 방법을 택했다. 다만 그 절차는 언제나 근본적으로 더 번거로웠던 것은 물론이다. 우리들은 베를린과 빈의 경우에 대한 상세한 기록을 알고 있다. 「빈의 색」에서 빈의 상태를 살펴보자.

> 혼인은 빈에서는 단순한 성찬식에 지나지 않는다. 그것은 서로 돕고, 그들의 욕망을 절제하고, 아이를 낳아 기르고, 국가를 위해서 유용하게 교육하기 위해서 남녀를 결합시키는 것이 아니다. 아니, 오히려 욕망을 끝없이 채우기 위한 방종에 불과하다. 결혼은 나쁜 길에 들어서는 열쇠이며 미덕과 겸허를 죄악과 방종으로 바꾸는 열쇠이다. 빈의 청년은 방해받지 않고 벌받는 일 없이 상대 여자와 2-3주일 한 방에서 기거하며 한 침대에서 잘 수 있는 허가를 공인받기 위해서만 혼인한다.

이러한 실정과 전제의 자연스러운 결과는 엄청난 건수의 이혼일 수밖에 없었다. 예를 들면 베를린에서는 이혼이 성행했다. 영국에서도 이혼은 당시에 이미 꽤 성행했으나 유산계급만의 문제였다. 혼인은 값이 싸게 먹혔으나 이혼은 반대로 비싸게 먹혔기 때문이다. 이혼에는 성가시기 짝이 없는 재판절차가 있었고 그 절차에는 비싼 변호사가 필요했다. 그러나 영국에서는 유산계급의 사람들도 대부분 이혼을 하지 않았다. 왜냐하면 재판 결과 아내가 유죄라는 판결을 받더라도 남편은 아내의 재산을 돌려주지 않으면 안 되었기 때문이다. 유산계급에서는 이러한 경우 대개 표면상으로는 동거를 계속하는 듯한 인상을 주면서 사실은 서로가 좋을 대로 하자는 조건하에서 애정의 교환 중지에 대해서 타협했으나 빈민계급의 이혼은 사회풍속에 아마도 가장 위험하다고 할 수 있는 결과를 초래했다. 빈민계급은 형식적인 과정을 생략하고 동거했으며 또한 대부분 형식적인 과정을 생략하고 이혼했기 때문이다. 바꾸어 말하면 공동의 가정을 꾸려나갈 비용이 마련되지 않으면 남편은 당장 행방을 감추었고, 악질 남편에게 버림받은 아내의 수도 대단히 많았다. 이 경우 아내쪽이 언제나 피해자였다. 왜냐하면 아내에게는 언제나 아이가 남겨졌기 때문이다. 눈앞에 닥친 아사를 면하기 위해서는 아이를 양육원에 밀어넣고 자신은 몸을 파는 도리밖에 없었다. 몸을 파는 일은 다른 남자와 맺어질 기회가 없는 경우에 한했으나 이 기회도 대부분 매춘의 또다른 형태에 지나지 않았다. 그밖의 다른 비참한 결

질투가 심한 남편에 대한 풍자(동판화, 1700)

과는 제2의 결과이다. 즉 결혼은 손쉽고 이혼은 법률적으로 까다로웠기 때문에 중혼범죄가 놀랄 정도로 증가했다. 중혼은 현대에는 흔치 않은 현상이지만 그 시대 영국의 하층계급에서는 대중적인 현상이었다.

하층계급의 남자들에게 혼인은 언제나 특히 국물이 많은 유혹수단의 하나였기 때문에 중혼만이 아니라 삼중혼까지도 자행하는 남자가 매우 많았다. 특히 직업상 끊임없이 옮겨다니지 않으면 안 되는 상인들 중 상당수는 장기간 머무는 도회지들에 "법률적으로" 혼인한 아내를 두었다. 중혼은 비양심적이었지만 성욕을 만족시키는 데에는 가장 적당한 형태일 뿐 아니라 또 부자가 되는 한 방법이기도 했다. 상대가 되는 처녀나 부인의 재산을 우려낼 목적으로 그것이 널리 유행했던 것은 확실하다. 만약 그 사실이 발각될 경우에 가해지는 무서운 형벌, 예를 들면 교수형이나 유형도 이 악폐를 종식시키지는 못했다. 이러한 형벌은 중혼이 그 당시 얼마나 유행했는가를 우리들에게 증명해줄 뿐이다.

이와 관련해서 영국의 다른 풍속도 고려하지 않으면 안 된다. 그 풍속은, 만약 우리들이 부정할 수 없는 많은 기록 속에서 증거를 찾을 수 없다면, 사실이라고는 믿어지지 않을 정도이며, 현실로서보다는 오히려 야비한 사육제의 장난으로서 우

리들을 즐겁게 할지도 모른다. 그것은 영국의 하
층계급에서의 매매혼(賣買婚) 현상, 엄밀하게 말
하면 아내의 매각이었다. 이 현상은 현대에도 아
직 영국에 남아 있다. 그렇게 말할 수 있는 것은
그러한 사례가 1884년까지도 확인되었다는 사실
이 역사적으로 인정되기 때문이다. 18세기 후반
기 및 19세기 초에는 아내의 매각이 상당히 성행
했다. 아르헨홀츠는 1790년 「영국 연보」에서 "아
내의 매각이 오늘날만큼 성행했던 적은 없다"라
고 쓰고 있다. 그리고 1796년 「영국 연보」에는
"아내의 매각이 하층계급에서는 이전보다 훨씬

영국의 이혼소송에 관한 책의 삽화

더 심각하게 자행되고 있다"라고 쓰여 있다. 이 풍속은 무슨 이유에서든 탐탁치 않
은 존재가 된 자신의 아내를 간단하게 팔아넘길 수 있는 남편의 권리가 중심이 되
었다. 이 풍속이 진귀한 풍속이 아니라 흔히 볼 수 있는 풍속이었다는 것은 여자시
장이 가축시장이나 기타 다른 시장에 언제나 따라 열렸고 신문의 시세란에는 소,
양, 돼지의 시세와 함께 아내의 시세도 어김없이 게재되었다는 사실에 의해서도
충분히 증명된다. 1797년 7월 22일자 「타임스」에는 스미스필드 시장에 대한 다
음과 같은 기사가 있다.

　　스미스필드 시장의 뉴스에서 그 어떤 실수인지, 혹은 고의적인 태만에서인지, 본지는
　이번 주의 아내의 시세를 게재하지 못하게 되었다. 아름다운 아내의 가격이 점점 폭등하
　는 것은 각 방면의 유명한 저술가들에 의해서 문명이 점점 발달하고 있는 확실한 증거로
　간주되고 있다. 이러한 이유에서 스미스필드는 문명 세련의 특수한 진보적 장소로 인정될
　권리를 요구할 만하다. 왜냐하면 스미스필드 시장에서는 아내의 가격이 최근 반 기니에서
　3기니 반으로 폭등했기 때문이다.

　오이겐 뒤렌은 영국의 성생활에 관한 방대한 자료 가운데에서 이 관습을 최초로
사실적인 기록에 기초하여 광범위하게 증명했는데 아내의 매각방식은 극히 잔혹했
다. 그것은 불행한 아내에게는 더할 나위 없이 굴욕적인 것이었다. 그는 이렇게 쓰
고 있다.

일반적으로 남편은 아내의 목에 밧줄을 걸고 시장이 열리는 날 가축이 매각되는 장소에 끌고 가 아내를 기둥에 묶어놓고 필요한 사람들 앞에서 낙찰자에게 팔아넘겼다. 지방법원의 정리(廷吏) 혹은 기타 하급 직원, 대개의 경우에는 남편 스스로가 공정가격을 결정했다. 그 가격은 드물게는 2-3실링을 넘을 때도 있었다. 게다가 남편은 밧줄을 아내의 목에 건 채 시장 구석구석까지 끌고 다녔다. 이러한 판매방식을 민간에서는 "혼마켓(hornmarket : 뿔시장)"이라고 불렀다. 아내를 사는 사람은 보통 홀아비나 독신자였다. 팔린 아내는 산 사람의 정처(正妻)가 되었다. 새 남편에 의해서 태어난 아이는 적출로 간주되었다. 그리고 새 남편은 때로는 이 구매행위에 뒤이어 교회에서 혼례식을 올리기도 했다.

그러나 내 생각에는 이 풍속은 많은 학자가 가정하듯이 진정한 아내의 매각, 곧 인류의 야만적인 과거의 유물이라고는 할 수 없다. 매우 드문 경우지만 아버지가 딸을 판다든지 아내가 남편을 판다든지 하는 경우는 이 풍속과 관계없다. 이 풍속은 오히려 하나의 대안으로 앞에서 말한 손쉬운 혼인의 결과이다. 그것은 하층계급에게는 너무나도 많은 돈이 드는 제도적인 이혼에 대한 대안이었다고 해도 크게 틀리지 않는다. 구입가격은, 시세표로도 알 수 있듯이, 언제나 몇 실링에 불과했으므로 그곳은 하나의 상징적인 장소에 지나지 않았음이 분명하다. 이 상징적인 형식을 빌려서 사람들은 자발적으로 남편으로서 혹은 아내로서의 모든 권리를 타인에게 양도했던 것이다. 이 상징이 돈에 의해서 표현되었던 것으로 미루어보아 이 풍속은 확실히 혼인의 노골적인 상거래적 성격, 즉 남편은 아내에 대해서 "소유권"을 가지고 있으며 헤어지는 것은 자신의 "독점권"을 포기하는 것을 의미한다.

아버지를 위해서 팔려가는 딸(프랑스의 동판화)

절대주의의 핵심계급은 유기적인 구조가 되지 못한 채 부르주아적 발전의 일정한 단계에 형성된 일정한 정치형태에 불과한 것이었기 때문에 절대주의의 인생철학도 결코 독립적인 것이 되지 못했다. 바꾸어 말하면 절대주의의 인생철학은 시민계급의 하숙생에 지나지 않았다. 절대주의는 최소한 자신과 시민계급을 구별하기 위해서 자신이 장악한 강력한 권력을 빌려 절대주의적인 경향을 끝까지 극단적으로 과장했을 뿐이다. 따라서 순수 부르주아적이라고 할 수 있는 철학 역시 절대주의의 가장 유명한 에피쿠로스주의(그리스의 철학자 에피쿠로스의 향락주의/역주) 가운데에서 엿볼 수 있다. 칼 카우츠키는 이 관련성을 윤리에 관한 탁월한 논문에서 간단명료하게 증명했다. 그는 여기서 이렇게 쓰고 있다.

상승하는 부르주아적인, 적어도 그 가장 진보적인 인자, 특히 인텔리는 바야흐로 〔계몽주의 시대에〕 인생의 쾌락과 향락의 즐거움을 매우 강하게 느끼면서 끝내는 그것을 공공연하게 드러내게 되었고 지금까지 지배적이었던 기독교에 의해서 강제되고 있었던 모든 위선적인 가면을 벗어던지기에 이르렀다. 그리고 현재의 시간이 때로는 너무나 비참하더라도 상승하는 시민계급은 현실의 가장 좋은 부분, 곧 미래는 자신들의 것임을 깨달았다. 시민계급은 이 비탄의 골짜기를 인류가 자신의 충동을 자유롭게 충족시킬 수 있는 낙원으로 바꿀 수 있는 힘이 자신들에게 있다고 느꼈다. 시민계급의 사상가들은 현실과 인류의 생래적인 충동 속에서 악이 아니라 선의 싹을 보았다. 그러나 이 새로운 사상의 방향은 최초로 시민계급의 가장 진보적인 인자 가운데에서만이 아니라 궁정귀족 중 일부의 열렬한 지지자를 만들었다. 궁정귀족은 그 당시 국가에서 절대권력을 장악하고 있었기 때문에 자신들이 건널 수 없는 심연을 사이에 둔 인민대중으로부터 멀어지면 멀어지는 그만큼 향락 생활에서 점점 더 모든 기독교적 위선을 몰아내어도 괜찮다고 믿게 되었던 것이다. 궁정귀족은 시민과 농민을 하등인간으로 보고 그들에게는 자신들의 철학이 절대로 접근할 수도 없고, 절대로 이해될 수도 없다고 생각했으며 그 때문에 다시 자신의 지배수단인 기독교적인 신앙과 윤리의 힘을 약화시키기 위해서 주저하지 않고 생각한 대로 그 철학을 발전시킬 수 있었다.

이러한 이유에서 대부르주아와 궁정귀족의 삶의 이상은 그 시대에 점차 일치해갔고 두 계급은 역사의 구경거리로 똑같이 퇴폐적인 모습을 드러냈다. 이 새로운 향락주의는 혼인관에서 가장 특징적으로 나타났다. 그리고 그것은 한편으로는 아내로서의 여성의 변화된 지위에 의해서 매우 간단하게 설명될 수 있다. 고대 그리스에서 여성은 아내가 되기 위해서는 우선 헤타이라(Hetaira : 고대 그리스의 고급창녀/역주)가 되어야만 했으나 궁정귀족이나 대부르주아 시대에서는 헤타이라가 되기 위해서 우선 아내가 되는 그런 식이었다. 이것은 확실히 하나의 반항적인 현상이 아니라 오히려 그와는 다른 것을 의미하고 있었다. 다시 말해서 그녀들은 고대 그리스에서 헤타이라가 적어도 이따금씩 몸소 보여주었던 것과 같은 반항적인 자유연애를 대표하지는 않았다.……

　일부일처제에서는 언제나 혼인생활의 문제의 핵심은 서로의 정조에 있다. 그러한 시대의 혼인에 대한 역사적인 정당한 평가는 정확하게는 정절의 규칙을 위반한 숫자보다도 오히려 간통에 대한 그 시대의 세평에 의해서 크게 좌우된다. 이 경우 첫째, 간통은 남자의 보장된 특권인가, 둘째, 아내의 빈번한 부정은 아내의 자의식이 그만큼 성숙한 것을 반영하는 것인가, 셋째, 부부 쌍방의 부정은 공인된 관습이며, 예의에 어긋나지 않는 합법적인 것인가 등이 문제가 된다. 가령 이 네 가지의 평가 전부가 우선 첫째로 각 계급의 다양한 요구에 의한 것이라고 해도, 둘째로 따라서 그 평가 전부가 많은 경우 각 시대에서 동시적으로 증명될 수 있다고 해도 각 시대는 —— 내가 지금까지 몇 차례나 강조했듯이 —— 역시 각 시대의 고유한 특징을 가지고 있을 것이다. 왜냐하면 그 고유한 특징 저변에 공통의 경제적 원인이 흐르고 있고 그것이 언제나 확실한 주류를 형성하고 있기 때문이다(「풍속과 사회」 제1장 "모럴의 기원과 본질" 참조).

　그렇지만 우리는 역시 수적인 문제에서부터 출발하지 않으면 안 된다. 먼저 우리는 간통이 앙시앵 레짐의 지배계급에서는 흔히 볼 수 있었던 현상이라는 점, 혼전 성관계와 마찬가지로 확실히 대중현상으로서 나타났다는 점, 남편 쪽에서와 같이 아내 쪽에서도 상당히 성행했다는 점을 설명해야 한다. 만약 그렇게 함으로써 앙시앵 레짐 시대가 마지막 문제에서만 르네상스 시대와 뚜렷이 구별된다면 그 다음에는 르네상스 시대와 앙시앵 레짐 시대는 간통의 형태로, 바꾸어 말하면 동기에 의해서 확연히 구별될 수 있음을 설명해야 한다. 앙시앵 레짐 시대의 간통은 이제 개인적인 성애의 발전의 결과이거나 자기도 모르는 사이에 스스로 설정한 한계를 종종 파괴하는 자연법의 야만적인 자기실현을 중심으로 하지 않고, 오히려 분명한 놀이, 즉 방탕을 자기목적으로 했다. 따라서 간통은 이미 설명한 바 있는 쾌락의 질적 향상인 동시에 세련된 향락의 프로그램에 속했다. 그것은 하나의 오락에 지나지 않았다. 사랑에서는 끊임없는 상대의 교체와 변화가 향락의 최고 법칙이었기 때문에 첫째로 사랑에 탐닉한 상대를 교체하는 현상이 일어나기 마련이었다. "아아, 매일 같은 여자와 잔다는 것은 얼마나 지긋지긋한 일인가!"라고 남편은 말한다. 그러나 아내도 똑같이 생각한다. 사람들은 연애에서도 새로운 것을, 그 가운데에서도 언제나 새로운 자극만을 발견하려고 했다. 어떤 귀부인은 "연애의 즐거움은 시작할

244

귀부인의 아침 접견(윌리엄 호가스의 판화집 「당대의 결혼풍속」에서)

때뿐입니다. 몇 번이고 다시 시작하는 것은 그만큼 많은 즐거움을 주지요"라고 썼다. 그리고 자신이 연인을 쉴 새 없이 갈아치우는 이유도 그 때문이라고 했다. 이러한 사고방식의 윤리적인 결론은 이렇다. "애인이라는 존재에 의해서 비로소 부부는 각기 혼인생활을 견딜 수 있다." 그리고 "많은 남자를 자신의 리스트에 올려놓은 아내야말로 가장 행복한 아내로서 칭송할 만하다." 이러한 이야기는 공공연하게 설교되었다. 보아스 집안의 어떤 귀족은 "정숙한 아내를 어리석게 만든다"라고 말했다. 그들의 철학이 그럴진대, 간통은 즉시 그것 자체에 의해서 생활이 위협받지 않는 사람들에게는 흔한 일이 되었다. 그리고 이 방면의 전문가들은 "어떤 아내도 일생 동안 적어도 한 사람의 남자와는 부정을 범했다"라는 것을 증명했다. 아내가 아직 정숙하다면 "그것은 아내에게 아직 좋은 기회가 없었다는 것을 뜻할 뿐, 정조에 대한 진정한 의지를 뜻하는 것은 아니다"라는 것이다. 린 후작은 이렇게 쓰고 있다. "아무리 순결한 여자일지라도 정복자를 만나기 마련이다. 여자가 순결한 것은 그 방면의 임자를 만나지 못했기 때문일 뿐이다." 그런데 이 시대에는 모든 것을 포즈로서 나타냈기 때문에 부정에도 포즈가 있었다. "정복자를 아직 만나지 못했는데도 아내들은 유혹당한 아내의 포즈를 취하려고 노력한다. 그것은 마치 남편이 어느 시

임신한 사실을 고백함(J. M. 모로의 유화에 의한 동판화, 1776)

대이든 솜씨 좋은 유혹자의 포즈를 취하는 것과 마찬가지이다." 그것은 다음과 같
은 풍자가 발견한 논리였다. 남편이 아니라 실제로는 애인이 귀부인의 명성을 결정
한다.

부부의 정조는 이와 같은 이유에서 무시당했으며 아내나 남편을 진실로 사랑하는
것 따위는 미풍양속에 반하는 행위로 비쳤다. 사람들은 혼인 후 처음 석 달 동안만
부부의 정조에 대해서 공인된 권리를 가졌다. 이 기간이 지나면 "두 사람에게는 이
미 무엇 하나 새로운 것이 없기 때문에" 두 사람은 이제는 서로 쓸 만큼 써버려서
낡았다는 것이다. 어떤 사회에서는, 부부가 서로 장기간 사랑하는 것이 민중에게는

어울리지만 높은 신분에는 어울리지 않았다. 1755년 영국에서 발행된 「영국 귀부인에게 보내는 편지」에는 이렇게 쓰여 있다.

뭐라구요? 성찬식이 당신들을 맺어준 후 이미 6개월이 지났어요. 그런데도 아직 남편을 사랑하고 있다구요? 당신이 드나드는 잡화상의 안주인은 당신처럼 남편을 사랑하고 있어요. 그렇지만 당신은 말하자면⋯⋯후작부인이란 말이에요.⋯⋯그리고 남편이 돌아올 시간에 왜 꾸미세요?⋯⋯최근에 나온 의상전범을 좀 빌려보세요. 그럼, 아내는 애인을 위해서, 세상을 위해서, 또 자기 자신을 위해서 몸치장을 한다는 구절을 읽게 될걸요.⋯⋯당신은 어찌하여 그런 오도된 길로 빠져들게 되었습니까? 당신을 극장으로 안내하기 위해서 마차에 말이 매어 있습니다. 당신은 남편, 저 프랑스인 남편에게 의지하고 있지요?⋯⋯결혼한 뒤에는 지체없이 그 따위 신중함은 버려도 좋아요. 그 따위 것을 아직도 소중히 간직할 생각인가요? 당신을 보고 외간남자가 아름답다고 하면 금세 당신 얼굴이 붉어지던걸요. 눈을 활짝 뜨세요. 이 나라의 귀부인은 남근 앞에서만 얼굴을 붉힌답니다.⋯⋯정말이지, 부인, 유희로 명성을 얻으세요.

이것은 확실히 역설적인 훈계이거니와 이 풍자에는 "그 시대의 풍속법전, 그 시대 관습의 은밀한 구조, 그 시대의 사회적 유행의 이상"이 감추어져 있다.

그렇기 때문에 젊은 규수를 향해서 사방에서 밀려드는 최초의 충고는 "부인, 당신도 애인을 한 명 만들어야 해요"라는 것이었다. 부인하기 어려운 이유와 함께 젊은 아내에게도 그 필요성이 강조되었다. 그중 가장 큰 이유는 앞에서 설명했듯이 애인이야말로 연애의 진정한 즐거움으로 안내하는 제일 훌륭하고도 소중한 안내인이라는 것이었다. 때로는 남편까지 아내에게 이러한 근사한 충고를 했다. 그 까닭은 어디에 있었던가? 집안에서 젊은 딸에게 억지로 짝지어준 남편이라는 사람은, 공쿠르 형제가 매우 정확하게 표현했듯이, 보기에도 혐오스러운 멋대가리 없는 은행가나 늙어빠진 신사는 아니었다.

대부분의 경우 지배계급의 젊은 규수는 그 시대의 가장 매력 있는 청년, 곧 한치의 빈틈도 없이 갈고 닦여진 가장 훌륭한 청년과 짝지어졌다. 그러나 사실 그러한 청년은 품위나 건실함은 어느 한 구석에서도 찾아볼 수 없고 얄팍하고 변덕스러우며 말하자면 경박한 세기의 바람이 들어 방탕의 구렁텅이에서 빈들거리는 하찮은 인물이었다.

시 당국의 매매춘 단속(조라의 유화에 의한 프랑스 동판화, 18세기)

남편은 절친한 여자친구들과는 한 가지 점만이 달랐다. 여자친구들은 신혼 1주일째 되는 날 젊은 규수를 향해서 느닷없이 애인을 가지라는 충고를 하며 밀어닥쳤는데, 남편은 대개 애인으로서 일시적으로 선택한 여자를 차례로 "해치우듯이" 자신의 아내도 "해치우고" 이제는 방해받지 않고 새로 남의 집 정원으로 숨어들어가려고 할 때에야 비로소 아내에게 호의적이 되었다. 이 단계에서 남편은, 어떤 남편이 마담 데피네와 알게 되었을 때 아내에게 했던 말, 즉 "당신은 기분전환을 하지 않으면 안 돼. 사교계에 나가보구려. 연애를 즐기라구. 요즈음 부인들처럼 내게 신경쓰지 말라구"라는 말을 내뱉었다. 그리고 그 시대에는 그러한 남편들이 아내에게 진정한 벗인 양 행동했다. 문학의 경우 이러한 유형은 마르몽텔(프랑스의 문학가, 1723-97/역주)의 「도덕 이야기」에 매우 훌륭하게 묘사되어 있다. 이렇듯 도량이 넓은 친절한 남편은 두 사람 모두 무료했던 어느날 아내에게 다음과 같은 노골적인 제안을 했다.

여보, 혼인의 목적은 서로가 행복해지는 데에 있소. 그런데 우린 그렇지 못해. 지긋지긋한 이런 일상에 언제까지나 매달려 있어야 하는 것은 매우 한심한 일이야. 다행히 우리에게는 재산이 있고 서로 꼭 필요한 것도 아니니 피차 무심코 잊고 있었던 자유를 다시 한번 되찾을 수 있을 것 같소. 당신은 당신 마음대로 살아가구려. 나는 내 마음대로 살아가겠소.

남편이 아내에게 당신이 애인을 만들어도 이 지아비는 반대하지 않겠노라고 직접 말하지는 않았지만 그것은 아내가 다른 남자와 마음대로 교제하는 것을 허용하겠다는 남편의 아량을 아내에게 분명하게 암시한 것과 마찬가지였다.

그리고 이러한 충고를 누가 하든 대부분의 아내는 그 간사한 계략을 즉시 간파했다. 몬터규 부인은 빈에서의 얘기를 다음과 같이 했다. "신분이 높은 어떤 귀부인이라도 자신의 치치스베오를 가지고 있다. 이 관계는 공공연한 것으로 특별히 이상한 것도 아니며 오히려 어디서나 존경받았다." 티이 백작은 그의 저서 「회상록」에서 장리스 후작에 대해서 "그는 쉰 살에 이르러서도 아직 자신의 아내를 지독하다고는 생각하지 않았다. 그러나 그것은 아내가 자신에게 지독한 태도를 취하지 않는 한 아내를 나쁘게 받아들이지 않았을 뿐이라는 것이다"라고 쓰고 있다. 그런데 당시의 남편이 아내에게 애인을 허용한 것과 마찬가지로 아내도 역시 남편에게 애인을 허용했다. 아무도 서로의 영역에 간섭하지 않았으며 모든 사람은 서로의 친구였다. "남편은 아내가 거느리고 있는 애인들의 벗이며 또 아내가 과거에 거느렸던 애인들의 친구이다. 아내는 남편의 애인들의 벗이며 남편이 인연을 끊은 애인들의 위안자였다." 남편은 질투, 아내는 의무 따위에 얽매이지 않는다. 무관심이 남편의 미덕이었다. 상류사회의 도덕은 부부에 대해서, 물론 아내에 대해서 단 한 가지 외관상의 조건만을 요구한다. 그러나 외관상의 조건이란 결코 세상 사람들에게 서로의 정조를 과시하는 것이 아니라 단 한 가지의 유력한 증거, 즉 현장목격이라는 증거를 잡히지 않는다는 것뿐이었다. 모든 사람이 사실을 아는 것은 상관없었으나 그것을 직접적으로 책잡히는 것은 용납되지 않았다. 서로 사랑하는 사람들은 눈 가리고 아옹 하는 식이지만 자신들의 애정을 간접적으로 세상에 알리는 것만으로 만족해야 했다. 그러나 그들은 그들의 관계에 대해서 매우 확실한 태도를 가져야 했다. 그 편이 봉 통(bon ton), 즉 품위 있는 일이었다. 어떤 귀부인의 애인으로 승격했다는 사실을 사교계에 널리 알리고 싶은 남자는 몇 시간 또는 하루종일 자신의 마차를 그 귀부인의 집 앞에 세워두면 되었다. 한편 귀부인은 새로운 애인에게 정식으로 자신의 총애를 내리는 첫날에는 그날 밤을 위해서 자기 집 앞 도로에 짚을 뿌리고 그 다음날은 자신의 침실 덧문을 정오까지 잠근 채로 두도록 지시했다. 자신의 정식애인이 멋지게 성공했다는 포즈, 그리고 당신을 진심으로 사랑하고 있다는 듯이 포즈를 취하며 그것을 모두에게 알리기 위해서 그녀는 며칠 동안 눈 주위를 검게 칠하고, 얼굴에는 피로한 기색을 짐짓 지은 채 자신의 아침 접견을 언제나 침대에서 했다. 귀부인의 남녀친구들은 이 며칠 동안 빠짐없이 그녀를 방문하여 "축하드립니다! 부인의 안색은 정말 피로한 빛이시군요"라는 감탄사로 인사를 대신했다. 그들은 물론 어떤 경우에도 자신의 지위가 대체 누구 덕인가를 결코 잊어서는 안 되는 족속들이었다. 아버콘 경은 아내가 애인과 함께 집에서 빠져나와 막 사랑의 도피행에 오른 것을 알고는 서둘러 두 사람을 자기 마차로 뒤쫓아갔다. 아버콘 경의 아내가 임대마차 따위를 타다니! 그것은 세상 사람들이 보기에도 꼴불견이라고 생각했던 것이다. 그런데 사교계에서는 이 경우 무엇보다도 우선 당황해서는 안 된다는 것이 불문율이었다. 남편은 어떻게 손쓸 도리도 없을 만큼 불의의 경우에도 침착성을 잃어서는 안 된다. 그렇게 하는 편이 남의 눈에 띄지 않는 법이다. 메르발 부인이 어떤 젊은 사관에게 최후의 총애를 내리려던 바로 그 순간에 남편이 방

벼룩잡기를 하다가……(독일의 동판화)

에 들어섰다. 그러나 메르발은 흥분한 기색도 없이 냉정한 어조로 "부인, 당신은 너무나 조심성이 부족하군. 내가 아니고 다른 사람이었다면 어찌 되었겠소!"라고 말하고는 방에서 즉시 나가버렸다. 그러나 메르발 부인도 남편과 똑같이 이럴 경우 태연자약해야 한다는 것을 터득하고 있었다. "남편이 방에서 나가자마자 부인은 상대방의 장해나 불안, 미숙함을 개의치 않고 이 예의바른 인간의 갑작스러운 등장으로 잠시 중지되었던 거사를 끝까지 계속하도록 상대에게 강요했다." 그 지아비에 그 지어미였던 것이다. 이런 식으로 절체절명의 순간에도 태연한 자세를 잃지 않는 사람은 "멋을 아는 모든 사람들"로부터 열렬한 박수를 받았다. 왕비 마리-앙투아네트의 총신 타반 백작은 아내가 왕비의 또다른 총신인 몽모랑시 각하의 팔에 안겨 있는 현장을 목격했을 때도 역시 똑같은 말을 했다. 그리고 타반 백작이 흡사 냉혈 동물처럼 태연자약했다는 것이 궁정에 알려지자 티이 백작은 감격하여 그의 일기에 "나는 그것을 명경지수의 냉정함이라고 이름 붙이고 싶다! 나는 그것을 예의라고 이름 붙이고 싶다!"라고 썼다. 한편 아내가 공인된 규칙을 완벽하게 지키고 있음에도 불구하고 남편이 질투를 한다면 그것은 예의범절을 전혀 모르는 것으로 간주되었다. 이에 대해서 「멋쟁이 철학자의 도덕적 대화」에는 다음과 같이 쓰여 있다.

아내가 "누군가"를 두고 있어도 그것이 스캔들이라는 방식으로 진행될 때에만 남편은 불행한 것이다. 그러나 매사가 조심스럽게 행해진다면, 아내가 스스로 경계하고 애인 역시 스스로 경계함으로써 사회가 허용하는 만큼만 세상 사람들에게 보여준다면, 한마디로 말해서 심증은 있더라도 물증이 없으면 남편이 화를 낸다고 해도 화를 내는 편이 어리석은 자가 되었다.

그렇게 융통성이 없는 어리석은 자의 예로서 프로이센 변경백(邊境百) 하인리히가 있다. 세상 사람들은 부인이 애인을 둔 사건이 아니라 남편의 우둔함만을 조롱했다. 이에 대해서 융커 계급의 클라이스트는 1751년 친구인 프로이센의 바르덴글라임에게 보낸 편지에서 이렇게 쓰고 있다.

> 당신은 이미 하인리히 변경백의 모험에 대해서 알고 계시겠지요. 그는 아내를 자신의 영지에서 추방하고 아내와 이혼하려고 생각하고 있습니다. 그 이유는 홀슈타인 공작이 자신의 아내와 함께 자고 있는 것을 목격했기 때문입니다.……변경백이 베를린과 세계의 절반에 그러한 소문을 뿌리지 않고 그 사건을 비밀에 부쳐두었더라면 훨씬 현명했으련만. 게다가 세상 사람들은 변경백처럼 그렇게 도덕심이 강하지 않기 때문에, 그 자연스러운 사건을 그렇게까지 나쁘게 받아들일 까닭이 없습니다. 권태란 결혼생활에서는 피하기 어려운 것입니다. 그리고 남녀 모두는 남들이 겉으로만 비난할 것이라고 기대하기 때문에 오히려 부정을 저지르게 됩니다. 그러니 부정을 벌하는 것이 가능하겠습니까.

남편은 아내의 부정으로 인해서 특별히 체면이 손상당하는 일 따위는 없었으나 아내는 이미 말했듯이 애인의 선택 여하에 따라서 칭찬을 받을 수도, 비난을 받을 수도 있었다. 예를 들면 아내가 "당대의 거물의 리스트에 올라 있다면 혹은 그 거물을 자신의 리스트에 가지고 있다면" 그것은 곧 아내의 명예였다. 18세기 전반기에는 리슐리외 공작의 애인 대열에 단 하룻밤이라도 끼게 되는 것은 "우리 궁정에 출입하는 많은 유명한 미인들의 명예이다"라고 루이 15세 때의 한 궁정귀족은 쓰고 있다. 한편 만약 부인이 하인이나 왕족과 관계를 한다면 크게 비난을 받았다. 왜냐하면 스캔들만은 용납될 수 없었는데 하인이나 왕족과의 관계는 언제나 스캔들로 발전했기 때문이다. 따라서 어떤 후작은 아내에게 "나는 당신에게 누구라도 허용했지만 왕족과 하인만은 허용하지 않았소"라고 말했다. 그 시대의 한 의전관의 견해에 따르면, 그 이외에도 어떤 경우에 아내가 비난받아야 하는가에 대해서는 일찍이 슈아죌 공작이 귀메네 부인과의 토론에서 다음과 같이 결론지었다고 한다.

　이제 조금만 참으십시오, 부인! 아내가 비난받는 경우를 우리가 같이 논의하고 있는 게 아닙니까? 예를 들면 애인을 가졌다고 해도 아내는 결코 비난받지 않습니다. 그러나 동시에 여러 명을 거느리게 된 결과 누구에게도 참된 애정을 쏟을 수 없다고 생각되는 경우에는 비난을 받아야 합니다. 그리고 닥치는 대로 애인을 만든다면, 그리고 자신의 애인을 모두에게 소개해놓고 입에 침이 마르기도 전에 쉽게 돌아서버린다면, 혹은 과거의 애인을 그 후에도 계속 자기의 좋은 지기로 만드는 데에 실패한다면 그러한 아내는 모두에게 비난을 받아야 합니다. 부인, 아셨겠지요. 지금까지 말씀드린 것이 아내에 대한 비난의 이유가 될 것입니다.

　토론의 결과가 아마도 그 가장 중요한 골자였을 것이다. 지아비의 부정을 규범으로까지 끌어올렸던 시대가 애인에 대해서는 정조를 요구하다니! 그 당시에 지켜졌던 단 하나의 정조는 확실히 혼인생활의 울타리 바깥에 있었던 것이다. "아내는 정조를 지켰으나 그것은 언제나 혼인 바깥에서였다." 그러나 애인에 대한 정조도 정도가 지나쳐 결과적으로 애인이 남편으로까지 승격하는 것은 좋지 않았다. 만약 애인이 남편으로까지 승격한다면 다른 애인들이 심하게 질투할 권리가 있었다. 라클로는 이러한 사고방식을 발몽 자작의 입을 빌려서 설명하고 있다. 발몽 자작은 메르퇴유 후작부인에게 이렇게 썼다.

　"보십시오. 나의 아름다운 벗이여. 당신이 많은 남자들과 관계하고 있는 동안은 나는 조금도 질투심에 불타지 않습니다. 왜냐하면 나는 당신의 애인들 가운데서 알렉산드로스 대왕의 후계자들만을 보기 때문입니다. 그 후계자들이야 모두 합세한다고 하더라도, 나 혼자 지배해왔던 이 나라를 그들이 지탱해나가는 것은 불가능하기 때문이지요. 그러나 당신이 애인들 중 한 사람에게만 깊이 빠진다면, 또 나만큼 행복한 남자가 나 이외에도 존재한다면 —— 나는 견딜 수가 없습니다."

성급한 연인

　그리고 이 특권은 부부 어느 쪽에게도 편리했고 특히 혼인의 목적을 손상시키지 않았기 때문에 윤리적으로도 관념화되어 그야말로 명예로운 업적으로서 묘사되었다. 이에 대해서는 마르몽텔의 「도덕 이야기」를 보자.

우리들은 오늘날의 가정에 우애, 자유, 평화가 감돌고 있음을 본다. 부부가 서로 사랑한다면 그것은 당연하다. 그들이 함께 생활하면 행복하다. 그런데 서로 사랑하지 않게 되었다면, 인간의 예의로서 그것을 서로에게 이야기하고 서약의 말을 서로 되돌려주어야 한다. 더 이상 서로 사랑하는 사람이 아니라 친구가 된다. 나는 그러한 것을 사회적 예의, 바람직한 예의라고 이름 붙이고 싶다.

만약 이러한 상태가 방탕한 생활의 관념화된 자유 이상의 것이 되었다면 확실히 이상적인 상태였을 것이다!

사회의 상층계급에서의 이러한 방종한 색사가 한 나라의 수도의 중간계층까지 크게 오염시켰다는 것, 중간계층에 속한 사람들이 자신의 직업관계로 궁정, 궁정귀족, 대부르주아에게 의존하면 의존하는 만큼 그것은 그들을 점점 오염시키게 되었다는 것은 분명하다. 이 계층은 첫째로 관리와 상인이 그 주류를 이루었다. 그들도 아내의 간통은 대개 어쩌다 아내에게 찾아온 행운의 전조로 받아들였다. 어떤 귀부인은 제3자에게 자신의 질녀에 대해서 이렇게 말하며 가여워했다. "생각해보세요. 이 아이는 결혼한 지 벌써 이태나 되었는데 아직 연애가 무엇인지도 모른다니까요. 가없은 아이 같으니!" 그녀가 이렇게 말한 것은 그렇듯 애틋한 동정을 받은 질녀가 고모에게 저는 아직 한번도 애인을 가져본 적이 없어요라고 고백했기 때문이다. 그러한 놀라움은 당연한 것이다. 왜냐하면 애인 —— 이탈리아의 관습에 의하면 애인은 어느 곳에서도 치치스베오라고 불렸다 —— 이 없는 아내는 예외적인 경우였기 때문이다. 작가 샤토비외는 베네치아에서의 치치스베오의 역할에 대해서 이렇게 썼다.

치치스베오가 없는 아내는 바보 취급을 당하며, 남편이 아내의 치치스베오라는 비웃음을 산다. 잘생기고 신분이 좋은 치치스베오는 명성을 떨치고 모두가 부러워한다.

나는 이와 동일한 기록을 베를린, 빈, 파리의 경우에서도 알고 있다. 「베를린의 색에 관한 편지」를 보자.

M. 뒤무셸의 그림에 의한 뒤팽의 동판화

귀부인들은, 그는 나의 양아들과 같은 이, 나는 상대의 흠모의 정에 보답하기 위해서 그를 수탉 못지않게 열성을 다해서 사육하고 있다고 세간에 마구 떠들어대는데, 그것을 조금도 부끄럽게 여기지 않는다.

「빈의 색」에도 이렇게 쓰여 있다.

처녀시절부터 무위도식하는 것이 몸에 밴 이 도시의 귀부인들은 여자로서는 매우 날씬하고, 일하기를 싫어하여 가사를 내팽개쳐둔 채 밤이나 낮이나 소파에 걸터앉아 있기 때문에 엉덩이가 부드러웠다. 그러나 그것 또한 자신의 치치스베오의 칭찬을 받았다.

런던에서도 남정네들은 자신의 애인을 본처와 함께 본가에서 살도록 하는 것이 보통이었다. 조지아나 힐은 「영국 생활에서의 여성」이라는 책에서 이렇게 쓰고 있다.

대부분의 남편은 여러 유형의 첩을 거느리고 있다. 많은 남편은 첩을 집으로 데리고 들어가 본처와 함께 같은 식탁에서 식사를 하도록 했다. 그렇지만 그 때문에 다툼이 일어나

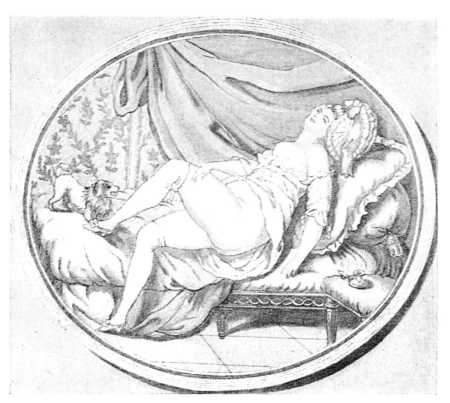

사랑의 꿈(프랑스 동판화)

사랑의 포로가 된 연인들(프랑스 동판화)

장에 가는 길(프랑스 동판화)

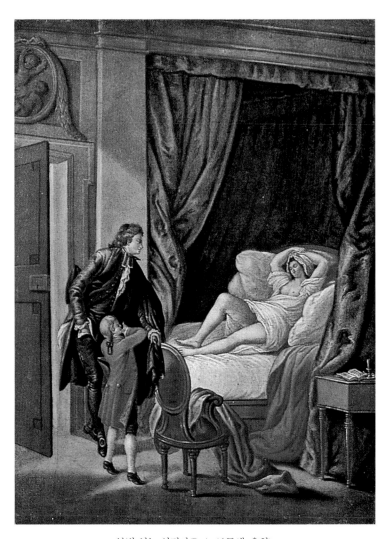

분별 없는 성직자(P. A. 보두앵, 유화)

장난꾸러기 미녀(프란츠 폰 미리스, 유화)

버찌(다벤의 파스텔화에 의한 상징적인 동판화)

자두(다벤의 파스텔화에 의한 상징적인 동판화)

교태(H. 람베르크의 그림에 의한 W. 워드의 영국 동판화)

런던 창녀의 기대(영국 동판화)

포주의 새로운 상품(영국 동판화, 1785년경)

유피테르와 칼리스토(J. B. 위에의 유화에 의한 프랑스 동판화)

구애하는 고급 창부(배우인 미스 도라 조단의 초상화, 클라렌스 공작의 정부)
(W. 피터스의 유화에 의한 J. R. 스미스의 영국 동판화, 1778)

비밀에의 유혹(생-토뱅, 소묘)

촌부들의 희롱(카렘, 프랑스 동판화)

비너스로서의 루이 15세의 애인 마담 퐁파두르(F. 부셰, 소묘)

일찍 돌아오면 으레……(라브랭스의 그림에 의한 동판화)

는 일은 없다. 오히려 세상 사람들은 본처와 첩이 사이좋게 귀부인들의 사교계에까지 드
나드는 모습을 본다. 그때 두 사람 사이의 단 하나의 차이점은 첩 쪽은 대부분 본처보다
아름답고 옷차림이 화려하지만 격식을 차리지 않는다는 점이다.

부부 상호간의 관대함은 사회에서도 대부분의 경우 서로의 부정을 대담하게 눈감
아주는 데로까지 나아갔다. 그리고 부부 중 어느 한쪽은 종종 타인의 공공연한 애
인이었다. 남편은 아내가 자신의 친구들과 자유롭게 교제하는 것을 눈감아주었고

게다가 아내가 관심을 둔 친구를 아내를 위해서 일부러 집으로 끌고 왔다. 마담 데피네의 글에서도 알 수 있듯이 아내가 남편의 친구를 애인으로 삼는 것은 남편의 마음에 드는 "단 하나의 수단"이 되기도 했다. 아내도 동일한 방법을 남편에게 썼다. 아내는 남편이 손에 넣고 싶어하는 여자들을 자신의 친구로 만들어 남편이 가능한 한 확실하게 목적을 달성할 수 있는 기회를 일부러 조성해주었다. "어떤 귀부인이 한 여자친구의 남편과 함께 있는 곳을 그 여자친구에게 불시에 습격당했다. 귀부인은 그 여자친구에게 변명하여 가로되 너의 신뢰를 저버릴 뜻은 조금도 없었다고 다짐했다. 그러나 그 여자친구는 그녀의 목을 얼싸안고 상대의 행복에 대해서 치하의 말을 늘어놓았다." 이러한 일은 흔해빠진 일이었다고 그 시대의 사람들은 말했다. 그리고 어떤 사람은 그것을 풍자적인 의미로 말하지만 어떤 사람은 "그것이 과연 서로의 행복을 위한 바람직한 보증일까"라는 의문을 진지하게 제기했다. 어떤 남편에게도 아내보다는 친구의 아내가 훨씬 마음에 들었기 때문에 부부가 모두 단기간일망정 상대를 간절히 바꾸고 싶어했다. 그 시대에 쓰여진 편지에는 그러한 계획을 성공시키기 위한 제안이나 기록이 뚜렷하게 남아 있다. 1760년 빈의 어떤 귀부인이 애인에게 프랑스어로 써보낸 편지에 이러한 구절이 있다.

우리들의 사랑을 어쩔 수 없이 비밀에 부치지 않으면 안 되는 불쾌함에 대해서 당신은 이런저런 말씀을 하시지요. 그러나 그것은 역시 당신 탓이에요. 사랑하는 이여, 나를 믿어주세요. 만약 당신이 내 남편에게 당신의 아름다운 부인에 대한 권리를 거림낌없이 넘긴다면 그이도 기꺼이 2-3주일 동안이라는 조건으로 교환에 동의해주실 거예요. 당신은 부인을 이 친절한 양반의 팔에 데려다주세요. 그러면 남편도 당신에게 감사하며 당신이 얼마든지 내게 올 수 있도록 길을 마련하실 거예요.

마르스와 베누스(프라고나르, 동판화)

카사노바도 아내와 애인의 교환에 관해서 몇 번이나 얘기하고 있다. 마지막으로 우리들은 그 시대의 일반적인 풍속의 기록에서 그러한 교환이 여러 도시에서 유행했다는 것을 알 수 있다. 예를 들면 뮐러는 「베를린, 포츠담, 상수시의 회화」에서 이렇게 쓰고 있다.

수주일 또는 수일간이라는 조건으로 아내를 교환하는 일이 이 도시들에서 크게 유행하고 있다. 예를 들면 나는 어느날 밤 어떤 장교가 한 육군 문관에게 —— 몰래 —— 이렇게 말하는 것을 우연히 들었다. "이봐, 마침 나는 오늘 밤 자네 부인에게 가기로 되어 있는데, 자네 부인은 저 충실한 목사(Pastor fidele, 아마도 개를 가리킬 것이다)를 소파 위에 있지 못하도록 잘 가르쳐두었더군. 놈은 소파에 올라가기만 하면 성가시게도 잠이 들어버려 우리 일에 방해되거든."

도시가 수도의 성격만을 가지는 경우 아래로는 최하층의 단순 노동자에 이르기까지 모든 사람들의 생활이 궁정과 궁정계급에만 의존하는 만큼 그러한 현상과 상태는 점점 일반화되었다.

다음으로는 수공업 계급이나 수공업 도시, 즉 소시민계급의 해방전쟁을 진지하게 준비하고 있었던 계급이 아직 남아 있다. 이 계급은 변덕쟁이 귀족이나 군주의 노리개가 되는 데에 정말 진절머리가 나고 가슴속에서는 거대한 분노가 점점 격렬하게 끓어오르기 시작했다. 이 계급이나 광범위한 서민층의 도덕, 특히 결혼도덕은 지배계급이나 수도 주민의 입장과는 분명히 반대였다. 수공업계급의 경우, 도덕적 균형감각의 상실 —— 이것은 이혼에 의해서 가장 잘 나타난다 —— 은 어느 시대에나 가족생활 전체를 위협한다는 사실을 깨닫고 그들은 각성된 자의식으로써 가장 효과적으로 이를 방어했다. 그 결과 좀더 엄격한 품성을 지니게 되었으며 따라서 특히 이혼은 비교적 드물어졌다. 어쨌든 대중적인 현상이 아니었다고 하더라도, 그런 현상이 되면 이혼은 대부분 비극적인 사건이 되었다.

소시민계급이 그러한 점에서 사회의 지배계급 및 그 주변계급과는 매우 다르다고 해도 이 소시민적 도덕은 절대주의 시대의 하층계급에게 역시 유익한 길을 제시할 수는 없었다. 왜냐하면 자신의 고삐풀린 색욕을 인류의 보다 높은 관념을 위해서 억제하는 것만이 훌륭한 것이지만 소시민계급에서는 편협한 속물적 도덕만이 문제가 되었기 때문이다. 그들이 자유의지로써 방종을 단념하면, 속물적 도덕은 가장 훌륭하게 실천될 경우 공포심이나 소심함 때문에 죄를 범하지 않게 되지만, 그들의 품행이 방정한 것은 오직 이 계급을 끊임없이 습격한 생활고나 불안이 일반적으로 방종한 성관계를 강하게 억제했기 때문이다. 비록 이 계급의 남성들이 점차 자의식에 눈을 떴다고 하더라도, 그들의 아내들은 예외 없이 여전히 국왕을 외경하게 됨으로써, 속물적 도덕은 더욱 경멸해야 할 것으로 생각되었다. 확실히 그들의 아내들은 대부분 진지하게 이웃 여자들의 죄를 입으로는 열렬하게 매도했으나, 불감청일지언정 고소원이었다. "부르주아의 살이라도 조만간 귀족의 피를 받고 싶은 것이다." 이러한 동경은 이 계급의 대부분의 여성들이 한평생 품게 되는 달콤한 백일몽이었다. 꿈이 실현된 경우, 다른 여자들은 너나 할 것 없이 이 희생양을 비난했지만, 결국 그것은 질투에 불과했던 것이다. 이러한 상황은 모든 나라에 적용되었다. 독일의 경우 그 불후의 예술적 기록은 실러의 「간계와 사랑」이다. 소시민적 도덕의 이러한 모순은 분명 개인에게 책임이 있는 것이 아니라 더욱더 뚜렷이 모습을 드러내는 역사의 운명에 있었다. 왜냐하면 귀족의 피를 이처럼 받는 것은 대개의 경우 그 희생양의 친족들이 옹색하고 가난에 찌든 생활로부터 유일하게 해방될 수 있는 것을 의미했기 때문이다. 그러나 이렇게 말함으로써 소시민적 도덕의 본질적인 모순을 설명할 수는 있으나 극복할 수는 없다.

8) 구제도의 영웅상

프랑스에서는 아침 접견(르베)이라는 공식 제도로 절정에 달했으나 동시에 강령으로까지 고양된 방탕은 앙시앵 레짐 시대의 곳곳에서 잇따라 발견되는 탕남탕녀들의 모습 속에서 절정에 달했다.

탕아의 유형은 확실히 하나하나의 실례로 볼 때는 어느 시대에나 있는 현상이다. 그러나 그 대표자 수가 다른 시대에 비해서 앙시앵 레짐 시대에는 훨씬 많았다는 점이, 증명은 할 수 없더라도 여전히 그 시대적 모습 속에서 고유한 특징의 하나를 이루고 있다. 그것은 앙시앵 레짐 시대에는 탕아가 사교생활에서의 공인된 모습이었기 때문이다. 탕아는 그 이전에는 결코 없었다. 그러나 그 이후에는 이런저런 계층에서만 다시 나타났다. 그 탕아는 사람들의 멸시를 받는 존재가 아니라 경탄의 대상이 되었다. 「위험한 관계」라는 소설에서 어느 탕아를 두고 가로되 "이런 남자는 오히려 사람들로부터 배척당하기는커녕 훌륭한 사회라면 환영을 받게 될 것이며 더구나 누구에게나 인기 있다는 것을 세상 사람들은 인정하리라"고 했다. 이러한 이유에서, 탕아는 이른바 이 시대의 영웅이었다고 해도 그다지 과장이 아니다.

탕아(프랑스의 동판화, 17세기)

이 수수께끼를 푸는 것은 매우 간단하다. 탕아들은 대담무쌍할 정도로 방탕했으므로 지배계급은 이들에게서 그들이 이 시대에 도처에서 찾으려고 했지만 손에 들어오지 않은 욕망의 끝없는 실현을 기대했다. 그리고 그들 역시 이것을 공공연히 인정함으로써 어떤 위선이든 깡그리 벗어던져버렸다. 왜냐하면 이미 말했듯이 그들은 심연을 사이에 두고 민중과 떨어져 있었으므로 그들의 어떤 행동도 민중의 시빗거리가 되지 않았기 때문이다.

방탕주의의 본질은 남녀 모두 진정한 애정이라곤 전혀 찾아볼 수 없는 가장 야비한 행동을 가장 명예로운 것으로까지 추켜세웠다. 사람들이 탕아에 대해서 "그가 노린 것은 참으로 야비하고 범죄적인 것이었다"라고 말하면, 그것은 탕아에게 최대의 자랑이었다. 그에게는 모든 것이 계산적이었다. 모든 쾌락이 어디까지나 자기목적이었으며, 쾌락으로 그 목적을 달성하게 되면 양심이라는 것은 모두 내팽개쳤다.

르 루 공작부인과 루이 14세의 왕세자

그는 인간성에서 비롯되는 연약함을 수치로 여겼다. 자기목적을 이루기 위해서는 어떤 엄청난 짓이라도 태연히 해치워버렸다. 예를 들면 호색적인 프티 메트르(petit maître : 소인)는 단적으로 말해서 변태성욕의 그랑 메트르(grand maître : 대인)였다. 이때 탕아는 참으로 친절하다. 그가 하는 행동이 비록 아무리 비열하더라도 전혀 비난할 수 없는 고상한 형태로 포장되어 있는 것이다. 탕녀의 특징은 탕아의 태도를 흉내내는 데에 있었다. 1727년에 출판된 「어느 궁정귀부인에 의한 아내에 대한 새로운 반성」에서 서술되었듯이 한 탕녀는 "의식적으로 품위를 잃는 것을 즐기고 싶다"라고 말했던 것이다.

앙시앵 레짐 시대에는 어느 나라에서나 탕아가 눈에 띄었다. 탕아의 가장 두드러진 형태는 영국에서 나타났다. 영국에서는 탕아를 레이크(rake)라고 불렀다. 텐은 레이크를 다음과 같이 설명했다.

이런 남자는 쾌활하고 멋진 수다쟁이이다. 그러나 타고난 듯한 숫기 좋은 유머도 겉과 속이 다르다. 그는 교양이 없고 거칠다. 흡사 망나니와 같이 자기가 해왔던 혹은 작심하고 있는 나쁜 짓을 냉정하고 무자비하게 처리해버린다. 우리는 당시 이 나라의 탕아는 인육(人肉)을 박피장(剝皮場)에 내다버렸다고 말하지 않을 수 없다. 마치 여자처럼 보이는 어떤 상류층 친구는 순진한 처녀를 데리고 나갔는데 술에 취하게 하고는 밤중에 처녀와 함께 유곽에서 시간을 보낸 후 술값으로 처녀를 그곳에 맡겨두고 가버렸다. 그뒤 그녀가 14일째 되는 날 감옥에 내팽개쳐져 미쳐버렸고 결국 그 속에서 죽었다는 소문을 듣고도 태연자약하게 손을 비벼댄다. 프랑스의 탕아는 경박한 악한에 지나지 않으며 속된 불량배에 불과하다.

레이크는 또 호가스(영국의 유명한 풍자화가, 1697-1764/역주)의 「탕아의 생활에서」라는 유명한 회화집에 묘사되었다. 텐이 프랑스의 탕아는 영국의 탕아와는 반대로 경박한 악한에 지나지 않는다고 말했다고 하더라도 그 단서는 어떤 조건하에서만 옳다. 리슐리외 공작, 슈아죌 공작, 루부아 백작, 특히 후에 샤를 10세가 된 아르투아 백작 같은 인물의 메스꺼울 정도의 비열함은 다른 어떤 나라의 가장 추악한 인물에도 뒤지지 않는다. 이에 반해서 독일 탕아의 본성을 보면, 그들은 누구나 할 것 없이 가장 야만스러운 인물이라고 할 수 있었다. 물론 그렇다고 해서 그만큼 동정할 만한 가치가 있다는 의미는 아니다.

9) 탕음난무

탕아가 대중적인 현상이 되고 저마다 사교계에서 영웅으로 간주되었다는 상황에서, 우리는 지배계급 내에서는 개인적인 간통이 봉 통(bon ton)으로 되었을 뿐 아니라 방탕을 고조하여 극대화시키는 방법도 널리 유행했음을 추론할 수 있다. 「폰 퀼른 씨의 편지」에는 베를린의 사교계 귀부인들에 관해서 쓰여 있다.

> 일류 유곽에서는 베를린의 수많은 귀부인들에 대항해서 진짜 베스탈린(Vestalin : 화덕의 여신 베스타의 신전을 보살피는 순결한 처녀들/역주)도 두고 있다. 이 처녀들은 공공연히 유행의 선구자 역할을 한다.

좀더 높은 계층으로 올라갈수록 이런 오물은 더욱더 많아질 것이며, 호사스러운 궁정에는 그것이 대개 산더미처럼 쌓여 있다. 그러나 일일이 이름과 실례를 드는, 이 사실에 대한 증명이 부분적으로만 이루어진 것은 아니다. 왜냐하면 절대주의 역사에서 나온 제2의 테마는 최근 10년간 많은 역사가들에 의해서 자세하게 서술되었기 때문이다. 시대적으로 보면 프랑스의 루이 13세의 궁정이 방탕의 제1위를 차지하고 있다. 그러나 여기에서는 일반적인 방탕에 앞장을 선 사람은 다른 나라들처럼 국왕이 아니라(루이 13세는 선천적으로 동성애 기질이 있었기 때문에), 오히려 국가의 재상이었던 추기경 리슐리외와 왕비 마리 안나였다. 저 유명한 리슐리외는 헤아릴 수도 없을 만큼 수많은 불결한 관계를 가졌으나 왕비도 노년에 이르기까지 자기에게 충성한 궁정신들의 호색을 눈감아주었다. 사실을 말하자면 다음 왕 루이 14세의 친아버지는 루이 13세가 아니라 궁정신하 리비에르 백작이었다. 최근에 출판된 장 에르베의 17세기의 부인들과 갈랑트리에 관한 책에는 믿을 만한 기록이 거의 완벽하게 집대성되어 있다.

루이 14세와 더불어 절대주의는 절정에 달했으나 이와 동시에 그것과 분리할 수 없는 방탕 역시 광휘를 발하며 절정에 달했다. 절대주의에 으레 붙어다니게 되는 첩실정치는 일반적으로 루이 14세 때에 시작되었다고 추정된다. 그러나 이 가정은 전혀 잘못되었다. 자비심 많은 태양에 좌우되는 부인들의 기분이 국가와 사회의 최고 법칙임을 그 특징으로 하는 첩실정치는 루이 15세 시대의 태양이 솟아오르자 시작되어 그 태양이 기울자 끝난다. 루이 14세 시대에는 부인은 왕권신수설의

루이 14세의 애첩 맹트농의 초상(로마넬리, 유화)

가장 사치스러운 장식과 향락의 최고 대상에 지나지 않았다. 바로 이 사실을 유의하기 바란다! 루이 14세의 애첩들의 이름은 세계적으로 유명하다 —— 라 발리에르, 몽테스팡, 퐁탕주, 특히 마지막으로 국왕의 비밀왕비로까지 출세한 맹트농은 누구나 알고 있다. 그러나 루이 14세가 품에 안은 공인된 정부들이 여섯 명이라는 것은 60여 년에 이르는 연애생활 동안에 엄청난 은급을 받은 애첩이 여섯 명이었다는 것 외에는 아무것도 아니며 그 시대의 기준으로는 루이 14세는 심지어 품행방정하다는 너그러운 판정을 받았다고까지 전해지고 있다. 하지만 사실은 그렇지 못하다. 그 수를 전혀 알 수 없을 정도로 수많은, 이름도 없는 여성들이 있었다. 좀더 정확히 말하면 루이 14세 궁정의 풍기상태는 궁정에 드나든 어떠한 귀부인도 루이 14세의 술탄적인 변덕의 목표였다는 것, 그리고 왕의 친척, 사촌, 궁정의 고관들은 모두 자기 아내가 어떤 방법으로든 국왕을 자극시킨 한에서는 아내에 대한 공동 향락자로 국왕을 모시게 되었다는 사실에 의해서 결정될 것이다. 그러나 국왕이 진심으로 껴안은 여자는 사실 얼마 안 되었다. 왜냐하면 루이 14세는 비길 데 없는 색광이었기 때문이다. 그는 여성의 성적인 면만을 보았으므로 어떤 여성이라도 마음에 들었던 것이다. 엘리자베트 샤를로테 공작부인이 밝혔듯이, "치마만 입고 있다면, 어떤 여성이든 국왕의 마음에 들었다." 그리고 그는 대개의 경우 누구에게나 인기 있는 애인이었던 것은 물론이다. 그 정도는 다음과 같은 사실이 증명해준다. 예컨대 수비즈 후작부인은 국왕의 구애를 진심으로 거절했을 뿐 아니라 국왕이 술

수를 써서 용의주도하게 그녀의 침대에 들어와서 덮치는 순간에조차 완강히 저항했다는 이유만으로 궁정에서 매우 유명해졌다. 따라서 어느 귀족이든 아내와 함께 베르사유에 여행하는 것은 곧 아내를 국왕에게 바치는 것을 의미했다. 말년에는 신심이 매우 깊어졌다고 전해졌으나 그래도 루이 14세는 변함없이 많은 사람의 권리를 그들과 태연하게 공유했다. 엘리자베트 샤를로테는 70세의 루이 14세를 이렇게 쓰고 있다.

그분은 신심이 도저합니다. 그러나 지독한 색마입니다. 이렇게 말씀드리는 것은 그분이 여자 없이는 지낼 수 없기 때문입니다. 따라서 당신들의 아내들을 모두 사랑하십니다. 선량한 국왕은 침대에서 껴안은 여자에게만은 가치의 차이를 두지 않습니다. 여자이기만 하면 어떤 여자라도 좋습니다.

이상의 이야기는 전체 사교계의 연애생활에 대한 개요라고도 할 수 있다. 남자는 예외 없이 한 명 이상의 사교계 부인을 정부로 삼았는가 하면 대부분의 귀부인들은 여러 남자와 몇 년 동안이나 동시에 관계했다. 룩상부르 공작부부와 부플레 공작부부는 사이좋게 사각 관계를 맺고 있었다. 그러나 사각 관계에 더하여 오각 관계, 육각 관계도 유행했다. 어머니와 딸, 둘을 동시에 정부로 삼는가 하면 아버지와 아들, 둘을 동시에 애인으로 삼는 일도 흔했다. 이 시대의 사람들은, 시대적인 특징으로서, 남자들은 오로지 여자에 대한 봉사로 몸을 소진시켜버렸거니와, 여자들 역시 직접 팔을 걷고 나섰기 때문에 남자들 역시 일찍이 찾아볼 수 없었던 쾌락을 손쉽게 누렸다. 오를레앙 공작부인의 편지에는 이와 같은 주장을 뒷받침하는 사례가 실제로 많이 인용되어 있다. 예를 들면 부인은 어느날 리슐리외 후작부인에 관해서 이렇게 쓰고 있다. "세자께서 후작부인에게 자기 침실에서 함께 자자고 청하지도 않았는데 어떤 때는 후작부인이 불시에 찾아와 세자의 침대에서 쉬기도 했습니다." 또 엘리자베스 샤를로테는 자기 아들 집으로 불쑥 찾아든 어느 귀부인에 관해서 같은 예를 기록하고 있다.

루이 14세가 점점 늙어가고, 그 대신 맹트농의 세력이 강대해져가자 사람들은 조심을 하는 경우가 많았으나, 그럼에도 불구하고 그 조심성은 루이 14세의 측근에게만 국한되었을 뿐, 다른 집단은 더욱더 방종해졌다. 다른 집단이란 국왕의 조카로서 나중에 프랑스의 섭정이 된 오를레앙 공작 필리프 2세를 중심으로 하여 모인 사람들이었다. 이와 같이 궁정사회의 새로운 대표적인 탕아에게는 여론에 의해서 그의 생모(엘리자베스 샤를로테/역주)의 비에 새겨진 묘비명이 그대로 적용되었다. "여기에 모든 배덕의 어머니 잠들다." 오를레앙 공작 필리프 2세의 지도하에, 이제까지의 바카날(Bacchanal : 주신 바쿠스 축제/역주)은 한걸음한걸음 전체 궁정사회에서도 공공연하게 탕음난무(Orgie)의 잔치로 변해갔다.

탕음난무가 시작된 공식적인 날짜까지 말할 수 있다. 그것은 그들이 국가를 둘도 없는 도덕집단으로 만들었던 섭정정치의 출현과 동시에 시작되었다. 이후부터 탕음난무는 지배사회의 일반적인 현상이 되어버렸다. 이 잔치에 초대되는 것은 하나의 명예로서 공명심을 만족시켜주었다. 그때부터 그들은 말 그대로 공공연히 연애를 했다. 그 방종한 태도는, 대담하게도 인간이 지금까지 경험했던 것 일체를 짓밟아버렸다. 섭정 필리프 2세는 항상 이 가공할 혼란의 중심에 서 있었다. 그가 내놓은 유일한 법칙은 "즐기자"였다. 그런데 사람들은 그 법칙을 참으로 저속한 형태로 해석했다. 몇 년 사이에 방탕은 우미함을 모두 벗어던져버렸다. 방탕은 짐승의 흉내를 내는 것과 같은 의미가 된 것이다. 모든 사람은 "북을 울리며" 나아갔고 서로 소개가 끝나면, 바로 그날로 상대를 가리지 않고 뒤섞였다. 오를레앙 공작의 어머니는 어느날인가 장성한 자기 아들에게 "너에게 걸리면 여자란 것은 침실 변기 같구나"라고 말했다. 남자가 "당신과 함께 자고 싶소" 하고 처음 말을 걸어오면, 귀부인들은 그 말을 다시 없는 찬사로 해석했다. 그리고 왕족이 이러한 인사를 마구 해댔을 때, 귀부인들은 의기양양하게 그것을 서로 자랑했다. 폴리냐크 후작이 어느날 밤 한 공작부인을 향해서 중인환시리에 자기 마차를 권하면서 "내 마차가 침대였다면 좋겠습니다. 그렇다면 당신과 함께 그 침대에 오를 수 있을 텐데요"라고 말했다. 그러자 그 귀부인은 "그럼 당신이 나와 함께 그 침대에 누워 있는 동안에 한숨도 자지 않겠다고 약속하실 때에만 저는 그 청을 받아들이겠습니다" 하고 대답했다. 엘리자베스 샤를로테는 이와 같은 방법과 경험을 섭정인 아들로부터 확인했다. 부인은 1717년 10월 22일경에 이렇게 쓰고 있다.

나의 아들은 숨김이 없고 비밀이 없기 때문에 일이 생기면 모두 털어놓고 이야기해버립니다. 여자는 오히려 그 애에게서 마땅히 도망쳐야 할텐데 여전히 그애를 졸졸 따라다니

266

는 것이 나에게는 너무나 불가사의하게 생각되어 아들에게 몇 번이나 물어보았습니다. 그런데 아들은 웃으면서 이렇게 말했습니다. 어머님은 타락한 요즘 부인들을 모르시는군요. 남자가 여자와 자는 것은 여자를 기쁘게 하는 일이라고 말씀드리고 싶습니다.

이러한 잔치를 위한 최고의 장소는 오를레앙 공작이 궁전 겸 별장으로 파리 한가운데에 세운 저 유명한 팔레 루아얄(Palais Royal)이었다. 그러나 그들은 다른 장소에서도 충분히 즐길 줄 알았다. 공쿠르 형제의 기록에서도 알 수 있듯이 생-클루 성 내의 특수한 살롱에서 "아담 축제"를 열었다. 이 아담 축제에는 가장 아름다운 귀부인들이 이브의 복장으로 참석하며 "그 가운데는 유명한 귀부인들도 끼여 있었다." 몸도 마음도 풀어놓은 이 축제의 클라이맥스는 항상 모두가 한데 모여 여자 바꾸기를 하는 놀이였다. 이 축제에 초대받은 것은 많은 귀부인들에게는 더할 나위 없는 명예였다.

놀기에도 지쳐서 너무 힘들다고 느껴졌을 때(이런 일이 당장 나타나는 것은 당연하다), 지도자인 오를레앙 공작 필리프 2세는 자기와 자기 친구들을 위해서 "루에(roués)", 즉 향락에 완전히 지쳐버린 사람이라는 말을 만들었다. 이 이름을 처음으로 자신에게 붙이고 의기양양해한 것은 프랑스의 최상류층 사회였다. 오를레앙 공작 필리프 2세와 더불어 제일 먼저 폴리냐크 후작, 에피아 후작, 클레르몽 백작, 콩플란 기사, 그랑케 수도원장, 시미안 백작 등이 바로 그들이다. 그러나 이들은 그 서클에서 가장 새로운 성원에 불과했다. 이들 각자가 그리고 그밖의 대부분의 귀족이 자기 자신을 위해서 자기를 중심으로 한 상류층 서클을 가지고 있었다. 이와 같은 주연에 참석한 봉건사회의 부인들 역시 이 탕아들에게 결코 뒤지지 않는 이름을 날리고 있었다. 내친 김에 남자들은 골라뽑은 여자만을 상대로 취한 것이 아니라 아름다운 무희나 단역 여배우까지도 관대하게 이러한 주연에 초대했다. 이 경우 우리는 오를레앙 공작 필리프 2세의 딸 셋이 모두 그 아버

색정적인 만찬회

방탕(다니엘 쇼도비키, 동판화)

지에 그 딸이었다는 점, 그리고 내노라 하는 탕남 탕녀로 이루어진 궁정을 지도했다는 사실 하나를 증명하는 것으로 만족하기로 하자.

이때에도 궁정사회의 규범이 지배계급 전체의 규범이 되었다. 그들 모두가 수치심도 내팽개치고, 세상 소문도 오불관언한 채 쾌락에 열중한 나머지 국가재정을 낭비한 연대책임에는 이 정치도덕의 가장 본질적인 결과에 대한 연대책임도 포함되어야 한다. 어떤 계급 전체가 어느 방면에서 유달리 강도 본능을 노골적으로 추구하면서 성적인 측면에서는 비교적 엄격하게 행동할 수 있다는 것은 있을 수 없다. 그것은 각자의 개인적인 곡예에 불과하다. 따라서 최고위층에서 베풀어지는 탕음난무의 잔치에 참석하지 않는 것은 자신을 고립시키는 일에 지나지 않았다.……

루이 15세 시대에 절대군주의 개인적인 모럴은 주로 애첩의 이름, 샤토루 공작부인, 퐁파두르 후작부인, 뒤바리 백작부인에 의해서 역사에서 빛을 보게 되었다. 그럼에도 우리가 이런 이름으로 대표되는 향락적인 프로그램을 일일이 살펴본다고 하더라도 이름이나마 알 수 있는 사람은 얼마 안 된다. 이들의 이름은 그때까지 방탕이 계속되고 있음을 의미하는데 그것은 종횡무진 세련된 형태로 엄청난 범위까지 확산되어 있었다.

섭정정치의 말기와 루이 15세 통치의 초기에 선남선녀들은, 싫증이 났다고는 할 수 없었지만, 어떤 의미에서 지쳐 있었다. 따라서 지금까지 추구했던 것을 그대로 연장하면서 가능한 한 능률을 더욱 높이기 위해서 향락의 형태를 더욱 세련시키지 않으면 안 되었다. 그리고 이것은 또한 실천되었다. 그들은 육체적 향락을 취할 때 너무나 체력을 빨리 소모시키는 동물적인 면을 제거했다. 나아가 그 시대의 어떤 사람이 말했던 것처럼 "참으로 난폭한 것을 고상하게 말하는" 기술을 배웠다. 그 시대에 뿌리를 내린 이 고상함이 어떤 것이었는가를 알기 위해서는 루이 15세가 어느날 궁정신하와 자리를 함께하던 중 연애에서 기분전환이 요구될 때 어떻게 할 것인가에 대해서 에스파르베 부인과 나눈 다음과 같은 대화를 인용할 필요가 있다.

"당신은 내 신하와 닥치는 대로 잠자리에 들더군." "하오나 전하께서도!" "당신은 슈아죌 공작을 손에 넣었다더군." "그 사람은 아주 힘이 좋았습니다." "리슐리외 원수는?" "그 사람은 머리가 아주 좋았습니다." "몽빌은?" "그 사람은 다리가 대단히 아름다웠습니다." "거 참, 그럼 오몽 공작은 어떤가? 그는 별로 이렇다 할 게 없겠지만." "아, 전하, 그는 전하께 참으로 충직하옵니다."

음경을 본뜬 파이프

그리고 이와 동시에 탕음난무는 뒷골목에서 특별한 곳으로 옮겨졌다. 그 때문에 진짜 유흥장, 모든 고귀한 신사뿐만 아니라 숙녀까지도 자유롭게 출입한 18세기의 소위 프티트 메종(petite maison)이 등장했다. 숲이나 공원 가운데 감추어진 이 유흥장에는 연애의 모든 동맹군이 있었을 뿐만 아니라 모든 것이 안락하게 구비되어 있었다. 여기에는 쾌락을 위한 모든 것, 즉 위치, 형태, 특히 향락을 높이기 위한 호화로운 설비가 구비되어 있었다. 매혹적인 침실, 사치스러운 식당, 게다가 욕실을 모조한 우미한 정양실 —— 모든 것이 거기에 있었다. 그 집의 벽은 당대 최고 예술가들의 손으로 만들어진 음탕하고도 에로틱한 회화나 조각으로 장식되어 있었다. 일반적으로 이 시대의 훌륭한 호색문학들은 일부는 정욕을 불태우는, 일부는 계속해서 새롭게 정욕을 자극시키는 그림으로 장식되어 훌륭한 조화를 이루었다. 어떤 모양의 양식도 호색적이었고 어떤 좌석의 설비도 환락을 위한 좋은 제단이었다. 다음은 어떤 귀족이 지방에 있는 한 친구에게 최근의 소식을 알린 1740년 11월 24일자의 편지이다.

어제 리슐리외 저하께서 보지라르의 관문 바로 곁에 있는 자신의 "프티트 메종"에서 성대한 저녁 파티를 개최했다네. 저하의 "프티트 메종"에는 모든 것이 음탕하기 짝이 없게 장식되어 있지. 각 방의 벽 아랫부분에는 참으로 노골적인 자세가 부조로 묘사되어 있다네. 그런데 만찬이 한창 무르익었을 때 늙은 브랑카 공작부인이 이 부조가 보고 싶어 안경을 쓰고 입을 꽉 다문 채 조용하게 그것들을 바라보았다네. 그러자 리슐리외 저하는 램프를 가져와서 비추면서 그것을 설명해주었지. 그 모습은 참으로 아름다운 풍경이었다네.

도저히 말로는 표현할 수 없었던 즉흥적인 착상이나 충족시킬 수 없는 기분은 이제 이 세상에는 존재하지 않게 되었다. 게다가 그 덕분에 거추장스러운 것들의 영향, 즉 불유쾌한 호기심이나 분노에 찬 불의의 기습은 확실히 제거되었다. 진짜 프티트 메종은 모든 쾌락의 요새와도 같았다. 소유자 이외에 이 요새에 들어갈 수 있는 사람은 비밀암호를 알고 있는 사람으로 한정되었고 그들에게만 개방되었다. 그 덕분에 사람들은 아무 걱정 없이 정부를 거기 데려올 수 있었고 친구들의 정숙한 아내들을 당분간, 곧 수시간이나 수일간 숨겨둘 수도 있었다. 게다가 고용하고 있는 마부처럼 마음대로 부리는 뚜쟁이로부터 일부는 돈의 힘으로, 일부는 폭력으로 손에 넣은 상품을 이곳으로 가져올 수도 있었다. 마지막으로, 특히 하늘이 무서운 어떠한 범죄도 행할 수 있었다. 그러한 범죄 가운데에서 당시 절정을 이루었던 변태성욕이 날이 갈수록 심각해졌다. 그리고 세상에 새어나가지 않고 모든 것이 행해졌다.

이러한 무수한 쾌락의 프티트 메종에서 수십 년에 걸쳐서 매일매일 마치 미치광이같은 탕음난무가 무수하게 벌어졌다. 대단히 세련된 에로틱한 공상 속에서 그때까지 생각되었던 모든 것이 이곳에서 날마다, 때를 가리지 않고 행해졌다. 그 여러 가지를 적나라하게 보여주는 것은 이 시대의 가장 음란한 소설들이다. 특히 사드의 변태소설은 차치하고서라도 현실 자체도 그 시대의 소설가들의 춘화적 공상에 결코 뒤지지 않았다. 그러나 사드의 병든 정신을 모태로 한 여러 가지 공상 역시 무수한 탕아의 기질과 취미에 맞았기 때문에 현실적으로 유행되었다. 이러한 공상은 모두 소름끼치는 범죄 형태로서 탕음난무를 통해서 그 배출구를 찾았다. 아동강간, 근친상간, 수간(獸姦), 남색(男色) 등은 그러한 곳이라면 어디에서나 있는 일이었다. 변태성욕 가운데서 때리거나 맞는 편타증 따위는 사실 악의 없는 행위로 열거되었다. 관음증, 예를 들면 애인이나 아내가 그녀의 친구나 자기 친구의 가장 음란한 공상에 어떻게 봉사하는가를 슬며시 엿보는 즐거움 —— 이 모든 즐거움은 많은 사람들이 자랑하는 가장 흔한 자극제로 생각되었다. 이에 관한 증거로는 카사노바와 수녀 마리아 막달레나의 연애관계를 다룬 그의 상세한 기록이 안성맞춤이다. 더욱이 이

방탕(동판화)

수녀는 프랑스 주재 베네치아 공사인 추기경 베르니의 애인이었는데 카사노바를 꼬드겨 베르니가 원하는 광경을 연출할 준비를 한다.

때때로 범죄적인 행위로 옮아가는 탕음난무에는 프랑스 최상층 귀부인들, 즉 공작부인, 후작부인, 백작부인들도 끼어들었다. 혼자 힘으로 전용 프티트 메종을 가질 만한 재력이 안 되는 경우에는 그들은 한적한 곳에 있는 주택을 만남의 집으로 빌려서 자신들의 비합법적인 연애축제를 벌였다. 궁정사회의 대부분의 귀부인들은 이러한 사랑의 둥지를 마련하고는 애인들과 이따금 그곳에서 동거하거나 자신의 사랑의 식욕을 자극할 수 있는 사내를 교묘하게 이곳으로 데리고 오곤 했다. 티이 백작의 「회상록」에는 젊은 백작이 어떤 궁녀와 벌인 이러한 종류의 모험이 자세하게 묘사되어 있다. 이 모험은 후자의 경우를 마치 바닥을 들여다보는 것처럼 상세하게 설명하고 있다. 게다가 어떤 부인은 일류 뚜쟁이나 유곽의 여주인들이 돈 잘 쓰는 단골손님을 위해서 경영하는 프티트 메종을 이용했다. 거의 모든 방면에 걸쳐서 무진장한 기록을 남기고 있는 18세기 파리 경찰청의 보고서에는 이에 관한 확실한 증거가 남아 있다. 나는 그 가운데서 피에르크르 후작부인이 뚜쟁이 브리소가 경영하는 유흥장에 종종 출입했다든가 팍스하임 남작부인이나 뷔르만 남작부인이 여자가 경영하는 여러 유흥장을 에로틱한 탕음난무를 벌이기 위한 만남의 장소로 이용했다는 총경 마레의 보고서 기록을 들어둔다. 유명한 인기 여배우도 가끔 자기의 프티트 메종에서 매우 조직적으로 에로틱한 탕음난무를 벌였다. 유명한 무희 기마르에 관한 파리 경찰청의 보고서에는 이렇게 기록되어 있다.

> 그녀는 매주 세 번 저녁 파티를 연다. 첫번째 저녁 파티에는 궁중의 일류 귀족이나 각 방면의 명사가 참석한다. 두번째 저녁 파티에는 문사, 미술가, 학자가 중심이 된다. 마지막 세번째 저녁 파티는 진짜 탕음난무로 거기에는 매우 관능적이고 음란한 아가씨들이 초대되어 호색과 방탕이 끝없이 펼쳐진다.

샤토루, 퐁파두르, 뒤바리라는 이름이야말로 이 시대가 풍속사 연구가에게 제시한 "메뉴"였다. 그리고 이 메뉴 속에는 조금도 과장됨이 없이 가장 필수적인 것만이 암시되어 있다. 이 말은 다음과 같은 단정에도 해당된다. 즉 이 이름들 하나하나의 뉘앙스는 모두 루이 15세의 향락 프로그램에서 되풀이하여 재현되었으며 그 속에서 곧잘 가장 세련된 배출구를 찾아냈다. 루이 15세의 가장 유명한 축조물인 녹원(鹿苑 : 베르사유 궁전 안에 있는 하렘/역주)은 요란한 프티트 메종에 지나지 않았다. 녹원 안에는 어린 소녀들이 있는 큰 유곽이 있으며 그곳에서 궁중보고서,

루이 15세의 녹원으로 가는 "영계들"

즉 공식적으로 루이 15세가 그날그날의 탕음난무의 이름을 붙이는 국왕의 "메뉴 플레지르(menus plaisirs : 쾌락의 메뉴)"가 조달되었다. 앞에서도 썼듯이 국왕이 즐기는 음식은 이른바 "영계"이기 때문에 유명한 녹원의 거주자는 거의 소녀들로 한정되어 있었다. 이 소녀들은, 마치 언젠가 제물로 바치기 위해서 사냥감들을 한곳에 모아둔 것처럼, 국왕의 사랑의 식사를 위해서 정식으로 양육되었다. 국왕의 메뉴 플레지르의 총감독인 라 페르테는 국왕이 입맛을 다실 수 있는 요리를 수없이 식탁에 올리지 않으면 안 되었다. 마음에 들어하지 않을 때, 그 요리는 재빨리 어전에서 물려야 했다. 이와 같은 운명은 소녀가 임신했다고 느끼는

그 순간, 어느 소녀에게나 찾아들었다. 특히 퐁파두르 후작부인은 이 제도를 세심하게 돌보는 일이 그녀의 중요한 임무였다. 그 시대의 사람들끼리도 국왕의 생활은 "끊임없는 음사"라고 썼듯이 여러 애첩들이 이렇게 부패한 군주에게 미친 영향은 역시 이러한 제도를 장려한 데에서 기인한 것이었다.……

나는 앞에서 궁정은 언제나 지배계급의 일반적인 방탕의 모범이었다고 썼다. 우리는 이 말을 정확하게 이해해야 한다. 다시 말하면 절대군주는 거의 모든 권력을 수중에 넣고 있었기 때문에 자신의 향락욕구 역시 가장 대담하게 채울 수 있었다고 추론할 수 있다. 이에 대해서 절대군주가 그렇게 저열한 모범을 보였기 때문에 지배계급도 부패했던 것이라고 독자들이 추론한다면 그것은 터무니없는 생각이다. 이러한 논리처럼 어리석은 것이 없다는 것은 루이 16세가 증명하고 있다. 루이 16세는 성적인 면에는 거의 무관심했다. 예컨대 그에게는 방탕에 필요한 성욕이 결핍되어 있었던 것이다. 이 때문에 개인적으로는 색사에 관한 한 실제로 품행방정한 생활을 했다. 그러나 이 훌륭한 모범도 전혀 쓸모가 없었다. 지배계급, 곧 귀족이나 부호 그리고 그들에게 기생하는 계급에서는 변함없이 지저분한 방탕이 만연해 있었다. 그리고 그것은 지극히 당연했다. 어떤 한 경향이 개인에게서, 특히 절대군주에게서 최고의 형태로 표현되는 것은 아마 가능할 것이다. 더욱이 절대군주는 스스로 모범을 보임으로써 그 경향의 영향을 다른 누구보다도 크게 대중화시킬 수 있다. 그러나 방탕 그 자체에 대한 노도 같은 충동을 무(無)에서 끄집어낼 수는 없다. 제I권 "서론"에서 증명한 것처럼 이러한 경향은 그 시대의 정치적, 경제적인 전제에서 싹튼다. 따라서 군주가 성적으로 무관심하기 때문에 좋은 본보기를 진정으로 보였다고 해도, 이것은 일반적인 상황을 뿌리째 변화시킬 수는 없었다. 이 경우에는 악덕의 다른 중심이 만들어질 뿐이었다. 이 다른 중심 부분은 루이 16세 시대에는 국왕의 바로 가까이에서 솟아올랐다. 국왕이 일반적인 방탕을 거부하고 공물을 받아들이지 않자 동생 아르투아 백작이 그를 대신하여 왕성하게 챙기게 되었다. 즉 아르투아 백작이 루이 15세의 전통을 완벽하게 이어받았다.

이상의 결과로 지배계급의 풍속의 질이나 도덕적인 자격의 기준은 점점 저하되었다. 전형적인 탕아는 더욱더 모두가 숭배하는 영웅이 되었다. 상류사회에서 로죙 공작은 "지금까지 알려진 사람 가운데 가장 고귀하고 고결한 정신"의 소유자로 일컬어졌다. 라클로가 자신의 책에 나오는 전형적인 탕아 발몽의 모델로 삼은 슈아죌

섭정 오를레앙 공작의 모임에서 벌어진 탕음난무

공작 역시 상류사회에서 찬양받은 사람이었다. 이 공작은 그 시대에 그의 호색적인 끝없는 모험으로 파리에서 널리 명성을 떨치고 있었다. 마리-앙투아네트의 오랜 총신이었던 티이 백작은 고귀한 성격뿐만 아니라 총명한 철학자로서도 유명했다. 아마도 그것은 사실과 다르지는 않을 것이다. 그가 언젠가 두 귀족, 즉 모나코 왕자와 기사 라 퀴른과 함께 한 정부를 공유하여 마침내 그 귀부인이 임신했을 때 티이 백작은 이 사건을 자기 일기에 다음과 같이 썼다.

어쨌든 우리는 새로운 시련에 빠진 것이다. 로잘리는 어머니가 되었다. 우리들 중 한 사람이 아버지가 된 것이다. 계집아이가 태어났다. 당시 그 아이가 나와 닮았다는 말이 있었다. 나는 그런 일은 모르거니와 알려고도 하지 않는다. 이 세상의 많은 사건과 마찬가지로.

이야말로 참으로 철학적인 사고방식이다! 그것은 가능한 한 교묘하게 모든 책임을 회피하려고 하는 염치없는 방탕의 결과였다.

그 시대에는 여성이나 남성이나 그 유형은 똑같았다. 어느 유명한 귀부인이 행복한 애인을 정의하여 가라사대 "애인이란, 여성의 입장에서는 한 강에 지나가는 배

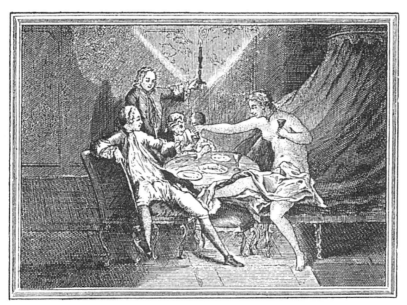

색정적인 만찬(프랑스의 동판화, 1750)

일 뿐 그 이상은 아니다"라고 말했다. 메르퇴유 후작부인은 "나는 터키의 하렘 전부를 혼자서 차지하고 싶을 뿐, 오직 한 남자의 소유가 되는 것은 딱 질색"이라고 말했다. 공쿠르 형제가 이 시대 사교계 여성에 대해서 결론적으로 이러한 비판을 내린 것은 매우 옳다.

여자 나이 서른 살이란 "온갖 면목없는 일도 다 맛본" 나이이므로 상스러움 가운데서도 눈꼽만한 고상한 태도, 타락 가운데서도 약간의 우아함만이 남는다는 것 그리고 타락 전에 가졌던 최소한의 점잖은 재담뿐이라는 것이 일반적인 견해이다. 자신을 완전히 망각한 뒤에 남는 것은 부끄러운 듯이 방탕생활을 시작할 때 가지고 있던 품위의 찌꺼기뿐이다.

이러한 상태를 눈앞에 떠올린다면 프랑스에서의 방탕은 성적으로 저 나락의 깊이만큼 추악했다고 상상되거니와 "이처럼 깊이" 혹은 "그 이상으로 깊이" 방탕했던 때는 결코 역사에 없었다고 생각하고 싶을 것이다. 그러나 이러한 추론은 매우 잘못된 것이다. 이와 같이 고삐 풀린 풍기의 자유는 프랑스 사회에만 한정된 특징이 아니었다. 이에 못지않은 저열한 행실을 유럽의 궁정들마다에서 볼 수 있다. "러시아, 프로이센, 영국, 작센, 포르투갈, 스페인, 덴마크, 파르마 궁정은 이러한 스캔

넬리 그윈(렐리, 유화)

들의 무대로서 베르사유 궁정은 아직도 품행이 방정한 최후의 피난소라고 말할 수 있었을 정도이다." 이것은 결코 과장이 아니다.

일가견이 있는 사람에게 이와 같은 평가를 증명하기 위해서는 영국의 찰스 2세의 궁정만을 언급해도 충분하다. 그러나 그렇지 못한 독자에게 방탕이라는 어휘가 이 경우 어떤 의미인가를 알려주기 위해서는 로체스터 공작이 쓴 외설적인 공상으로 가득 찬 매우 불결한 작품 「소돔」을 여기서 인용하지 않을 수 없다. 이 작품의 모든 어휘는 외설의 연속이며, 모든 착상은 배설강(排泄腔)과 같이 더럽고, 모든 장면은 끓어대는 배설강이었다. 더욱이 이 작품이 왕정을 복고한 국왕과 그의 애첩인 넬리 그윈이나 캐슬메인 부인의 일상적인 "쾌락의 메뉴"에 대한 충실한 묘사였음을 덧붙여두어야겠다. 그리고 궁정사회는 그들의 치욕, 다시 말하면 전대미문의 심각한 인간적 치욕의 연극을 박수갈채를 보내며 낯도 붉히지 않고 연출하게 되었다는 것도 기억해야 한다. 왜냐하면 그들은 자연스러운 만족에 점점 권태감을 느꼈기 때문에 남색을 찬미하게 되었던 것이다. 이 외설적인 각본은 찰스 2세와 그 측근자들의 앞에서 공연되었다. 영국 왕실과 궁정사회는 그러한 방종에 의해서, 1649년의 대혁명이 20여 년 동안 영국 최대의 추악함이라고 비난했던 것에 대해서 한을 풀었던 것이다.

왕정복고 후에 영국 국민에 대한 도덕교육의 필요성이 강조되었음에도 불구하고, 눈으로 볼 수 있는 효과는 몇 년이 지나도 나타나지 않았다. 그것은 왕정복고 주창자들이 자기들의 주장을 위해서 내세운 이유들의 배경 자체가 18세기 동안 프랑스를 지배한 것과 같지는 않으나 그와 매우 유사한 일반적 상황을 우리들에게 보여주기 때문이다. 18세기 중엽에 저 유명한 워틀리 몬터규 부인은 상류계급 사람들에게서 나타나는, 결혼생활을 버리고 난잡한 방탕생활을 하게 되는 변화에 관해서 이렇게 썼다.

지금까지의 결혼생활이 무너져가는 것은 나에게 슬픈 일입니다. 예전에는 젊은 신사들이 결혼생활을 업신여기는 것이 보통이었지만 이제는 아가씨들도 결혼생활을 하찮게 여기

프티트 메종에서의 색정적인 만찬(N. 랑크레, 동판화)

게 되었습니다. 남녀는 결혼의 불편함을 알았습니다. 그리고 탕남탕녀라는 레테르가 이제 상류사회 청년들뿐만 아니라 젊은 부인들을 장식하고 있습니다. "궁정부인 중 아무개 따님은 무사히 해산하셨습니다"라고 해도 그 딸의 명예를 그다지 손상시키지 않는 실정입니다.

프티트 메종은 영국에서도 크게 유행했다. 그리고 영국에서도 역시 남자들만이 아니라 사교계 귀부인들조차 빈번하게 유희를 위해서 그것을 이용했다는 사실은 영국의 풍속을 묘사한 「악마의 수확의 노래」의 다음과 같은 구절에서도 알 수 있다.

사람들이 가장 경악하는 것은 상류층의 미모의 귀부인들이 대담하게 몰고 온 새로운 악덕이다. 이 부인들은 남성이 여성에게 만들어준 사물의 질서를 뒤엎고는 매우 즐겁고 공공연하게 애인을 포옹하기 시작했다. 유부녀이거나 미망인이 된 귀부인들이 은밀한 가외의 쾌락을 탐닉했던 것은 여성들이 태고적부터 즐긴 자유이다. 그러나 아름다운 여인이 숙녀답지 않게 남자를 자기 집에 재우고 공공연히 남자를 찾아가기도 하는 것은 우리의 선조들은 알지 못했던 특권이다.

그밖의 점에서도 파리와 똑같은 풍속이 역시 영국 사교계에서 유행했다. 아담 축제가 런던에서 유행했을 때 여류인사들 대부분이 남자와 함께 "이 자극적인 기분풀이"에 열광했다. 뚱쟁이 펜더퀴스트 부인이 호화스럽게 불을 밝힌 자신의 하렘에서 연 나체무도회에 관한 그 시대의 기록에는 이렇게 쓰여 있다.

이 무도회에는 아름다운 명사 부인들이 가면을 쓰고 대거 나타났는데 가면 외에는 아무 것도 걸치지 않은 알몸이었다. 신사의 입장료는 5기니였다. 악단은 춤을 출 때 음악을 연주했고, 시원한 식당에는 청량음료가 마련되어 있었다. 춤이 끝나면 실내는 갑자기 캄캄해지고 이어서 그 많은 소파들이 난장판 무대가 되었다.

경찰이 이와 같은 난장판 잔치에 들이닥쳐서 참석자들의 이름을 들추어냈을 때에 그곳에 있던 매춘부들은 손님들의 대다수가 런던 사교계에서 가장 고귀한 사람들이며 외설스럽게 행동한 여자들은 유명한 매춘부가 아니라 공작의 지위를 가진 귀부인들이라는 말을 듣고 벌어진 입을 다물지 못했다고 한다.

더구나 공식적인 자리에서조차 풍기문란이 어느 정도까지 눈감아졌다는 점에 관해서는 앞에서 인용한, 유명한 미스 셔들리의 예가 말해주고 있다. 미스 셔들리는 베네치아 사절단 환영무도회에 이피게네이아로 분장해서 투명한 얇은 비단옷만 걸친 채, 거의 알몸으로 나타났던 것이다.……

강력왕 아우구스트와 그의 정부 아우로라 백작부인

독일 각국 궁정의 특징을 놓고 볼 때 그 많은 궁정들 가운데 어느 궁정이 이 방면에서 으뜸이었는가 하는 문제를 풀기는 매우 어렵다. 유명한 애첩 쾨니히스마르크의 아우로라 백작부인, 코젤 백작부인, 에스테를레 백작부인, 호임 부인과 같은 유명한 여성들로 장식된 강력왕 아우구스트 공작의 작센 궁정은 18세기의 독일에서 가장 음란한 죄악의 소굴로 세상 사람들에게 알려졌으며 그 속에서 갖은 형태의 방탕이 가택보호권을 즐기며 마치 자기 집인 양 행세했다. 그러나 정작 다른 궁정과 비교할 때에는 이런 표현방식은 매우 불공

평하다. 드레스덴과 바르샤바(아우구스트 공작은 폴란드 국왕이기도 했다)에서는 사치와 오랜 세월 동안 계속된 탕음난무를 위해서 쏟아넣은 돈이 단지 예술적인 형태로 장식되었을 뿐이다. 따라서 죄악 그 자체로 보면 다른 독일 궁정 역시 작센 궁정과 오십보 백보였다. 예를 들면 윌리엄 락살 경은 카셀 궁정에 관해서, 그곳에서는 "예의범절을 유린하는 것이 마치 신성한 행위인 것처럼 보였다"라고 기록하고 있다. 다른 여행자는 바덴 두를라히 공작이 "하렘 안에서 160여 명의 여자를 품에 안고" 만족해했다고 보고하고 있다. 스스로를 위해서 당장 20명, 30명, 50명, 100명 또는 그 이상의 정식 정부를 거느린 하렘을 만드는 일은 독일의 크고 작은 궁정이 가장 즐긴 일이었다. 특히 칼 알브레히트 시대의 뮌헨 궁정의 탕음난무에 관해서는 님펜부르크 별궁에 묘사된 외설스러운 그림 "아드리안 판 데어 베르프스"가 그 진실을 전하고 있다. 이 그림은 그다지 상세한 설명을 필요로 하지 않을 만큼 선명하게 이 음탕무쌍한 생활을 낱낱이 묘사하고 있다. 슈투트가르트 궁정의 기록에 관해서는 가장 온건한 기록자마저도 그것이 칼 오이겐 공작이나 칼 알렉산더 공작의 궁정과 어깨를 나란히 하고 있다는 것을 쓸 수밖에 없게 되자 이 일은 너무 어렵다고 비명을 질렀다. 이에 반해서 사물을 선명한 색채로 칠할 용기가 있는 기록자는 사물의 실체란 어디서든지 그다지 다르지 않는 것이라고 주장했다. 우리들이 각국 궁정사에서 읽을 수 있듯이 그 실상은 대부분의 작은 궁정에서도 결국 비슷했다.

이러한 사회와 계급의 주변부, 예컨대 경제관계로 그들과 얽혀 있는 계급에서도 이와 마찬가지로 무절제한 방탕이 자행되었다. 어떤 사건이 계기가 되어 갑자기 봉건주의의 침략을 받은 도시의 풍기를 비교해보면, 추악함은 언제나 상류층에서부터 가장 낮은 서민층으로까지 마침내 흘러가는 것이 확실히 드러난다. 그 가장 적절한 예는 프랑스 혁명의 망명자들의 소굴이 되었던 독일의 코블렌츠일 것이다. 코블렌츠 주민에게서 느닷없이 나타난 도덕적 퇴폐를 이야기하는 여러 기록 가운데서, 나는 라우크하르트의 자서전의 한 구절을 인용하고자 한다.

프랑스 혁명 당시 망명귀족들이 독일로 들여온 엄청난 도덕적 퇴폐를 나는 이 눈으로 볼 수 있었다. 성실한 제3계급의 늙은 하사가 이렇게 말했다. "코블렌츠에서 12세 이상 된 소녀 중에는 이미 처녀는 한 명도 없습니다. 망명 프랑스인들이 이 도시에서 처녀란 처녀는 닥치는 대로 손을 보았는데 그것은 죄와 수치심의 한계를 넘은 것입니다." 사실 늙은 하사가 말한 대로였다. 망명귀족들은 처녀라는 처녀 그리고 아직 조금이라도 쓸 만한 여자는 모두 연애 노리개감으로 삼았다. 그런가 하면 노파마저 놓치지 않았다. 내가 묵고 있던 수도원 바로 맞은편에 목로주점이 있었다. 프랑스인이 무리지어 그 목로주점에도 와서 그곳에 있는 처녀 셋을 손에 넣으려고 했다. 어느날 나도 어떤 망명귀족과 함께 그 주점에 들어갔다. 그곳에서는 세 명의 님프가 프랑스인 무릎에 안겨 내심 즐거운 듯이 그들의 외설스런 잡담에 귀를 기울이고 있었다. 그리고 얼마 안 있어 갈보들이 우르르 몰려왔고 어쩌면 베를린의 탈크파브리크나 트란풀레(유명한 유곽들이다)에서나 볼 수 있을, 참으로 한심스러운 광경이 벌어졌다. 그들은 태연자약하게 그들 갈보들과 함께 나갔다가 돌아왔다.

특히 대도시 공원의 일상적인 혼잡도 넓은 의미에서 대중적 방탕에 대한 계기가 되었다. 공원은 오늘날보다도 더 번잡하여 순간적이며 덧없는 연애를 위해서 좋은 기회를 제공했다. 런던의 세인트 제임스 공원에 관해서는 아르헨홀츠가 그의 「영국 연보」에서 다음과 같이 기록하고 있다.

공원에 있는 열여섯 군데 문은 오후 열 시에 병사와 파수꾼이 닫아버린다. 그러나 1기니만 내면 문 열쇠를 사서 공원에서 밤을 지새울 수 있다. 이러한 특권에 의해서 이 공원 역시 —— 틀림없이 꽤 순수하지 못한 목적을 위해서 —— 크게 이용되었다. 가령 1780년에는 6,500명에게 그 열쇠가 팔렸다.

베를린의 티어가르텐의 경우 요한 칼 뮐러가 그의 「베를린, 포츠담, 상수시의 회화」에서 이렇게 쓰고 있다.

이곳은 사랑의 숲으로 마치 파포스(Paphos : 고대 그리스에서 사랑의 여신 아프로디테를 모신 곳/역주)의 숲처럼 빛과 어둠이 참으로 기분좋게, 매우 기묘하게 어우러져 있다. 그리고 두 사람, 즉 사상가와 호색한이 자신들의 대화를 위해서 풍부한 자료를 모을 수 있는 곳이다. 마치 무함마드의 묘에 가듯이 귀부인과 기사들로 구성된 순례자들이 도시의 외곽 여기저기에서 쾌락을 위해서 여기로 몰려온다.

유럽의 다른 대도시에 있는 대부분의 공원이나 정원에 관해서도 이와 같은 기록이 많이 있다.

도박판의 신부님(프랑스의 동판화)

10) 사제복을 입은 비너스와 프리아포스

로마 가톨릭 교회의 대표자들이 일반적인 풍기와 어떤 관계가 있었는가 하는 것은, 설령 간단하게라도, 각별히 고찰하지 않으면 안 된다. 표면적으로만 보면, 우리는 먼저 성직자들의 대다수가 지배계급의 방탕에 공공연하게 휩쓸렸다는 것 그리고 다음으로 교회 대표자들이 집단적인 방탕을 억누르기보다는 오히려 크게 장려했

수도사의 환대

다는 사실을 증명하려고 한다. 물론 이런 태도는 사물의 표면만을 본 것일 것이다. 그러나 사물의 본질에 좀더 접근하게 되면 여러 계급들의 성적 관습을 비판할 때와 마찬가지로 성직자도 역시 넓게 그리고 원칙적인 구분을 짓지 않으면 안 된다. 성직자들 가운데서도 집단적인 탕음난무에 공공연하게 참석한 것은 역시 어떤 한정된 부류였다. 그것은 항상 고위 성직자들이나 최고위 성직자들에게 해당되지만 그 이상으로 특정한 수도원에 해당되기도 했다. 이에 반해서 기타 성직자들의 대부분이나 대다수의 준성직자들은 방탕에 개인적으로 참여한 데에 불과했다. 개인적인 참여는 확실히 상당수에 달했다. 왜냐하면 독신생활이란 언제나 기회만 닿으면 그것을 이용하도록 인간을 몰아가며, 좋은 기회는 가톨릭 사제들에게 가장 많이 찾아왔기 때문이다. 이 구분은 교회를 지배하는 계급구분과 꼭 일치한다. 결국 계급구분이야말로 교회에서도 어느 교의보다도 훨씬 강했기 때문이다.

특히 프랑스의 경우 성직자들 가운데 고위층의 품행은 궁정귀족의 품행과 조금도 다르지 않다는 것이 앙시앵 레짐 시대뿐만 아니라 오늘날에도 지배적인 상투적 비난이다. 이 비난은 분명히 옳지만 그럼에도 사실에서는 위와 같은 이유로 인해서 특별히 불가사의하지도, 문제될 것도 없었다. 요컨대 수입이 많은 성직은 옛부터 귀족의 명예직에 지나지 않았다. 더구나 이 명예직은 이 시대에는 국왕이 신하를 파직했을 때 내리는 봉록 대신의 것이었다. 그러므로 성직과 관련하여 중요한 것은 항상 봉록이었다. 그리고 그 봉록을 결정하는 성직자의 신분은 바로 직위였으며, 봉록은 직위에 의하여 세상에 은폐되어 있었다. 교회의 고위층은 종교적 구원이라는 교의보다도 오히려 지배계급의 인생향락파의 인생철학과 서로 동맹관계에 있다는 것을 스스로 느꼈다는 사실이 충분히 이 사정을 설명해준다. 게다가 봉록의 크기, 예를 들면 프랑스에 있는 약 150명의 주교와 대주교 같은 명사들이 1년에 평균 25만에서 30만 프랑에 달하는 급료(현재의 화폐가치로는 거의 50만 프랑)를 교묘하게 삼켰다는 사실을 고려한다면, 또 스트라스부르의 대주교와 같은 교회

방탕한 수도사(작자 미상, 프랑스의 동판화)

군주들이 놀랍게도 1년에 300만 프랑의 급료를 감쪽같이 삼켰다는 점을 생각하면 부유한 성직자가 궁정사회의 탕음난무에 특히 큰 역할을 했다는 점을 충분히 설명할 수 있다.

많은 수도원, 특히 수녀원에서 자행되고 있는 저 유명한 방탕은 부유한 성직자들이 아무리 그 관계를 위장하려고 해도 근본적으로는 매우 간단하게 설명될 수 있다. 그래서 나는 먼저 그와 같은 사실을 간략하게 설명하고자 한다. 당시 가톨릭 국가들에는 수도원, 그중에서도 특히 수녀원이 많았으나, 수도원들은 금욕의 도장이기는커녕, 조금도 과장하지 않더라도, 진짜 환락장이라고 이름 붙여도 좋을 곳이었다. 그곳에는 근심걱정이 없는 생활과 무절제한 방탕이 맞물려 있었다. 가령 카사노바는 베네치아 수도원을 두고 이렇게 말하고 있다.

경찰의 밀정들이 대개 보호해주는 수도원의 대화실과 유곽은 베네치아 사교계의 유일한 모임 장소였다. 사람들은 이러한 수도원들에서 함께 자유를 즐겼다. 사육제 때에는 수도원의 대화실에서 음악, 연회, 색사를 해도 조금도 방해받지 않는다. 피에트로 롱기는 이 탕음난무를 재미있는 그림(현재 베네치아 시민박물관에 있다)으로 묘사했다.

이외의 다른 곳에 대해서는 매우 엄격한 교회법이 적용되었으나 이와 같은 수도원에서는 대개 겉으로만 그럴 뿐이었기 때문에 사람들은 밤낮 없이 온갖 부류의 교제에 탐닉할 수 있었다. 수녀들과의 호색적인 관계 역시 전혀 금지되지 않거나 표면적으로만 금지되었을 뿐이다. 더구나 형식뿐인 금지나 제한이 공공연하게 무시되었으며 서로 보고도 못 본 체했던 것이다. 카사노바에 의해서 유명해진 무라노

수녀원에 있는 방탕자(L. 보일리, 라퐁텐의
우화 중 한 삽화)

수도원의 수녀들은 제각기 친구나 애인이 있었다.
수녀들은 모두 방 열쇠를 가지고 있었으므로 매일
밤 수도원을 몰래 빠져나가 베네치아의 연극이나
오락을 즐겼을 뿐 아니라 애인의 프티트 메종을
찾아갈 수도 있었다. 이러한 수녀들은 일상생활에
서 연애와 색사의 기회를 만드는 일이 중요한 일
이었다. 이골이 난 수녀는 풋내기 수녀를 유혹해
서, 마치 전문적인 뚜쟁이가 새로운 상품을 의기
양양하게 주선하듯이, 그동안 마음이 통했던 친구
나 지인에게 공공연하게 주선했다. 이들 수도원의
수녀는 그 시대에 가장 세련된 연애 예술가였다.
수녀들은 상상하기조차 어려운 온갖 주연에 끼여
들었고, 스스로도 마치 세상에서 가장 음란한 탕

아의 머리만이 상상할 수 있는 세련된 주연을 준비했다. 수도원의 대화실에서까지
수녀들은 친구들에게 애교를 부렸는데 그것은 결국 가벼운 플러트였던 것이다. 그
뿐만 아니라 카사노바말고 다른 사람들도 무라노 수도원의 이와 같은 일상적인 상
황을 우리들에게 증명해주고 있다. 작센 선제후의 세자 아우구스트가 이미 50년 전
에 이 수도원에서 세련된 수녀의 봉사를 받았다. 푈니츠는 그 점에 대해서 이렇게
기록하고 있다.

두 달 동안, 곧 남편이 테라 피마에 머물고 있는 동안 세자의 방문은 끊이지 않았다. 후
에 맞닥뜨릴 곤경과 그의 타고난 바람기로 인해서 결국 세자는 그녀와 인연을 끊어버렸다.
그래서 마테이 부인은 무라노 수도원의 한 수녀로 대체되었다. 이 수녀는 세자의 색사를
규칙을 세워 조절했다. 그녀는 그를 쾌락의 수도(首都)로 안내하기 전에 먼저 애정의 땅을
만유하도록 했던 것이다.

이탈리아 이외의 곳에 있는 수녀원이나 프랑스의 수녀원에 대해서도 같은 일이
때때로 보고되고 있다. 몽뷔송 수도원의 여원장인 루이즈 올랭딘은 프랑스의 수도
원에서 어떤 기간에 열네 명의 아이를 낳았는데 그 아이들은 여러 남자의 씨였다는
소문이 돌았다. 그러나 그녀는 이러한 사실에 조금도 개의치 않았다. 왜냐하면 자

신의 수태능력을 공공연하게 자랑스러워하고 있었기 때문이다. 이에 대해서는 엘리자베트 샤를로테의 편지에 이렇게 쓰여 있다.

> 몽뷔송 수도원의 여원장 루이즈 올랑딘, 곧 선제후 프레데리크 5세의 딸은 그렇게 많은 딸을 낳았다. 그 때문에 여원장은 "열네 명의 자식을 낳은 이 배로 말하자면" 하고 선서를 할 정도였다.

이러한 장소는 아직 수도원 본래의 목적과 이름만은 지키고 있었지만, 실제로는 공공연한 간음의 성당이었다. 그리고 그것은 교회의 존재이유의 변화, 즉 16세기 이래 수녀원이 점점 열성적

뤼스 수사(라퐁텐의 우화 중 한 삽화)

으로 받아들였던 새로운 목적과 잘 맞아떨어졌다. 새로운 목적이란 수도원이 옛날처럼 빈민구제기관이 아니라 점차 차남이나 시집 못 간 처녀를 받아들이는, 귀족계급이 가장 이용하기 좋은 양육원이 되었다는 점이다. 노빌리(Nobili : 베네치아 공화국의 귀족을 말함/역주), 즉 귀족의 딸들을 수용하기 때문에 귀족 여수도원이라고도 불렀다는 이러한 수도원은 대부분 자유분방한 분위기로 유명했다. 이러한 수도원은 오직 귀족의 이익에만 봉사해야 했으므로 시집 못 간 딸들의 양육원으로서의 역할을 했을 뿐만 아니라 시대가 흐름에 따라서 지배계급의 생활의 필요에 의해서 생긴 다른 여러 가지 요구도 충족시키게 되었다. 밤낮 계속되는 연회로 몸이 녹초가 되는 생활에서는 충분한 안식과 휴양이 때때로 필요했다. 이를 위해서는 수도원만큼 고마운 곳은 어디에도 없었다. 그래서 어떤 수도원은 일종의 사나토리움(Sanatorium : 요양소)처럼 되어, 귀족은 "계속되는 육체생활"의 피로를 풀기 위해서 이따금 그곳으로 도망쳐갔다. 더구나 한량의 생활에서는 일관된 음모를 진행시키려면 종종 영광스런 무대에서 돌연히 그것도 교묘하게 자취를 감추지 않으면 안 되었다. 또 죽은 남편에 대한 슬픔을 세상에 널리 알리고 싶은 미망인에게 가장 좋은 방법은 1년 동안 수도원에 틀어박혀 있는 것이었다. 더럽혀진 이름을 깨끗하게 하기 위해서는 당분간 수도원에 숨어서 참회하는 것도 가장 좋은 수단이었다. 한마디로 수도원은 이제까지 전문으로 하던 무덤 관리를 그만두고 지배계급의 피난소가

되었다. 이미 얘기했듯이 귀족계급이나 부호에게 자녀교육은 부모의 향락에 매우 거추장스러운 것이었으므로 부모들은 아주 귀찮은 이 의무를 될 수 있는 한 모면하기 위해서 자식을 수도원에 맡겨버렸다. 그리고 앙갚음을 하고 싶은 친척이나 부정한 아내를 세상 사람들이 모르게 살짝, 더욱이 확실하게 쫓아버리는 데에 수도원만큼 유리한 장소는 없었다. 그러나 이러한 목적들만이 수도원의 새로운 목적들은 아니다. 그리고 수도원은 이러한 목적 모두를 지배계급의 충실한 집행자로서, 또 최선을 다해서, 요컨대 수도원 위임자의 특별한 소망에 의해서 행했던 것이다. 지배계급은 가령 가문의 이해관계 때문에 —— 재산을 분산시키지 않기 위해서 —— 혹은 그밖의 다른 이유로 결혼할 수 없는 딸들에게 일생 동안 순결을 지킬 것을 결코 요구하지는 않았다. 오히려 이 시대의 귀부인의 결혼생활에서만 맛볼 수 있는 온갖 쾌락을 다른 방법으로 딸들에게 줄 수 있는 환경을 만들어주려고 했다. 이런 면에서도 수도원 하면 으레 연상되기 마련인 음란한 생활이 충분히 설명될 수 있으며 특히 이들 수도원이 언제나 그렇듯이 각국의 정치 및 사교생활의 중심지에 모여 있는 것도 설명될 수 있으리라고 생각한다.

　물론 이렇게 말했다고 해서 이와는 반대로 수도사나 수녀의 선서를 진지하게 한 수도원의 거주자들이 모두 성자와 같은 모범적인 생활을 했다는 의미는 아니다. 그렇기는커녕 그곳의 풍기도 이러한 수도원이나 수녀원에서 16세기에 널리 나타났던 것과 대개 어금버금했다. 그 시대의 수도원 생활에 대한 기록을 아무리 살펴보아도 이는 거짓이 아님이 분명하다. 그러나 우리는 특히 예수회에 대한 판에 박힌 비난에 관해서는 한번 거리를 두고 생각해야 한다. 이 시대에는 음행이 지배계급의 일상사였으므로 예수회에 대한, 진위를 분별할 수 없는 파렴치한 행위로 과장된 어마어마한 소문 가운데에는 진지한 도덕적 분개와는 전혀 다른 동기가 숨어 있다는 것을 알아야 한다. 물론 진지한 도덕적 분개도 있었을 것이다. 그러나 반(反)예수회적인 도덕적 비난의 이면을 우리들에게 완전히 이해시켜주는 진정한 동기를 찾아내는 일도 그다지 어렵지 않다. 그 당시의 예수회는 자기 교단의 이익을 위해서 영혼구제뿐만 아니라 그 이상으로 잉여가치의 생산에도 노력했다. 더욱이 이 잉여가치의 생산은 째째한 유산횡령과 같은 옛부터 가장 손쉽게 간주된 방법으로써가 아니라 오히려 현실적이며 그 시대에는 실로 대규모로 계획된 해외무역과 같은 방법으로 이루어졌다. 예수회의 회원들은 18세기에 가장 강력한 국제무역회사를 가지고 있었다. 간단하게 말하면 예수회의 회원들은 각국의 상업적 부르주아들의 눈에 유일한, 더욱이 그 때문에 더욱 두려운 경쟁상대로 비쳤다. 이러한 상황은 이른바 예수회 수도원의 풍기문란이 항상 과장되어 선전되었으며 그 갖가지 비난이 점점 도덕적 분개에 연유한 소문에 기름을 부었다는 수수께끼를 간단히 말해준다. 어느 시대이든 인간은 도덕적인 분개라는 방법을 동원하여 가장 효과적으로 경제적인 경쟁자를 꺾어버린다는 것은 누구나 알고 있는 사실이다.

수도원에 대한 여러 가지 기록을 우리는 신중한 태도로 크게 거리를 두고 해석해야 할 것이다. 그러나 한편으로 교회의 제도들이 최초의 원칙을 점점 더 상실해갔기 때문에 금욕이 엄격하게 지켜지던 시대에 만들어진 계율도 역시 교회 대표자에 의해서 유린되었다는 점을 간과해서는 안 된다. 교회가 경제적으로 근대화됨에 따라서 사제, 수사, 수녀들의 개인적 행동은 점점 더 세속적이 되지 않을 수 없었다. 다시 말하면 온갖 종류의 죄악의 온상이 되는 독신이라는 유리한 조건 덕택으로, 색의 시대에는 내적 논리에 의해서 사제복을 걸친 자가 집단적 방탕을 주도하게 되는 결과까지 빚어내지 않을 수 없었다. 그리고 이 사실은 수많은 실례에 의해서 역사적으로도 증명될 수 있다. 성직록(聖職綠)이 가장 많고 부유한, 유럽 교회군주의 중심지 스트라스부르의 추기경 로앙 대주교의 궁전이 그 시대 사람들에 의해서 "키테레(Cythere : 아프로디테의 다른 이름. 아프로디테의 신전이 있는 키테라 섬에서 유래함/역주)의 상륙지" —— 즉 르네상스 시대와 마찬가지로 길은 교회를 통해서 방탕의 세계에 이른다 —— 라고 일컬어졌던 것은 역사에 대한 악의에 찬 풍자 이상의 것이었다.

11) 선동하는 채찍

인간은 본래 개인의 성욕이나 그것을 채울 능력에서 언제나 일정한 한계가 있다. 만약 개인이 이른바 자신의 한계 이상의 성욕을 충족시키고 싶어하고 그 이상의 성욕을 방출하지 않으면 안 된다면, 그는 인공적인 자극물질에 의해서만이 그렇게 할 수 있다. 따라서 이러한 물질은 관능에의 숭배가 다른 모든 생활의 이해관계를 초월한다면, 개인생활이나 전체생활에서 항상 큰 구실을 하게 된다. 따라서 자극물질의 사용 역시 앙시앵 레짐에는 이전의 시대와 비할 수 없을 정도였다. 하이츠만이

「파리의 우리들의 아침 시간」이라는 책에서 언급하고 있듯이, 자극물질은 "부자들을 전부 호색 기계로 만드는" 것을 목적으로 했다. 과학이 이 분야에도 점점 맹렬하게 놀라울 정도로 진출함에 따라서 이 목적은 달성되었다. 중세의 환각작용을 일으키는 마약이나 주술은 효력이 확실한 최음제나 화장품으로 보충되었다. 특히 화장품은 눈깜짝할 사이에 남자를 자극하여 호리기 위해서 여자들이 빠짐없이 사용하는 보조수단이 되어버렸다. 그것은 당시 시민계급의 모든 계층이 분이나 향수를 바르거나 뿌렸을 뿐 아니라 농촌의 처녀까지도 열심히 사용했기 때문이다. 농촌의 처녀들도 시대적인 유행을 따라서 얼굴에 석회나 그림물감을 바르거나 옷에 냄새가 짙은 향수를 뿌렸다. 값싼 분이나 기름을 살 돈이 없을 때 여자들은 싼 대용품을 이용했지만, 그나마 돈이 한푼도 없을 때에는 기껏해야 벽돌가루로 만든 반죽분이나 자기 집에서 원시적인 방법으로 증류시킨 향수를 사용했다.

어떤 식물성 또는 동물성 향기는 남자들의 성욕을 높이고 그러한 향기를 지닌 여자를 손에 넣으려는 남자들의 욕망을 자극한다는 것은 옛부터 일상경험을 통해서 알려진 사실이었기 때문에, 고대인도 향수를 익히 알고 있었다. 어떤 향기가 에로틱한 공상을 자극한다는 사실이 밝혀지면 밝혀질수록 향기의 작용을 이용하는 일이 더욱더 특별한 과학이 되었다. 인간은 갖가지 향기를 분류했다. 처음에는 무의식적이고 단지 본능적으로, 그 다음은 의식적으로 분류했다. 대단히 날씬한 여자만이 사향(麝香)이나 용현향(龍涎香)같이 자극적이고 강한 향기를 선택했다. 이 향기는 여자를 포동포동하게 살찐 듯이 느끼게 하며, 따라서 원하는 대로 만들어준다고 믿었기 때문이다. 이에 반해서 뚱뚱한 여자는 가느다란 줄기에 달린 꽃에서 채취한 향기를 사용했다. 이 향기로써 여자는 정신적으로 날씬하게 보일 수 있다고 생각했기 때문이다. 오늘날 향료에 대한 자연과학은 눈부시게 발달한 화학의 도움으로 여성들을 세련의 극치에 이르게 만들었다. 뒤돌아보면, 그 과학은 이미 고대에 시작되었으나 점점 쇠퇴되어 중세에는 대부분 잊혀져서 보잘것없는 신세가 되었다. 그러나 향료는 17-18세기에 들어와 새로 광범위하게 쓰이게 되었다. 예컨대 17세기에 비로소 향료의 중요한 작용이 다시 인식되었기 때문에 사람들은 향료를 점점 과잉 사용하게 되었다. 산타 클라라가 보고하듯이 향료 주머니를 목에서 가슴으로 축 늘어뜨리는 풍습뿐만 아니라, 장갑이나 양말에 강한 향수를 뿌리는 것이 유행했다. 마지막으로 속옷 겉옷 가릴 것 없이 옷 구석구석에 온통 향수를 뿌려서, 여자는 마치 향기 구름에 둘러싸여 있는 듯했다.

남성의 자극물질 역시 얼굴분이나 머리분 같은 상스러운 것이 판을 쳤다. 사람들이 이러한 것들을 얼마나 요란스럽게 사용했는가는 이미 쓴 대로이다. 더욱이 우리는 기록된 증거로부터, 부인들이 여기에 해마다 너무 많은 돈을 처넣어 남편들이 비명을 질렀다는 사실을 알고 있다.

18세기에 향수와 분이 함부로 사용된 데에는 두세 가지 부득이한 이유가 있었던 것은 틀림없다. 우선 가장 중요한 이유는 그 당시 모든 사람들에게 약간이기는 하지만 몸에 배어 있던 뭐라고 말할 수 없는 체취를 없애기 위해서였다. 지금의 우리들로서는 얼핏 이해하기 어렵지만, 이 우아한 시대는 사실상 매우 고약한 냄새를 풍기는 불결한 시대였다. 화려한 외모와 방향제의 마력은 거죽에 불과했다. 인간은 이성적인 청결을 완전히 망각하고 있었다. 루이 14세는 매일 아침 얼굴과 손에 소량의 오 드 콜로뉴를 뿌리는 것만으로 세수를 대신했다. 그것이 그가 몸을 청결하게 하는 방법의 전부였다. 따라서 국왕에게 다가가면 금방 구토가 날 정도로 심한 악취가 코를 찔렀다. 그것은 몽테스팡이 기분이 나쁠 때 국왕에게 질색했던 대로이다.

머리를 땋아 커다랗게 틀어올리기 위해서는 몇 시간의 노동이 필요했으므로, 여자들은 매일 새로 머리를 땋는 일은 포기해야만 했다. 유명한 귀부인조차 8일에서 14일 만에 머리를 땋는 실정이었다. 그런가 하면 중소 시민계급의 여자들은 대부분 한 달이나 그 이상 동안 틀어올린 머리를 그대로 두었다. 따라서 당시 여자들의 머리에는 이가 득시글거렸을 뿐 아니라 썩은 포마드의 형언할 수 없는 냄새가 코를 찔렀던 것도 당연한 일이었다. 그리고 매우 불쾌한 입냄새까지 풍겨서 설상가상이었다. 왜냐하면 치아 손질은 당시 거의 알려져 있지 않았거니와 대다수 사람들의 치아는 구린내가 나고 더러웠기 때문이다. 많은 여성들이 분을 덕지덕지 바르는 것은 이처럼 부득이한 이유에서였다. 분은 얼굴색을 아름답게 해줄 뿐 아니라 또 한 가지, 보기 흉한 마마 자국을 감추어주는 역할도 했다. 18세기에는 사람들의 반 이상이 얼굴에 마마 자국이 있었다. 게다가 분은 현재 진행중이거나 전에 걸렸던 매독의 부스럼 자국을 감추어주기 때문이기도 했다. 이런 모든 이유를 고려하면, 이런 위장방법에 의한 도발은 인간이 부득이한 필요에서 만든 것이다.

그런데 이런 화장품말고도 최음작용과 같은 부작용이 있는 다양한 최음제가 있었

커피를 마시는 여인(드 트루아의 그림에 의한 동판화)

다. 이 약들은 주로 욕정을 자극시키기 위해서, 즉 잠자고 있는 고양이를 깨우기 위해서 사용되었다. 인간에게 오랜 세월 동안 알려져왔던 최음작용을 하는 약물이나 음식물, 진귀품은 거의 무해한 것이었다. 당시의 이러한 식품의 목록이나 그 하나하나의 최음작용의 강도를 논한 기록도 많이 남아 있다. 그때에는 커피에도 최음작용이 있다고 쓰여 있다. 자기의 정욕을 억제해야 할 필요가 있다고 생각하는 사람에게 커피는 금기식품이었다. 최음작용을 하는 어떤 동물은 상당히 유해한 것도 있었다. 그중에서 가장 유명한 것은 곤충 종류인 가뢰로서, 팅크제로 만들어 음식

290

풍자적인 독일의 동판화

에 섞어 먹거나 대개 봉봉 과자로 만들어 먹었다. 이 약은 무척 해로웠음에도 불구하고 엄청난 기세로 퍼져나갔다. 남자는 사랑하는 여자의 정욕을 뒤흔들어놓기 위해서, 두려워하거나 부끄러워하면 그녀에게 이것을 먹였고, 그리고 우울한 기분에 짓눌려 생기게 된 성욕감퇴에서 벗어나려고도 먹었는데, 과도한 향락 때문에 보통보다 빨리 정력이 쇠한 많은 남자들이 특히 열심히 먹었다. 그러나 유혹의 세계에서도 이 독물은 큰 역할을 했다. 그것은 몇 분 만에 효과가 나타났기 때문에 상대를 재빨리 의도한 대로 손에 넣을 수 있도록 하기 위해서, 예컨대 미리 여자를 황홀한 기분에 빠뜨려 유혹하는 사람에게 대단히 적극적이 되도록 한다든가, 남자를 정욕의 광란상태로 끌어들이거나, 여자의 완강한 저항을 꺾어버리기 위해서 남자나 여자에게 위험하지 않은 방법으로 —— 예를 들면 미리 준비한 포도주 잔이나 봉봉 과자 혹은 그외의 다른 방법으로 —— 먹였는데 이것에는 숙련된 솜씨가 필요했다.

그러나 여자들도 세간에 "사랑의 알약"이라고 알려진 최음제를 몰래 복용했다. 여자들은 어느 순간 "애정어린 표정"을 짓기 위해서 또는 미리 약속한 남자와 함께 잘 때, 처음부터 황홀한 기분으로 상대방의 기대를 만족시켜주기 위해서 먹었다. 퐁파두르 스스로도 말했듯이, "물오리같이 차가워졌을 때" 사랑의 알약을 먹지만,

그 때문에 애인인 왕을 바짝 매혹시키기보다는 오히려 냉담하게 만들었다. 많은 부인들이 이 약의 힘을 빌렸는데 그 시대에 높이 평가된 호색적인 환희의 표정이나 마약에 취한 기미를 끊임없이 사람의 눈에 띄도록 안색으로 나타내려고 했다.

그외에 가장 유행한 것은 채찍질이었다. 채찍질이 무엇보다도 가장 확실한 최음효과 중의 하나라고 생각되었기 때문이다. 그것은 어느 시대에서도 볼 수 있었는데, 르네상스 시대에도 중세에도 여전히 행해졌다. 그러나 이 경우 역시 어떤 변태성욕의 일시적인 현상으로서 나타난 것인지, 한 역사시대에 한정된 대중현상인지를 구별해야 한다. 일시적인 경우는 병리학적인 문제로서 의학에 속하지만, 대중현상인 경우는 풍속의 역사에서 다룰 문제이기 때문이다. 채찍질은 절대주의 시대의 성생활에서 도처에 끊임없이 나타나는 중요한 요소였으므로, 이 시대의 명백한 사회현상이라고 볼 수 있다. 채찍은 도처에서 사용되었으며 세상 사람들은 공공연히 채찍을 얘기했다. 채찍은 향락의 미식이며 그 작용을 만족스럽게 인정했다. 많은 남자들이 날을 정해서 이를 위한 협회에 찾아서 그곳에서 채찍 "치료"를 받거나 어린 처녀나 아이들을 채찍으로 때리는 쾌감을 즐기기도 했다. 유곽에는 어디든지 이를 업으로 하는 창녀가 있었다. 뿐만 아니라 시설이 상당한 유곽에는 소위 고문실이 있었고 그곳에는 이런 부류의 흥분을 즐기기 위한 도구가 전부 갖추어져 있었다.

성생활의 긴요한 요소로서의 채찍질은 절대주의의 훌륭한 산물이었다고 말해도 무방했다. 요컨대 절대주의가 변태성욕을 사회악으로까지 일반화시켰다는 점에서는 그렇다. 그 중요한 토대가 무엇이었는가를 밝히는 발전의 논리와 역사의 관계는 그렇게 까다롭지 않다. 그 첫째 토대는 성욕의 창조적인 면을 점차 제거한 것으로 이것은 르네상스가 붕괴한 후에 시작되었다. 그 둘째 토대는, 갈랑트리의 극단적인 징후이기도 했지만, 성욕이란 전혀 채워질 수 없는 욕망이라고까지 과장했다는 것이다. 억지로 자극된 성욕은 자연스러운 경우보다도 훨씬 체력이 더 소모되는 법이다. 즉 신체의 어느 부분을 채찍으로 때리면 성중추가 자극되기 때문에 채찍에 의해서 성욕의 마지막 단계의 것을 분출하도록 자극하게 된다. 마지막으로 제3의 가장 중요한 원인은 전능한 지배자로서 여자가 왕좌에 오른 것이다. 왜냐하면 여자의 왕위계승은 남자의 굴욕을 필요로 했기 때문이다. 본질적으로 남성이 지배한 사회에서 남성이 극단적으로 굴욕을 당하게 되는 것은 도착증과 같은 것에 의해서 남자

행실이 나쁜 집단(프랑스의 동판화)

의 기질이 형태적으로 바뀌어 여자는 남자를 굴욕적으로 다룰 권리를 가졌을 때에 나타났다. 그리고 마치 장난꾸러기 아이를 때리듯이 여자는 남자를 채찍으로 때리는 스트롱 가버니스(strong governess : 엄한 여자 가정교사)의 역할을 했다. 이와 같은 사실은 우리들에게 그 시대에는 채찍질이 나이에 관계없이 전국민의 자극수단이었다는 점도 가르쳐준다. 18세기 영국의 가장 유명한 채찍질에 관한 저술 가운데 하나인 「비너스 학교의 여교사 —— 자작나무 회초리 스포츠」의 머리말에는 이렇게 쓰여 있다.

인간의 천성을 깊이 신뢰하지 못하는 대부분의 사람들은 채찍질에 대한 정열이, 노인이라든가 너무나 함부로 성적 낭비를 함으로써 정력을 탕진해버린 사람에게 한정되지 않으면 안 된다고 믿고 있다. 그러나 그렇지 않다. 그 이유는 노인이나 정력을 탕진한 사람이 이 정열에 몰두하는 것과 마찬가지로 생의 한창 때에 있는 많은 청년이나 장년층까지도 이 정열의 포로가 되어 있기 때문이다.

그런데 앞에서 서술한 것과 같은 대중현상으로서의 채찍질의 간단한 논리에서 또 하나의 결론, 곧 여성지배가 최소 한도밖에 인정되지 않았던 계급에게까지 채찍질이 점점 확대되었다는 결론이 싫든 좋든 드러나게 된다.

이 문제에 관해서 쓴 대부분의 저술가는 입을 모아 이 악덕은 영국에서 가장 널리 보편화되었다고 말하고 있다. 이 의견을 부정하기는 매우 어렵다. 왜냐하면 채찍질에 관한 기록은 대개 영국에서 쓰여졌거나, 채찍질의 사용이 그토록 공공연히, 또 직접적으로 평가받은 곳은 영국 이외에 아무데도 없었다는 사실로써 이러한 의견은 뒷받침되기 때문이다. 이 두 가지 사실에 대한 하나의 증거로서 새뮤얼 버틀러의 유명한 풍자시 "휴디브라스"를 들어보자. 그 시의 대부분은 이 악덕을 풍자한 것이다. 나는 그 증거로서 다음 몇 구절을 인용해둔다.

> 미덕의 어머니, 그 채찍은 징벌을 가해
> 학문하라고 닥달한다.
> 채찍은 타고난 결함을 제거하고
> 썩은 육체에 감동을 준다.
> 채찍은 시문이나 영웅의 세계에서
> 모든 명예의 기초가 된다.……
>
> 운명은 채찍과 여자를 준다.
> 운명은 어찌하여 육체에 대해서
> 사랑의 광란에 대해서
> 채찍보다 훌륭한 약을 주지 않는가.
> 왜냐하면 사랑은 눈먼 아이이기 때문에
> 채찍을 아끼면, 아이를 타락시킨다.……
>
> 술창고지기가 리디아와 프리지아 박자로
> 통을 두드리듯이,
> 용감하게 채찍을 휘두르며
> 채찍을 법식과 박자로 죄어치는 사람은
> 그 자세와 태도로
> 사랑의 감정을 불어넣을 수 있다.
>
> 이것은 다른 류의 색에 비해서는
> 참으로 적은 노력으로 충분하다.
> 리본을 삼킨다거나

기쁨을 기대하며

조간신문이나 연감에
시나 연가를 투서하기보다는
채찍을 잡는 편이 훨씬 좋다.

그럼에도 불구하고 채찍질을 영국 특유의 악덕이라고 하여, 흔히 말하듯이 그것
을 이른바 영국인의 독특한 거친 성격으로 설명하는 것은 터무니없다. 그 이유는
이 악덕이 17-18세기에 다른 나라에서도 크게 유행했으며, 특히 유럽 전역의 무수

히 많은 수도원에서 자행된 사실에 관해서는 특별한 증거 따위를 댈 필요도 없기 때문이다. 바로 이 사실은 자연적인 자극이 지나치게 강한 곳에서는 채찍은 언제나 대중현상으로서 나타나는 악덕이고, 본성은 가장 세련된 자극행위로서의 채찍질에 의해서만 반응하고, 결국 성욕은 과도하게 고조되어 방출되는 것을 증명한다.

12) 왕좌에 오른 매춘부

나는 혼인에 관한 장에서말고는 지금까지 오직 자기 목적으로서의 역할에서 본 "연애"를 논해왔다. 그런데 이 역할은 이 시대와 마찬가지로 어느 시대에나 연애가 어느 범위까지는 목적을 위한 수단, 예컨대 화폐에 지나지 않는다는 사실을 증명함으로써 비로소 가장 중요한 특징을 드러내게 된다.

"연애"가 어느 시대에나 인간이 명성, 총애, 권력 등을 사들이는 화폐 구실을 하는 것은 바로 그 본질인 것이다. 다시 말하면 연애의 상품성은 항상 이러한 맥락과 분리할 수 없다. 그러므로 우리는 여러 시대에서 이 상품성을 어느 때는 공공연히, 어느 때는 다소 보완해서 표현한 무수한 기록을 열거할 수 있다. 그리고 상품성이 연애와 불가분의 관계가 있는 것은 명백하기 때문에 그 전형적인 범위 역시 그 시대 문명의 발전정도를 재는 유일한 잣대가 된다. 상품성이 낮아지면 낮아질수록 문명은 점차 향상되어 종족보존 본능의 발현은 남녀 두 사람의 한층 더 높은 정신적 상호 공유라는 토대 위에서만 이루어지게 된다. 이에 반해서 그 상품성이 높아지면 높아질수록 문명은 점차 퇴보한다. 이 잣대는 절대주의 시대가 그토록 심각하게 타락했다는 것을 나타내는 잣대이기도 했다. 이미 우리들은 이 시대에 관해서 그것은 문명의 비극이라고 서술했거니와, 이 잣대로 보면 상상할 수 없을 정도로 절대주의는 타락했던 것이다.

절대주의 시대에는 연애가 일반적으로 인기 있는 지불수단이었을 뿐만 아니라 시장가치로 보아도 어느 상품에 뒤떨어지지 않는 지불수단이었다. 인간은 "연애"로 재산, 명성, 권리, 총애, 권력 등, 한마디로 일체의 것을 살 수 있었다. 돈으로 살수 없는 관직, 명예, 총애도 연애를 통해서는 언제나 손쉽게 살 수 있었다. 1720년 라이프치히 신문에 게재된 "카를로 2세와 몰리에르의 회견"에는 이렇게 쓰어 있다.

뚜쟁이질(보렐의 그림에 의한 프랑스 동판화)

　많은 사람들이 플라톤 철학이나 아리스토텔레스 철학 혹은 법전이나 교회법을 통째로
암송하고 또 정치의 정수를 이해하고, 역사를 명백하게 비판할 수 있다. 그런데도 이러한
부류는 굴뚝 청소부조차도 될 만한 능력이 없으며 언제나 가난하며 비참하다. 그 이유는
아무리 무학자라도 여편네가 미인이고 뻔뻔스럽기만 하면 최고 관직에 오를 수도 있고 산
더미 같은 부도 얻을 수 있기 때문이다.

　교태와 플러트는 이러한 거래에 반드시 필요한 보조화폐였다. 따라서 여자는 이
보조화폐가 없으면 살아가기가 고되었다. 그것은 곧 자기목적으로서의 연애가 이
시대에 맡았던 큰 역할과 모순되지 않을 뿐만 아니라 그 역할에 꼭 필요한 반려자
였다는 의미이다. 연애가 가장 존중되는 향락대상인 곳에서는 동시에 여전히 상품,
더욱이 가장 중요한 상품임에 틀림없었다. 그것은 상징적인 의미에서뿐만 아니라
현실적인 의미에서도 그랬다. 왜냐하면 그 경우 연애의 상품성은 상당히 노골적으
로 드러나기 때문이다. 일반적인 평가는 대개 어떤 여자 —— 또는 어떤 남자 ——
의 “연애"에 대한 시가에 의해서 좌우된다. 총애의 대가로 최고의 가격이 지불되는
여자는 최상의 존경을 받는다. 이 일반적인 상황은 작첩제도에서 특징적으로 모습
을 드러낸다. 남자는 설령 결혼을 했다고 하더라도 작첩할 수 있었다. 여자들은 한

지아비의 지어미이자 동시에 또 한 남자의 정부가 되었는데 때때로 이 정부(情婦)는 또다른 정부(情夫)를 둘셋씩 더 거느렸다. 한편 이들 정부들은 아내가 있더라도 상관이 없었다. 그러나 정부와의 연애는 마치 아내 혹은 남편과의 연애처럼 대가 없는 선물이 아니라 대부분 번쩍번쩍 빛나는 황금, 아니면 직접적으로 급료, 아니면 값비싼 선물이 지불되는 계약관계였다. 지불금액은 어느 경우이든 암묵적으로 지켜지는 비밀은 아니었다. 어느 여자는 어느 남자의 정부라든가, 어느 남자는 누구누구를 정부로 삼았다는 이야기와 마찬가지로 그것은 공공연한 비밀이었다. 연애는 대가 없는 선물을 주고받는 관계가 아니었기 때문에 사람들은 "저 사람은 가격이 얼마얼마이다"라든가 저 사람은 "얼마얼마의 돈을 내고 있다"라고 공공연히 숫자까지 들어가며 자기 일처럼 자랑했다.

이 시대에 돈을 잘 쓰는 남자들이 모두 작첩했다는 것은 혼인이 주로 인습에 의해서 맺어졌다는 앞에서 썼던 사실에 수반될 수밖에 없는 현상이었다. 그럼에도 불구하고 만약 독자들이 작첩제도를 이 시대의 남녀가 혼인의 인습적인 성격으로 인해서 이룰 수 없었던 진정한 연애를 갈구한 결과 걸어갔던 샛길에 불과했다고 판단한다면, 그것은 당치도 않다. 작첩제도는 색사에서 인습결혼으로 채울 수 없었던 쾌락만을 보충해주었던 것이다. 그런데 이 시대의 남녀는 이성과의 교제에서 관능적인 쾌락만을 추구했기 때문에 정부는 결국 모든 이해관계의 중심 인물이 되었다. 따라서 시대풍조에 의해서 왕좌에 오른 여자는 사실 진정한 아내로서가 아니라 정부로서의 기능을 하는 아내였다. 예컨대 매춘부가 아내와 함께 왕좌에 앉았던 것이다.

정부는 개개인의 경우에서는 애인이었지만, 하나의 유형으로서의 정부는 오히려 그보다는 인간이 그 시대의 갈랑트리라는 문제를 조직으로 해결할 수 있는 형식이었다. 갈랑트리의 기본 법칙은 변화와 상대자의 자유로운 교체이다. 그들은 이 두 가지 목적을 작첩제도로써 얼마든지 달성할 수 있었으며, 원하기만 한다면 정부를 매달 또는 매주 바꿀 수도 있었다. 결코 본처를 이렇게 바꿔치기할 수는 없었던 것이다. 뿐만 아니라 아내가 동시에 남자 몇을 정부로 한 것과 마찬가지로 남편 역시 정부를 한꺼번에 한 죽이라도 품에 안을 수 있었다. 작첩제도 덕택에 색 문제는 이렇게 유효적절하게 해결되었기 때문에 이 제도는 사회적으로도 합법화되었으며 정부를 업신여기는 일도 없어졌다. 업신여기지 않는 데에는 이와 같이 확실한 이유가 있었으며 이와 마찬가지로 지배계급이 이 제도를 자기들에게만 허용된 특권이라고 생각했던 것 역시 이유가 있었다. 한편 소시민계급의 정부는 지배계급의 눈에는 변함없이 가장 천시해야 할 대상이었다.

이 시대에는 모든 것 위에 절대군주가 우뚝 솟아 있었으므로 특히 군주의 높은 지위에 여자들은 매료당했다. 따라서 작첩제도라는 큰 산맥의 주봉에는 군주의 정부가 있었다. 정부를 거느리지 않은 군주란 이 시대에는 결코 상식적으로는 생각할 수 없었다. 그래서 여자에게 무관심한 군주라도 단지 이름만이든지 과시용이든지 아무튼 정부를 거느렸다. 가령 프로이센의 프리드리히 1세의 정부인 콜베 바르텐베르크 백작부인이 여기에 해당된다. 프랑스 궁정에서의 정부의 지위에 관해서는 가스통 모그라가 이렇게 쓰고 있다.

정식첩실의 지위는 단연 관직에 상당하는 것이다. 정식첩실은 국왕이라는 인물과 분리시켜 생각할 수 없다. 국왕이 여름에 별궁으로 행차할 때에는 그녀가 동반한다. 그녀는 베르사유 궁전에 자기 거처를 가지고 있다. 그리고 보수를 받기도 한다. 대신들은 국왕의 애첩의 거처에서 정치를 한다. 국왕이 품에 안고 있는 또다른 침대의 자매들 ―― 국왕 침대의 귀부인들 ―― 은 모두 공식관등으로 구별되어 있다.

부인들에 대한 숭배의 절정은 결국 바로 군주의 애첩에 대한 숭배였기 때문에 군주의 애첩에 대한 숭배가 가장 기괴한 모습을 띤 것은 확실하다. 군주의 애첩들은 대부분 항상 왕비보다도 지위가 높았다. 왕비는 대개의 경우 자식을 낳는 암말에 지나지 않았기 때문에 군주라는 남편은 왕자를 생산하기 위해서만 부인의 침대에 올랐다. 루이 14세의 유명한 애첩 몽테스팡은 베르사유 궁정의 1층 20호실에 살고 있었으나 정작 왕비는 2층 11호실로 만족해야만 했다. 소위 계몽 절대군주의 대표인 프로이센의 프리드리히 2세는 상수시의 벽을 애첩인 무희 바르베리나의 풍만한 초상화로 장식했다 ―― 이 궁정에서 가장 호화로운 홀을 이 애첩을 기리기 위해서 바쳤던

프리드리히 2세의 애첩인 바르베리나(펜, 유화)

루이 14세의 애첩들 : 라 발리에르(왼쪽)와 몽테스팡 부인(오른쪽)

것이다. 그러나 왕비는 궁정에서 추방당하여 상수시를 멀리서 쳐다보는 것조차도 허용되지 않았고 궁정에 들어가는 것은 언감생심 생각도 할 수 없었다. 물론 이러한 신격화는 군주의 애첩에 대한 외관상의 존경도 의미했다. 정식첩실은 왕비와 함께 동등한 자격으로 사교계에 나가는 것도 허용되었다. 애첩은 자기 궁전 앞에 의장대를 두었고 이따금 궁녀까지 거느리고 있었다. 몽테스팡 부인의 긴 치맛자락을 받쳐드는 일은 내무대신의 부인 노아유가 임명된 현직(顯職)이었으나, 왕비의 긴 치맛자락은 일개 시종이 받들었다. 몽테스팡이 마차로 외출할 때는 근위병이 호위했다. 그녀의 공식행차의 모습을 살펴보자.

몽테스팡이 행차하는 지방에서는 지사 등 그 지방의 왕의 대리인이 대례복을 입고, 공손히 맞이하며 각 도시도 대표를 파견했다. 애첩이 탄 여섯 마리의 말이 끄는 의전마차는 그 뒤에 궁녀들을 태운 여섯 마리의 말이 끄는 마차를 거느리고 지방을 주유했다. 행렬 뒤쪽에는 짐마차와 여섯 필의 노새, 열두 명의 기마병이 뒤따랐다. 구경꾼들은 마치 페로(프랑스의 동화작가, 1628-1703/역주)의 동화의 나라에 온 듯한 기분이었다.

정식첩실에 대한 이와 같은 경의의 표시형식은 다른 모든 절대군주의 궁정에서도 볼 수 있었다. 강력왕 아우구스트 공작이 폴란드 국왕으로 추대되었을 때, 그 대관식은 그 당시 바로 이러한 위치에 있었던 애첩 에스테를레 백작부인에게 최고의 경의를 표하는 의식 바로 그것이었다. 이에 관해서는 푈니츠 남작이 말하고 있다.

이 국왕은 추대문서를 손에 넣자 즉시 크라카우로 행차하여 그 지방에서 성대한 즉위식을 올렸다. 에스테를레 백작부인은 이 행차의 동반자가 되었다. 부인에게는 애인의 성대한 즉위식이 이른바 개선식과 같은 것이었다. 부인은 교회 안에 특별히 마련된 특실에서 이 성대한 의식을 전부 보게 되었다. 그리고 국왕이 제물을 바칠 제단으로 나아갈 때, 한자리에 나란히 앉아 있던 사람들은 국왕이 애인을 지그시 바라보며, 마치 과인의 향을 뿌려 과인의 심장을 그대에게 바치겠노라고 맹세하는 듯한 표정을 짓는 것을 보았다.

뷔르템베르크의 칼 알렉산더가 한때 무희였던 그의 애첩 아가테에게 경의를 표하라는 어명을 내린 사실에 관해서는 앞에서 언급했던 당시의 뷔르템베르크 궁전을 묘사한 「참된 진리 —— 뷔르템베르크가의 회상록」에 다음과 같이 기록되어 있다.

그런데 세습군주가 살고 있던 저택이 아가테 부인의 궁전이 되었을 때에는 그곳에서 사용하는 말도 완전히 바뀌었다. 이와 함께 다른 것들도 변했다. 궁정하인은 식사시중을 들도록 애첩에게 배속되었다. 궁중 내의 금은 장신구나 마차는 모두 애첩이 마음대로 써도 무방하게 되었다. 궁정의 노예나 귀족 출신의 시동은 애첩의 시중을 들어야 했다. 애첩은 바야흐로 궁정은 물론 전국에서 가장 귀한 인물이 되었다. 연회는 모두 애첩을 주빈으로 해서 열렸다. 애첩의 생일이나 명명일(命名日), 뿐만 아니라 달력에서 애첩의 이름에 해당하는 성녀의 날에도 궁정이나 수도에서 축하행사가 있었다. 근위병은 애첩 앞에서는 반드시 받들어 총을 해야 했다. 대신도 궁정하인도 대례복 차림으로 애첩의 시중을 들지 않으면 안 되었다. 그리고 연등이 줄을 잇고 불꽃놀이가 거행되었는데, 이 모든 것은 어명에 의해서 아가테 부인을 칭송하기 위한 것이었다.

그런데 이 경의의 표시는 더욱더 극단적이 되었다. 국왕의 정식첩실에게는 유럽의 다른 나라의 왕의 사촌형제나 사촌자매들조차 경의를 표하기를 마다하지 않았다. 러시아의 예카테리나 2세도, 프로이센의 프리드리히 2세도, 오스트리아의 마리아 테레지아도 루이 15세의 우상인 퐁파두르 부인에게 친절하게 편지를 쓰는 일이 품위를 떨어뜨리는 행위라고 생각하지 않았다. 티이 백작의 「회상록」에서는 오스트리아 황제 요제프 2세가 루이 15세의 또다른 유명한 애첩 뒤바리 백작부인에게 보낸 존경에 관해서 이렇게 쓰고 있다.

황제는 루이 15세의 애첩 뒤바리 백작부인을 방문했다. 이 부인은 전에 뻔뻔스럽게도 공공연히 세자비(곧 마리-앙투아네트를 말함. 요제프 2세는 그녀의 오빠임/역주)를 적이라고 선언했는가 하면, 자신은 국왕의 부인이라고 하면서 세자비를 모욕한 적도 있었다. 요제프는 그 사실을 잊어버린 듯한 행동을 했다. 황제는 한술 더 떠서 이 늙어빠진 미인에게 얼간이 같은 찬사를 늘어놓았다. 부인이 고의인지 우연인지 스타킹 끈을 떨어뜨렸을 때, 황제는 그것을 친히 주워 바쳤다. 그리고 부인이 백배사죄를 하자 황제는 이렇게 말했던 것이다. "아름다운 여신에게 봉사하는 일은 황제의 품위를 손상시키는 것이 아닙니다."

덴마크의 왕 프리드리히 4세가 드레스덴을 방문했을 때, 그를 환영하기 위해서 열린 몇몇 연회에서는 언제나 임시 정부(情婦) —— 그 당시는 코젤 —— 가 중심이었다. 이에 관해서 푈니츠 남작은 이렇게 쓰고 있다.

사람들은 다음날도, 그 다음날도 즐거운 연회로 시간을 보냈다. 그리고 국왕이 드레스덴에서 체류한 6주간은 날마다 새로운 연극이 축하공연되었다. 이 호화스러움과 특이함도 모든 이를 경탄하게 했다. 코젤 부인은 항상 이러한 연회에서 가장 귀한 주인공이었기에, 연회에 온 사람들은 곳곳에서 부인에 대한 찬사의 상징과 문구를 보았다. 그런가 하면 두 국왕은 부인이 좋아하는 빛깔의 어깨 휘장을 걸치고 경쟁이라도 하듯이 부인에게 경의를 표했다. 국왕의 애첩이 이렇게 존경받는 일은 일찍이 없었다.

쾨니히스마르크가의 아가씨가 당시 아직 선제후였던 작센의 강력한 아우구스트 공작과 침대에서 관계를 가지자, 선제후의 모후만이 아니라 왕비까지도 이 아가씨에게 각별하게 대했다. 푈니츠 남작은 이 애첩에 대한 각별한 태도를 이렇게 변호하고 있다.

선제후의 모후는 몸가짐이 엄격했기 때문에 이전에는 언제나 방탕한 연애를 혐오했으나, 아들이 그토록 친절한 아가씨를 진심으로 사랑하게 되자 아들이 나쁘다고 해서 그녀를 나쁘게 받아들일 수는 없었다. 선제후의 모후와 비 두 사람은 특별히 그 아가씨를 방문하여, 마음에서 우러나온 친밀감을 가지고 그 아가씨와 교제했다.

영국 왕세자의 하렘의 애첩이자 여배우이기도 한 미스 로빈슨이 1781년에 파리를 여행했을 때 봉건적인 방탕사회는 온통 넋을 잃어버렸다. 가스통 모그라는 다음과 같이 묘사하고 있다.

프랑스 사교계는 그녀를 지극히 환대했다. 사람들은 그녀를 환영하기 위해서 연회를 열거나 갖가지 오락을 마련했으며 그곳에는 일류 명사까지 배석했다. 샤르트르 공작, 로쟁 공작, 심지어 궁정의 가장 매력적인 기사까지도 이 아름다운 외국여인에게 소개되기를 희망했다. 샤르트르 공작은 그녀에게 홀딱 반해서, 상대에게 경의를 표하고자 사블롱 평원에서 경마대회를 열었다. 그는 그 이상의 일도 했다. 그녀를 위해서 아름답게 불을 밝힌 무소가의 정원에서 시골풍의 축제나 이탈리아풍의 저녁 파티를 개최했으며, 그때 여러 가지 색채의 연등이나 꽃다발, 조화로 미

찰스 2세의 애첩 넬리 그윈(렐리, 유화)

스 로빈슨의 이름의 첫글자까지 만들어서 정원의 나무에 달아놓았다.

더구나 그밖의 많은 경우와 마찬가지로 이 경우에도 역시 환영받는 여자는 자신이 그와 같은 명예에 얼마나 어울리는지를 열광하는 숭배자들에게 보여주어야 하는 것을 잊지 않았다. 미스 로빈슨은 다정한 사랑의 윙크로, 자기가 선택한 애인 리스트에 샤르트르 공작을 정중히 받아들였다. 영국의 팸플릿 작가는 이 중요한 국가적 행사를 세상에 상세히 발표하는 데에 게을리하지 않았다. 덧붙이면, 이런 일이 벌어지자 그녀의 이름은 영국 사교계에서 더욱 높아지게 되었다는 것이다.……

이러한 몇 가지 실례에서 이미 보았듯이 작첩제도는 가톨릭의 마리아 숭배를 세속적인 형태로 바꾼 것이었다. 마리아는 신의 아들 예수보다 훨씬 높다. 정부는 그 지배자보다도 훨씬 높고 강하다. 왜냐하면 정부는 지배자도 지배하며 지배자의 운명이기도 하기 때문이다. 대변자로서 신의 왕좌에 마리아를 앉힌 남자는 신의 은총을 확신하게 된다. 정부의 은총으로 빛나는 남자에게는 생명의 별이 그 빛을 발한다. 이 역사적 상황의 결과가, 예컨대 앙시앵 레짐 시대의 역사에 특징을 부여한 이른바 첩실정치였다. 따라서 이제 첩실정치를 자세하게 다룰 차례가 되었다. 그 이유는, 첩실정치는 또 절대주의의 역사에서 가장 유명한 측면이기 때문이다. 여기서는 이와 같은 상황에 관해서 널리 행해지고 있는 비판에 대해서 최소한 한 가지 제한조건을 달아야 한다. 절대주의 시대의 첩실정치를 서술하는 대부분의 역사가들은 우선 국민이 이러한 매춘부와 같은 여자의 기분에 굽실거리지 않을 수 없었다

는 데 대해서 도덕적인 분개를 터뜨리고 있다. 그러나 이러한 분개는, 첩실정치에 관한 한, 이 세상에서 가장 진부한 비판이다. 왜냐하면 그런 비판자는 왕권신수설을 토대로 하여 절대군주만이 입법자가 될 수 있다고 언제나 생각하기 때문이다. 이 경우 그들의 역사적 견해는 첩실정치와 맞부딪쳤을 때 완전히 후퇴해버릴 것이다. 그 이유는 우리들이 진심으로 높은 지성을 찾으려고 했을 때, 대개의 경우 애첩이 오히려 높은 지성의 소유자였다는 점이 대수롭지 않은 관찰만으로도 밝혀지기 때문이다. 이러한 애첩은, 몇몇 예외는 있지만, 애첩에게 쫓겨난 정실에 비해서 훨씬 총명했을 뿐만 아니라, 실제의 지배자와 비교해보아도 매우 총명했다. 따라서 앞에서와 같은 비판은 아무 쓸모가 없다. 작첩제도의 부도덕성만이 절대주의의 본질이며, 이 본질이 개인의 전횡을 절대적인 법률로까지 승격시켰던 것이다.

첩실정치는 어느 나라를 막론하고 흔히 볼 수 있는 현상이었으나 만약 이 정치가 자행한 터무니없는 권력의 남용을 올바르게 조명할 수 있다면, 그 일부가 국민 전체를, 그 일부가 국민 대부분을 지배하게 되는 여러 가지 결과는 일반적인 풍속의 역사에서 더욱 중요해질 것이다.

국왕이 애첩의 의지에 예속되는 것이 바로 남자가 여자에게 예속되는 최고의 상태를 보여주었기 때문에 그 시대에는 정부가 되는 일이 여자에게 가장 바람직한 일이었고 그 때문에 정부는 종종 제일 인기 있는 직업이기도 했다. 대부분의 부모는 딸을 정식으로 그런 기준에 따라서 교육했다. 만리 부인은 「아틀란티스」에서 딸을 배려하는 어머니가 "애인을 찾을 수 있도록" 딸을 오페라나 하이드 파크로 데려가는 장면을 묘사하고 있다. 애인은 딸에게는 최소의 이상이었다. 왜냐하면 비록 남편이 되지는 않는다고 해도 애인이라는 존재는 언제나 선물을 아낌없이 안겨주는 혹은 자신을 돋보이게 해주는 친구가 되었기 때문이다. 아브라함의 「안녕」에는 이렇게 쓰여 있다.

그러한 부모, 즉 자신의 골육을, 말하자면 친딸을 악마의 도살장으로 끌고가는 부모가 오늘날까지도 우글거린다.……뿐만 아니라 계획적으로 귀족에게 빌붙어 딸의 처녀성을 팔아넘기고 그 대신 자신의 변변치 못한 가문의 혈통을 보다 좋게 하는 한편 어마어마한 관직을 감쪽같이 점유하는 일도 있다.

그 시대의 여자가 노리는 최고의 이상은 말할 것도 없이 군주의 정부가 되는 것

희생 제물(J. 콜렛, 영국의 동판화)

이었다. 군주의 정부가 휘두르는 무소불능의 권력 그리고 친족이나 친구까지 온통 덕을 보게 되는 복의 신이 흘린 복, 이런 것들이 그 시대의 많은 부모들로 하여금 요행에 간절한 기대를 걸고 자신의 딸을, 시대가 말하듯이, "국왕이 잡수실 수 있게" 교육하도록 유혹했다. 여러 가지 기록이 그것이 거짓이 아님을 말해준다. 예를 들면 카사노바의 「회상록」 가운데는 다음과 같은 기록이 있다.

나는 여관에서 토스카나라는 여배우와 함께 묵었다. 이 여배우는 매우 젊고 아름다운 딸을 데리고 슈투트가르트로 돌아가는 길이었다. 이 여자는 파리에 1년 정도 머물면서 유명한 베스트리스 밑에서 성격무용을 딸이 배우도록 했다. 나는 이 어머니와 파리에서 서로 알게 되어 딸의 노리개로 스파니엘 강아지를 선물했으나 어머니에게는 별다른 흥미가 없었다. 그러나 젊은 딸은 진실로 보석처럼 아름다웠고 게다가 나에게 몇 번이나 슈투트가르트까지 함께 가줄 것을 간청했기 때문에 나는 기꺼이 응낙했다. 더구나 나에게는 슈투트가르트에는 모든 가능한 즐거움이 있는 것처럼 느껴졌다. 어머니는 자신의 딸이 어떻게 공작의 눈에 띌 것인가를 고심하느라고 안절부절 못 하는 듯했다. 사실 어머니는 딸을 이미 소년시절부터 호색한이었던 공작에게 팔아넘길 작정이었다.

궁정귀족 계급의 사람들은 미친 듯이 그러한 생각에 몰두했다. 궁정귀족은 봉건적 지위를 상실하자 힘과 자존심마저도 완전히 잃어버렸다. 그들이 궁정에서 맡았던 기능이래야 사실은 급이 높은 하인 기능 같은 것이었기 때문에 모두 노예근성이 몸에 배어 있었다. 딸이나 아내 혹은 누이의 아름다움이 군주의 색정을 자극하면 온 집안이 마치 귀신의 목이라도 벤 듯이 그것을 자랑했다. 여자라는 여자는 모두 오직 군주의 눈길을 끌기 위해서 필사적인 노력을 경주했다. 여자들은 군주에게 접근할 수 있는 장소라면 어디에서든지 우르르 몰려들어 군주의 눈길이 자신에게 떨어지기만을 이제나저제나 하고 기다렸다. 루이 14세의 궁정 같은 경우에는 그 시대의 사람이 궁정에는 "국왕을 유혹하기 위해서 노력하지 않는" 여자는 한 명도 없었다고 말한 그대로이다. 우리들은 프로이센의 프리드리히 빌헬름 2세의 궁정에서 벌어졌던 이와 같은 작태에 대해서 유명한 베를린 아카데미의 원장인 샤도의 입을 통해서 다음과 같은 사실을 알 수 있다.

포츠담 전체는 유곽과 같았다. 이곳의 모든 사람들은 왕이나 궁정에 어떻게든 다리를 놓아보려고 필사적인 노력을 하고 있다. 사람들은 앞을 다투어 아내나 딸을 헌납했다. 지체 높은 귀족일수록 더 열심이었다.

이러한 지경에까지 사태가 이르렀으므로 귀족은 이제 애국심 따위는 모두 잃어버렸다. 예를 들면 베스트팔렌의 유서 깊은 귀족가문의 어머니와 딸은 "내일도 또 즐겁게", 즉 국왕 나폴레옹 전하의 침대를 장식하는 명예를 차지하기 위해서 친자확인 시비까지도 벌였다. 자기의 구역을 침범하는 사람은 "조상 대대로 전해내려오는 권리를 침범한 것이다"라는 사고방식도 역시 전형적인 노예근성에서 비롯되었다. 따라서 만일 평민의 딸이 귀족과 같은 명예의 몫을 받게 되어 원래는 문벌과 권리에 의해서만 신으로부터 부여받아야 할 군주나 국왕의 침대를 장악하는 입신출세를 하면 궁정귀족은 언제나 자신의 조상 대대로 전해내려오는 권리가 침해당한 것으로 간주하고 그에 상응하는 대응책을 강구했다. 국왕이 귀족계급에서 정부를 선택하면 귀족계급은 전하는 자신의 개인적 행복과 공동체의 행복을 올바르게 결합시키는 길을 알고 계셨노라고 하며 전하의 총명함을 칭송했으나, 이와 반대로 예를 들면 프로이센의 프리드리히 빌헬름 2세처럼 애첩들의 성이 민헨 엔케 등과 같은 시민의 것이라면 이러한 수치스러운 첩실정치에 대해서 아무리 욕을 해도 성에 차지 않았다.

물론 자신의 딸이 국왕과 잠자리를 같이하는 것은 자신들의 조상 대대로의 특권이라는 귀족계급의 봉건적인 사고방식은 18세기에 이르러 처음으로 등장한 것이 아니라 절대주의가 권력을 장악하고 그 결과 권력이 궁정귀족에게 주어졌을 때 등장했다. 바꾸어 말하면 첩실이라는 지위가 그 첩실의 일족에 대한 부와 권력을 의미했을 때 등장했던 것이다. 그런데 귀족계급 중 점점 많은 부분이 지금까지의 봉건적 지위를 상실하고 궁정귀족으로 전락함에 따라서 이 경쟁은 점점 치열해지고 잔혹해져갔다. 그 때문에 시민출신의 "두목의 갈보"에 대한 분노는 18세기에 마침내 그들의 머리 꼭대기까지 치솟았다. 이 경쟁은 지배계층 내부에서도 치열하게 벌어졌다. 잠잠할 날이 없이 벌어졌던 이 적나라한 경쟁의 양상은, 만약 그때의 그 무엇에도 뒤로 물러서지 않는 참으로 가공할 만한 범죄의 지옥만 생각하지 않는다면, 실제로는 전대미문의 가장 재미있는 연극이었다. "전하와 잠자리를 같이한다"는 이권을 손에 넣든가 혹은 그것을 지키기 위해서는 끔찍한 범죄도 자행되었다. 그들은 천국과 지옥을 스스로의 손으로 연결시켰다. 그들은 미사를 올리게 하고 악마에게 혼을 팔았다. 이 하늘이 무서운 일이 성행할 수 있었던 것은 악마의 약국에는 궁정에서의 이 방면의 모든 음모에서 한 역을 톡톡히 맡은 "서서히 듣는" 독물이나 "즉효가 있는" 미약이 갖추어져 있었기 때문이다. 더욱이 악마의 목록에는 가공할 만한 검은 미사도 갖추어져 있었다. 그들은 이 검은 미사에서 어린 아이를 학살하여 제물로 바침으로써 소위 지옥의 군주가 자신의 뜻에 무조건 따르게 했다. 그리고 이 계획에 막대한 돈을 투자했다. 왜냐하면 성공하는 날에는 무진장한 돈이 굴러들어올 것임을 알고 있었기 때문이다. 몽테스팡은 독살녀 부아쟁으로부터 자신의 경쟁상대 —— 이미 나타난 혹은 앞으로 나타날 여자들 —— 를 처치하고 루이 14세가 영원히 자기 팔을 벗어나지 못하게 만들어준다는 가루약을 건네받았을 때 그 대가로 그녀에게 100만 리브르에 가까운 돈을 아낌없이 집어주었다. 그런데 몽테스팡이 그러한 방법에 의지하여 라 발리에르나 퐁탕주와의 싸움에 출정하고 있는 와중에 몽테스팡의 후계자로 들어앉으려고 노리고 있던 앙굴롬 후작부인, 비트리 부인 그리고 몽테스팡의 의자매인 비본 공작부인이 역시 같은 방법으로 이번에는 몽테스팡 공격작전을 짜고 있었던 것이다.

그러나 이 경우에도 가장 깊은 원인은 곧 지배계급 내부의 이해관계에 있다. 만약 국왕의 정부라는 지위를 둘러싼 쟁탈전을 예외 없이 개인간의 집안 싸움이라고 본다면 그것은 당치도 않다. 정부라는 존재는 언제나 권력을 의미했기 때문에 정부 개개인의 뒤에는 항상 어떤 일정한 집단이 각각 숨어 있었다. 정권을 장악하려고 안간힘을 쓰는 각 집단은 자신들이 신뢰하는 인물을 국왕의 침대에 밀어넣으려고 했다. 바꾸어 말하면 궁정의 하렘에서 벌어지는 암투의 이면에는 언제나 그 시대의 정치투쟁이 감추어져 있었다. 그리고 이 커다란 정치적 이해는 한편으로는 이러한 궁정음모 전체를 격렬하고 광포하게 만들었고 다른 한편으로는 역사적 의의를 부여하기도 했다. 그 시대의 유명한 애첩들과 그 배후의 대신들 사이, 혹은 17세기 후반기의 프랑스 궁정에서 끊임없이 나타났던 것과 같은, 총희의 자리를 차지하기 위해서 귀부인들이 밤낮을 모르고 벌였던 격전도 한 꺼풀만 벗기면 결국 국왕의 절대권에 대해서 끈기 있게 행해졌던 고등법원의 투쟁을 중심으로 하고 있음이 드러난다. 예를 들면 루이 15세의 재상 슈아죌 공작은 퐁파두르파로서 반(反)뒤바리파였다. 그러나 그것은 애첩 뒤바리가 국왕을 음락삼매만을 추구하는 죄악으로 유혹했음에 반해서 애첩 퐁파두르 시절에는 "궁정에서 고결한 예의범절"이 행해졌기 때문이 아니라 퐁파두르는 슈아죌 공작이 대표하는 집단과 연결을 맺고 있었으나 뒤바리 쪽은 예수회의 거물이 뒤를 밀어 국왕의 침대로 올라갔기 때문이었다. 이것이야말로 그 시대의 중요한 정치투쟁을 은폐하는 이데올로기의 핵심이다. 그리고 일반적인 정치투쟁을 이와 같이 위장하는 것은 절대주의의 본질과 일치했다. 절대주의의 본질상 역사적인 큰 문제는 언제나 매우 추악한 모습을 띠고 등장했으며 절대주의의 본질과 분리될 수 없는 것이었다.

여자가 닥치는 대로 돈에 팔리던 시대라면 남자 역시 닥치는 대로 돈에 팔리게 되는 것은 당연하다. 따라서 앙시앵 레짐 시대에는 작첩제도와 더불어 돈이 명령하는 대로 따르는 남편들이 수없이 등장했다. 대부분의 남편은 아내의 혼외정사에 대해서 너그러웠다. 이것은 남편이 무사태평하거나 무관심하기 때문이라거나 아내의 바람기 넘치는 체취가 오히려 자신의 감퇴되어버린 성욕에 새로운 자극을 주리라는 세련된 생각 때문이 아니라 도리어 그들에게는 아내의 육체는 상품이었고 아내의 연애술이 그 어떤 것과도 비교할 수 없을 정도로 손쉽게 큰 이윤을 생산하는 자본이었기 때문이다.

르 클레르의 그림에 의한 상징적 동판화

많은 가계가 딸이나 어머니의 정부로서의 직업에 의해서 직접 운영되고 있었다. 그런데 이 작업은 보통 끊임없이 생활비 적자가 생기고 그럼으로써 남편 혼자의 손과 머리에 의한 노동만으로는 도저히 지탱할 수 없는 여러 가지 비용을 충당하는 부업이었다. 애인이 된 남자는 여자에게 옷이나 장신구를 선물했기 때문에 여자는 그 덕에 세상 사람들에게나 사교계에서 당당하게 행세할 수 있었다. 더구나 두 사람 모두가 반제(返濟)는 생각하지 않는 차입이라는 우회로를 생각해냄으로써 남자는 자신에게 제공된 사랑의 봉사에 대해서 그때그때 사례를 지불하게 된 셈이었다.

마음 좋은 남편(프랑스의 동판화)

이러한 사실은 그 시대에 흔히 볼 수 있었던, 요행이나 바라는 직업적인 백수건달을 상기하면 그다지 놀랄 일도 아니다. 그들은 도박꾼이나 대사기꾼이었을 뿐만 아니라 직접 아내를 시장으로 끌고 가거나 아내가 너무 늙은 경우에는 딸의 애교와 미모를 돌아다니며 파는 일도 했다. 돈이 생기는 일이면 무슨 일이라도 하려는 유형의 남편은 어느 계급에서도 어느 계층에서도 흔히 볼 수 있었다. 18세기의 유명한 탕아들의 회상록에는 이런 유형이 훌륭하게 묘사되어 있다. 대부분의 탕아는 상대 여자의 남편이 사전에 비밀 무대감독 노릇을 했다는 이유 때문에 수입의 절반을 아낌없이 그 남편에게 주기도 한다.

이 정도는 상인계급, 곧 자신의 상품을 주로 유산계급에게 파는 상인에게는 당연지사였다. 예를 들면 유행상품이나 장신구를 파는 상인이 여기에 해당했다. 이 상인들의 아내들은 언제나 남자 단골손님을 마음대로 농락하거나 돈 많은 멋쟁이 남자의 저택을 방문하여 약속한 유행상품을 보여주는 것이 관습이었다. 이때 그 아내가 노골적으로 자극하거나 단골손님에게만 부리는 교태를 보임으로써 돈 많은 남자가 그 물건을 사는 것은 물론이고 정가의 두 배를 치르도록 유도하고 더구나 상품의 값이 높을수록 점점 더 많이 구입하도록 했을 때 남편까지도 자랑할 만한 수완 있는 아내라고 생각하게 되었다. 그리고 설령 왜 이곳저곳의 단골손님들이 사지도 않은 상품에까지 돈을 지불하는지 충분히 그 이유를 알고 있다고 해도 남편은 이렇듯 기가 막히게 솜씨 좋은 아내를 가지고 있다는 사실을 자랑했음은 말할 나위도 없다.

이러한 유형은 중하급 관리 사이에 많이 있었다. 상인과 관리의 차이점은 판매대상이 상인에게는 단골손님, 관리에게는 상관이나 지체 높은 후견인이라는 것뿐이었다. 상관에게 아내나 딸이 교태를 부림으로써 남자는 일이 잘되고 지위가 안정되며 또 직위가 올라가고 마침내는 보수가 많아졌다. 그러한 예가 부지기수였으므로 세간에서는 그것이 "이 시대의 관리가 입신출세하는 데에는 가장 손쉬운 길이다"라고 말해졌을 정도이다. 그러나 그 시대에는 겉보기로는 건실한 시민계급에서도 아내가 교묘한 방법으로 지불능력이 있는 친구의 정부가 되는 방법을 터득하고 있다면 남편은 호의적으로 사태를 관망하는 사례가 얼마든지 있었다. 남편 스스로도 오랜 기간 자신의 능력에 따라서, 당신은 아무개에게 문안인사를 올리지 않으면 안 된다든가, 아무개에게 친절하지 않으면 안 된다든가 혹은 아무개의 추천장은 우리들에게는 큰 이해관계가 걸려 있다든가 하는 훌륭한 충고로 아내의 판단력을 높여 주었다. 이러한 충고는 그들의 입버릇처럼 되었고 판에 박힌 문구가 되었다. 이러한 이면에, 이 계급에도 물론 위선이 없는 것은 아니었으나, 공공연하게 거침없이 자행되는 범죄에 대한 도덕적 분개 따위는 어느 곳에도 없었다.

이러한 사실로부터 결국 분명한 결과가 나타났다. 사회제도로서의 정부의 합법화는 또 거세당한 수탉, 곧 아내의 간통을 묵인하는 남편도 합법화시켰다. 이러한 남편은 이미 희극에나 등장하는 인물이 아니었으며 오히려 그 반대로 가족의 영원한 행복을 위한 단 하나의 기둥으로서 찬양되었고 용의주도한 남편일수록 가장 현명한 기둥으로 찬양되었다. 이에 대해서 앞에서 인용한 "카를로 2세와 몰리에르의 회견"에는 이렇게 기술되어 있다.

그러나 만약 아름다운 아내의 색에 의해서 여러 가지 근사한 이익이 생긴다는 사실을 알고 그것을 관대하게 보아주는 남편을 과연 경멸할 수 있을 것인가. 오히려 이러한 남편은 세간에서 '거세된 수탉'이라든가 '뿔이 나 있다'(수탉을 거세할 때 그 표시로 볏에 며느리 발톱을 끼워넣었는데 그것이 붙으면 뿔처럼 보이므로 그렇게 말했음/역주)고 불렀고 아내의 간통을, 당당한 권리를 가지고, 세계의 대동맹이라고까지 부르는 것이 가능했다. 슬픔에 잠긴 사람에 대한 위로, 스스로를 구제하지 못하는 사람에 대한 도움, 불행한 사람에 대한 행복, 가난하거나 미천한 가족의 경제적 향상, 남편이나 자식 또는 친구들의 지위상승, 남편의 행복을 찾기 위한 가장 확실한 수단, 풍요의 뿔, 명예와 고귀함의 샘. 이러한 명칭은 확실히 '거세당한 수탉'이나 '뿔이 나 있다'라는 경멸에 찬 말보다 훨씬 더 훌륭하게 사태의 진실과 일치했다.

인간의 행복은 평화와 풍요함이 결정한다. 이에 반해서 결핍이 지배하고 있는 곳에는 불화와 함께 비참함이 눌러앉아버린다. 아름답고 쾌활한 아내로 인해서 가난을 구제하고 빈곤과 비참함을 집으로부터 내쫓기 위해서는 세간에서 말하는 거세된 수탉에게는 누가 뭐라고 해도 앞에서 열거한 여러 가지 아름다운 칭호가 적합하다.

따라서 미인이고 친절하고 요염하며 애교가 넘치는 아내는 자신의 색 덕분에 수차를 돌리는 귀중한 물이 흐르는 수로가 되고 가족에게 우유를 베푸는 멋진 젖소가 되기도 한다. 독수리가 비둘기집을, 우박이 논밭의 곡물을 엉망으로 만들고 한편 곡물이 포도나무를 황폐하게 만든 곳이라도 아내가 정부에게 애교를 부리기만 하면 그 손해는 일괄해서 즉시 두 배, 열 배로 보충된다.

이것은 확실히 풍자가의 말이지만 그러나 그 시대의 진정한 철학은 이와 유사한 여러 가지 풍자들뿐만 아니라 야유도 보내고 있다. 왜냐하면 자신의 의지에 반해서 오쟁이를 진 남편은 희극적인 인물이 되었기 때문이다. 그러나 이러한 상황에서 아내의 사통을 묵인하는 남편의 자리는 어느 사이엔가 직업으로까지 되었다. 샨트데켈(Schanddeckel)은 초기에는 아직 나타나지 않았으나 그 후 마침내 전형적이 되어버렸다. 샨트데켈이란 금전, 벼슬, 승격 등에 의해서 어떤 불법거래가 세간에 알려지지 않도록 거래당사자를 자신의 이름으로 감추어주는 남자였다. 이러한 유형 역시 모든 계급에서 나타났다. "궁정신하는 군주의 애인을 하사받고, 관리는 상관의 애인을 물려받으며, 좋은 주인의 정부를 물려받았다." 그런데 샨트데켈은 이 시대에 없어서는 안 될 인물이었다. 사람들은 여러 경우, 곧 어떤 귀부인의 "명예의 오점"을 지워주고 그 여자의 사회적 지위를 높여주기 위해서, 사생아를 합법화하기 위해서, 특히 쾌락을 서로 부담없이 즐기기 위해서 그러한 인물을 이용했다. 백작 각하는 총명한 뚜쟁이가 덫을 놓아 낚아온 아름다운 여자를 부하 관리의 부인이나 목사부인으로 만들어 언제나 자기 가까이에 둘 수 있었다. 그렇게 하면 그 여자는 세상 사람들을 조심할 필요가 없었다. 더구나 백작 각하는 그 남편에게 부부의 권리를 버리도록 명령할 수도 있었다. 왜냐하면 자신의 이익을 지키는 길이 무엇인가를 터득하고 있는 샨트데켈은 척 하면 삼천리였기 때문이다. 지인(知人)들 사이의 계약도 드문 일은 아니었다. 가장 유명한 역사적인 실례는 필니츠에 의해서 이루어졌다. 또 작센의 에스테를레 남작이 아내를 작센의 선제후 아우구스트에게 양도했던 계약이 있다. 이 계약에는 에스테를레는 "남편으로서의 권리를 전부 양도하고 아내와 결코 동침해서는 안 된다"라고 되어 있었다. 그런데 그 다음 조항에는 "그의 아내가 만약 아이를 낳는 경우에는 이유 없이 그 아이를 자신의 아이로 인정하지 않으면 안 된다. 그리고 아들이든 딸이든 태어난 아이에게 모두 에스테를레라는 성과 문장(紋章)을 물려주지 않으면 안 된다"라고 되어 있다. 샨트데켈 업이 총명한 지아비에게 가져다준 이익에 대해서 아브라함 아 산타 클라라는 이렇게 쓰고 있다.

기름진 혼인은 많은 이익을 안겨준다. 조롱에 갇힌 그레트는 근사한 쪽지를 몇 번이나 보내주고 있다. 궁중에는 많은 작은 새, 즉 많은 가희가 어떻게든 해주세요라고 계속 지저귀기 때문에 어떤 그릇된 방법으로라도 출가시키려고 하는 많은 미끼새들이 있다. 궁중에서는 그러한 작은 새에게 쪽지를 묶어 날려보낸다. 그러면 작은 새는 선택된 남자의 품으로 한 조각의 훌륭한 고기와 빵을 약속하는 쪽지를 가지고 날아든다. 우리들은 어떤 재정 관계 협의회의 회장에 대한 다음과 같은 기록을 알고 있다. "결국 그는 자신이 진작부터 존경하고 있던 궁정여가수와 성대한 혼례식을 올리도록 권고받았다. 그는 똑같은 작은 새를 익살맞은 짓을 해서 자기 방으로 후려들이는 방법을 터득하고 있었다. 다른 사람들이 그에게 그런 카나리아를 기꺼이 떠맡기는 일도 자주 일어났다. 왜냐하면 그들은 이 카나리아의 노래에 질릴 대로 질려 새로운 모드의 작은 새를 손에 넣으려고 했기 때문이다.

관리들은 어떤 직위에 임명될 때 교환조건으로 그 지위를 내려주는 상관이 불하하는 그의 정부와 결혼하기도 했다. 많은 상관들이 품고 있던 정부들을 대량으로 불하하던 그 당시에도, 명백하게 봉건적인 지배영지가 존재하고 있었으므로 그 권내에서 하나의 지위라도 손에 넣기 위해서는 그 권내를 지배하는 하렘에 소속된 미인과 결혼하지 않을 수 없었다. 따라서 어떤 지위를 돈으로 매수할 생각이 없는 사람이나 매수비용이 뜻대로 준비되지 않는 사람은 평생 손가락만 입에 물고 명령을 기다리는 수밖에 없었다. 그런 가난은 대부분의 사람들에게 지혜를 주었을 뿐만 아니라 지혜 이상의 것, 즉 그러한 기회에 대한 간절한 욕망을 주었다. 이에 대해서 슈바벤의 한 신부는 동료에게 이렇게 쓰고 있다. "상관의 임신한 정부와 결혼할 수 있다는 것은 많은 하급자들에게는 자신에게 찾아온 최대의 행운인 양 생각됩니다." 우리는 설교사 지망자들이 이러한 방법에 의해서밖에는 주임신부직에 오를 수 없었다는 것을 언제나 듣고 있다. "신부의 부인은 백작님의 침대에서 첫 견진성사 교육을 받았다"라는 것은 남부 독일에서 매우 오랫동안 인구에 회자되었던 속담이다. 또 하나 "공작님과 구멍 동서가 되기만 하면 종교사무국 평의원으로 출세하는 것은 어려울 것이 없다"라는 속담도 있었다.

샨트데켈의 업은 끊임없이 행운을 가져왔기 때문에 이 시대에는, 적어도 표면상으로는 불명예스러운 것은 아니었다. 만약 군주가 자신의 구멍 동서였다든가 지금도 그렇다면 그것은 대단한 것이었다. 루이 14세가 애첩 라 발리에르를 백만금이나 얹어 바르다 남작에게 건네주었을 때 남작은 그 협정금액이 자신에게는 지나치게 소액이라는 이유로 거절했다. 즉 그는 그것을 남자로서의 자존심 때문에 거절한 것이 아니었다. 왜냐하면 자신의 정부인 수아송 백작부인에 대한 경제적인 이유에서 비롯된 애착을 다음과 같은 말로써 설명하고 있기 때문이다.

프랑스에서 가장 존경할 만한 사람들 중의 한 분인 나의 아버지 고(故) 모레 백작은 앙리 4세의 애첩과 결혼하셨습니다. 나는 두 분 사이에서 태어났습니다. 내가 그 제의를 받아들일지 받아들이지 않을지는 당신 스스로가 판단하시리라고 생각합니다. 굳이 말씀드린다면 내가 라 발리에르 양에게 전혀 흥미가 없었기 때문에, 국왕은 오히려 나에게 그녀와 일부러 교제하라는 파격적인 즐거움을 준비하셨던 것이지요.

몰리에르는 그런 경우에 대해서, 유피테르와의 공유는 불명예스러운 소동이 아니라고 노래했다. 그리고 세상 사람들은 그에게 박수로 지지를 보냈다 —— 다만 협정금액이 엄청난 고액이 되는 조건하에서만 찬성했던 것이다.……

더욱이 이 시대에는 도저히 빼놓을 수 없는 전형적인 남성의 모습이 또 하나 있었다. 그것은 정부 노릇을 하는 남자이다. 그것의 존재이유는 특히 중년의 여자가 자신의 육체가 그다지 아름답지 못해서 남자가 유혹하지 않을 때는 스스로 연애를 돈으로 산 데에 있었다. 그리고 많은 남자들에게는 이것이 그들이 선택할 수 있는 직업 중에서 가장 손쉽게 생계 밑천을 마련할 수 있는 직업이었다. 이에 관해서는 수많은 역사적 실례에서 몇 가지만 들어도 충분하다. 예를 들면 루이 14세의 궁정에 관해서 장 에르베는 다음과 같은 이야기를 인용하고 있다. 보베 양은 루이 14세에게 처녀성을 팔아서 그 돈으로 프로망토 남작을 부양했다. 대법관 세기에의 부인은 오랜 세월에 걸쳐 아르쿠르 백작을 먹여살렸다. 로앙 부인은 미오생 각하의 애정을 20만 탈러라는 소액으로 매듭지었다. 베링겐 부인은 잘 생긴 몽루에 당젠 각하에게 그의 애정의 대가로 매달 1,200탈러의

퐁파두르 부인을 위해서 루이 15세가 주문한 유화(부세)

생활보조비를 내겠다고 했다. 그러나 이 제안은 고액이었음에도 단번에 거절되었다. 그 이유는 제안받은 남자에게 다른 상대가 있었기 때문이며 또 하나 그 귀부인이 "이젠 그리 젊지 않아서", 즉 상당히 늙어서 그랬던 것이다. 남자가 정부(情婦)에게 하듯이, 여자도 정부(情夫)에게 상당한 고액을 지불하고 있었던 것이다. 따라서 귀부인들의 정부도 마찬가지로 여러 가지 조건을 제시했다. 이에 관해서 장 에르베는 루이 15세의 궁정에서 봉사한 한 유명한 귀부인에 대한 다음과 같은 사례를 기록하고 있다.

궁정의 어느 귀부인(하찮은 궁정귀부인이 아니다)은 자기 애인이 일간 혼례식을 올린다는 얘기를 듣고서 그에게 교회에서 돌아오는 길에 자기 집에 들르도록 전했다. 그가 들르자, 당장 귀부인은 그에게 매일 자기와 함께 자자고, 그리고 자기 조카가 그의 신부임에도 불구하고 밤이 되더라도 그 찌꺼기만을 조카에게 주라고 부탁했다. 이 귀부인은 돈을 듬뿍 내놓았으며 남자는 돈이 욕심났기 때문에 귀부인의 말대로 했다.

그뿐만 아니라 정치권력을 쥐고 있는 부인은 정부에게 관직이나 명예직을 대가로 지불했다. 그런데 정부가 약속조건을 이행하지 않았다든가 다른 여자와 바람이 나는 경우에는 모처럼 얻은 관직도 취소되었다. 프리드리히 에벨링은 작센의 프리드리히 아우구스트의 유명한 전제적인 재상 브륄 백작에 관한 연구에서 그러한 사례를 기록하고 있다.

남편과 마찬가지로 백작부인도 역시, 솔론이 절대군주의 총신들이라고 이름 붙인 대로, 자기 마음대로 교체할 수 있는 총신을 많이 거느리고 있었다. 그 가운데는 네 명의 청년 시종과 잘 생긴 사르마티아 출신 청년도 있었다. 이 청년들에게 부여된 임무는 이따금 문을 잠근 방 안에서 백작부인의 용무를 받드는 일이었다. 그 대가로 부인의 요구를 만족시킨 횟수를 감안하여 적당한 기회에 관직이나 명예직이 주어졌다. 그러나 만일 부인의 기분을 상하게 한 경우에는 날벼락이 떨어졌는데, 재상의 비서 자이페르트라는 작자가 그 날벼락을 맞게 되었다. 이 청년은 백작부인의 정부였는데 어느날 백작부인의 한 시녀와 친밀하게 지내는 모습을 백작부인에게 들켰던 것이다. 청년은 그 형벌로서 재상의 측근에서 쫓겨나 비천한 자리로 떨어져버렸다. 그리고 시녀는 즉시 다른 남자와 강제결혼을 당했다.

「빈의 색」에 따르면, 그곳에서도 정부는 흔히 볼 수 있었다고 한다. 빈 사람들은 이런 정부역할을 하는 남자를 X라고 불렀다. 그것은 X가 부정칭의 의미였기 때문이다.

X님은 화려한 생활을 하며 아름다운 옷을 걸치고 온갖 유행을 계속 좇았다. 그런데도 세상 사람들은 나에게 그는 재산이라곤 동전 한닢도 없으며 직업이라고 해야 관리 시보에 지나지 않는다고 주장할 것이다.……그런데 어떻게 그토록 화려하게 지낼 수 있는가……어떤 귀부인이 그를 부양하는데 마치 회개자에게 하듯이 그에게 척척 보수를 주고 있다. 그는 항상 그 부인의 집에 살면서 부인이 화장할 때는 하녀역할을 하며, 식사 때는 친구역할을 하고, 산보할 때는 동반자가 되고, 극장에서는 부인의 감정에 장단을 맞추어주고, 침대에서는 부인의 상대노릇을 한다.

「베를린의 색에 관한 편지」에 따르면 베를린에서는 그런 역할이 보통 장교들에게 떨어졌다. 그들은 종종 돈을 잘 쓰는 귀부인 집에서 정부 노릇을 했던 것이다. 프로이센에서 장교의 급료는 터무니없이 낮았기 때문에 그들은 대부분 정부라는 직업에 목을 매달았다.……
부인의 동반자로서의 애인은 절대주의 시대에 여성의 지배의 절대권에 대한 상징이었다. 다시 말하면 그 절대권을 잃으면 동시에 여자는 어쩔 수 없이 모처럼의 애인까지도 잃어버렸던 것이다. 그래서 세월이 애인에 대한 권리를 영구히 앗아가버리거나 혹은 다른 사정 때문에 애인이 자신에게 열중하지 않으려는 듯한 기미를 보이면 현명한 여자는 현금을 지불함으로써 애인을 자기 곁에 붙들어두었다. 이와 같이 그 시대에는 정부(情夫)가 등장함으로써 비로소 대단원에 이르렀다. 여자의 정부는 그 시대가 도저히 회피할 수 없었던 그로테스크한 현상이었다.

4. 공인된 갈랑트리

1) 연애의 가두판매

"현대에는 극히 다루기 쉽고 기분을 잘 맞추어주는 품위 있는 여자와 연애가 가능하기 때문에 남자들은 더 이상 매춘부가 필요 없을 정도이다." 이것은 앙시앵 레짐 시대에 자주 들을 수 있었던 격언이다. 카사노바도 다음과 같이 말했다. "이 행복한 시대에는 매춘부 따위는 필요없다. 품위 있는 여자가 얼마든지 말을 들어주기 때문이다." 그러나 이것은 일반적인 성풍속의 범위를 이야기해줄 뿐이지, 매춘제도가 공공생활에서 보조역할밖에 하지 않았다는 뜻은 전혀 아니다. 앙시앵 레짐 시대처럼 연애가 도매로 싼값에 거래되었던 시대에는 당연히 소매업도 크게 번창하기 마련이었다. 왜냐하면 언제 어디서라도 욕심을 채울 수 있는 성적 향락이 이 시대의 가장 중요한 욕구로 간주되었기 때문이다. 한편 시장이나 뒷골목에서 내놓고 색을 파는 여자들도 굉장히 많았다. 그것은 그 시대에 풍속의 일반적인 퇴폐와 여자들의 돈벌이가 이른바 가장 손쉬운 형태로 결합되었기 때문은 아니다. 그보다는 오히려 바로 그 시대의 여자들에게는 가정말고는 다른 정규적인 직업이 없었고, 또 가정마다 여자들이 넘쳐흐르고 있었다는, 완전히 다른 이유 때문이다. 그러므로 수만 명의 여자들에게 매춘이란 피할 수 없는 운명이었다. 인간은 어떻게 해서라도 살아야 했고, 또 살려고 했던 것이다.

그러므로 이 시대의 공적, 사적 생활에서 매춘부의 역할은 이전보다 줄어들기는커녕 오히려 더 확대된 세상이 되었다. 그것은 여러 면에서, 르네상스 시대와는 큰

코담배통에 새긴 에로틱한 동판화(17세기)

차이가 있다. 물론 우리들은 르네상스 시대와 마찬가지로 당시의 매춘부의 실제 숫자가 얼마나 되는지는 정확히 알지 못한다. 대략적인 추산밖에는 남아 있지 않기 때문이다. 예를 들면 빈에서는 매춘부를 일제히 검거하여 그들 모두에게 야만적인 형벌을 가했던 마리아 테레지아의 무자비한 순결위원회가 위세를 떨치던 시대에도 싸구려 매춘부는 꼭 1만 명, 고급 매춘부는 4,000명 정도에 이르렀다. 파리에서는 여러 가지 보고에 따르면 그 수는 2만 명에서 4만 명 사이이며, 1780년의 런던에서는 첩말고도 5만 명 정도가 되었다고 한다. 런던의 메리본 교구에만도 13,000명의 매춘부가 있었는데 그중 1,700명은 집 한 채를 전부 쓰고 있었다. 또 18세기 말 베를린에는 약 100호나 되는 반(半)공인된 창루가 있었으며 창루 한 채마다 7-9명의 매춘부가 있었다는 보고가 있다. 당시 베를린에는 오늘날의 4-5배나 되는 직업창녀가 있었던 셈이다. 그러나 이렇게 각국마다, 성과급으로 색을 파는 매춘부가 방대한 수에 이르렀다는 것은 그 당시 매춘부가 공공생활에서 큰 역할을 하고 있었다는 사실로 가장 잘 설명된다. 그리고 우리는 이에 관해서 상당히 많은 자료가 있는데, 그것은 물론 대도시에 한정된 것이다.

그런데 수공업에 종사하는 소시민계급이 토대를 이루고 있는 소도시, 특히 농촌에서 이러한 매춘의 판도는 점차 르네상스 시대와는 전혀 달라져가고 있었다. 15-16세기에 어디에나 있던 유곽은 시대가 감에 따라서 점점 쇠퇴하고 있었다. 그러나 그것은 유곽과 매춘부가 이러한 도시에서 운명을 같이했다는 뜻이 아니다. 오히려 매춘부는 지하로 숨어들었을 뿐이고 그들의 행동거지나 거래가 밖으로 드러나지 않았을 뿐이다. 이전에 매춘부는 매춘이라는 직업의 불명예스러운 표시 —— 즉 일정한 형태의 핀, 베일, 가장자리의 노란 테 등 —— 를 달아야만 했고, 또 장사를 하

코담배통에 새긴 에로틱한 동판화(17세기)

기 위해서는 거리를 왔다갔다 할 수밖에 없었다. 그러나 절대주의 시대의 매춘부는 소도시에서는 매우 품행방정한 옷차림을 하고 세상 사람들에게 재봉사, 세탁부 혹은 자수 놓는 여자로 행세함으로써 "성실하고도 깨끗하게" 생계를 꾸려가고 있는 체했다. 물론 제아무리 품행방정한 복장을 했다고는 하더라도, 이 여자들의 상거래는 그 지방의 남성세계에서는 매우 널리 알려져 있었다. 또 남자들은 대개 그러한 여자들이 있는 집을 알고 있었고 더구나 그녀들과 거래할 수 있는 확실한 시간도 알고 있었다. 매춘부의 존재는 소도시에서는 공공연한 비밀이었으며, 그와 동시에 매춘부와의 교제도 세상 사람들이 모르도록 비밀리에 행해졌다. 손님들은 대개 길을 멀리 돌아서 출입했다. 한편 이러한 은밀한 거래 덕분에 매춘업은 나날이 번창해갔으며, 특히 지방도시에서 매춘부는 그러한 범위에서는 단순한 성적 도구에 불과했던 것 같다. 이 경우 매춘부는 일년 내내 밤마다 열 명에서 열두 명, 또는 그 이상의 남자들을 상대할 수밖에 없었고, 또 실제로도 그렇게 했다. 이처럼 고장마다 매춘부에 대한 대중적 수요가 있었음은 지방에도 가창(街娼)이 있었다는 사실로써 잘 설명될 수 있다. 그러나 소시민적인 위선, 특히 독일의 경건주의는 유곽과 함께 가창의 등장도 억눌러버렸다. 즉 지방 소도시에서는 가창이 아무리 품행방정하게 행동하더라도 거리를 공공연하게 걸어다니지는 못했던 것이다.

그런데 당시의 대도시에서 매춘부의 역할은 지방과는 전혀 달랐다. 따라서 그 겉모습도 전혀 달랐다. 지방도시에서 매춘부는 사람들의 이목을 두려워하면서 은밀하게 손님을 끌었지만, 대도시에서는 매춘부 스스로가 손님을 강제로 끌기 위해서 맹활약했다. 그러나 확실히 대도시에서도 매춘부는 이미 르네상스 시대처럼 생활과 축제에 공인된 장식품은 아니었다. 그러나 언제나 그대로 광장에 활기찬 모습으

색정적인 프랑스의 동판화

로 모여 있었기 때문에 사람들의 이목을 끌었다. 그 당시 수도였던 런던, 파리, 로마, 베를린, 빈과 같은 대도시에는 공인된 가창의 거리, 즉 일정한 시간 또는 대개는 어떤 시간에라도 거기로 가면 언제나 매춘부들을 만날 수 있는 정해진 거리나 광장이 있었다. 이러한 거리는 일반적으로 베를린의 린덴, 파리의 팔레 루아얄, 빈의 그라벤처럼 그 도시에서 가장 아름답고 번화한 산책로였다. 1788년에 나온 「베를린의 실루엣」이라는 책은 "여름 동안에는 운터 덴 린덴 거리의 기분 좋은 밤의 산책로는 이러한 여자들 때문에 거의 걸어가지도 못할 정도가 되어버렸다"라고 쓰여 있다. 런던에서는 세인트 제임스 파크가 17세기 이래 가장 번화한 가창의 거리가 되었는데, 이에 대해서 만리 부인은 다음과 같이 말했다.

진실한 사람들도 거기에 가고 싶어했는데, 우리들에게는 그것이 불가사의했다. 왜냐하면 그 광장은 돈을 지불하면 만 하루 동안이나 또는 한 시간 동안 젊은 여자를 얼마든지 살 수 있는 공공시장이었기 때문이다.

이 광장은 17-18세기에는 국제적으로도 유명해졌는데 그것은 실제로 공인된 연애 때문에 거리낌없이 연애시장이 형성되고 공공연한 가창의 거리로서 큰 역할을 했기 때문이다. 그래서 런던에 온 외국인은 모두 만사를 제쳐두고 가장 먼저 이 광장을 찾아나섰으며, 또 이곳으로 안내받았다. 왜냐하면 이러한 공공의 연애시장은 국내적으로도 그 도시에서 가장 볼 만한 가치가 있는 명소가 되었고, 이 광장이나 산책로를 거닐지 못했거나 그 번잡한 광경을 자기 눈으로 확인하지 못한 외국인은 런던을 보았노라고 자랑할 수 없었기 때문이다. 그러나 가창은 이러한 장소에만 나타났던 것은 아니다. 대부분의 도시에는 일반적으로 사람들의 왕래가 잦은 거리라면 어디에나 가창이 있었다. 「베를린의 색에 관한 편지」에는 이렇게 쓰여 있다.

날이 저물면 갑자기 이 작은 새들은 자기들의 새장에서 날아나와 시내의 모든 거리, 린덴, 루스트가르텐, 슐로스가르텐, 티어가르텐 등을 어슬렁대며 돌아다닌다.

런던에서는 가창이 처음에는 시티(런던 중심부로서 상업과 금융의 중심지로 자치지구임\역주)에만 출몰했다. 자신의 몸을 파는 상거래에 꼭 필수적인 조명이 비치는 곳은 시티의 대로뿐이었기 때문이다. 가스등이 보급되면서부터 매춘부는 시 전체로 퍼져나갔다. 그것은 가스등이 켜 있는 곳이라면 어디서나 매춘부는 구매자에게 그의 돈지갑의 부피에 따라서 자신의 값을 매기게 할 수 있고, 특히 그가 사고 싶어하는 상품의 품질을 확인할 수 있도록 현장에서 자신의 모든 것을 적나라하게 보여줄 수 있었기 때문이다.

스페인의 매춘부(프란시스코 고야, 부식 동판화)

모든 보고를 종합해보건대, 가창은 어떤 도시에서나 실로 방대한 수에 이르렀음을 알 수 있다. 연대기 작가들이 가창의 극성 때문에 사람들이 대로에는 가지 않았으며 행인도 대개 여기저기 몰려 있는 가창들 틈을 겨우 빠져나갈 수 있었고 어떤 남자도 끊임없는 상품선전의 십자포화와 다소간의 노골적이며 색정적인 공격을 받았다고 쓴 것은 과장이 아니다. 아르헨홀츠는 런던에 대해서 다음과 같이 기록했다.

그래서 이 불행한 여자들은 호객행위를 하여 남자를 자기 집이나 술집으로 데리고 간다. 행인들은 여자들이 떼지어 서 있는 광경을 보게 된다. 이러한 사냥꾼 여자 중에서도 좀 나은 축은 독립적인 생활을 꾸려가고 있으며 남자가 스스로 부를 때까지 거리를 유유히 활보한다. 도시 변두리 지역에 사는 기혼녀들은 대체로 아는 얼굴이 없는 웨스트민스터 근처에서 색을 밝히거나 아니면 가난 때문에 이러한 장사를 하고 있다. 나는 여덟아홉 살의 여자 아이가, 이마에 솜털은 보숭보숭하지만 요것도 쓸 만한 물건은 되겠다고 생각하는 손님을 끌어당기는 것을 보고 참으로 놀랐다.

물론 가창은 보통 "안녕, 귀여운 햇병아리 양반!"이라든가 "저에게 술 한잔 안 사주실래요?"라든가, "당신의 상대가 되고 싶어요"라는 평범한 호소를 하는 것에 그치지 않았다. 경쟁이 치열했기 때문에 가창들은 각자 매우 대담한 투자를 하기 마련이었다. 외설적인 호소에는 외설적인 몸차림이 따르기 마련이었다. 가창들은 거

뚜쟁이질(윌리엄 호가스, 동판화)

리낌없이 어떤 손님에게나 가까운 벤치에서 친절하게 자신의 몸을 더듬게 하고, 더 인심 좋은 이들은 음란한 키스나 애무를 허락함으로써 손님의 잠자고 있는 욕망을 도발했다. 그리고 유행의 경향은 언제나 갈보들에 의해서 난잡한 형태로 바뀌어졌다. 매춘부는 가슴 노출도 결코 망설이지 않았다. 그리고 품위 있는 귀부인들조차 대담한 데콜타주에 열중하던 시대에 아직은 그런대로 유방이 아름다운 매춘부는 선수를 쳐서 언제나 유방을 온통 드러내놓고 다녔다. 때로는 드러낸 유방 위에다 수건을 늘어뜨리고 거리에서 만나는 남자에게 "마음대로 잡수세요"라는 도발적인 말을 되풀이하면서, 매우 대담하게도 그 가슴에 놓인 수건을 들어보였다. 르트루세, 즉 옷을 걷어올리는 일도 노골적으로 행해졌다. 이와 같은 것들은 모두 그 시대의 풍속사나 오늘날까지 남아 있는 경찰 단속규칙으로도 증명할 수 있다. 1787년의 「독일의 증인」이라는 책에는 베를린 경찰국 보완과의 조서가 인용되어 있다. 그 조서는 이렇다. "슈비친 —— 1770-80년대에 가장 유명했던 베를린의 여자 뚜쟁이 —— 은 공공장소에서 너무 색정적인 복장으로 자신이 거느리는 여자들과 함께 나타나서는 안 된다." 유명한 뚜쟁이들은 가장 돈을 잘 쓰는 양반, 특히 외국인을 노리고 "뮌델"이나 "최글링" —— 세상에서는 포주가 데리고 있는 가창을 이렇

감옥 속의 매춘부(윌리엄 호가스, 동판화)

게 불렀다 —— 을 거느리고 대개 마차를 타고 공공의 산책로를 천천히 왕래했다. 마차는 그 안에 걸터앉아 있는 가창과 마찬가지로 야하게 꾸며져 있었다. 이 경우, 가창들은 소리를 지르는 일 따위는 하지 않고 세련된 몸차림과 누구나 알아들을 수 있는 은어를 써서 남자들의 주의를 자신들에게 집중시키는 방법을 알고 있었다. 런던이나 파리에서 그러한 "갈보 마차"는 유명한 산책로마다 수십 대에 달했다. 많은 가창들 중에서, 특히 고급창녀 중에서 유난히 호사를 부리는 가창은 일부러 말을 타고 유명한 산책로에 나타났다. 특히 눈에 띄었던 것은 마차나 말을 타고 배회하는 가창들이었지만, 대체로 전체적인 분위기는 아무래도 어슬렁거리며 걸어다니는 가창들 때문에 한층 더 번잡하고 활기에 차서 흥청거렸다. 그것은 이러한 가창의 수가 고급창녀보다 스무 배 또는 그 이상이었기 때문만은 아니다. 오히려 구애와 경쟁이라는 면에서도 걸어다니는 가창은 고급창녀보다 비할 수 없을 만큼 자유분방했기 때문이다. 그래서 때로는 상상할 수조차 없을 만큼 풍기가 문란했다. 공공연하게 연애시장이 서는 그늘진 가로수 길이나 그러한 가로수 길과 나란히 나 있는 산책로에서는, 가창과 남자들 사이의 거래가 바로 그 자리에서 셈까지 끝나는 일이 매우 흔했다. 숲속의 벤치, 작은 수풀, 잔디밭 등은 자주 가창의 신전이 되었다.

「베를린의 색에 관한 편지」에는 티어가르텐과 린덴 부근에 관하여 다음과 같이 기록되어 있다. "여름철에 잔디밭 위에서 뒹굴고 있는 수많은 동물들에 걸려 넘어진 일은 크게 화낼 일도 아니었다."

이밖에도 여러 가지 별난 일들이 벌어졌는데 그런 광경은 대개 매춘부들이 많이 모여 있었기 때문에 일어난 일들이었다. 예를 들면 대규모 성지순례단은 대개 이 뚜쟁이 시장에서 결성되었다. 또 18세기에 다시 한번 기세를 떨치게 되는 온천장에서는 창녀가 그 지방 여자인구의 거의 반 정도를 차지하고 있었다. 그러나 가장 큰 뚜쟁이 시장은 누가 뭐라고 해도 대도시의 극장이나 일반 오락장이었다. 그러한 곳은 대개 뚜쟁이 시장에 불과했다. 다만 이 방면에 관해서는 특히 다음 장에 설명이 준비되어 있으므로 여기서는 이 정도로 그치기로 하자. 반면에 또 한 가지, 군대를 따라다니는 매춘부에 대해서 언급하지 않으면 안 된다. 낭자군은 절대주의 시대에도 매우 특수한 존재였다. 그녀들은 용병을 상대로 했던 르네상스 시대의 창녀와는 전혀 달랐다. 그 당시의 창녀는 야영근무도 하고 약탈 때에는 용병과 한 사람씩 서로 짝을 지어서 행동했기 때문에 군대조직에 없어서는 안 될 요소였다. 그런데 평화시에도 이 창녀들이 중요한 구실을 하게 된 것은 아무래도 역시 상비군의 등장에 힘입었다고 하겠다. 평화시의 용병의 급료는 매우 적어 급료만으로는 도저히 먹고 살 수가 없었기 때문에, 용병은 대개 매춘부와 결탁하여 그녀들이 번화가에서 손님을 찾아다닐 때, 그 경호원으로서 여자의 뒤를 따라다녔다. 여자는 그 대가로 용병을 부양하거나 그렇지 않으면 그러한 방법으로 공동의 살림을 꾸려나가는 비용을 대기도 했다. 그러나 이 방법은 가창들 사이에서도 가장 천한 짓으로 여겨졌다. 절대주의 시대에 창녀가 군대를 따라서 함께 출동하는 것은 오직 장교들의 성적 욕구를 충족시키기 위한 것이었다. 그리고 실제로 그 당시에는 어떤 군대에도 장교를 상대하는 창녀들이 몇백 명이나 끼어 있는 수송대가 예외 없이 존재했다. 그런데 창녀들이 종래의 노동자로서의 기능을 상실하고 전적으로 연애만을 전문으로 하게 되자 군대의 행진이 방해를 받는 일도 흔히 볼 수 있는 현상이 되었다. 진지에서 창녀를 술자리에 불러놓고 공공연하게 정사에 빠지는 것은 삼가야 했지만, 그래도 여자에 대한 수요가 상당히 컸기 때문에 수송대도 그만큼 규모가 커졌다. 더구나 대다수의 고급장교가 전쟁 동안에는 정실이 아닌 정식 첩을 데리고 다니는 일이 일반적인 관습이었는데, 그것만으로도 수송대는 매우 규모가 커질 수밖에 없었다. 당시의 의견에 따르면 이들 첩은 주인인 장교를 세심하게 보살폈던 것 같다.……

17-18세기에 가창은 대도시에서 공공연하게 장사를 했는데, 이와 함께 보르델(Bordell), 프로이덴하우스(Freudenhaus)라는 이름으로 알려진 유곽의 역할과 존재도 점점 더 커지고, 노골적이 되었다.

영국의 유곽 보르델

가창의 거리와 함께, 대부분의 도회지 유곽, 적어도 고급유곽은 명소가 되었다. 외국인이 이국의 도시에서 가장 재미있는 명소를 구경하고서 다른 사람들에게 자랑하려면 누가 뭐래도 이 특수한 명소를 구경해야만 했다. 런던, 파리, 베를린과 같은 도시에는 세계적으로 명성을 떨친 유곽이 있었다. 런던에서는 펜더쿼스트 부인 집, 샬롯 헤이즈의 "클로이스터", 오로라 신전, 플로라 신전, 미스테리 신전 등이 바로 그것들이었다. 파리에서는 작은 백작 따님이라고 불리던 구르당 부인의 집, 쥐스틴 파리 부인의 집, 본 마망, 오텔 몽티니 등이 그것이다. 또 베를린에서는 유명한 슈비츠 부인의 요정이 있었다. 이러한 유곽에는 또한 그 시대가 돈많은 손님에게만 제공하는 모든 인생향락이 그야말로 잘 준비되어 있었다. 그리고 군대의 진지에도 유곽이 있었다. 예를 들면 라우크하르트는 1793년 프로이센 군대의 마인츠 포위전에 대한 기록에 다음과 같이 썼다.

우리 연대에는 상설 유곽, 즉 아가씨가 네 명 있는 유곽 텐트가 한 채 있었다. 이 아가씨들은 먼저 핑계삼아 커피를 내오고 그 다음에는 어떤 서비스든지 제공했다. 그녀들에게는 나름대로의 공정가격이 있었다. 가장 미인인 리스헨은 45크로이처, 베르브헨은 12크로이처, 한물간 카테리네는 8크로이처였다.

2) 유곽업

앙시앵 레짐하에서 매춘제도는 공인된 매춘업이 중심이 되었기 때문에 연애소매업을 지배하는 대경영의 모든 수단과 요령이 가장 노골적으로 그 본색을 드러냈다. 유곽의 창녀는 자주 남자의 집까지 쳐들어가 수요를 창출하는 가창처럼 손님을 따라다닐 수 없었고 손님의 자발적인 행차를 기다려야만 했기 때문에, 자기가 사는 유곽에서 지나가는 사람들의 관심을 끌기 위해서 여러 가지 행동을 했다. 어느 지방에서나 가장 손쉬운 일은 손님이 없는 동안 언제나 창가에 앉아서 지나가는 행인들을 빤히 쳐다보는 것이었다. 이러한 습관의 자연적인 결과로 "창가에 기대어 있는" 것이 창녀라는 직업의 첫째 특징이 되었다. 그래서 창을 향해서 날 좀 보소 하고 서 있는 것은 품위 있는 여성에게는 매우 버릇없는 행동이 되었다. 아르헨홀츠는 영국에 관해서 "창문에 몸을 드러내는 것은 매우 무례한 행동으로 여겨졌다"라고 기록했다. 그것은 보통 유곽의 관습이었던 것이다. 그런데 대개의 창녀는 도발적인 추파를 던져 행인의 주목을 끄는 것만으로는 만족하지 않았다. 그래서 될 수 있는 한 음란한 옷차림으로 손님의 몸을 달게 만들었다. 예를 들면 예쁜 창녀는 언제나 눈에 띄는 간단한 옷차림으로 창가에 기대어 서 있는 것이 일반적인 관습이 되었다. 「빈의 색」에서는 빈의 매춘 중심지인 나글러가세에 대하여 이렇게 이야기하고 있다.

음란한 창녀들은 하루 종일 열려 있는 창으로 밖을 바라보면서 유방을 드러내놓고 지나가는 악타이온(Aktaion : 그리스 신화에서 처녀의 정절을 상징하는 여신 아르테미스에게 구혼한 결과 사슴으로 변하여 자신의 사냥개에게 물려죽은 사냥꾼\역주)을 자극하고, 애교가 철철 넘치는 눈길로 남자들을 자기의 욕실이나 침대로 유인했다.

야하고 단정치 못한 옷차림과 음란한 몸짓이 서로 어울렸다. 경쟁이 매우 치열한 곳에서는 당연히 이러한 방식이 극단적으로 노골화되었다. 그 경우 창녀들은 행인에게 에로틱한 구경거리까지도 보여주는 일이 잦았다. 마이클 라이언은 런던의 매춘제도에 관한 자신의 저서에서 다음과 같이 썼다.

유명한 오브리의 유곽에서는 창녀들이 종종 나체로 창가에 서서 온갖 음란한 포즈나 동작을 취했다. 런던의 다른 유곽에서도 같은 일이 벌어졌다. 이러한 폐풍은 강제적인 단속 규칙의 제재를 받게 되어 유곽의 창에는 말아 올리는 커튼을 달아야 했다. 그러나 이러한 커튼도 자주 철거되었다.

이러한 노골적인 폐풍은 때로는 창녀들이 이웃사람이나 행인의 눈에 무엇하나 감

마리아 테레지아의 순결위원회가 지배하던 시대(빈의 동판화)

추지 않을 정도로까지 심각해졌다. 1750년에 런던에서 출간된 「악마의 수확의 노래」라는 책에서 런던 유곽의 호객법에 대해서 살펴보자.

당신은 대낮에도 창을 통해서 가장 노골적인 간음장면이나 맞은편에 살고 있는 사람이 연출하는 무아지경의 정사장면 같은 것을 엿볼 수 있다. 어떤 창녀는 자기의 셔츠, 페티코트, 머리수건을 세탁했다는 핑계로 완전 나체가 되어 행인들 앞에 나타나기도 했다.

그것은 그 당시 사람들이 대도시의 유곽지역에서 즐길 수 있었던 광경이었다. 따라서 이 지역은 특히 밤에는 남자들에게 언제나 매력 있는 곳이기도 했다. 사람들은 개인적으로, 또는 무리를 지어서 적극적인 가담자는 아닐지라도 적어도 소극적인 구경꾼이 되어 이 장면을 즐기기 위해서 연일 이 지역으로 몰려들었다. 물론 상류층의 구경꾼들도 몰려들었지만, 그런 무리들은 대개 변장을 하고, 즉 눈에 띄지 않는 옷차림으로 나타났다. 그것은 사교계의 비난을 피하고, 또 이러한 창가에서 매일 배회하면서 무슨 꼬투리라도 잡아 돈벌이를 하려는 불량배들의 습격을 피하기 위한 것이기도 했다.

유곽 안에서도 역시 난폭한 일이 벌어졌다. 가장 야만적인 단속사업, 연애업이 세상에서 될 수 있는 한 매우 뛰어나고도 재빠르게 위장되지 않는 경우에는 야비한 주연과 어우러졌는데, 그것은 언제나 모두가 취해서 고주망태가 되어 엉망진창의 소동으로 끝나기 마련이었다. 그것은 어느 유곽에서나 똑같이 벌어지는 일이기도 했다. 바이마르에서 발행된 월간잡지 「런던과 파리」의 런던 통신원은 1801년에 이렇게 보고하고 있다.

창녀들이 일으키는 소란은 실제로 대단하여 우리는 그것에 대해서 예의바른 말로 표현할 수 없을 정도이다.⋯⋯예를 들면 캐슬가(街), 옥스퍼드가에서는 대낮부터 밤중까지, 소름끼치는 광경이 벌어지지 않는 유곽은 하나도 없었다.

「베를린의 색에 관한 편지」에는 베를린에 있는 유곽들의 명칭과 유곽들이 나란히 늘어서 있는 거리에 관해서 기록되어 있다. 유곽은 대개 프리드리히슈타트에 있었다.

많은 유곽 중에서도 특히 다음 유곽들이 유명하다. 리니엔가에는 슈바르체 카터(검은 고양이)가 있다. 로테 품페(붉은 펌프), 블레헤르네 쿠테(얇은 금속판 사제복), 샤르페 에케(뾰족한 뿔), 라메 거버(절름발이 무두장이) 등은 슈판다우 문앞의 거리에 있다. 초티게 유데(텁석부리 유대인), 하일(구세주), 레거(큰 물통)는 프랑스가에 있다. 라메 프로슈(절름발이 개구리)는 예거가에 있다. 트란푸레는 베렌가에 있다. 탈그파브릭(지방[脂肪] 공장)은 카노니어가에 있다. 뮬러는 하크 광장에 있다. 예쉰은 팔코니어가, 골데네 후트(황금 모자), 바이세 슈반(백조), 앙커(닻), 하니켄은 바이덴담에 있다. 라보리우스, 브라우트헨(새색시)은 프리드리히가와 예거가에 있다. 파울은 굴뚝 청소부 골목에 있다.

이러한 유곽에 살고 있는 창녀들의 모습에 대해서 그 저자는 그중 탈그파브릭에 들렀을 때의 광경을 다음과 같이 썼다.

우리는 친구 두세 명과 함께 변장을 하고 열 시쯤 등루(登樓)했다. 우리는 창녀들의 후안무치한 반나체 차림을 보고 혼비백산했다. 게다가 잔인한 웨이터란 놈이 뿔이 돋았는지 창녀에게 짐승 같은 정사를 하도

창부의 묘비

록 을러메는 것이 아닌가! 심한 코감기에 걸린 사내라도 이러한 창녀의 음란과 호색 앞에서는 냄새를 맡을 수 있을 정도였다.

이러한 광경은 라우크하르트의 기록에 의해서도 뒷받침된다. 유곽의 여자를 자기 눈으로 직접 목격했던 라우크하르트 —— 그는 군인으로서 유곽에서 2-3일 숙영했다 —— 는 이밖에도 여러 가지 일들을 더 기록했다. 그는 창녀들의 모습이나, 가장 하급에 속하는 유곽에서 연애업이 어떻게 행해지고 있었던가에 관해서 다음과 같이 설명했다.

평균적으로 이러한 아가씨들은 예의범절이나 품위를 전혀 알지 못했고 닳아빠져 뻔뻔스럽기 짝이 없었다. 창녀들의 이야기는 외설의 연속이었다. 창녀들은 추잡한 차림으로 짐승 같은 색욕을 더욱더 자극적으로 도발시켰다. 그리고 마치 깡패처럼 독주를 벌컥벌컥 마셔대기도 했다. 누군가가 그 유곽에 들어오자 그를 먼저 본 미인이 느닷없이 그 사내를 붙잡고 "사랑스런 젊은이", "당신"이라고 부르며, 기다렸다는 듯이 포도주, 초콜릿, 커피, 술, 과자 등을 사달라고 졸라댄다. 그런데 유곽에서 파는 이 식품들은 다른 곳에 비해서 질은 두 배나 형편없었는데도 값은 두 배나 비쌌다. 한편 붙잡힌 모스예가 창녀의 말을 들어줄 것인가 않을 것인가는 그가 호색한인가 아닌가에 달려 있다. 먼저, 그녀의 말을 들어줄 경우에는 창녀는 그의 옆에 찰싹 달라붙어 주문한 음식을 다 먹어치울 때까지, 아니면 다른 누군가가 좀더 유리한 거래조건으로 자기를 불러줄 때까지, 남자의 뺨을 쓰다듬거나 멋져, 아이 멋져라고 하면서 키스를 한다. 다음으로 그녀의 말을 들어주지 않을 경우에는 창녀는 잽싸게 그곳을 떠나 더 친절한 손님을 찾는다. 우리는 이러한 후자의 방법을 씀으로써 악에 빠지지 않고 벽에 기대어 서서 담배를 피우며 이 왁자지껄한 소동을 구경했다. 그러나 유곽에서는 이 저열한 쾌락에 빠지도록 또는 자기가 먹은 것 이상의 값을 지불하도록 강제하지는 않았다.

가창

바로 이러한 구경은 매우 인기가 높았던 즐거움이었다. 이 목적을 위해서 유곽에 가는 일이 어느 지방에서나 관습이 되었다. 어떤 사내도 그러한 일을 나쁘다고 생각하지 않았고 부인들까지도 남편이 유곽에 갔을 때, 겉으로는 대놓고 나쁘다고 하지 않았다. 라우크하르트는 베를린의 남자들이 버젓이 유곽에 드나드는 것을 다음과 같이 묘사하고 있다.

베를린에서는 유곽에 드나드는 것을 상스럽거나 창피스럽게 여기지 않는다. 사내라면 대개, 아무리 훌륭한 지아비라고 해도, 유곽에 놀러간다. 그리고 그런 사내 중 10분의 1 정도는 단지 호기심 때문이거나 시간을 보내기 위해서 그곳에 간다.

상류층 시민계급이 출입하는 유곽도 그 형태는 다른 곳과 결국 마찬가지였고 다만 다른 곳보다 좀 덜 시끄러웠을 뿐이다. 고급유곽은 대개 대로에서 떨어진 제법 후미진 곳에 있었다. 왜냐하면 훌륭한 시민이라도 부부 달력의 변화를 맛보고 싶어 하는데, 그것은 될 수 있는 한 은밀하게 이루어져야 했기 때문이다. 유곽에서 대체로 일이 어떻게 이루어지는가에 대해서는 요한 칼 뮐러가 「베를린, 포츠담, 상수시의 회화」에서 썼던 다음과 같은 기록이 그 실상을 잘 보여준다.

여자 한 명이 언제나 창 뒤에 서서 끊임없이 망을 보면서 손님이 오지 않는지, 오기는 왔으나 자기네 집으로 들어오지 않을 경우 어느 집으로 들어가는지를 살핀다. 저쪽에서 이쪽으로 오는 손님의 신은 값비싼 것이고 우아하다. 당신을 정중히 맞아들여 알맞게 따

뜻한 매우 잘 꾸며진 방으로 안내한다. 그 방에는 소파나 작은 침대가 놓여 있다. 좋은 옷을 입고 예쁘게 머리를 땋아내린 한 명 또는 몇 명의 여자가 그곳에서 인사를 한다. 마담이 자리를 뜨면서 당신에게 손님, 무엇을 드릴까요 하고 묻는다. 당신은 예를 들면 포도주 한 병을 주문한다 —— 잘 알겠습니다라고 말하자마자 곧 포도주가 대령된다. 얼마인가? 1달러입니다. 또 과자가 딸려나오는데 그건 8그로센입니다. 그리고 당신은 잠시 동안 소파 위에서 당신의 여자와 농탕질을 하게 된다. 그런데 이 귀여운 아가씨가 갑자기 머리가 아프다며 말을 꺼낸다. "아아, 자기 나 초콜릿 차 한 잔만 마셨으면⋯⋯." 그리고⋯⋯ "당신, 오늘밤 주무시고 가세요. 네" —— 이렇게 말하면서 아가씨는 당신의 목에 팔을 감고 뺨에 열렬한 키스를 퍼붓는다. 날이 어두워지고 당신이 한번 마셔봤으면 하던 연애라는 술을 실컷

도벽이 있는 창부

마시고 오늘밤에는 여기서 자볼까 하고 생각하면, 아가씨는 진정 기뻐하며 그렇게 하려고 한다. 아가씨는 또 한번 외친다. "마담, 초콜릿 차 한 잔만이요." —— 그때 아가씨는 여주인의 귀에 속삭인다. "손님이 주무신대요." 여주인은 하녀를 시켜 초콜릿 차를 날라다준다. 얼마입니까? 16그로센이에요. 좋습니다. 이번에는 다른 하녀가 들어와서는 신발주머니, 나이트 캡, 슬리퍼, 손수건, 물이 담긴 세숫대야를 가지런히 놓은 뒤 이만 물러갑니다 하고 방문을 닫으면서 당신에게 편히 쉬시라고 인사한다.

이것이 바로 모든 유곽과 거기에 사는 여자들에게서 공통적으로 나타나는 특징이었다. 매춘부들의 특징 몇 가지만 보면 그 도회지의 규모를 알 수 있었다. 결국 큰 도시는 매춘부를 매우 야하게 만들었으나 지방도시는 그렇지 않았다는 것뿐이었다. 앞에서 썼던 것처럼 모든 도시에는 이밖에도 주로 돈많은, 그래서 주문도 까다로운 방탕한 사교계의 요구에 응하는 고급유곽이 하나 또는 몇 군데 있었다. 이러한 유곽은 물론 어떤 면에서나, 즉 외적으로나 내적으로나 2류, 3류, 4류에 해당하는 유곽과는 전혀 달랐다. 고급유곽에서는 창녀가 결코 창가에 서 있지도 않았고 야하고 노골적인 옷차림을 하지도 않았다. 그밖에 집의 구조만 보더라도, 사정을 모르는 사람은 그 진짜 내부를 전혀 상상할 수 없었다. 뿐만 아니라 모든 것은 대개 속내용과는 정반대의 인상, 즉 매우 엄격하고 건전한 인상을 풍기도록 고안되어 있었다.

이러한 유곽은 모두 교통이 번화한 곳에 있었기 때문에 밖에서 보면 대체로 여염집 같았다. 출입구는 골목길이나 이웃집으로 나 있어 일반인은 손님의 출입을 전혀 알 수 없도록 되어 있다. 이러한 집 중 일부는 불심검문을 꺼리는 돈 많은 손님을 위해서, 또다른 일부는 유흥가에 드나드는 것이 아예 금지된, 예컨대 사제와 같은 특정한 손님을 위해서 만들어졌다.

집의 내부도 역시 다른 유곽과는 큰 차이가 있었다. 잘 모르고 온 사람은 언제나 처음에는 아무래도 자기가 점잖은 자리에 온 것 같다고 생각한다. 파리의 대주교가 한번은 다르장송 장관에게, 앞에서 언급한 오텔 드 룰루만은 관대히 처분해달

빈의 매춘부

라고 청을 넣었는데, 이에 대해서 다르장송은 어디를 보아도 "그 집만큼 예의범절이 바른 곳은 없기 때문에 대주교 예하와 본인은 떳떳하게 그곳에 갈 수 있습니다"라는 답장을 보냈다고 한다. 이러한 사정은 런던의 배니오(Bagnio)도 마찬가지였다. 그곳은 분명히 유곽이 아니라 고급요정이었다. 18세기 런던의 매춘의 역사에 대한 가장 중요한 자료 가운데 하나인 「런던의 하렘」에서는 마담 굴드가 경영하고 있던 요정에 대하여 다음과 같이 기록하고 있다.

굴드 부인은 언제나 교양 있고 세련된 귀부인처럼 행세했다. 말씨가 천박한 여자나 음란한 이야기를 하는 여자는 모조리 해고된다. 부인의 손님들은 주로 돈 많은 상인이었다. 이들 상인은 집사람에게는 잠깐 지방에 다녀온다고 해놓고 대개 토요일 밤에 부인의 집에 와서 월요일 아침까지 거기서 지낸다. 부인은 이러한 손님을 언제나 친절히 대접했고, 고급 리큐어 술과 교양 있는 고급창녀 그리고 매우 우아한 침대와 가구집기를 갖추어놓고 있었다.

앞에서 얘기한 슈비츠 부인의 유곽도 굴드 부인의 요정만큼이나 명성이 자자했다. 그래서 이 유곽은 18세기 말경에는 베를린을 찾아오는 외국인에게는 멋진 명소 중의 하나로 손꼽히게 되었다.

이들 고급유곽의 설비는 확실히 세련된 것이었지만 한꺼풀 벗겨보면 그 내부에는 온갖 악덕과 변태성욕까지도 충분히 예상한 모든 것, 즉 가장 광적인 변태까지도 충족시켜줄 수 있는 장치들이 들어차 있었다. 그런데 문제는 그것이 아니라 그러한 것은 이들 유곽에서만 비로소 실현 가능성이 있었다는 것이다. 실제로 이러한 연애백화점에는 모든 것이 완비되어 있어서 원하기만 하면 무엇이든지 손에 넣을 수 있었다. 그 나라에서 제일 가는 미인, 그 나이 또래에서 제일 가는 미인, 아래로는 아무것도 모르는 순진한 소녀로부터 위로는 기괴할 정도로 색을 탐하는 난숙한 여인에 이르기까지 그 모두를 가질 수 있었다. 이곳에서는 나체가 된 여자들이 시중을 드는 자극적인 만찬이 벌어지기도 하고 임포텐츠가 된 사람이나 노인을 자극하기 위한 매우 정교한 도구가 마련된 고문실까지도 있었다. 또한 나체무도회나 집단적인 탕음난무의 술판도 벌어졌으며, 에로틱한 연극도 상연되었는데 그때 손님은 연극의 관객도 되고 배우도 될 수 있었다. 피부색이 다른 인종의 여자와 한번 자보고 싶은 사내는 이곳으로 오면 그 욕망을 채울 수 있었다. 이 유명한 연애신전에 있는 남녀들은 언제나 세련된 획기적인 방법으로 허를 찌르려고 난리였다. 당대의 의견에 따르면 세계에서 가장 사치스러운 유곽이었던 암스테르담의 "분수(De Fountein)"는 "요리집, 무도장, 객실, 카페, 완전 나체의 매우 아름다운 아가씨들과 게임을 즐길 수 있는 당구장(옥상에 있음) 등을 갖추고" 있는 커다란 건물이었다. 앞에서 얘기한 헤이즈 부인은 런던의 링 플레이스에 집을 짓고 주로 임포텐츠가 된 탕아들만을 손님으로 받았다. 따라서 이 손님들에게는 세련된 자극이 필요했다. 어느날 이 부인은 단골손님에게 다음과 같은 초대장을 보냈다.

헤이즈 부인은 삼가……경에게 문안을 올립니다. 내일 저녁 정각 일곱 시에 열두 명의 님프, 즉 순결한 처녀들이 오베레아 여왕(이 역은 헤이즈 부인 자신이 연기합니다)의 훈련과 지도를 받아 오타헤이티(아이티) 섬에서 벌어지는 것과 같은 유명한 비너스 축제를 개최한다는 것을 삼가 귀하에게 알려드리는 바입니다.

이 초대장의 효과와 비너스 축제의 경과에 대해서는 앞의 「런던의 하렘」의 기록을 통해서 다음과 같은 사실을 알 수 있다.

스물세 분의 손님께서 관람하시게 되었습니다. 손님들은 모두 명문귀족이었는데 그중 다섯 분이 하원의원이었습니다. 정각 일곱 시에 축제가 시작되었습니다. 헤이즈 부인은 이 축제를 진행할 열두 명의 건장한 청년을 고용했습니다. 이 청년들은 황홀하게 바라보고 있는 손님들의 앞에서 님프들과 함께 아이티 섬의 비너스 축제를 올렸습니다. 그 행사가 끝나자 손님들은 호화로운 식사를 드셨습니다.

이미 설명한 바 있는 펜더퀴스트 부인의 "연애무도회"도 역시 똑같은 종류에 속하는 것이었다. 거기에는 고관대작의 귀부인까지도 참석했다. 미스 포클랜드의 유곽은 세 채의 집, 즉 오로라 신전, 플로라 신전, 미스테리 신전이라는 "세 신전"으로 이루어져 있었다. 신전마다 수녀라고 불리는 열두 명의 아가씨가 딸려 있었다. 오로라 신전에는 청정무구한 처녀들이 사는데, 60세 이상의 회복 불가능한 임포텐츠 노인들만 입장할 수 있었다. 그밖의 두 신전에 대해서는 「런던의 하렘」에 다음과 같이 기록되어 있다.

플로라 신전에는 같은 수(열두 명)의 젊은 수녀가 딸려 있다. 수녀들은 지금까지 받아온 교육에 따라서, 너무나 발랄했고 명랑했고 요염하여 "문자로는 표현할 수 없는 쾌락"을 보여주었다. 한마디로 손님들은 이 많은 미인들 중 누구를 골라야 할지 모를 정도로 완전히 뇌쇄당했다.……미스테리 신전은 거기에서 상연되는 전대미문의 신비로운 음락장면 때문에 붙여진 이름이다. 다른 두 신전에 사는 여자나 다른 유곽에 사는 여자라도 이 미스테리 신전에는 절대로 들어갈 수 없었다.

당시 고급유곽의 마담은 기술, 화학, 물리학, 철학 등(특히 자기학(磁氣學))에서의 새로운 성과를 닥치는 대로 이용했다. 그러한 성과는 점점 더 세련된 것을 찾으려고 하는 유곽업에 새로운 트릭을 제공하기 위해서 발명된 것처럼 보였다. 그에 대한 고전적인 사례는 그 당시 세계적으로 유명했던 그레이엄의 건강신전이다. 이 신전은 몇 년 동안 런던 전체의 음란한 노인들을 열광시켰을 뿐만 아니라 세계의 남성들, 특히 가장 부유한 많은 외국인들을 불러들였던 명소였다. 건강신전은 결국 세련된 유곽업에 불과했던 것이다.

공인된 유곽과 아울러 또 한 가지, 어떤 계급, 어떤 도시에나 다소 위장된 형태를 띤 갖가지 유곽업이 있었다. 예컨대 스위스에서는 온천장이 여기에 해당된다. 특히 베른의 마텐은 당시 여러 가지 면에서 세계적으로 유명했다. 온천장은 연인끼리 몰래 만나는 곳으로 이용되었을 뿐만 아니라, 온천장의 여종업원들도 창녀였기 때문에 손님은 그중에서 자기 기호에 따라서 상대를 고를 수 있었다. 목욕은 구실일 뿐이고 한 명 또는 몇 명의 창녀와 함께 며칠 동안 아담과 같은 모습으로 즐기는 기회를 가지는 것이 손님들의 온천행 목적이었다. 이 점은 앞에서 언급한 런던의 배니오도 마찬가지이다. 배니오에서도 목욕이란 일반적으로 핑계일 뿐이었다. 아르헨홀츠는 「영국 연보」에서 이 상류층의 밀회의 부엔-레티로(buen-retiro : 스페인어로 "멋진 숨어 있는 집"이라는 뜻으로, 스페인의 마드리드에 있는 유명한 별장임. 그뒤 별장 등의 뜻을 가진 일반명사가 되었음/역주)에 대하여 다음과 같이 쓰고 있다.

런던에서는 이미 언급했던, 배니오라고 부르는 특수한 집이 있었다. 원래는 목욕탕이지만 진짜 용도는 남녀에게 쾌락을 제공하는 것이었다. 이러한 집은 호화롭기 그지없어 대부분 궁전에나 있을 법한 가구가 구비되어 있었다. 거기에는 오로지 관능만을 자극하기 위해서 모든 것이 존재했고, 모든 것이 조달되었다. 또 아가씨는 없지만 원하기만 하면 언

배니오(영국의 메조틴트 판화, 1778)

제든지 가마를 보내서 아가씨를 불러다준다. 예의가 바르고 옷차림이 훌륭하며 매우 아름다운 아가씨만이 이러한 영광을 안을 수 있기 때문에 그러한 여자들은 스스로를 추천하기 위해서 몇백 군데나 되는 배니오에 자기의 주소를 알려둔다. 데려온 아가씨가 마음에 들지 않을 때는 손님은 그녀에게 팁을 주지 않지만 마차비만은 부담한다. 영국인은 즐길 때에도 엄격한 태도를 지키기 때문에 이러한 거래도 거의 상상할 수 없을 만큼 엄격하고 예의바르게 행한다. 이곳에서는 떠들썩한 술판은 일체 금지되어 있으며 구석구석까지 융단이 깔려 있어서 발소리도 들리지 않는다. 많은 급사들은 언제나 조그만 소리로 말한다. 이

정숙한 여인과 부덕한 여인의 인생역정(다니엘 쇼도비치, 동판화)

곳에서는 또한 노인이나 임포텐츠에게는 주문에 따라서 채찍이 사용되며 그 설비도 완벽히 갖추어져 있다. 모든 배니오에는 또 그런 대로 모양을 갖춘 욕탕도 있기는 하지만 욕탕에 들어가는 사람은 드물었다. 이러한 향락은 매우 비싸게 먹히지만 그래도 배니오는 매일 저녁마다 문전성시를 이룬다.

18세기의 서양의 도처에서 유행한 댄스홀도 또 하나의 고급장소로 같은 역할을 했다. 우리는 이에 관한 상세한 기록을, 특히 베를린에 대해서 익히 알고 있다. 뮐러의 「베를린의 회화」에는 이에 관해서 한 장이 할애되어 있다. 댄스홀에 모여드는 여자들 중에는 뜨내기 창녀도 있었고 댄스홀에 전속으로 고용된 댄서도 있었다. 18세기 말 베를린에서는 "백조", "황금선(黃金船)", "바르샤바 거리" 그리고 후자렌 쿠르트의 댄스홀 등이 가장 유명한 댄스홀이었다. 그러한 곳은 특히 일반 서민이 춤추는 곳이었다. 상류층 손님은 헤일의 댄스홀이나 레거의 레스토랑을 찾았다. 그리고 그들 중에는 단골 창녀와 관계하기 위해서 댄스홀을 찾는 사람이 있는가 하면, 단지 구경 삼아서 창녀의 강렬한 교태를 즐기기 위해서 찾아오는 사람도 있었다. 그래서 댄스홀은 대개 유곽 —— 종종 고급유곽 —— 과도 선이 닿아 있었다.

18세기 초 특히 작센에서 카페 형태의 최초의 아니미어크나이페(Animierkneipe : 여급이 시중을 드는 식당)가 출현했다. 카페에는 애시당초 "여급" 밖에 없었다. 시중드는 아가씨들은 "카페멘셔(Kaffeemenscher)"라고 불렸다. 카페의 여급들에 대한 나쁜 평판은 극히 초기부터 퍼진 셈이다. 라이프치히 판 「숙녀사전」에는 이러한 창녀의 종류에 대하여 쓰여 있다.

카페멘서란 오늘날 풍속으로 보면 카페에서 손님의 시중을 들고 배만 맞으면 자진해서 손님에게 모든 서비스를 하는 이상하고도 음란한 여자이다.

각국의 많은 식당도 공공연하게 매춘에 이용되었다. 식당주인 중에는 창녀를 집에 데리고 있으면서 손님의 주문에 응하기도 했고, 창녀의 주소를 적어두고 손님의 주문이 있으면 어느 때나 손쉽게 불러오고는 했다. 아르헨홀츠는 「영국 연보」에서 다음과 같은 실례를 들고 있다.

드루리 레인 식당의 주인은 자기 집에 오는 단골 창녀들의 명부를 매년 인쇄하여 발행했다. 이 명부에는 "코벤트 가든 숙녀의 해리스 명부"라는 표제가 붙어 있다. 창녀들의 이름, 용모, 태도, 솜씨 등이 나열되어 있는데, 그 집필자의 편견이 작용함으로써 불공평한 점이 많았다. 그러나 이 명부는 매년 8,000부나 인쇄되어 날개 돋친 듯이 팔렸다.

영국에서는 이러한 상거래가 크게 발달되었다. 그 나라에는 선원들이 드나드는 최하급식당에서부터 고급 배니오에 이르기까지 갖가지 등급의 식당이 있었다. 하급식당에서는 주인이 식비를 부담한다는 미끼로 창녀들을 꾀어들였다. 이에 반해서 고급식당에서는 창녀의 의식주를 모두 주인이 부담하는 경우가 흔했기 때문에 창녀는 주인의 명령에 언제나 복종해야 했다. 그러므로 식당주인은 손님의 주문만 있으면 어느 때나 여자를 제공할 수 있었다. 조지 알렉산더 스티븐스는 1788년에 런던에서 출간된 「어느 전문가의 모험」이라는 책에 이렇게 썼다.

젊은 신사 일행이 어떤 식당에서 질탕하게 마셔대고 있는데 급사가 들어오더니 이렇게 말했다. "나리님들께 말씀드릴 게 있습니다. 방금 미인 너댓 명이 나리님들을 따로 뵙고 싶다고 입구에서 기다리시다가, 만일 카운터에 바로 전갈을 주신다면 다시 들르시겠다는 말씀을 남기고 갔습니다. 이 부인들이 또 한번 이곳에 오실 때 말씀만 하신다면 이리로 안 내하겠습니다." 그런데 이러한 여자들은 이 식당에 고용되어 있었고 마치 스미스필드의 양처럼 작은 방에 기거하면서 손님 앞에 나갈 때까지 대기하고 있는 것이다. 이 일이 바로 그곳에 있는 불행한 여자들의 밤일인 것이다. 그래도 그러한 곳의 여자들은 먹고 살기가 그런대로 나은 편으로 간주되고 있다. 그렇다면 가장 나쁜 상태에 있는 여자들의 생활은 도대체 어떤 것일까!

이제까지 살펴본 대로 유곽은 저마다 제각기 다르고 그 은폐방법도 천차만별이지만, 손님의 돈지갑에서 될 수 있는 한 많은 돈을 우려내려는 목적은 최하급이나 최고급이나 결국 비슷했다. 그 이유는 유흥에 대해서 어느 시대에나 부과되는 세금 때문만은 아니었다. 우선 무엇보다도 손님이 혼자 먹었거나 창녀와 함께 먹은 각종 음식물에 대해서 지불해야 할 요금이 비쌌기 때문이다. 그러나 그것은 전혀 죄가 되지 않는 것이었다. 한편 세상 사람들은 고급이든 하급이든 유곽에서 완전히 미친 것처럼 무아지경에 빠져서 도박에 열중했다. 도박이야말로 집주인에게 실로 큰 이문을 남겼다. 왜냐하면 색에 쉬 동하기 마련인 손님 곁에 창녀들이 걸터앉아 손님에게 시시덕거리면 주인이 그 손님을 사기도박으로 속여서 그의 지갑에서 마지막 한 푼까지 우려내기란 식은 죽 먹기였기 때문이다. 이러한 일은 어떤 지방에서나 유곽의 상습적인 수단이었다. 어떤 유곽에서는 사기도박뿐만 아니라 그보다 더 심한 방법도 쓰였다. 예를 들면 특히 자고 있거나 고주망태가 된 손님을 약탈하기도 했다. 물론 창녀의 기둥서방이나 포주의 직접적인 공갈도 있었다는 것은 말할 나위도 없다. 사정이 이럴진대 손님이 다리가 부러지지 않고 유곽에서 무사히 빠져나오면 정말 운이 좋았다고 말할 정도였다. 그리고 매춘은 일반적으로 범죄와도 매우 밀접히 연결되어 있었다. 대다수 가창은 소매치기인 동시에 상습적인 가게 좀도둑이기도 했다.

3) 뚜쟁이 업

절대주의 시대에는 방대한 매춘부와 그 이용자의 방대한 주문에 대해서 방대한 브로커나 소개소가 시장에 늘 새로운 상품을 내놓거나 사들임으로써 가장 세련된 색골이 요구하는 갖가지 주문까지 충족시켜주기 위해서 노력하고 있었다. 직업적인 소개소 소속의 남녀 뚜쟁이들은 소도시에까지 돌아다녔다. 대도시에서는 연애란 조직적으로 판매되는 대중상품이었기 때문에 그 수요는 실로 방대했다. 요한 칼 뮐러는 「베를린의 회화」에서 다음과 같이 썼다.

그녀들(여자 뚜쟁이들)의 수는 엄청나다. 왜냐하면 베를린에서 매춘부는 가장 중요한 거래품목이기 때문이다. 소시적 젖먹던 힘까지 다해 어떤 장사를 하더라도 매춘업에는 족 탈불급이었다. 따라서 이 수공업은 그것을 위해서 만들어진 건물 전체에서도 개인에 대해서도 무차별적으로, 숙련된 매뉴팩처의 장인이 숙련된 작업을 기계적으로, 무의식적으로 하는 것처럼 계속되고 있다.

이렇게 많은 소개소는 자신이 맡은 수공업을 대체로 은밀하게 운영했으며 극소수의 일만 숨기지 않고 드러냈다. 요컨대 드러내놓고 하는 것이 이 시대에 매우 위험했기 때문이 아니라 일의 성격상 오히려 은밀하게 하는 편이 매우 편했고 돈벌이도 더 좋았기 때문이다. 몇천 명이나 되는 사람이 소개소에 종사하게 되었다. 왜냐하면 이 직업은 그들에게 어떤 방법으로든 좋은 돈벌이 기회를 제공했고, 많은 이익은 그들이 점점 더 이 좋은 기회를 늘 이용하도록 유혹했기 때문이다. 예를 들면 17세기 파리에서 영업용 마차가 유행했을 때 말과 마차가 있는 사람들도 일부러 영업용 마차를 탔다. 이것은 은밀하게 살짝 어딘가에서 밀회를 하기 위해서는 낯모르는 마부 쪽이 더 좋았기 때문이다. 뚜쟁이 역할도 하는 이런 마부의 도움으로 그들은 질탕하게 놀 수 있는 비밀장소로 흔히 갈 수 있었다. 한술 더 떠서 마차 자체가 거래 현장이 되기도 했다. 달리 이렇다할 교통기관도 없었고 사람들이 지나다니는 거리는 위험했기 때문에 한 장소에서 다른 장소로 안전하게 가려면 아무래도 마차가 꼭 필요한 교통수단이었으므로 더더욱 그렇게 되었던 것이다. 카사노바는 마차에 함께 탄 귀부인의 총애를 수없이 즐겼다. 그밖의 다른 난봉꾼의 회상록에도 그와 똑같은 일들이 기록되어 있다. 뿐만 아니라 이 시대에 마부가 스스로 소개인이 된 것도 역시 이러한 사정 때문이다. 일찍이 17세기에는 마부가 모두 뚜쟁이로 간주되기까지 했다. 필리프 르루는 17세기의 파리의 마부에 대해서 "파리의 음탕한 곳을 죄다 알고 있는 마크로(남자 뚜쟁이)는 대부분 마부이다"라고 썼다.

이발사도 이와 마찬가지였다. 남자든 여자든 이발사 없이는 살아갈 수 없었고 그 때문에 이발사가 날을 정해놓고 찾아왔던 이 시대에는 은밀한 관계를 가지려는 남녀에게 이발사만큼 낯익은 뚜쟁이는 없었다. 그래서 이발사는 어떤 도시에서나 대개 부업으로 뚜쟁이질을 하고 있었는데 우리가 여러 가지 기록이나 회상록의 기록으로도 알 수 있는 것처럼 본격적인 뚜쟁이가 되기도 했다.

애교 있는 방물장수도 아무 집에나 드나들 수 있었기 때문에 뚜쟁이질을 하는 경우가 흔했다. 또 모순 투성이인 시대에는 여자들뿐만 아니라 남자들까지도 예외 없이 점술을 믿었기 때문에 문전

유곽 보르델(비네의 그림에 의한 동판화)

성시를 이루는 남녀 점쟁이의 집도 어쨌든 소개소 구실을 단단히 했다. 빈에서는 사글세 방을 놓는 집주인이 동시에 뚜쟁이 노릇도 했으며 특히 중류가정에서는 자기 집에 매춘부를 하숙시키기도 했다고 한다. 그러나 가장 규모가 큰 소개소는 물론 직업안내소였다. 처녀, 즉 신선한 상품에 대한 매춘시장의 거대한 수요를 채우기 위해서는 직업안내소만큼 좋은 사업이 없었다. 그리고 대도시의 사람들이 직업안내소에 의뢰하여 시골 여자들을 많이 고용하기 시작하면서부터 그것은 점점 더 본말이 전도되어갔다. 직업안내소는 일찍부터 이 두 가지 장사를 연결하거나 아예 처음부터 본업에 곁들여 처녀매매업에 직접 뛰어들기도 했다. 지방에서 올라오는 시골 마차가 모여드는 곳 근처에는 언제나 이러한 박애주의자들이 물샐 틈 없이 그물을 쳐놓고 기다리고 있었다. 아르헨홀츠는 런던에 대해서 이렇게 쓰고 있다.

막되먹은 여자 뚜쟁이들은 특히 시골 마차를 노린다. 왜냐하면 손님을 태운 많은 마차들이 날마다 지방에서 런던으로 올라오는데 언제나 그때마다 도시에서 입에 풀칠이라도 할 수 있는 일자리를 찾는 아가씨들을 시골에서 데려왔기 때문이다. 가난한 이 아가씨들은 도착하자마자 바로 혼잡한 인파 속에서 물정도 모르는 터에 자기에게 친절하게도 일자리를 가르쳐주고, 거짓 호의이기는 하지만, 자상하게 이것저것 보살펴주는 사람을 만나게 되면 눈물이 왈칵 솟을 정도로 기쁨을 느끼는 것도 인지상정이다.

불행한 이 아가씨들은 대개 천애의 외톨박이 신세로 곧장 포주에게 팔리게 된다. 왜냐하면 어떤 사람도 그 아가씨를 동정하지 않았으며, 또 아가씨 역시 세상물정에는 전혀 깜깜했기 때문에 자기 혼자서는 이 무서운 감옥에서 빠져나올 수 있는 있는 길을 찾지 못했기 때문이다. 이러한 덫은 런던에서나 파리에서나 광범위하게 깔려 있었다. 레티프 드 라 브르통의 「타락한 시골 처녀, 일명 도시의 위험」은 바로 이러한 운명에 대한 이야기이다. 1733년과 1734년에 출판된 윌리엄 호가스의 유명한 화집 「창부의 일생」의 첫 페이지에는 이러한 처녀매매의 모습이 그려져 있다.

이러한 것들은 모두 당시 소개소에서 이루어진 변태영업 가운데 가장 중요한 것들이다. 그러나 결코 그것들만이 전부는 아니다. 우리들은 이미 이 책의 다른 곳에서, 그 당시 돈많은 난봉꾼은 제각기 이곳저곳을 돌아다니며 여자를 걷어다주는 남자 뚜쟁이, 곧 채홍사(採紅士) 같은 것을 고용하고 있었다고 말한 바 있다. 그들은 시종 역으로 무대에 등장했다. 빈에서는 시종과 뚜쟁이는 같은 뜻으로 통했다. 「빈의 색」의 저자는 다음과 같이 기록했다.

이곳에서는 시종과 뚜쟁이는 대개 동일 인물이다. 이 사내들은 자신의 역할을 훌륭하게 하고 있으며 또 스스로도 교묘하게 행동하는 법을 알고 있다. 반면에 요리사나 청지기 중 아름답고 건강한 아가씨를 주선할 능력이 없는 자들은 백작 각하에게 아내를 빌려주는 영광을 누리게 된다. 그들은 그 대가로 백작 각하로부터 1년에 수백 굴덴의 돈을 받을 권리를 누렸다.

유명한 귀부인의 시중을 드는 시녀나 여자친구들도 역시 대개는 뚜쟁이 노릇을 했다.……

소개소를 통해서 공공연하게 거래된 창녀의 수는 앞에서 얘기했듯이 은밀하게 일을 하는 매춘부 소개소에 비하면 훨씬 적었다. 그래도 그 수는 상당하여 그들의 활약상은 그 당시의 대도시 생활에서 이채를 띠었다. 공공연한 매춘부 소개는 유곽의 마담이 아가씨들을 자랑하기 위해서 도보나 마차로 행차하는 관습에서도 찾아볼 수 있었다. 마담들이 종종 여섯 명 또는 그 이상 되는 "생도들"을 이끌고 행차할 때의 광경은 참으로 가관이었다. 날마다 볼 수 있는 이 퍼레이드는 오로지 광고를 목적으로 한 것이었기 때문에 마담은 단골손님에게 제공할 수 있는 신선한 상품을 될 수 있는 한 야한 모습으로 꾸몄다. 퍼레이드에서는 언제나 순간적인 사랑도 허용되

유곽 보르델(빌레, 동판화)

어 사내들의 세계와 새로운 관계가 맺어지기도 하고 낡은 관계가 다시 새로워지기
도 했으며 또 진지한 손님들과는 가격보다는 오히려 만나는 약속시간을 정했다. 뿐
만 아니라 유곽의 다른 광고도 이 퍼레이드와 함께 이루어졌다. 사내들은 모두 창
녀들의 퍼레이드에 대해서 돈으로 환산이 가능한 호기심을 보였기 때문에, 창녀들
은 그러한 사내에게는 곧바로 쪽지나 연서를 쥐어주었다. 거기에는 물론 창루의 주
소나 그 창녀의 사가의 주소가 쓰여 있었으며, 그밖에 손님을 유인하는 매력과 즐
거움도 함께 쓰여 있었다. 대도시에서는 번다한 거리에서 이러한 쪽지를 남자들에
게 골고루 나눠주는 일이 비일비재했다.

344

모든 것을 종합해보건대, 이 시대의 기자가 대도시의 거리를 창녀시장이라고 부르고, 화류항(花柳巷)을 순수한 연애만 빼놓고는 모든 것이 서식하는 유일하고 거대한 구역으로 비유하는 것도 결코 과장은 아니다.

그러면 도대체 어떤 계급이 매춘제도를 이용했는가? 이 중요한 의문에 대한 답은 지금까지 얘기했던 내용으로부터도 충분히 나온다. 즉 모든 계급이 예외 없이 매춘제도를 이용했다는 것이다. 그런데 지엽적이기는 하지만, 다음과 같은 의문도 역시 중요하다. 즉 각 계급은 일정한 시간 동안 돈으로 구매하는 성적 만족을 왜 이용했

젊어서는 창부, 늙어서는 홀홀단신(아우크스부르크의 동판화)

을까 하는 것이다. 이 의문에 대한 답은 매춘제도에서 각 계급이 노렸던 목적을 살펴보면 분명해진다. 왜냐하면 이러한 목적은 각 계급에 따라서 전혀 서로 달랐기 때문이다. 유산 지배계급에게 매춘제도는 분명히 기분이 날 때마다 그 기분을 어느 때라도 무차별적으로 풀 수 있는 제도였다. 그 반면, 소시민계급이나 프롤레타리아 계급에게 매춘제도는 분명히 무엇보다도 먼저 응급수단, 즉 결혼생활의 대용이었다. 우리가 이미 잘 알고 있는 것처럼 많은 사람은 생활비를 벌기가 힘들었기 때문에 결혼을 할 수 없었을 뿐 아니라 결혼을 하는 경우라도 대부분 적령기를 넘기는 것이 일반적인 세태였다. 이러한 사정은 왜 소시민계급이나 프롤레타리아 계급이 부자보다도 훨씬 더 매춘제도를 선호했는가를 충분히 설명해준다. 그렇다고 해서 부자가 그들보다는 품행이 방정했다고 말할 수는 없다. 부자에 대해서는 이 장 첫머리에서 인용한 말을 살펴보자.

4) 경찰과 매춘부

절대주의 시대에 걸맞는 일반적인 퇴폐풍조가 그 절정에 달한 것은 물론 창녀 때문만은 아니었다. 그러나 창녀는 역시 당시의 퇴폐풍조에 가장 뚜렷한 특징을 부여하게 되었다. 그래서 그 당시 계급의식에 눈을 뜬 진보적 소시민계급이 이 고삐 풀

풍기단속 위원회의 활동. 창녀들의 머리를 깍은 뒤 요양원(Maison de Santé)으로 호송하고 있다.

아버지가 딸을 유곽에서 찾아내다

린 퇴폐풍조를 공격했을 때, 그 첫째 표적은 창녀였던 것이다. 그러나 공격은 언제나 핵심에서 벗어난 방법으로밖에는 행해지지 못했다. 그들은 창녀와 교제를 할 때 생기는 위험을 극단적으로 과장하여 이론적으로 야단스럽게 떠벌여대는 데에 그쳤다. 그중에서도 상대를 가리지 않고 사랑을 구한 사내가 주머니를 다 털린 뒤에 패가망신하는 것을 가장 큰 위험으로 쳤다. 한편 실제적인 활동에서는 갱생의 집(Magdalenenhaus)을 설립하거나 병든 창녀를 특정한 자선병원에 강제수용시키고, 특히 도시든 지방이든 간에 타지 창녀는 추방하거나 퇴거명령을 내리기도 했다. 특히 후자의 두 가지 방법이 가장 널리 사용되었다. 수용소는 두세 군데의 도시에 세워졌을 뿐이었다. 소위 풍기단속 위원회는 그 이상의 일을 하기에는 투철한 인식도 없었을 뿐 아니라 그보다 더욱 요긴한 돈도 없었다. 여러 나라 중에서도 여제 마리아 테레지아 지배하의 오스트리아는 창녀박멸을 중심으로 한, 일반적인 퇴폐풍조에 대한 조직적인 투쟁을 벌인 것으로 가장 유명해졌다. 여제는 상설 활동기구인 풍기단속 위원회를 설립했다. 그러나 이 위원회의 활동방식은 순결위원회라는 이름으로, 세계의 호평을 받기는커녕 전세계에 악명을 떨쳤다. 예를 들면 풍기를 바로 잡기 위하여 창녀는 삭발당하거나, 금고형을 받거나 또는 거리의 청소부나 짐수레꾼에게 분배되는 등 참으로 혹독한 판결에 처해졌다. 반면에 창녀와 함께 있다가 불심검문에 걸린 남자는 독신인 경우에는 그 창녀와 바로 결혼함으로써 다른 창녀와의 교제를 끊어야 했다. 바로 이열치열의 요법이었다. 그러나 이러한 강경한 치료법은 전혀 효험이 없었다. 그 따위 방법으로는 창녀의 수도, 창녀와의 교제도 별로 줄일 수 없었다. 거래형태만 더욱 철저하고 은밀하게 만들었을 뿐이다. 이제 창녀는 겉으로는 하녀나 가정부의 지위로 승격되었다. 반면에 범죄의 건수, 특히 낙태와 영아살해의 건수는 급격히 증가했다. 미혼모는 모조리 풍기문란죄라는 죄목으로 곧바로 가장 불명예스러운 형벌에 처해졌기 때문이다. 실제로 이러한 범죄의 증가야말로 마리아 테레지아 식의 풍기단속이 초래한 유일한 결과였다. 그 이외의 결과

망설임(L. B. 코클레르의 그림에 의한 네덜란드 동판화)

는 나타날 수가 없었던 것이다. 왜냐하면 사물의 논리는 결코 한 개인이 제멋대로 바꿔놓을 수가 없기 때문이다.

이와 같은 매춘박멸 방식에는 논리라는 것이 거의 설 자리가 없었는데 그에 비해서 창녀와 매춘에 대한 경찰의 일반적 태도는 놀랄 만큼 논리적이었다. 그것은 완전히 절대주의적이었다. 즉 경찰은 위임자의 이해관계에 따라서만 행동할 뿐이었다. 이 위임자란 실은 지배계급이었기 때문에 위임에 따라서, 주지하다시피 무엇보다도 먼저 모든 향락의 기회를 누가 뭐라든 아랑곳하지 않고 단속하는 것을 제일의

밀매음 투쟁이 체포(영국의 동판화)

목표로 삼았다. 그런데 창녀는 지배계급의 이해관계를 위해서 이용되었기 때문에 창녀의 이해관계도 존중하지 않으면 안 되었다. 경찰은 이러한 이중적인 임무를 민첩하게 수행했다. 소경과도 같은 관념론자에게는 이러한 경찰의 전형적인 태도가 기묘하게 보일지도 모른다. 관념론자는 공간과 시간을 초월하여 사물의 실체와 유리된 영원불변의 도덕을 설파한다. 그런데 경찰이야말로 이 영원불변의 숭고한 도덕적 이상을 통일적으로 관철하고 있다고 생각한다. 그들은 경찰이 각 시대의 지배계급을 위한 지배도구에 불과하다는 사실을 전혀 느끼지 못하기 때문이다.

경찰은 번창했던 유곽과 매춘업에 대해서는 박살은커녕 오히려 뒤를 보아주었다. 그러나 역으로 창녀도 지배계급 덕에 경찰의 도움을 받음으로써 일종의 인권을 보장받았다고 생각해서는 안 된다. 말할 것도 없이 창녀는 영국을 제외하고는 대부분의 이 시대에도 인권 같은 것은 누리지 못했다. 그들은 완전히 경찰의 노리개였다. 경찰은 차마 눈뜨고 볼 수 없는 방탕한 행동에 대해서조차 묵과하는 것은 물론 그것에 대한 비판도 철저히 봉쇄했다. 그러나 지배자가 자기의 통치영역 내에서 풍기

런던의 매춘부

단속을 강화해야겠다고 변덕을 부릴 경우에는 별것도 아닌 것에까지도 철저하게 간섭했다. 돈을 주고 산 창녀가 유력한 구매자에게 무례하게 군다거나, 유력한 구매자가 창녀와 간단히 인연을 끊고 싶을 때, 경찰은 어느 때나 그의 뜻을 따랐을 뿐만 아니라 참으로 심각한 간섭을 그녀에게 자행했다. 이와 마찬가지로 그가 어떤 품위 있는 아가씨에게 흑심이라도 품게 되면, 곧바로 이 아가씨에게 창녀라는 낙인을 찍어 검거하기도 했다. 이와 같이 멀쩡한 처녀에게 창녀라는 낙인을 찍는 일쯤은 경찰에게는 식은 죽 먹기였다. 유곽단속 규칙을 철저히 위반하더라도 못본 체하는 당치 않은 관용은 결국 여느 사람의 인권이 철저히 무시되는 것을 의미했다. 그 방법은 나아가 제2의 의미, 더욱 깊은 의미를 띠게 되었다. 그 방법에 따라서 창녀 자신이 경찰이 되었던 것이다. 말하자면 창녀는 경찰의 끄나풀이 되었다. 예를 들면 파리에서 경찰은 수상쩍다고 생각되는 여자를 모조리 리스트에 올려놓고, 그녀의 먼지를 턴 뒤에 그 먼지로 협박했기 때문에 그녀는 경찰 나으리가 명령하는 것이라면 물불을 가릴 수 없게 되었다. 그 명령은 무엇보다도 손님의 뒷구멍을 캐서 그것을 일일이 경찰에게 자세히 보고하라는 것이었다. 그 결과로 경찰은 개인의 비밀을 알게 되었고, 모든 계급의 무수히 많은 인간을 완전히 자기 손아귀에 쥐게 되었다. 그리고 이것은 물론 절대주의의 정치기구인 경찰에게는 이상적인 고귀한 풍기와는 비교도 할 수 없을 만큼 중요했다. 이와 마찬가지로 창녀는 어떤 나라에서나 즐겨 이용되는 군국주의의 끄나풀이었다. 각국에서는 용병제도밖에 없었기 때문에 사람들이 군대에 들어오도록 만들기 위해서는 무엇보다도 우선 많은 사람들의 마음을 혼란시키지 않으면 안 되었다. 용병모집자들은 사람들을 돈으로 유혹하는 것 외에도 창녀의 미인계를 즐겨 이용했다. 다시 말하면 모든 창녀, 그리고 좀더 극단적으로 말하면 모든 여자 뚜쟁이 —— 이것은 그대로 여자 뚜쟁이에게도 해당되기 때문이다 —— 는 결국 절대주의의 도구이고 절대주의의 지주였다. 이것이야말로 지금까지 말한 모든 것의 결론이다.

5) 장미의 가시

이러한 결론과 더불어 또 한 가지의 다른 결론이 있다. 그것은 바로 매독이었다. 당시 매독은 100년 전부터 자취를 감추었거나 적어도 각국에서 별것 아닌 것이 되었다. 그러나 18세기에 접어들자 매독은 또 한번 대홍수처럼 유럽을 내습했다. 그런데 이번에 내습한 매독은 저 지리상의 대발견 시대에 아이티 섬에서 우연히 수입되었을 때처럼 아예 역사가 끼어들 필요도 없는 잔인한 우연의 장난에 의한 것이 아니라, 절대주의의 피할 수 없는 숙명에 의한 것이었다. 색이 최고의 생활목적이

동판화(D. 쇼도비키)

다. 이 선언은 그때까지 남아 있던 매독의 최후의 싹이 제대로 발육할 수 있는 토대가 되었다. 왜냐하면 절대주의의 인생철학과 정치방식만큼 매독의 발생과 만연에 유리한 조건을 제공하는 것은 없었기 때문이다. 사태가 실로 처절한 지경에 이르자 이럴 수도 저럴 수도 없다는 인식에 압도되어 이 숙명론은 "장미의 가시야"라고 서투른 익살을 떨었다. 병의 증상은 200년 전 매독이 유럽에 처음 침입했을 때에 비하면 그때처럼 무서운 것은 아니

사창가(독일의 동판화)

었으나, 그래도 그것은 인류의 혈관 속을 다시 한번 소용돌이치며 돌아다니는 무서운 가시였다.

　직업창녀는 매독뿐만 아니라 그밖에도 갖가지 화류병의 최고의 전파자였다. 그 시대에 매춘부와 관계하는 것은 어떤 종류의 것이든지 성병에 걸린다는 것을 뜻했다. 베를린의 의사인 파울 마이스너 박사는 최근 카사노바의 생애를 연구하고 "카사노바가 창녀와 관계했을 때, 그는 언제나 병에 걸렸다"는 것을 확증했다. 소시민 계급, 특히 룸펜프롤레타리아트와 매춘부 간의 피할 수 없는 친밀한 관계는 헤아릴 수 없이 많은 통로를 거쳐서 사람들에게 독소를 쏟아부었다. 요한 칼 뮐러는 「베를린의 회화」에서 "하층계급 사람들은 빠짐없이 타락의 심연으로 빠져들어버렸다. 전체의 3분의 2가량(어떤 훌륭한 의사의 말에 따르면)이 매독에 걸려서 적어도 특정한 매독 증상을 드러내고 있다"라고 기록했다. 프랑스 망명귀족이 독일의 코블렌츠로 흘러들어온 직후에 어떤 의사가 그 지역 주민에게 무료진료를 해준 적이 있는데 700명 이상의 여자가 성병에 감염되어 있었다고 한다. 런던에는 17세기 초부터 무역관계로 외국인이 엄청나게 몰려들었다. 따라서 성병이 만연된 것은 물론이다. 그 때문에 런던에 가기만 하면 반드시 성병을 얻는다고 하여 런던은 외국인이 가장 무서워하는 도시가 되었을 정도였다.

항구도시의 창녀(S. 뒤플로, 동판화)

그런데 지배계급의 사람들도 마찬가지로 이 무서운 운명의 방문을 받았다. 이 계급에 속하는 가족들은 시민계급보다도 훨씬 더 많이 이 병에 희생당했다. 이를테면 지배계급은 창녀나 무희에게서 받은 "호색적인 선물"을, 그들의 목불인견의 퇴폐풍조 덕분에 바로 사교계의 귀부인, 특히 정부에게 감염시켰다. 따라서 돌고 도는 성병의 악순환은 끝이 없었다. 이에 대하여 「악마의 수확의 노래」에는 이렇게 쓰여 있다.

정사(통의 뚜껑에 그려진 세밀화)

남편은 그것(매독)을 아내에게 옮기지만, 한편 아내는 그것을 남편은 물론 아이에게까지 옮겼다. 아이는 아이대로 그것을 유모에게 옮겼다. 그리고 유모는 또 그것을 자기 아이에게 옮겼다.

그 당시 유명한 귀부인들은 유명한 난봉꾼의 사랑을 차지하려고 법석을 떨었는데, 그 난봉꾼이 성병이라는 선물을 그야말로 모든 집에 운반해준 셈이었다. 당시에는 또한 유럽 왕실의 반수 이상이 매독의 방문을 받았다. 프랑스의 부르봉가나 오를레앙가의 사람들은 하나도 남김없이 때때로 또는 늘 매독을 앓았다. 루이 14세와 그의 동생이며 엘리자베트 샤를로테의 남편인 오를레앙 공작 필리프 1세, 그의 아들이며 프랑스 왕국의 섭정이 되었던 필리프 2세 그리고 루이 15세 등은 모두 매독을 앓았다. 프랑스의 모든 궁정귀족들도 마찬가지였다. 처음에는 샤퐁이, 나중에는 에르베가 증명한 것처럼 파리의 무희나 여배우는 대개 매독에 걸려 있었다. 귀족들은 이런 계층의 여자들을 즐겨 정부로 삼았기 때문에 대개 매독의 운명에서 벗어날 수 없었다. 유명한 무희인 카마르고나 기마르는 자기의 친구들에게 닥치는 대로 그 한때의 즐거운 사랑과 함께 매독이라는 선물을 바쳤다. 그 가운데에는 국왕이나 공작 같은 귀하신 몸들도 많이 끼어 있었다. 남편에게서 매독이 전염된 엘리자베트 샤를로테도 다음과 같이 기록했다. "오페라의 무희인 데샤는 뷔르템베르크의 칼 프리드리히 공작에게 파리에서 선물을 바쳤습니다. 그는 그 때문에 돌아가시고 말았습니다." 이러한 재앙은 물론 민중에게까지 퍼졌다. 임금이 신하의 착한 아내들에게 베푼 성총은 곧 그 아내와 그 아이들의 혈관 속에서 돌아다녔다. 한 무희와 관계하여 매독에 걸린 뷔르템베르크의 칼 알렉산더 공작도 그 병을 자기의 하렘에 살포했던 것 같다. 그런데 이 하렘은 슈투트가르트 궁정극장의 무희들로 구성되어 있었으며 "푸른 구두파"로 유명했다. 뷔르템베르크 공작의 손이 닿은 무희는 그 증거로서 푸른 구두를 신어도 되는 권리를 가졌던 것이다.……

사랑의 신 아모르가 쏜 무수한 화살로 독 묻은 상처 자국이 남자, 인간은 아무리 해도 이 독화살의 상처 없이는 비너스의 전장을 떠날 수 없다는 사실을 깨달았을 때, 상류층 사람들은 자신들의 가련한 상처를 바라보며 스스로를 비웃었다. 뿐만 아니라 그들은 이 재앙을 관념화하여 그러한 상처를 참으로 티없이 고귀한 흔적으로 미화했다. 그리고 그 마지막 결론은 절대주의의 가장 충성스런 앞잡이였던 매춘부의 경우와 훌륭하게 일치한다. 왜냐하면 그 두 종류의 인간은 사실상 절대주의의 피와 절대주의의 혼으로 이루어진 물질과 정신이었기 때문이다.

5. 음식점과 살롱

1) 음식점의 발달

대중이 사교생활에서 누리는 즐거움은 절대주의 시대에는 대단히 원시적인 것이었다. 확실히 그 속에는 절대주의 체제가 "즐기자"라는 관습으로부터 대중을 조직적으로 떼어놓으려고 기를 쓸 때 나타나게 되는 하나의 거대한 힘이 언제나 숨어 있었다. 즐긴다는 것은 억압되지 않은 행동, 즉 무엇보다도 우선 정신과 육체의 억압되지 않은 행동이다. 그렇지만 억압되지 않은 행동은 그 전제와 결과 모두에서 절대주의와는 상극이다. 왜냐하면 절대주의는 그러한 행동을 대중에게서 빼앗아버렸기 때문이다. 순수하게 즐기기 위해서는 우선 스스로 즐기려고 해야 한다. 그리고 그 가장 중요한 결과는 즐기려는 방향으로 힘을 고양시키는 것이다. 따라서 절대주의는 대중의 자유로운 행동이라면 무엇이든지 모두 방해했고, 또 그럼으로써 순수한 즐거움은 자라나기도 전에 아예 질식하여 죽어버렸다. 앙시앵 레짐하에서 볼 수 있는 사교의 즐거움이란 현실망각적인 "기분풀이"에 불과했다. 이러한 기분풀이는 절대주의의 지배이익에 반대되는 것이 아니었다. 반대되기는커녕 오히려 절대주의는 이러한 기분풀이를 부추겼다. 앞에서도 이야기했던 것처럼, 사교생활의 참다운 즐거움은 개인의 힘과 전체의 힘을 고양시키지만, 기분풀이는 기존의 에너지를 약화시키기 때문이다. 결국 이러한 방법으로 사람들의 에너지는 목표도 없이 가끔 방출되었다. 이것은 절대주의에는 크게 유리한 일이었다. 요컨대 절대주의에 대한 대중의 저항은 이러한 때때로의 기분풀이에 의해서 약화되었기 때문이다.

게다가 대중은 기분풀이에 으레 따르기 마련인 홧술을 마시고 취생몽사함으로써 일상생활의 비참한 현실을 잊어버리려고 했기 때문에 절대주의는 대중의 기분풀이로 인해서 이중으로 이득을 보았다. 대중은 절대주의의 손에 떠밀려서 떨어진 지옥에서의 괴로움을 때때로 기분풀이로써 잊어버리기 때문에, 자신들이 살고 있는 지옥 전체가 얼마나 지긋지긋한지를 알 수가 없었다. 덕분에 비참한 이 현실을 영속시키는 조건이 되는 절대군주를 폐지하려는 자각도 점점 더 희박해졌다.

사교와 향락의 원시성은 이와 같은 이유로 양보다는 오히려 질적인 것에 있어야 했다. 왜냐하면 절대주의 시대에는 현실을 잊어버리려는 요구가 일상적이었으며, 모든 사람들은 현실에 대해서 눈감기 위해서라면 어떤 기회라도 이용했기 때문이다. 그들은 다만 몇 시간이라도 좋으니 기회가 있으면 하고 생각했고, 스스로도 일부러 기회를 만들었다. 그것이 바로 음식점이었다. 그 이래, 음식점에는 사교에 필요한 여러 가지 기구들이 마련되었다. 요컨대 모든 오락형태는 대개 요식업의 연장에 불과했다. 게다가 또 한 가지 이유, 즉 교통이 점점 발달하여 상설 집회소가 필요했기 때문에 그런 것도 저절로 나타나게 되었는데 음식점도 그 요구를 재빨리 충족시켰다. 이 경우, 음식점은 독립된 현상으로서 이전의 헤르베르게(Herberge : 나그네나 춘프트 조합원이 묵는 숙박소/역주) 역할 이외의 전혀 다른 역할을 해야 했다. 따라서 이것은 이미 이전의 헤르베르게는 아니고, 오히려 춘프트 조합원만이 모인 이전의 춘프트 술집의 연장선상에 있었다. 왜냐하면 계급차별은 이러한 경우에도 영구히 없어지지 않았기 때문이다. 또 날씨가 추워서 오랫동안 돌아다닐 수 없는 곳에서, 특히 중부 및 북부 유럽에서 음식점이 대단한 기세로 발달했던 것은 자연스러운 일이다.

음식점이 모든 사교의 중심이 됨에 따라서 그때까지 사교생활의 대표적인 형태를 이루고 있던 것들도 사라졌다. 바꾸어 말하면, 낡은 형태의 것은 적어도 뒤안으로 쫓겨나게 되었다. 이 경우 낡은 형태라는 것은 이전의 목욕탕과 두레길쌈놀이방인데, 이 두 가지는 그때까지 도시에서나 농촌에서나 크게 유행했다. 그렇지만 「르네상스」에서 서술했듯이, 매독의 창궐과 점점 더 참혹해진 대중의 궁핍화에 의해서 이제까지의 목욕탕은 갑자기 강제로 문을 닫아야 하는 신세가 되었다. 한편 목욕탕이 시대적 변동에도 흔들리지 않고 끄떡없이 유지되거나, 혹은 한번 쇠퇴했다가 다시 번창하게 되는 경우도 있었는데, 그런 것들은 앞 장에서 보았듯이 대개 거대한

358

유곽업으로 발전한 것들이었다. 한편, 표면적으로는 치료를 위해서만 갔던 소위 온천은 목욕탕과 전혀 달랐다. 그런데 18세기에 접어들자 온천이 점점 더 인기를 얻게 되었다. 대개의 온천장에는 옛 그대로의 풍속이 남아 있었고, 거기에다가 옛날과 같은 참으로 고마운 온천의 효험이 금상첨화가 되었다. 즉 르네상스 때와 똑같이 18세기에 다시 한번 유행한 욕탕생활에 대한 풍자기록을 보자. "온천목욕만큼 여성의 수태에 효험이 있는 것은 없다. 물이 효험이 없으면 수도사가 있으니까." 대부분의 온천욕객들에게는 교태와 플러트, 한마디로 갖가지 색사가 더욱 요긴한 것이었다! 그러나 이것은 소위 유행병적 목욕에만 해당된다. 그중에서 가장 유명한 온천은 스파(Spaa : 벨기에의 유명한 광천/역주)였다. 한편 진짜 온천장에는 전혀 정반대의 분위기가 감돌았다. 그 예로서 그 당시에 가장 인기 있던 뷔르템베르크 온천장의 빌트바트, 타이나하, 괴핑겐을 들 수 있다. 이러한 온천장은 그 당시 소시민계급을 널리 지배했던 경건주의(Pietismus)의 중심지였다. 소시민계급은 분명히 목욕을 예배로 간주했다. 그들은 목욕의 목적과 관련된 종교적인 노래를 부르면서, 예배에 종교적인 청결함을 부여하려고 했는데, 그러한 점에서 목욕은 예배와 흡사했다. 그 증거로서 다음의 찬미가가 있다. 슈투트가르트 시의 목사 야코브 프리드리히 융(1689-1754)이 지은 이 노래는 뷔르템베르크의 온천장에서 "밝아지도다, 내 기분이"라는 노랫가락에 맞추어 날마다 불렸다.

"온천의 종교관과 목욕중의 기도"

너의 지친 손발을
따뜻한 이 탕 속에 담가라
너는 이 탕을 또 한번
새로운 강장제로 삼으라.
너의 육체는 안식을 즐기기 때문에
신께 바쳐진 너의 혼은
황급히 너로부터 풀려나
너의 신에게로 올라가도다.

주의 땀은 네 얼굴에서
양 옆구리로 흘러내린다

아아! 붉은 땀이 돌연히 흘러내렸을 때
그리스도의 고통을 생각하라.
주여, 내가 고뇌의 목욕탕에 앉아
식은 땀이 날 때에
내 마음의 자주빛 액체에
힘을 주소서.

육체가 받은 불결함은
물로는 지워지지 않는다.
하지만 육체에 들어온 불결함은
영혼의 목욕이 없애준다.
검은 죄악의 때는
영혼으로부터 깨끗이 쓸어내리지 않으면 안 된다.
청정무구한 순결한 백합은
모든 악한 것을 뿌리 뽑는다.

오! 장하구나,
귀한 물이여, 아름다운 흐름이여.
그것은 나에게 하늘을 가리켜주고
나를 위해서 많은 선을 행한다.
그것이 신이 내려주신 상,
나의 탁한 땀을 씻어줄 때
손발의 빛남은 새로워지고
영혼의 두려움은 가라앉네.

오늘날에는 이 시를 적어도 경건함을 비꼬는 —— 고의적은 아니지만 —— 풍자시쯤으로 여길지 모르지만, 그 당시에는 참으로 진실된 의미를 함축하고 있었을 뿐만 아니라 그 진실성도 의심받지 않았다. 그러나 이 진실성에 대하여, 경건주의적 분위기 속에서 오히려 지상의 연애가 가장 잘 커간다고 주장하는 많은 조소꾼들이 있었다는 것은 결코 모순이 아니다 —— 이것은 별로 놀랄 만한 것도 못 된다. 왜냐하면, "대개의 병, 특히 부인병은 이렇게 함으로써 나을 수 있었기 때문"이었다. 이와 같이 살펴본 바에 의하면, 중소시민계급 사이에서 유행했던 온천과 유행병적 목욕의 중요한 차이는 표면적일 뿐이며 소시민계급의 온천장에서는 서슴지 않고 색을 쓰는 대신에 외견상 경건을 가장하는 체했다는 것을 짐작할 수 있다. 실제로 기름진 세속의 악과 경건주의는 잘 결합되었기 때문에, 기독교의 순결을 지키는 갑옷으로서의 경건주의에 대해서 강한 의심을 품는 것은 옳은 입장이라고 볼 수도 있다. 그러나 그렇다고 해서 소시민계급의 모든 금욕적 행동이 외견상 경건을 가장하는 것에 불과했다고 가정할 수 없다. 대중에게는 완전한 금욕이란 불가능하기 때문에 절대적인 금욕이란 없었을지라도, 그 시대의 심각한 생활고라는 하늘의 강제가 그들에게는 아무래도 상대적인 금욕이 될 수밖에 없었다. 확실히 심각한 생활고는 모든 금욕주의의 수수께끼를 푸는 열쇠였다. 자신의 매일매일의 생활을 죽을 때까지 단돈 몇 푼으로 계산하지 않으면 안 되는 인간에게는 일하는 날을 때때로 연애로 즐겁게 보내고 싶다는 충동 따위는 거의 없었다. 소시민에게 해당되는 이러한 이치는 그들 이상으로 예속상태에 묶여 있는 대부분의 농민에게도 물론 그대로 들어맞았고, 게다가 그들 못지않은 예속상태에 있는 프롤레타리아적 임노동자의 경우는 말할 것도 없었다. 이 두 계급은 연애 따위에 빠질 여지가 없는데다가 너무 일을 해서 모두 기진맥진한 상태였다. 하루 14–15시간을 무리를 해서라도 일하지 않으면 먹고 살 수 없었기 때문에 이 두 계급의 연애는 정말로 야만적인 본능생활로 전락해버렸다. 그들의 본능생활 가운데 단 하나의 "순화"는 때때로 횟술을 마시는 야만적이고 터무니없는 행동이었다.

소시민계급과 소농계급에게 그때까지 사교생활에서 두번째로 큰 기회였던 두레길쌈놀이방의 방문은, 농촌에서는 그대로 남아 있었지만, 도시에서는 점점 사라져갔다. 그러나 농촌에서도 남자들은 옛날처럼 두레길쌈놀이방에 가지는 않게 되었다. 한편 이 관습이 되살아나 유행하고 있던 지방에서는 대개 르네상스에 유행되었던 것과 같은 풍속과 관습이 변함없이 인기를 누리고, 그 경우 똑같은 노골적인 플러트가 유행했는데, 이것 또한 남녀 모두가 두레길쌈놀이방에 열심히 다니는 동기가 되기도 했다.

남자들이 뻔질나게 음식점에 출입하게 된 것은 여자들이 한발 앞서 거기에 점점 더 뻔질나게 출입했기 때문이다. 이전의 춘프트 술집이 공공의 술집, 요컨대 누구든지 들어갈 수 있는 술집으로 변함으로써, 일정한 경우에만 경제투쟁 및 정치투쟁과 조합조직을 위한 집회장소로 사용되었다. 이때부터는 여자도 그곳에 갈 수 있게

방탕하게 춤을 즐기는 농부들(독일의 동판화)

되었다. 그 때문에 일찍이 17세기부터 하층계급의 여자들도 흔히 음식점에 출입하게 되었다. 아브라함 아 산타 클라라는 특유의 과장으로, 그 시절의 여자들은 남자를 동반하지 않고 혼자서도 뻔질나게 음식점에 드나들었으며, 이것이 여자들의 특징이 되기도 했다고 말한다. 이를테면 「안녕」에서 이렇게 쓰고 있다.

우리 독일인들은……착실한 남자들에 비해서 여자들이 훨씬 많이 음식점과 술집에 모인다. 베로니카, 늙은 란첸(Rantzen : 원래는 배낭이라는 뜻인데 배를 의미하는 저속한 말/역주)은 마치 반첸(Wantzen : 빈대)처럼 실컷 술을 퍼마신다. 루츨은 하루에 세 번씩이나 파우슈(Pausch : 술통)에서 라우슈(Rausch : 만취, 황홀경)를 마신다. 이가 빠진 안들은 언제 보아도 칸들(Kandl : 술항아리) 옆에서 반들(Wandl : 갈짓자 걸음)이 되었다. 애꾸눈 미들은 휘틀(Hüttl : 오두막)과 두건을 날릴 때까지 벌컥벌컥 술만 마시고 자빠졌다. 곱추 잘로메는 벌써 8일간이나 배가 아픈데 통증이 점점 심해진다. 여자가 포도주를 3마스(Maaß : 독일에서 액체의 양을 나타내는 단위. 1마스는 헤센에서는 2리터, 바이에른에서는 1리터/역주)나 마신 벌이다. 아픈 것이 낫는다면 그것이야말로 신의 은총이다.

그 시대의 속어사전에도 또 풍자화에도 주정뱅이 여자가 자주 등장한다. 특히 라이프치히 판의 「숙녀사전」은 "자우프-드로셀른(Sauff-drosseln)"과 "팜프슈베스테른(Pampschwestern)"이라는 속어에 대해서 이렇게 쓰고 있다.

자우프-드로셀른 : 일반적으로 대단히 술을 탐하는, 칠칠치 못한 주정뱅이 여자를 말한다. 이러한 여자는 또 체흐슈베스테른(Zechschwestern : 주정뱅이 자매), 브란테바인-불렌(Brantewein-Bullen : 소주병), 치프슈베스테른(Zippschwestern : 홀짝홀짝 술 마시는 자

고주망태가 된 취객

매)이라고도 한다.

팜프-슈베스테른 : 먹고 마시는 것 이외에는 생각하지 않는 여자, 자신의 호색적인 몸을 매일 여러 가지 과자와 술만으로 키우고 살찌게 하는 것 외에는 아무것도 생각하지 않는 여자를 말한다.

그렇지만 이러한 주정뱅이 여자가 가장 낮은 계급에만 있었던 것은 아니었다는 사실은, 여러 가지 증거 중에서도 톨루크(독일의 유명한 신학자, 1799-1877/역주)가 「19세기의 대학생활」이라는 책에서 부득이 언급해야 했던 증거에 의해서도 증명할 수 있다. 그가 조사했던 튀빙겐 대학의 기록에 의하면, 대학당국은 교수 부인이나 딸의 간통 혹은 혼전 성관계에 의한 임신, 낙태, 특히 주벽으로 인한 난폭행위를 끊임없이 고발하고 처벌하지 않으면 안 되었다. 또 궁정에서도 여자들 사이에서 음주가 대단히 유행했다. 오를레앙 공작부인 엘리자베트 샤를로테도 루이 14세 궁정의 귀부인들 사이에 광범하게 유행되었던 악덕으로서 폭음폭식을 지적하면서 다

술에 취한 부인(독일의 동판화)

음과 같이 쓰고 있다.

술 마시는 것이 프랑스 여자들 사이에서도 유행하고 있습니다. 마담 드 마자랭(루이 14세의 수상이 된 쥘 마자랭 추기경의 부인/역주)은 딸 하나를 남겼는데, 이 딸이 바로 리슐리외 후작의 술주정뱅이 부인입니다.

음식점에서는 노골적인 플러트를 함으로써 특히 잡담, 요컨대 에로틱한 체험을 서로 숨김없이 털어놓고 에로틱한 익살이 난무함으로써 성적인 것이 행동으로 나타났다. 대부분의 여자들에게는 이것이 유일한 오락거리였다. 그것은 음주와 카드 놀이와 더불어 가장 재미있는 오락이었다. 이 경우 여자들은 외설적인 말을 끝없이

외설적인 즐거움에 가득 찬 술자리

지껄여댔기 때문에, 민간에서는 이러한 잡담을 "암퇘지의 방울이 울린다"라고 했다. 이러한 잡담에 남자가 중간에 끼면 당연히 더욱 외설적이 되었다. 게다가 맥주와 포도주까지 가세하면 남자들은 여염집 여자 앞에서도 염려할 필요가 없었다. 또 여염집 여자도 그것을 나쁘게 여기지 않았다. 그 때문에 도덕군자는 언제나 음식점에서의 음란한 소동을 비난하면서 이렇게 말했다. 여자들은 음식점에서 외설적인 것밖에 듣지 않았고, 남자들은 여자들의 정욕을 몸 밖으로 끌어내느라고 정신이 없었으며, 남자들이 매우 노골적으로 지껄이더라도 마음속으로는 맞장구를 치면서 오히려 한술 더 떠서 여자 쪽에서 남자들이 그렇게 하도록 도발한다. 여자들은 연애의 쾌락에 대해서 그리고 남자들이 틀림없이 발견할 수 있는 자신의 아름다움에 대해서 지껄이는 것을 가장 즐긴다. 이때 남자가 기회를 놓칠세라 여자의 코르셋 속으로 손을 집어넣거나 "혹은 무릎보다 훨씬 높은 곳"에 대담하게 손을 넣으려고 하면 여자는 남자가 남의 이목도 꺼리지 않고 난폭하게 구는 경우에만 부끄러워했다. 그러나 남자에게는 자기 그런 줄 몰랐어요라는 듯이 낄낄대거나 상냥한 추파를 던져 답례를 한다. 음식점에서 집으로 돌아가는 길에 대부분의 아가씨들은 처녀성을 잃고 술에 몹시 취한 남자는 마누라를 잃는다고 한다. 사내가 몹시 취했을 때는 친구가 그를 부축해서 집으로 데려다준다. "그리고 지아비가 저쪽에 쓰러져 있는 동안 지어미는 그토록 친절한 벗의 품에 안겨 최후의 수치심을 잃어버린다." 이러한 일은 흔해빠진 일이었다.

그 당시 룸펜프롤레타리아트의 사교생활은 참으로 야만적이었다. 그들의 삶은 단지 생명이 붙어 있다는 것뿐이었기 때문에 사교적인 즐거움은 몹시 난폭한 육욕의 만족으로밖에 이루어지지 않았다. 그러나 영국을 제외하고는 어떤 나라도 룸펜프롤레타리아트의 생활과 행동에 관한 자세한 기록이 없다. 따라서 우리는 그들에게는 희망의 빛이라고는 한줄기도 비치지 않았다는 점 그리고 지배자에게는 그들의 너무나도 심각한 궁핍이야말로 가장 효과적이고 유일한 억압수단이었다는 점만을 증명하는 데에 만족해야겠다.

2) 가족의 축제

가족의 경사, 모두 함께 어울려 노는 민간의 축제와 다양한 의식 그리고 옛날부터 내려온 행사에서 사람들은 옛날과 똑같은 식으로 질탕하게 몸을 굴렸다. 가족의 경사 중에는 언제나 결혼식과 세례식이 변함없이 가장 으뜸가는 일이었다. 한편 장례식도 상당히 기쁜 마음으로 거행되었다. 예를 들면 「게네알로기 니시비타룸」에는 다음과 같은 기록이 있다.

무덤에 흙이 덮이면 죽음은 술로 이미 남김없이 마셔져버릴 것이다. 그것은 초상이 나면 초상집에서 시작된 것으로 사람들은 그 집에서 죽음의 연회를 연 것이다. 죽은 사람의 몸이 식자마자 사람들은 한도 끝도 없이 먹고 마셔댔다.

게다가 미망인은 대개 재빨리 이 기회에 자신의 친구들 중에서 어떤 남자가 가장 솜씨 좋게, 죽은 집주인 노릇을 대신할 수 있는가를 생각했다고 하는데 이러한 분위기에서는 그리 놀랄 일도 아니다.

혼례식에서는 르네상스 시대와 거의 마찬가지의 관습이 자주 보였다. 사람들은 르네상스 시대와 같은 음란하고 노골적인 신소리와 익살을 즐겼다. 그 따위 것들은 수백 년 동안 여전히 저속하고 노골적인 것들이었다. 그것은 17-18세기에 걸쳐 계속되었던 혼례식의 축사로도 증명된다. 이러한 축사는 식장에서 낭독되든가 혹은

신랑에게 선물을 줄 때에 쓰이기도 한다. 다음과
같은 노골적인 축사는 모두 접시에 새겨졌던 것으
로 남부 독일에서 유래한 것이다.

"퀴센(Küssen : 키스) 다음에 뮈센(Müssen : 의무)
이 온다", "내가 벼룩이라면 오른쪽에 앉아서 즐기고
싶단 말이야", "콘도르는 위로, 여우는 아래로", "우
르셸은 밀어올리고, 프란츠는 누른다", "콘도르는 위
에 있는 것보다 아래에 있는 쪽이 좋다."

농민의 잔치(J. 볼프, 동판화)

농민만은 축사 따위에 관심이 없었기 때문에 의
식을 위한 모임에서 그 이상으로 멋있는 말은 즉
흥적으로 만들어내지 못했을 것이다. 혼례식에서 낭송되는 시도 이와 비슷한 풍자
로 이루어졌다. 이러한 시는 신랑과 신부를 축하하기 위해서 쓰인 것인데, 언제나
이상한 몸짓과 함께 낭송되었다. 게다가 악대가 음악에 맞추어 부르는 노래도 대개
운을 맞춘 외설에 불과했다. 보통 혼례식 다음날에 행하는, 이른바 피로연에서는
이러한 에로틱한 해학이 판을 쳤다. 구아리노니우스는 18세기 초반에 자신이 경험
했던 이러한 사례에 관하여 다음과 같이 기록했다.

나는 그 다음날 이 지방에서 황금의 날 혹은 달걀부침이라고 부르는 혼례식 후의 축하
행사에 참석했다. 그 자리에서 사람들은 음란하기 짝이 없는 노래를 부르도록 했기 때문
에 악대가 악기를 울리고 그것에 맞추어 큰 소리로 노래를 불렀다. 그러나 그것만으로도
부족했는지 부끄러움도 외설스러움도 모르는 황당한 어릿광대 한 명이 그 자리에 나타났
다. 그 어릿광대는 그 날을 위해서 준비한 발판을 가져와서는 자신의 모습이 모든 사람들
에게 잘 보이도록 집 한가운데로 옮겼다. 한편, 남자와 여자, 어린 처녀들까지 우르르 몰
려와서 네 개의 식탁이 꽉 차게 되었다. 어릿광대는 그 발판 위에 서서 지금 생각해도 낯
이 붉어지는 이상한 몸짓을 했다. 이러한 몸짓은 내가 어떤 이교도의 책에서도 읽어본 적
이 없는 것이었다.……

그렇지만 구아리노니우스도 이 문장 다음에 기록한 것처럼, 많은 구경꾼들이 이
러한 노골적인 몸짓이나 외설적인 노래를 보고 들었지만 그 누구도 도덕적으로 분

개하지 않았다. 분개하기는커녕 구경꾼들은 모두 큰 감동을 받았다. 이때 이야기꾼들이 지껄여대는 음담은 보통 신혼 첫날밤에 신랑신부가 가질 수 있는 경험에 대한 풍자적인 설명이었다. 이러한 혼례 노래의 음란함은 18세기 동안에 순화되고 고상해졌지만, 이 고상함도 형식 면에서 대개 노골적인 외설 대신에 호색을 점점 교언영색함으로써 모든 것에 호색이라는 양념을 친 것에 불과했다. 이 현상은 특히 상류계급에서 나타난다.

이에 관해서는, 그 시대의 미술에 나타난, 가장 인기 있는 회화였던 혼례식 그림이 상류계급에 대한 다시 없는 증거가 될 것이다. 요컨대 이들 그림은 오직 유산계급을 목표로 하고 있기 때문이다. 그것은 언제나 두 개의 장면 즉, "르 쿠셰 드 라 마리에(le coucher de la mariée: 신부가 잠자리에 듦)"와 "르 르베 드 라 마리에(le levé de la mariée : 신부가 잠자리에서 일어남)"라는 혼례식의 에로틱하고도 가장 자극적인 장면에 집중되었다. 신부가 사랑하는 남편과 함께 처음으로 부부의 침대에 올라가지 않으면 안 되는 순간에 신부의 은근한 호기심이 반짝이고 있는 새침함, 이것이 "르 쿠셰 드 라 마리에"였다. 한편 바로 지난 첫날밤에 자신에게 행해졌던 사랑의 강의에 너무나 기분이 좋아서, 아침에 어머니와 시녀 앞에서도 전혀 쑥스럽지 않은지 남편 곁에서 마지못해서 일어나는 신부, 이것이 "르 르베 드 라 마리에"였다. 그 시대에 묘사되었던 그외의 모든 혼례식의 찬미도 이러한 점만을 겨냥했다. 혼례의 최고 유일신은 프리아포스였다. 따라서 사람들은 결혼생활에 들어감으로써 스스로를 이 신에게 바쳤다. 이 신의 은총이 깊으면 깊을수록 결혼생활은 더욱더 행복해지기 때문에, 이를 위해서 사람들은 역시 이 신만을 모셨던 것이다.

3) 민중의 관습

민간의 모든 관습이 이미 현실생활에 뿌리를 내리지 못하게 된 세상이 되었지만 민중은 끊임없이 이러한 관습에 매여 있었으므로 나라마다 새해, 사육제, 오월제, 하지의 큰 횃불 놓기, 성 요한제 등에 결부된 다양한 에로틱한 관습은 없어지지 않고 그대로 남아 있었다. 나는 「르네상스」에서 묘사한 관습에 이제 또 한 가지, 다음의 것을 덧붙이고 싶다. 영국에서는 해마다 5월 1일에 교구, 도시, 농촌 가릴 것 없이 남녀노소가 모여 모두 한데 어울려 5월의 나무, 즉 자작나무를 구하러 가는

뉘른베르크의 세습귀족의 벽화(1750)

풍습이 18세기 끝무렵까지도 남아 있었다. 그날 밤 집으로 돌아가는 사람은 소수뿐이고, 대부분은 숲속에서 온갖 춤을 추고 음탕한 놀이를 하면서 밤샘을 한다. 텐은 이 자작나무를 구하러 가는 축제를 서술하면서 그 결과에 대하여 "숲속에서 밤샘을 하는 수백 명의 아가씨들 가운데 약 3분의 1 정도만이 무사히 집으로 돌아간다"라고 기록했다. 텐의 기록은 위의 사실로부터도 충분히 설명되는 셈이다. 영국에는 또 한 가지 별난 관습이 있었는데 그것은 주로 허트퍼드셔에서 행해지며, 7년마다 미카엘제, 즉 구력 10월 10일에 열렸다. 텐의 설명에 따라서 이 관습을 살펴보자.

대부분이 농부인 젊은이들이 이날 아침에 밭에 모여서 지도자 한 명을 뽑는다. 일단 선출이 끝나면 지도자에게 그들은 어디에서나 복종하지 않으면 안 된다. 그 다음 이 지도자는 자신의 부대를 이끌고 행진한다. 그 행렬은 참으로 궂은 길, 습지, 늪, 무너진 담벼락, 굴, 덤불을 넘어 나아간다. 그들이 행진 도중에 만나는 사람은 신분, 나이, 성별을 불문하

농민의 유희(J. 볼프, 동판화)

고 누구든지 그 날의 춤추는 의식에 참가하지 않으면 안 된다. 따라서 마누라나 딸들은 이날만은 집에서 한발짝도 밖으로 나오지 않는다. 음란한 여자들만 나와서 춤추는 데에 끼어 밤늦게까지 이 유쾌한 부대에서 머문다. 날씨가 좋은 날은 푸른 하늘 밝은 태양 아래 넓은 들에서 탕음난무가 벌어진다.

그런데 장이 서는 날이나 순례기간 같은 때에 이루어지는 일반적인 민중축제에서 민중은 정말로 개판이 되었다. 예의 따위라고는 거의 찾을 수 없었던 것이다. 민중이 이러한 기회에 어떤 방식으로 행동했는가를 보여주는 사례로서, 환락적인 교회헌당축제가 있다. 그것은 나라마다 무척 대중적인 현상이었는데, 특히 벨기에에서는 19세기 중엽까지도 여전히 성행했다. 예로부터 유명했던 브뤼셀의 교회헌당축제는 환락의 절정을 이루었다. 그 날에는 그 지역 사람들이 죄다 가까운 곳에 있는 가파른 언덕에 모이는 것이 관례였다. 거기서 사람들은 먹고 마시고 노래 부르다가 마지막에는 남녀가 한 쌍씩 껴안고 그 언덕을 굴러내려온다. 이때 아름다운 여자의 노출은 즐거운 눈요기감이었으므로 여자는 그것을 부끄러워할 필요가 없었다. 부끄러워하기는커녕 모든 사람으로부터 우뢰와 같은 박수갈채를 받았으며, 미인을 손에 넣은 남자도 선망의 대상이 되었다. 브뤼셀에서는 이러한 민중의 놀이는 언제나 보세가탈레라는 넓은 언덕에서 행해졌는데, 이때 자신과 다른 사람의 즐거움을 위해서 잔디밭 위를 굴러내려오는 숫자는 종종 남녀 사오천 쌍, 또는 그 이상이었다고 한다. 뵈멘의 에게클란트에서는 이 놀이를 가리켜 "버터통 굴리기"라고 했다. 영국에서도 이 놀이는 그와 비슷한 이름으로 불렸다.

영국에서 가장 발달한 민중축제 —— 이 나라에서는 민중축제에 가장 유리한 조건, 즉 대도시와 광범한 시민적 자유가 있었기 때문이다 —— 는 대개 에로틱한 것이었고, 이때 주신 바쿠스에 대한 예배와 더불어 비너스 여신에 대한 음란한 봉사가 언제나 그 중심이 되었다. 어떤 때에는 바쿠스 예배가, 어떤 때에는 비너스에 대한 봉사가 세련된 취미를 가진 사람들도 참기 어려운 형태로 행해졌다고 해서 별로 놀랄 것은 없다. 왜냐하면 이러한 기회는 창녀들에게는 한철 대목이었기 때문이

페르시아 사절의 구경거리(트로스트의 유화에 의한 동판화)

다. 창녀들은 민중축제가 열리는 곳이라면 어디에나 반드시 모습을 드러냈는데, 좀 더 규모가 큰 축제가 열릴 때에는 큰 무리를 지어서 참가했고 또 심지어는 외국에서 원정 오는 일도 자주 있었다. 그러나 창녀가 없었던 경우에도 이 축제 때에는 사람들은 너나없이 외설적이 되었다. 트로스트의 유명한 회화, 페르시아 사절의 구경거리는 이 사실을 잘 보여주고 있다. 이 해학은 아름다운 여자가 자신의 엉덩이에 먹으로 뾰로통한 얼굴을 그리고 그 벗은 엉덩이를 창 밖으로 들이밀어 구경꾼을

떠들썩한 음식점(프랑스의 동판화)

웃기는 일이었다. 트로스트의 회화에서는 암스테르담 근교에 있는 음식점의, 네덜란드 태생의 유명한 아름다운 안주인이 이 그로테스크한 해학을 연출하고 있다. 언어와 몸짓에 의해서 전체적으로 그 정도가 거칠면 거칠수록 그 즐거움은 점점 더 커진다. 그 역도 마찬가지이다. 요컨대 이른바 즐거움이 커지면 커질수록 남자도 여자도 점점 더 음란한 몸짓을 했다. 이때 털을 뽑히지 않은 채 집으로 무사히 돌아간 여자는 극소수였다. 그래서 런던에서 가장 크게 장이 섰던 바르톨로메오 시장에 관하여 "큰 장은 런던 처녀들의 무덤이다"라고도 했고, 부모가 누구인지 모르는 갓난아기는 모두 "바르톨로메오의 갓난아기"라고 불렀다. 1800년에 C. A. G. 괴데가 드레스덴에서 펴낸 「잉글랜드, 웨일스, 아일랜드, 스코틀랜드」라는 책에서 이 시장에 대한 기록을 살펴보자.

이 경우 모든 것은 민중의 육욕을 도발하도록 마련되었는데, 민중도 여러 가지 놀이로 음란한 즐거움에 빠지려고 한다. 기쁨과 즐거움에 모든 사람의 얼굴은 빛나고, 환희의 탄성은 하나가 되어버린다. 그들은 오늘은 마음놓고 즐기는 날이라고 믿고 이 날에는 특히 예의범절 따위는 전혀 생각하지 않는다. 여기 온 사람들은 모두가 처음부터 그럴 작정으로 왔기 때문일 것이다. 어떤 특정한 등급의 창녀는 사흘 동안 민중이 소란을 피우는 이곳에 반드시 모습을 나타낸다. 어린 풋내기 아가씨까지도 부패한 천민들의 흐름 속에 휩쓸리게 된다. 그리고 이곳 런던의 일류 창녀라고 자랑하는 여자들 가운데에는 먼저 이 무대에 데뷔하여 주정뱅이 선원들의 손을 거쳐서 지주의 손에 들어감으로써 출세한 여자도 많았다.

가톨릭 국가에서 이루어지는 대규모 참배도 마찬가지였다. 참배는 언제나 신의 얼굴에 진흙을 바르는 것처럼 소란스러운 민중축제로 끝을 맺었다. 다음은 빈의 유명한 헤르날스 참배에 관한 당시의 한 기록이다.

이전에는 죄악을 범할 수 있는, 혹은 적어도 죄악을 연습할 수 있는 장소와 좋은 기회를 얻을 수 있었던 곳은 산뿐이었다.……빈의 교외에 있는 마을 헤르날스는 그중 가장 인기 있는 장소 가운데 하나이다. 이 마을에는 참배를 하기에는 너무나도 고마운 이름인 칼바린베르크(Kalvarienberg : 해골산 또는 갈보리산, 예수가 처형된 골고다 언덕, 즉 가톨릭 국가의 성지를 말함/역주)라는 이름의 산이 있다. 가까운 마을의 사람들은 사순절에 이 산을 참배하기 때문에, 이 지방 사람들이 실제로 부르는 것처럼, 사순절 무도회라고 이름 붙여도 좋을 정도였다.

독일의 동판화(J.H. 람베르크)

참배라는 구실로 모든 사람이 이곳으로 몰려든다. 서민도 귀족도 도보로, 말과 마차로, 이 산으로 우르르 몰려든다. 가톨릭 신자에게는 이 기간에 고기를 먹는 것이 금지되어 있지만, 이 산에만 오면 귀부인의 유방을 눈으로 만끽할 수 있고, 눈부신 여객마차, 개인마차, 화려한 옷을 얼마든지 볼 수 있다.……창녀들도 축제라도 만난 듯이 이 산으로 참배하러 온다.……남편은 정부와 팔짱을 끼고 이 산에 오르다가, 자기 마누라가 두 명의 장교와 농탕질치는 것을 우연히 보기도 하지만, 부부는 스치듯이 지나가며 잠시 고개를 끄덕여 가볍게 인사하고 히죽히죽 웃기만 한다.……

신앙심이 넘쳐흘러야 할 참배에 앞을 다투어 몰려가는 많은 인간들의 가장 큰 목적은 이처럼 비합법적인 연애를 즐기는 것이었다. 민중은 즉시 그 작태를 풍자하는 많은 속담을 만들어냈다. 임신한 것 같은 아가씨에 관해서는 "그 아가씨는 참배하러 갔다"라고 말했다. 부부생활에서 변화를 즐기는 아내에 대해서도 그와 같은 말이 있었다. "마누라를 온천에 보내든가 참배하러 보내는 남편은 요람에 갓난아이가 들어 있지 않을 때가 없다", "여자들은 참배에서 곧장 축복을 받아온다. 이 축복은 아홉 달 뒤에 응애, 응애 하고 울게 된다"라는 속담도 모두 이러한 종류에 속한다.

공개적인 사형도 어느 나라에서나 민중축제에 속하는 일이었다. 이것은 분명히 오늘날에도 영국에 그 형태가 남아 있다. 1852년에 출판된 「런던 기행」에도 역시 다음과 같이 기록되어 있다.

독일 농민의 요한 축제(동판화)

당신네 태양의 나라에서 민중이 술과 해학과 춤에 취할 수 있는 것과 마찬가지로, 우리나라의 큰 장, 포도수확제, 사유제 연극 등의 민중축제가 어디서 행해지는가를 당신은 알고 싶지 않은가? 그것은 사형이 집행되는 뉴게이트 앞과 호스-몽거-레인, 혹은 우리나라의 백작령에 있는 감옥 앞의 아름다운 광장에서 보통 행해진다. 이 광장은 새벽 녘부터 망나니가 사형이라는 무서운 역을 끝마칠 순간까지 많은 사람들로 굉장히 북적댄다. 이것에 비하면 당신네 나라의 큰 장 따위는 발밑에도 미치지 못한다. 광장 근처에 있는 집들의 창문이라는 창문은 모두 금화로 비싸게 팔리고, 관람대가 설치되기도 하며, 그 부근의 식당과 찻집은 꽉 차게 된다. 맥주와 브랜디는 날개 돋친 듯이 비싼 값으로 팔린다. 많은 사람들이 몇 마일 밖의 먼 곳에서, 인간의 치욕인 사형이라는 구경거리를 보기 위해서 도보로 또는 말이나 마차를 타고 온다. 광장의 맨 앞줄에는 빈민계급의 여자들뿐만 아니라 고상하고 상냥한 금발의 곱슬머리 여자까지도 엎치락뒤치락하면서 몰려든다. 아아, 이것은 인간의 치욕이며 정말 할 짓이 아니다. 그리고 우리나라의 신문은 사형수의 최후의 경련을, 생리학자까지도 몸서리칠 정도로 정밀하게 보도해야 하는 슬픈 의무까지 지고 있다. 어떤 순수한 영국인도 이러한 신문의 의무를 면제해주지는 않을 것이다.

공개적인 구경거리로 축제로까지 찬양된 사형집행은 공공의 풍속의 역사에서 훌륭한 역을 맡았다. 사형수는 우선 처음에는 고문을 당하고, 다음에는 삶에서 죽음으로 한걸음한걸음 나아가게 되는 이와 같은 참으로 끔찍한 구경거리가 대부분의 구경꾼들에게는, 특히 여자들에게는 훌륭한 자극제에 불과했기 때문이다. 그들은

러시아의 공개 태형

자신의 육욕을 이러한 야만적인 방법으로 채찍질하기 위해서 희희낙락 구경한다. 자극적인 작용은 사형집행시에 실로 무섭게 나타난다. 홀첸도르프는 사형제도 폐지에 관한 책에서 이렇게 쓰고 있다.

  항상 온순하고 예의바른 시골사람도 소도시의 상형집행이라는 구경거리 앞에서는 인간적인 약점을 참으로 숨김없이 드러낸다. 이 때문에 세상 사람은 사형집행은 타락한 인간의 마음속에 숨어 있는 퇴폐성을 증명할 뿐만 아니라 선량한 사람을 타락시킨다고 주장할 정도였다. 다이몬드는 첼름스퍼드라는 소도시에서 거행된 사형집행장에 몰려든 시골사람들 사이에는 "음탕한 진짜 사육제"의 분위기가 감돌고 있었다고 증언하고 있다. 사형집행

모과나무 가지 아래(해밀턴의 스케치에 의한 영국의 동판화)

전날 밤에는 음식점에서 망나니를 둘러싸고 질탕한 술자리가 벌어졌는데, 그 자리에서 망나니는 자신의 손이 갔던 사형집행에 얽힌 여러 가지 이야기를 들려주었다. 시골사람들은 20마일 떨어진 근처 마을에서도 이 도시로 몰려왔다. 청춘남녀도 이 피크닉에 참가했다.

재판에서 사형선고가 내려지기만 하면 이미 그것만으로도 그 도시의 주민 전체가 흥분의 도가니에 휩싸이고, 드디어 사형이 집행되는 날이 다가오면 대개의 경우 민중의 탕음난무가 천지를 진동한다. 탕음난무 속에서 방탕에 빠진 것은 민중계급뿐만이 아니었다. 최상류계급까지도 열심히 여기에 가담했다. 사후에 쓰여진 많은 보고들을 살펴보면, 17-18세기는 유명한 사형집행에 참석하는 것이 상류계급의 고상한 풍속이었다는 것, 부자들은 많은 돈을 내고 사형대에 가까운 집의 창문을 매점했다는 것을 알 수 있다. 세비네 부인은 공개적인 고문과 사형이라면 하나도 빠뜨리지 않고 구경꾼으로 참석했다. 유명한 독살녀 브랭빌리에 후작부인이 사형장에 끌려나올 때는 최상류계급, 곧 백작부인과 후작부인들이 몰려들어 행렬이 앞으로 나가지 못할 정도였다. 게다가 귀부인들은 보는 것만으로는 만족하지 않았다.

가난뱅이의 결혼식(프랑스의 동판화)

이러한 구경거리는 그들에게 세련된 자극에 불과했다. 사형이라는 구경거리가 있는 날에는 수백 명의 여자가 천민들에게 폭행당하는 일이 일어났으며 천민들이 유곽에 몰려들어 무시무시한 탕음난무를 벌였다. 한편, 높은 발코니에서 사형을 구경하던 명문의 귀부인들도 곧 폭발할 것 같은 육욕을 가장 세련된 방법으로 충족시켰다. 귀부인들은 화려한 옷을 입고 열린 창가에서 연회를 열었다. 이때 그녀들은 참으로 파렴치한 짓을 자행했다. 프랑스의 연대기 작가는 이렇게 기록했다.

……우리나라의 귀부인들에게는 마음에 차는 것이 없다. 그러나 차열형(車裂刑:마차들에 죄인의 사지를 묶어 각기 다른 방향으로 달리게 하여 찢어죽이는 형벌/역주)에 처해진 사형수가 받는 고통은 이러한 귀부인들에게는 언제 어느 때나 즐기고 싶은 최상급의 쾌락이다.

발광한 다미앵(1775년 루이 15세를 칼로 찔러 사형당함/역주)의 사형집행을 구경했던 카사노바가 그 기분 나쁜 광경을 상세하게 서술한 대목을 참고삼아 읽어보는 것도 좋다. 영국에서는 사형대에 접해 있는 집에는 대개 여러 개의 침대가 준비되었는데 귀족 남녀들은 그곳을 그 날 낮뿐만 아니라 대개 밤까지 매점했다.……

본래 민중축제는 언제나 정기적이든 부정기적이든 큰 장이 설 때나 교회헌당축제

복스홀로 가는 길(영국의 동판화)

등과 같은 특정한 날과 기회에 한정되어 있었다. 그러나 대도시(17세기에는 런던, 파리, 빈만이 대도시였다. 베를린은 훨씬 뒤에 대도시가 되었다)가 발달하고, 그와 아울러 약간의 상류층의 난봉꾼 패거리와 온갖 투기꾼, 사기꾼의 무리가 대도시로 몰려들자 점차 이런 대도시에 말하자면 날이면 날마다 민중축제를 즐기고 싶어하는 요구, 요컨대 기회만 있으면 주지육림 속에서 놀고 싶은 요구가 높아지게 되었다. 이러한 요구에 따라서 오락과 유흥을 위한 전용지역이 점차 발달했다. 이 지역은 그 당시 유원지(遊園地)라고 불렸는데 그곳은 각 도시와 주변을 연결하는 교통의 요지가 되었다. 유원지가 처음 탄생한 곳은 런던이었다. 런던의 유원지는 일찍이 17세기에 나타났는데 그곳에서는 음악회, 무도회, 가면무도회 등이 성대하게 열렸다. 이런 종류에 속하는 최초의 장소는 메리본스 유원지와 복스홀 유원지였다. 후자는 "더 뉴 스프링 가든스"라고도 불렸다. 뒷날 또 한 군데 레이넬라 유원지가 나타났다. 가장 유명한 것은 복스홀 유원지였기 때문에, 다른 도시에서도 유원지를 만들 때에는 민첩하게 그 이름을 모방했다. 18세기 말에는 파리에도, 베를린에도 복스홀이라고 불리는 유원지가 생겼다. 런던의 복스홀 유원지에는 매일 4,000-6,000명이 몰렸는데, 특별한 날에는 8,000-10,000명이 몰렸다. 천민 —— 그 당시의 천민이란 대도시에 모인 불량배가 아니라 오히려 무산계급의 민중이었다 —— 은 입장료가 비싸서가 아니라 음식 값이 터무니없이 비쌌기 때문에 유원지에는 들어가지도 못했다.

에로틱한 목적을 가진 인간에게는 거기에 가기만 하면 자신의 목적을 만족시킬 수 있는 가장 훌륭한 기회가 얼마든지 있었다. 왜냐하면 가창의 무리뿐만 아니라 될 대로 되라는 식의 모험만을 즐기는 부인과 아가씨들도 언제나 몰려들었기 때문이다. 이에 관해서는 영국인 페피스가 1668년 6월 1일 일기에서 다음과 같이 기록했다.

두레길쌈놀이방(독일의 동판화)

혼자서 복스홀에 가서 산보할 때, 도회지에서 온
한 젊은 뉴포트 출신과 두 명의 다른 불량배가 두 명의 아가씨를 강간하는 것을 보았다. 이 사태는 아가씨들이 얼굴에 마스크를 하고 그들과 함께 한 시간이나 걸어다니고 나서 생긴 일이었다.

그는 또 같은 달 26일 일기에서 이렇게 기록했다.

나는 아내와 데브와 머서와 같이 강을 건너 스프링 가든스에 가서 식사를 하고 그 부근을 산보했다. 그때, 도회지의 예의바른 청년들도 거기에 오면 어떻게 예의를 잃는가를 제대로 보게 되었다. 그들은 사람이 없는 정자에 들어가서 여자들을 강간했다. 나는 현대의 죄악의 뻔뻔스러운 면을 산에서와 마찬가지로 이 유원지에서도 보았다. 우리는 유원지에서 나와 강으로 가서 갖가지 즐거움을 맛보고 집에 돌아왔다.

또다른 사람은 이러한 사건이 별로 새로울 것이 없다고 하면서, 마스크로 얼굴을 가리고 유원지를 걸어다니는 상류층 부인들은 사실 음탕한 공격을 기대하며 마음에 드는 색한이 자신의 속다르고 겉다른 저항을 경멸하고 자기의 사랑을 폭력으로 탈취하려고 할 때 마음속으로 진정 기뻐했다고 기록했는데, 참으로 지당한 말씀이다. 많은 여자들은 대담한 색한이 자신의 색정적 모험에 동조하여 이목을 꺼리지 않게

스케이트 타는 사람들(N. 랑크레의 유화에 의한 동판화)

되면, 음침한 수풀 가운데 일부러 멈춰서서 그러한 경험의 원인을 제공하기 위해서
필사적이 되었다. 그것과 마찬가지로 내놓은 창녀도, 은근짜도 이러한 수풀을 열심
히 이용했다. 그리고 유원지의 소유자도 수풀을 될 수 있는 한 많이 만들어놓으려
고 계획했다. 「런던의 프랑스인 관찰자」에는 이렇게 기록되어 있다.

> 거기에는 연인들에게 안성맞춤인 조그맣고 조용한 숲이 많이 있다. 이것이야말로 영국
> 여자들에게는 가장 마음에 드는 것이다. 여자들은 약점이 있는데, 그 약점을 부끄러워하
> 지 않을 정도로는 아직 대담하지 못하고 하물며 이것을 자랑할 정도로는 더더욱 대담하지
> 못하다. 가창도 유원지를 열심히 산보하지만 이때 남자가 낚이지 않으면, 자신의 솜씨를
> 한바탕 발휘하여 남자를 낚으려고 한다. 그 때문에 이러한 부류의 매춘부는 특히 이 숲을
> 애용한다.

이 기록은 1760년의 것인데, 앞에서 인용했던 1668년의 페피스가 기록했던 광경
을 생각하면 이러한 일이 100년 동안이나 광범위하게 행해졌다는 것을 알 수 있다.
그런데 실은 그것은 그보다 더 오래 계속되었던 것이다. 그 후의 많은 문학뿐만 아
니라 롤랜드슨(영국의 캐리커처 작가, 1756-1827/역주)의 동판화도 역시 1810년
대까지 유원지에서 이와 비슷한 색사가 횡행하고 있는 것을 보여주고 있다. 수백

전원극(독일의 동판화)

명의 갈보가 거기에서 노골적인 연애시장을 열었고, 특히 그 당시에도 상류층 귀부인들이 직업적 매춘부를 무시하고 그 이상으로 대담한 짓거리를 했던 것이다.

공공의 오락형태, 특히 민중축제의 형태는 어느 시대에나 문화 전체나 성풍속의 자유분방함에 대한 중요한 척도가 되었다. 왜냐하면 이때에 언제나 성풍속의 가장 뚜렷한 모습이 나타나기 때문이다. 그러나 우리들은 이것이 주로 대도시 그리고 기껏해야 대도시와 근접해 있는 농촌에 해당하는 것임을 간과해서는 안 된다.

반면, 농민의 민중축제는 절대주의 시대에 들어오면 점차 활기를 잃게 된다. 농민의 경제상태는 대개의 경우 참으로 비참했고 절대군주에 대한 예속도 엄격했기 때문에 그들은 결국 죽을 때까지 진정한 축제기분이라고는 느끼지 못했다. 한편, 소시민도 공공생활의 중심지로부터 꽤 멀리 떨어진 벽지 같은 곳에서 겨우겨우 살다 죽어가는 한에서는 —— 그 당시에는 도시에서 이삼십 마일 떨어진 곳도 벽지라고 했다 —— 축제 따위는 생각할 수도 없었다. 그들의 일생은 군주에게 끊임없이 감시당하는 운명의 울타리 속에 갇혀 있었고 절대국가에 의해서 단단한 사슬에 묶인 노예상태에서 그들의 모든 행동은 "절대군주에게" 속박당했기 때문에 방종한 행동을 할 기회가 전혀 없었으며 대개의 경우 그러한 배짱을 부려보지도 못했다. 소시민은 군주의 명령에 따라서 시간에 얽매여 반드시 집에서 일하도록 강제되어 있었으며 예배에 빠지는 것도 무거운 벌로 금지되었기 때문에, 일요일마저 도심지에 나다니는 것은 당치도 않은 일이었다. 그와 같이 조종당하고 고통받는 소시민은 갈증을 풀어주는 맥주 한 잔만 마시더라도 영웅적인 행위를 한 것처럼 몇 주일 동안 계속해서 자랑할 정도였다. 그런데 앞에서도 썼던 것처럼 경건주의는 그 이상의 것을 수행했다. 그것은 용감하게, 대담하게, 팽창을 향하여 집결하며 웅성대는 민중의 살아 있는 기쁨을 철저하게 억압했던 것이다.

4) 춤과 놀이

역사적 상황이 변화했기 때문에 앙시앵 레짐 시대에 들어오면 춤도 옛날에 비해서 그 토대부터가 아예 달라졌다. 이제까지의 총체적인 윤무는 모습을 감추고 새로운 춤이 나타났다. 한편에서는 유희적인 것과 요염한 것, 다른 한편에서는 매우 육욕적인 것이 이제 중요한 특징이 되었다. 그 대표적인 사례는 미뉴에트, 알망드, 왈츠이다. 이것들은 모두 그 시대에 나타난 춤들이었다. 이러한 발전에 힙입어서 춤은 이전과는 비교도 안 될 만큼 강력한 유혹자의 역을 맡게 되어, 즉 남녀를 반드시 꼭 맞붙어 춤추도록 만들었다. 스커트를 휘날려 구경꾼의 눈을 즐겁게 해주고 춤추는 여자를 휘돌리는, 여태까지 가장 중요했던 취향이 전혀 사라져버린 것은 아니지만, 그래도 사람들은 점차 더 친밀한, 따라서 보다 세련된 효과를 더욱 노리게 되었다. 예를 들면 영국에서 특히 즐겼던 "키스댄스"에서는 한창 춤을 추다가 남녀 두 사람이 나누게 되는 키스가 몹시 고상하게 오래 계속되었던 것이다. 이러한 세태에 분개한 애디슨은 다음과 같이 기록했다. "키스댄스는 실로 가장 나쁜 춤이다. 이 춤에서는 남자가 음악보다 먼저 움직이지 않고 박자에 맞추어 춤을 출 경우에는 아무리 해도 상대방 여자의 입술에 자신의 입술을 거의 일 분간은 붙이고 있어야 한다"라고 썼다. 18세기 중엽에 나타나 후세의 왈츠와 마찬가지로 독일에서 사방으로 퍼진 알망드에 관하여 1770년에 「무용연감」을 펴낸 춤교사 기욤은 다음과 같이 말했다.

알망드는 여자의 육체의 온갖 교태를 육감적으로, 정열적으로, 부드럽게, 쾌적하게, 대담하게 표현한다. 그것은 여자의 얼굴이 여러 가지 표정을 지을 수 있는 기회를 준다.

비극적인 뮤즈(J. G. 치프리아니의 그림에 의한 영국의 동판화)

「빈의 색」의 저자는 1760년대 이후에 나타나기 시작한 알망드에 대해서 다음과
같이 썼다.

　　나는 (춤의) 즐거움을 비난하려는 생각은 없지만, 여기에 소개하는 특이한 종류의 춤에
관해서만은 내 의견을 여러분에게 알리고 싶다. 그것은 소위 독일 춤이다. 독일 춤은 피를
끓게 하고 방종한 육욕을 도발하는 것 외에는 어떤 역할도 하지 않는다. 따라서 나는 사람
들이 이 춤을 좋아하는 것도 그 때문이라고 믿는다. 이 즐거움은 빙글빙글 도는 데에 있
다. 빙글빙글 돌면 머리가 어질어질해지고 최후에는 의식을 잃어버린다. 갖가지 육감적인
압박과 뜨거워진 앞가슴은 육욕을 도발함으로써 그것을 가능한 한 빨리 충족하고 싶도록
충동질한다.……어떤 춤도 이렇게 인기 있었던 적은 거의 없다. 왜냐하면 이러한 곡예사
들과 함께 박자에 맞추어 육욕 속으로 한걸음한걸음 굴러떨어지고 있다는 생각은 이 도시
의 아가씨들의 관능적인 모든 생각을 압도하기 때문이다.

　　그 때문에 사람들은 독일 춤을 추게 되면 해야 할 일까지도 순식간에 잊어버렸다
고 한다. 앞의 책의 저자도 "어째서 세상 사람들은 자신의 불행을 잊기 위해서 춤추
지 않는가? 어쨌든 내가 당신에게 이 도시의 아가씨가 육욕을 위해서 춤을 춘다고
쓸 수 없는 것은 이 때문이다"라고 썼다. 이러한 춤은 모두, 그중에서도 특히 당시

농부의 혼례(독일의 동판화, 17세기)

유행했던 독일의 왈츠는 호색을 위해서 참으로 대담하게 이용됨으로써 템포도 빨라지고 구성도 더욱더 육감적으로 되어갔다. 그래서 1794년에 출간된 「체조 백과사전 시론」에서 아름답게 추는 왈츠를 찬미했던 게르하르트 비트는 "저 터무니없이 빙글빙글 도는 회전과 도약은, 누가 보더라도, 왈츠의 성격이 아니라 우리나라의 경박한 신사숙녀의 성격에 근원이 있다"라고 단언했다. 그렇지만 세상 사람들은 이러한 과장된 왈츠를 더 좋아하게 되어 모든 왈츠를 한창 발정기에 있는 동물처럼 추어댔다. 그 때문에 결코 점잖다고는 할 수 없는 고트프리트 뷔르거까지 그 당시 왈츠를 비난하는 다음과 같은 공격적인 시를 쓴 것을 우리는 충분히 이해할 수 있다.

나의 독일식 윙크에 조심하세요.
젊은 신사숙녀분들!
같은 사물도 우리나라에서는,
같은 이름만을 가진다고 말할 수 없다네.

이것은 결국 이름 따위는
사실과 상관없다는 것을 의미하지.
그래도 사실을 알리는 것은
언제나 무척 좋은 일이라네.

적은 글로 많은 명예를
주거나 얻거나 받는다네.
보통 마부에 지나지 않는 사람을
눈부신 귀족으로 바뀌게 한다네.

야생의 산새가 발정이 폭발하는 것은
예를 들면 팔첸(Falzen : 새가 짝을 부르는 것)이라고 하자.
이것은 슈바벤식으로 흉내내면
사실은 발첸(walzen : 뒹굴다)이 되어버린다네.

절대주의 시대의 특수한 춤은 미뉴에트였다. 이것은 절대주의의 고유한 목적과
목표에서 생긴 것으로 절대주의 시대에 최고로 발전했고 절대주의가 몰락함과 동
시에 사라져버림으로써 기껏해야 캐리커처로서 후세에 남아 있을 뿐이다. 미뉴에
트는 그 완성된 형태로 볼 때 이제까지 춤의 세계에서 만들어졌던 것들 중에서 최
대의 예술작품이라고 말해도 좋다. 이 의견은 정당하다. 미뉴에트에서는 모든 것이
우아하며, 아름답고, 최고의 예술적 논리를 가지고 있으며, 정해놓은 틀을 조금이
라도 벗어나는 것을 허용하지 않는 의식이었다. 절대주의의 법칙으로서의 포즈와
표현은 미뉴에트에서 개가를 올렸다. 따라서 미뉴에트 역시 궁정의 널마루 위에서
완성되었다. 궁정의 널마루에는 장엄, 걸음 하나하나의 엄격함, 모든 행동을 틀에
맞추지 않으면 안 되는 조건이 있었고 또 그 모든 생활은 하나도 남김없이 유희적
인 우아함 속으로 녹아들어갔기 때문이다. 미뉴
에트가 훌륭하게 완성될 수 있었고 100년 동안에
걸쳐서 날마다 갈고 닦일 수 있었던 것은 어떤 반
대도 허용되지 않은 엄격한 강제의 결과였던 것이
분명하다 —— 음악적인 가치가 있는 중요한 이
춤곡의 최초의 작품은 1663년에 태어난 그라델에
의해서 루이 16세와 마리-앙투아네트의 성혼을
축하할 목적으로 만들어진 "왕비의 미뉴에트"인
데, 그 곡은 이 춤곡 중 여지껏 작곡가가 만든 것
중에서도 가장 완벽한 것이라고 한다. 하이힐과

발레리나(영국의 동판화)

라이프로크로는 왈츠와 같은 춤을 출 수 없었기 때문에 결국 이 두 가지 물건은 그것에 적합한 춤을 만들도록 강제했고 그것이 바로 미뉴에트였다. 그것은 하이힐과 라이프로크를 착용하고 추는 유일한 춤이었고 또 하이힐과 스커트의 리듬을 관념화시킨 선이기도 했다.

이 훌륭한 예술작품의 최고의 비밀은 하이힐의 추함까지 완전히 없애버렸고, 그 추함을 춤을 통해서 곧장 아름다움으로 바꾼 리듬이었으며, 이미 하나의 호색, 즉 모든 춤에 공통된 구애, 농탕질, 욕망을 실현하는 것에 지나지 않았다. 그 당시 미뉴에트는 "트라세 데 시프르 다무르(tracer des chiffres d'amour : 사랑의 숫자 묘사)"라고 불렸다. 이것이야말로 미뉴에트의 가장 간단한 특징었을 뿐 아니라 가장 중요한 특징이기도 했다.

놀이도 춤과 마찬가지였다. 놀이도 역시 과거에 비해서 무척 세련되었다. 르네상스 시대에는 여자의 육체를 노출시키기 위해서 넘어뜨리기 놀이를 했는데 그런 것쯤은 이미 한물 가버렸다. 그 대신 여자가 먼저 팔을 걷고 나서서 자극적으로 육체를 노출하게 되었다. 이미 이야기했던 것처럼 이 시대에는 그네타기가 크게 유행했는데 여자들은 이제 노출에 성공한 것이었다. 이 경우, 라이프로크라는 복장 덕택에 스커트는 계속 위로 올라갔다. 이 때문에 여자들은 진정으로 열광하면서 이 놀이에 빠져들었다. 한편 남자는 그네타기에는 참여하지 않았는데, 그네타기에서 남자가 보여줄 것은 하나도 없었기 때문이다. 남자는 언제나 엿보는 역을 맡았기 때문에 여자는 호기심에 넘친 남자들에게 웬만해서는 보여주지 않는 자신의 육체의 아름다움을 조직적으로 보여주려고 노력했다.

이와 마찬가지로, 이 시대에 유행했던 양치기 놀이도 유명했다. 이 놀이는 자연으로 돌아가라는 사상의 결과로 나타났으며 또 분명히 그랬다. 그러나 자연의 겉모습만이 묘사되었을 뿐 자연의 본질은 묘사되지 않았다. 그것은 온갖 플러트를 모두에게 보여주기 위해서 조직화한 것이었다. 양치기 남자와 여자는 아직 도덕이라는 것으로 무장하지 않은 자연 그것이었다. 양치기 남자는 모든 사람 앞에서 양치기 여자에게 거리낌없이 키스 할 수 있었고 또한 양치기 여자도 양치기 남자에게 거리낌없이 키스의 답례를 할 수 있었다. 사람들은 이러한 거리낌없는 행위에 기꺼워하면서, 자신들도 이 새로운 즐거움을 맛보고 싶어했다. 따라서 거리낌없는 플러트를 하는 것이 이 놀이의 목적이었다. 게다가 양치기로 변장하여 플러트를 하는 것은

발레의 무대감독(보두앵의 그림에 의한 프랑스 동판화)

남녀 모두에게 정욕을 자극시켰다. 왜냐하면 양치기 남녀는 이상화된 농민으로서, 사람들은 발랄한 농민 남녀에게서 아직도 싱싱한 성욕을 기대했기 때문이다. 바꾸어 말하면, 그들은 이러한 양두구육의 위선을 자연의 숭배라는 사상으로 감추고 중인환시리에 가장 효과적으로 저속한 플러트에 노골적으로 빠져들고 싶었기 때문에 이러한 놀이를 발명한 것에 불과했다. 이와 같은 비밀은 농민의 연애생활을 예술적으로 묘사하는 뒤안에도 숨겨져 있다. 예를 들면 농가의 젊은이가 밤중에 몰래 상대방 아가씨의 집에 잠입하면 아가씨는 자신의 보잘것없는 이부자리 속에 남자를 숨겨준 뒤에 행복을 준다든가 젊은 시골 총각과 팽팽한 앞가슴을 가진 시골 처녀가 그녀의 초라한 집 안에서 함께 서로 희롱하면서 점점 더 뻔뻔스러운 행위로 유혹해 간다는 것 등이 바로 거기에 해당된다. 이러한 그림은 농민들의 진정한 삶과는 아무런 관계도 없다. 그것은 오히려 지배계급이 자신들의 욕망을 표현하기 위해서 생각해낸 새로운 자극적인 형식에 불과했다. 그들의 머리에는 농민적인 즐거움 따위는 전혀 없었다. 뿐만 아니라 세련이라는 것에 물려 새로운 자극을 더 이상 얻을 수 없다는 것을 알았을 때, 그들은 새로운 향락을 요구하게 된다. 정확하게 말하면, 그것은 세련으로부터의 도피가 아니라 그들이 생각한 만큼 가지고 싶어하는 향락의 새로운 변화에 지나지 않았다.

그 당시 잇따라 나타난 그밖의 놀이도 모두 새로운 에로틱한 향락의 기회를 추구하는 비밀스러운 경향이 있었다. 이 가운데서 그 시대에 대단히 인기 있었던 "따뜻한 손 놀이"만을 살펴보자. 이 놀이는 남자가 여자의 두 허벅지 사이에 머리를 감춘 뒤에 자신을 때리는 상대방의 이름을 알아맞히는 것이었다.

5) 연극

연극은 앙시앵 레짐하에서 중요한 오락 가운데 하나였다. 사람들은 첫째, 오락을 위해서 극장에 갔다. 극장은 근대적 부르주아 사상의 싸움터였으며, 절대주의에 대한 부르주아적 반항도 연극에 집중적으로 표현되었다. 도처에서 진지한 극이 공연되었으나 동시에 판토마임과 어릿광대극도 공연되었으며, 그럼으로써 야비한 호기심을 채우게 되었다.

칸막이 좌석에서(J. M. 모로의 그림에 의한 동판화)

연극은 감정의 공개적 표현이다. 18세기에 모든 계급이 연극에 열광적으로 열중했던 이유는 이 목적만으로도 충분히 설명될 수 있다. 모든 비밀이 제거된 시대에 사람들이 가장 열중했던 일은 자신의 감정을 공개하는 것이었다. 그렇다면 연극은 우리 자신의 감정 충족 충동에 대한 가장 정확한 표현이다. 이때 무대 위에서 공개되는 감정 중에서 관객이 대단한 흥미를 보인 것은 여느 때처럼 호색적인 것뿐이었다. 사람들은 스스로 적극적으로 연애를 즐기려고 했을 뿐만 아니라 소극적으로 구경꾼으로서 타인의 성애 그리고 모든 종류의 성애를 즐기려고 했다. 이 요구는 코미디와 어릿광대극이 충족시켜주었다. 그 내용은 대개 희곡화된 춘화(春畵)에 불과했는데 때로는 지금의 우리로서도 이해할 수 없을 만큼 참으로 격렬한 성격을 띠었다. 영국인 콜리어는 1698년에 무대에서 횡행하는 부도덕 숭배에 반대하는 책을 썼다. 이 책 첫머리에서 그는 다음과 같은 말을 했는데, 그것은 지당한 말씀이다.

현대에 연극과 도박장만큼 음탕함이 극에 달한 곳도 없다고 나는 믿기 때문에 이런 것에 반대하는 글을 쓰는 것만큼 내 시간을 유효하게 쓰는 일이 없다고 믿는다.

이러한 비판은 모든 나라의 연극, 요컨대 관객이 가장 좋아하는 대부분의 각본에 꼭 들어맞았다. 대개의 희극과 어릿광대극 종류, 또 그보다 고상한 종류의 연극에서도 그것들은 항상 남녀가 희롱하는 짓거리를 연출한 것에 불과했다고 하는 편이 가장 정직할 것이다. 희롱은 곧바로 대담한 포옹과 야비한 애무로 시작하여 말하자면 성행위로까지도 나아갈 뿐만 아니라 그것을 넘어서 그 다음으로까지 나아갔다. 요행과 낙담, 특히 온갖 종류의 승리를 가져다주는 아방(앞), 팡당(사이), 아프레(뒤)는 모든 희극의 신축성 있는 프로그램이었다. 가장 진지한 각본인 경우에도 강간장면이 흔히 나왔다. 극작가의 첫째 노력은 언제나 연출에서 현실에 가까울 뿐만 아니라 그로테스크한 과장으로 모든 에로틱한 장면과 변화를 될 수 있는 한 강렬하게 묘사하는 것이었다. 말이 허용되지 않는 경우에는 몸짓, 손짓 등 노골적인 동작과 얼굴 표정으로 필요한 모든 것을 될 수 있는 한 강한 말로 표현하지 않으면 안 되었다. 그리고 이러한 몸짓과 노골성이 극작가가 노린 목적이었다는 것은 장면의 중앙에 언제나 하나의 인물, 즉 어릿광대가 등장한다는 사정만으로도 충분히 증명된다. 이제 어릿광대는 인기의 중심에 서게 된 것이다. 따라서 사람들은 이러한 종류의 연극을 모두 광대극이라고 불렀다. 고전을 예로 하여 어릿광대의 몸짓을 구체적으로 살펴보면, 어릿광대가 오랜 시대에 걸쳐 애용했던 트릭은 사랑의 고백이라든가 혹은 익살맞은 장면이 나올 때 공개무대에서 바지를 내리는 것이었다. 이러한 강렬한 외설은 영국에서 시작되었다. 광대극은 17세기 초반에는 독일로도 전파되었다. 프랑스와 이탈리아와 같이 독일에서도 매우 노골적인 형태가 절대주의와 함께 발전했다. 처음에는 남자배우만이 연극을 했기 때문에 여자 역도 남자가 맡았다. 이것은 연출의 최초의 형태와 그로테스크한 취향도 충족시켜주었다. 즉 남자배우뿐이었기 때문에 여자로 분장한 남자배우는 공격적인 상대역을 맡은 배우의 의사 표시에 그만 남자의 본성을 드러내어 그 요구를 노골적으로 물리치거나 받아들였다. 그렇지만 점점 여배우를 요구하는 목소리가 높아져갔다. 이러한 요구가 일어났던 저간의 사정은 일반의 기호가 점점 고상해져서, 노골적인 외설에 이제는 흥미를 잃고 고상한 마음의 양식을 찾았기 때문은 아니다. 반대로 절대주의에 의해서 세련이라는 것에 눈뜨기 시작했을 때, 외설은 폐일언하고 남자의 입에 어울리는 것이라고 하더라도, 남자의 입보다는 오히려 자극적이고 아름다운 여배우의 입에서 외설적인 언사를 듣는 쪽이 더 근사하다는 것을 알게 되자 비로소 여자가 등장한다. 1660년에 드디어 여배우가 영국에서 무대에 등장했고 조금 뒤에 프랑스와 독일에서도 등장했다. 여자는 이러한 경향으로 치닫는 시대의 "세련된" 기호가 주문하는 조건을 즉시 만족시켰다. 그것은 특히 영국에서 두드러졌다. 머콜리(영국의 역사학자, 1800-59/역주)는 「영국사」에서 왕정복고 시대의 영국 희극에 관하여, 또 여배우가 맡은 해설자 역에 관하여 다음과 같이 썼다.

대단한 방탕이 에필로그를 누볐다. 에필로그는 대개 가장 인기 있는 여배우가 낭독했다. 그리고 누가 보아도 아직 순결을 잃지 않았다고 믿어지는 아름다운 아가씨가 실로 지독히 외설적인 시를 낭독하는 것을 듣는 것만큼 타락한 관객을 즐겁게 하는 것은 없었다.

관객에게 이러한 외설의 클라이맥스는 결국 백작이나 국왕의 안방이나 침대로 장면이 바뀔 때였다. 그리고 이러한 장면은 마치 기다렸다는 듯이 언제나 등장했다. 1783년에 출판된 「파리의 회화」에는 이렇게 적혀 있다.

여가수들은 청중이 무의식중에 부채로 얼굴을 가리지 않고는 그대로 앉아 있을 수 없는 노래를 특히 즐긴다. 노래의 가사는 외설이나 야비한 농담으로 가득 차 있다. 모든 것에는 거대한 악덕이 넘친다. 그리고 노래 속에서 재기 있고 부패한 여주인공으로 묘사되는 여성은 모두 백작부인, 후작부인, 고관부인, 공작부인이며, 부르주아 출신 부인은 한 사람도 찾아볼 수 없다.

부르주아 사상이 실생활에서도 승리를 거두었을 때, 지금까지 무대에서 외설이

누린 전제적 지배에 대한 철저한 급선회가 비로소 나타났다. 이것이 가장 일찍 나타 난 곳에서는 무엇보다도 먼저 연극의 음란이나 외설이 일제히 공격을 받았다.……

희극과 어릿광대극과 함께 극장에는 특히 댄스와 발레가 있었다. 댄스와 발레는 관객을 끌어들여 때로는 관객을 점차 희극에 의해서 연출된 외설보다도 더 한층 지 독한 광란으로 몰아넣었다. 이 때문에 어떤 소규모의 연극단에도 전속 댄서들이 있 었고, 큰 연극단에는 대개 큰 발레단이 전속되어 있었다. 과대망상증에 걸린 뷔르 템베르크의 칼 알렉산더 공작의 금고로부터, 뷔르템베르크의 관료계급이 받고 있 던 봉급 전액보다 많은 돈을 가로챈 유명한 남자 솔로 무용가 노베르(1727-1810) 는 1769년 출판된 「무용술과 발레에 관한 편지」에서 다음과 같이 기록했다.

댄스와 발레는 최근의 유행병이다. 사람들은 일종의 광란상태에 빠져 발레를 보러 오는 데, 우리의 예술만큼 대환영의 박수를 받는 예술도 없다. 발레에 대한 기호는 일반적이며 대단히 광범하게 퍼져 있다. 각국의 군주는 우리나라(프랑스)의 관습을 모방하기보다는 오히려 이러한 예술이 주는 즐거움을 맛보기 위해서 자기 나라의 연극을 발레로 장식하고 있다. 어떠한 소규모 유랑극단도 한떼의 남녀 댄서를 데리고 다닌다. 뿐만 아니라 어릿광 대나 싸구려 약장수까지도 자기들이 파는 물약이나 가루약보다는 발레가 훨씬 효과가 있 다고 말하고 있다. 그들은 앙트르샤(entrechat : 댄스 도중 공중에 뛰어올라 발뒤축을 여러 번 맞부딪치는 동작/역주)로 천민의 눈을 속이는 것이다. 그리고 발레의 여흥이 많은가 적은가에 따라서 그들의 약의 매상 눈금이 오르내린다.

발레의 본질에 대해서는 잠시 뒤에 설명하기로 하고, 여기서는 발레 역시 에로틱 한 성향을 중심으로 하고 있다는 사실만을 지적해두기로 한다. 공연물과 관객은 언 제나 하나이다. 왜냐하면 무대는 관객이 원하는 것에 순순히 따르는 집행인이자 통 역에 지나지 않으며, 그때그때의 욕망을 충족시켜주기 때문이다. 따라서 무대 바로 아래쪽의 관객뿐 아니라 높게 만든 관람석에 있거나 서 있는 관객의 감정도 무대의 분위기와 완전히 일치되어 있다. 즉 관객은 언제나 똑같이 무대로 휩쓸려 들어가는 것이다. 바꾸어 말하면 무대에서 공연되는 희곡화된 외설이나 무용화된 외설 역시 관객에 대한 자극제로 작용하는 것이다. 그리고 이중 후자는 그 시대의 공공풍속에 대한 비판에서 상당히 큰 비중을 차지하고 있으며, 풍속을 퇴폐시킨 영향에서 볼

노상의 사육제 소동(다니엘 쇼도비키, 동판화)

때 그런 비판을 받는 것은 당연했다. 왜냐하면 대단히 자극적이고 음탕한 춘화와 비교할 때 난형난제인 연극은 공공풍속에 심각한 영향을 주었을 뿐만 아니라 그 도발작용은 모든 경우 즉시 그 자리에서 그것에 어울리는 "행위"로 옮겨졌기 때문이다. 무대에서의 야단법석과 함께 관람석에서도 종종 그것과 같은 야단법석이 벌어졌다. 게다가 특등석은 이런 것을 배려하여 만반의 준비가 되어 있었다. 거기에는 대단히 사치스러운 소파, 즉 "기분 좋은 쾌락의 제단"이 갖추어져 있었고 많은 극장에는 칸막이 관람석 안에 푹신한 휴식용 침대까지 갖추어놓고 있었다. 이에 대해서 샤퐁은 18세기 파리의 극장에 관한 논문에서 다음과 같이 말하고 있다.

대담한 포옹장면이나 대화에 의해서 도발된 자신의 불을 즉시 애인과 함께 끌 수 있도록 칸막이 관람석 안에는 대개 휴식용 침대가 놓여 있었다.

품위 있는 귀부인도 극장에 올 수 있도록 앞에서 말한 바와 같이 귀부인이 극장에서 쓰는 마스크와 칸막이 좌석이 약삭빠르게 준비되어 있었다. 칸막이 좌석은 어느 나라의 극장에도 있었는데 상류계급이 널리 이용했다. 왜냐하면 어느 시대나 어느 나라에서도 외설적인 희극은 하층민중의 오락이 아니라 오히려 상층계급의 오락이었기 때문이다. 이렇게 하여 점잖은 고양이가 부뚜막에 먼저 올라가게 되었다. 어두운 칸막이 좌석은 정면이 격자나 장식으로 부분적으로 가려져 있고 그 자리에서는 어느 곳이나 볼 수 있지만 일반 좌석이나 무대에서는 그 안이 전혀 보이지 않게 만들어져 있었다. 때로는 커튼이 설치되어 있고 그 커튼은 언제라도 내릴 수 있게 되어 있었기 때문에 그 안의 사람이 노출될 염려는 없었다. 「비밀의 회상록」에

무용수 기마르(H. 프라고나르, 유화)

는 파리 시를 얘기하면서 "남의 눈에 띄고 싶지 않은 부인을 위해서 어김없이 격자가 붙은 칸막이 좌석이 있다"라고 했다. 메르시에는 「최근의 베를린 회화」에서 한 장을 극장에 할애하고 있는데, 소위 어두운 칸막이 좌석이 독일에서도 유행하고 있었다고 한다.

오늘날의 독일의 극장에는 1년간 선점된, 소파가 딸린 칸막이 좌석이 있다. 우리나라의 관객 중 다수는 막간에도 몸이 달떠서 외설적인 연극으로 도발된 자신의 공상을 어떻게 해서든지 충족시키고 싶어한다. 그러나 그와 같은 2인 연극은 커튼을 내림으로써 사람들이 당장 눈치채게 된다. 그러나 문제는 커튼이 열려 있어도 속은 캄캄하기 때문에 어떤 짓을 해도 밖에서는 보이지 않는다는 것이다.

각국의 연극사는 많은 극장의 어두운 좌석에서 본격적인 음란한 행위가 매일 벌어지고 있다고 기록하고 있다. 「영국인 첩자」에는 어느날 파리의 극장에서 화재로 대혼란이 일어나 어두운 좌석의 관객에게도 위험이 알려졌을 때, 거기 있던 귀부인들은 한 사람도 빠짐없이 알몸이었다는 기록이 있다. "호색한이 귀부인에게 '당신은 비단 양말과 구두를 신고 있으므로 아직 알몸이라고 할 수 없군요'라고 말할 정도로" 벗고 있었던 것이다.

그런데 관객은 칸막이 좌석 안에서가 아니라 모두가 볼 수 있는 좌석에서도 종종 농탕질을 해댔다. 바꾸어 말하면 많은 관객은 서로 보라는 듯이 파렴치한 짓거리를 했던 것이다. 독일의 여러 군주들이나 프랑스의 대공들은 극장에서의 야비한 농탕질 때문에, 다시 말하면 그들이 중인환시리에 색정적인 궁정 귀부인들과 벌인 노골적인 더러운 농탕질로 인해서 악명이 높았다. 높은 사람들의 본보기는 물론 모두에게 전염되었다. 메르시에가 극장 회랑(回廊)에서, 소위 "천국"에서 벌어지는 짓거리에 대해서 다음과 같이 쓰고 있다고 해서 그다지 놀랄 것도 없다.

어떤 도살업자는 극장의 칸막이 좌석에서 박수 대신 헤라클레스와 같은 넓적한 손으로 극장 전체가 울릴 정도로 상대방 여자의 발가벗은 엉덩이를 철썩철썩 두들겨댔다.

색에 대한 자극은 또 그 배출구를 구한다. 이 때문에 그 당시 모든 극장에는 창녀가 몰려들었다. 이것은 19세기에 들어와서도 아직 어느 나라에서나 볼 수 있는 광경이다. 오토 폰 로젠베르크는 「런던의 회화」에서 이렇게 말하고 있다.

극장(여기에서는 드루리 레인과 코벤트 가든을 가리킨다)의 관객층은 유감스럽지만 그야말로 잡다했다. 공작부인이 종종 매춘부에 둘러싸여 있는 것을 볼 수도 있었다. 어떤 칸막이 좌석에도 매춘부가 진을 치고 있었다. 그만큼 매춘부의 출입이 자유로웠던 것이다. 매춘부와 명문의 청년 자제가 벌이는 야비한 애무 역시 여기에서는 완전히 자유로운 듯하다. 친척 귀부인들이 일제히 자기를 지켜보고 있어도 청년들은 애무를 하는 데에 그다지 저항감을 느끼지 않았다. 그리고 막간이 되면 매춘부와 늙고 젊은 탕아들이 무리를 지어

어릿광대극

서, 음식물을 팔고 있는 이층의 큰 방, 즉 살롱으로 몰려간다. 그곳은 벽에는 거울이 걸려 있고 넓은 방 안에는 터키풍의 긴 의자나 소파가 놓여 있다. 수백 개의 촛불과 가스등이 타고 있는 커다란 샹들리에는 파렴치하고 일찍이 볼 수 없었던 대담무쌍한 광경을 비쳐주고 있다.

　극장에서의 방탕은 직업창녀말고도 온갖 위장된 형태의 창녀, 예컨대 꽃 파는 아가씨, 프로그램 파는 아가씨, 오렌지 파는 아가씨 —— 그녀들은 그 당시 극장에 고용되어 있는 여자들이었다 —— 특히 단역을 맡은 여배우나 발레리나와 매춘부는 그 기원에서는 결국 동일하다. 당시 발레리나가 되는 데에 댄스 지식 등은 그다지 필요하지 않았다. 대개 어려운 것은 배우지 않고 짧은 시간에 배울 수 있는 단역만을 연습했다. 그 반면 자극적인 자태와 색정적인 몸짓이 그 이상으로 중요했다. 대수롭지 않은 윙크로 스커트는 마치 언제든지 스르르 올라가기도 하고 내려가기도 하는 극장의 막에 비유될 수 있었다. 이러한 솜씨가 있다면 무용수는 무대에서 필요한 모든 기술을 갖춘 셈이었다. 그리고 그것은 또 자기 자신과 다른 사람이 행복에 이르는 분명한 길이기도 했다. 그러므로 유곽에서 무대로 진출하는 것은 앙시앵 레짐 시대에는 거의 모든 나라에서 대단히 인기 있던 길이었다. 그것은 역시 창녀가 가장 동경하는 길이기도 했다. 그 시대에 발레나 연극은 대개의 경우 예술을 위한 것이라기보다는 오히려 여자가 무대에서는 그 날부터 돈 씀씀이가 헤픈 상류계급 애인을 자신의 육체로 매혹하기 위한 둘도 없는 방법이 되었다. 이러한 계산이

연인의 극장

얼마나 정확했던가는 많은 군주의 애인들이 잘 보여주고 있다. 우리는 가장 유명한
예로서 넬리 그윈(곧 엘렌 그윈, 영국 찰스 2세의 애첩/역주)을 들 수 있다. 프랑스
에서는 창녀가 발레리나의 리스트에 오르는 것이 경찰의 감시에서 벗어나는 유일한
수단이었다. 왜냐하면 연극이 내무대신의 감독하에 있었기 때문이다.

　발레는 일반적으로 활달한 남자들의 방탕한 사회에서는 공동변소였다. 샤퐁은
발레에 대해서 "음악 및 무용의 왕실 아카데미 또는 각 오페라단은 군주에게는 하
렘, 즉 여자 외양간이고 신사에게는 홍루였다"라고 쓰고 있다. 대체로 그것은 또
문제의 그 극장을 유지하는 군주의 특별한 하렘인 경우가 허다했다. 카사노바는 슈
투트가르트의 궁정극장에 대해서 "무희는 모두 아름다웠다. 모든 무희는 국왕을 적
어도 한 번은 행복하게 해준 것을 자랑스러워했다"라고 했다. 이러한 경우, 한편
발레단의 목적은 고귀한 군주가 갑자기 생각해낸 변화의 욕망을 언제라도 충족시켜
줄 수 있는 준비를 갖추는 것이었고, 또 한편 발레 단원으로서 채용되는 것은 군주
가 그녀를 순간이나 혹은 일시적으로 마음에 두었던 데 대한 대가로서 나타나는 형
식이었다. 익명의 풍자적인 저서인 「무용술」에는 이에 관해서 기록되어 있다.

과수원 집의 아름다운 아가씨 테레제 양은 그녀의 조그마한 발이 공작의 눈에 띄는 행운을 얻었다. 아가씨는 이전부터 실로 뛰어난 교육을 받은 덕택에, 발이 저만큼 예쁘니 장딴지나 허벅지도 틀림없이 예쁘겠지 하고 추측하는 공작의 호기심에 대하여 그 장딴지와 허벅지를 더 쉽게 그의 눈에 띄게 하여 종신 발레 단원이 되는 통지를 받았다. 그 발레단에는 이 아가씨의 경우처럼 행운을 얻은 여자가 많이 있었다. 마부의 딸인 울리케 양이 마침 성 안을 걷고 있을 때 우연히 공작과 부딪히게 되었다. 그때 돌연 공작이 아가씨의 젖가슴의 아름다움을 여기서 자세히 확인해볼 수 있을까 하고 수작을 걸자 아가씨는 즉시 불감청일지언정 고소원이라는 듯이 냉큼 받아들였다. 산림감독관의 딸인 발랄한 샤를로테 양은 어느날 공작이 소나기를 만나 자기 집으로 들어왔을 때 그의 욕정을 훌륭하게 도발함으로써, 그는 결국 그날 밤 이 아가씨 집에서 쉬게 되었다.

절대군주에게 대부분의 경우 발레단은 하렘과 같은 의미였기 때문에 극단감독도 종종 군주에게 고용된 뚜쟁이가 되기도 했다. 이 때문에 극단감독은 뚜쟁이로서 자신의 장사를 위해서 발레단을 계속 보충했고, 주인의 관능적 흥미를 틀림없이 도발할 수 있는 아가씨만을 점찍어 채용했다. 시종을 채용할 때도 그는 같은 기준을 적용했다. 그것은 그 시종이 특히 뛰어난 예술적 재능을 가지고 있는 것이 눈에 들어서가 아니라 주인을 위해서 특히 좋은 솜씨를 발휘할 수 있는 뚜쟁이임을 알았기 때문이다.

그런데 그것은 하찮은 평범한 무용수가 아닌 무대의 진정한 스타 —— 남자든 여자든 상관없이 —— 도 마찬가지였다. 스타는 소수의 예외를 제외하고는 대개 매춘부의 성격을 짙게 띠고 있었다. 바꾸어 말하면 극장의 자극적인 작용은 내친 김에 제2의 방향으로까지 발전했던 것이다. 무대의 조명은 무대에서 춤추는 사람이면 누구나 보통 사람보다 관객의 눈에는 몇십 배나 아름답게 보이게 했다. 그러한 이유에서 모두가 선망한 애인은 어떤 시대에나 여배우 출신이었고 이상적인 정부 또한 여배우 출신이었다. 18세기에는 아직까지 무대에 나오는 여자는 법률적으로나 사회적으로나 천대를 받는데, 그럼에도 불구하고 "오페라 여배우를 정부로 삼고 싶다"라는 것이 명문가 탕아들의 큰 희망이었다. 여배우와 팔을 끼고 대중 앞에 나가는 것만 해도 대단한 것이었다. 메르시에는 「최근의 베를린 회화」에서 여배우와 함께 간 야유회에 대해서 "나는 어떤 오페라의 여배우를 애인으로 삼았다"라고 동료에게 뽐낼 수 있었던 것이 대단한 긍지였다고 기록했다. 많은 남자가 여배우에게 열중하여 몸을 망치기도 하고 세상의 웃음거리가 되기도 했다. 유명한 남자 가수나 무용가의 사랑을 얻기 위해서 고관대작의 귀부인들이 대판 싸움을 일으키고 남이 보든 말든 스커트를 서로 찢기도 했다. 마르몽텔은 「청중의 숭배와 궁정의 열광」에서 처음 무대에 선 프랑스의 남자가수 젤리오트의 성공에 대해서 이렇게 말하고 있다.

그가 무대에 나타나기가 무섭게 청중은 감격에 몸을 떨었다. 청중은 마치 기쁨에 취한 듯 그가 노래하는 것을 들었다. 젊은 여자들은 미친 듯이 열광했다. 그리고 칸막이 좌석에서 반신을 내밀고 미친 것같이 흥분하여 자신이 거기 있다는 것을 알리려고 했다. 그것은 한 사람만이 아니었다. 추녀를 제외하고는 모든 여자가 무대에 있는 그에게 자신을 보여주려고 했다.

앙시앵 레짐 시대의 극장은 지금까지 살펴본 바와 같이 모든 관객을 그리고 관객과 무대를 한 덩어리로 만드는 시대의 경향을 즉시 충족시켜주는 위대한 뚜쟁이였다. 왜냐하면 모든 사람이 간직한 이상은 또한 누군가가 뚜쟁이 역할을 해주었으면 좋겠다는 것이었기 때문이다.

6) 오페라와 발레

향락의 기회를 가능한 한 최대로 증가시키는 것이 향락주의의 본질이다. 게다가 향락주의가 절대주의의 옷을 입고 등장했을 때에는 쾌락의 추구는 절대주의에서는 향락의 질과 양을 스스로 높이고 또 늘리기 위한 역할뿐만 아니라, 바로 그러한 방법에 의해서 그 권력이 무한히 영향력을 미치고 있는 것을 세상에 알리기 위한 역할도 했다. 만약 자신의 희망과 욕망이 거칠 것이 없다면 이러한 인간은 자기는 신이라든가 신의 음식을 먹고 살아가고 있다는 것을 모두에게 분명히 드러내보이고 싶어한다. 이러한 경향으로부터 그리고 이러한 경향의 가장 세련된 표현으로서 오페라가 탄생했다.

오페라란, 노래, 음악, 무용 그리고 화려한 색채라는 최상급의 형식을 이용하여 모든 객관적 감각을 교향악의 웅대한 통일체로 융합한 것 이외의 것이 아니다. 이와 같은 맥락에서 오페라도 역시 이 시대에만 태어날 수 있었던 것이었다. 오페라는 절대주의의 가장 독특한, 동시에 독점적이고 배타적인 창조물이었다. 그것은 또 절대주의의 본질을 가장 잘 표현한 기록이었다. 절대주의적인 삶은 닥치는 대로 향락을 즐기는 데에 집중되었기 때문에, 절대주의는 분명히 향락이라는 측면에서는 "생산적"이었다. 바꾸어 말하면 향락의 세계에서만은 절대주의는 그밖의 어떤 정치체제에서도 만들 수 없었던 것을 만들 수 있었다. 절대주의의 정치권력은 민중의 의지를 토대로 한 사회조직을 만들지는 못했지만, 가장 인기 있었던 절대군주의 최고의 업적이 보여주는 것처럼 결코 빈약하지는 않았다. 영국의 역사나 다른 국가들에서의 이후의 부르주아적 발전은 그 충분한 증거이다. 그런데 절대주의의 생산력이 어떻게 향락문제에만 집중되었는가 하는 것은 우리 후세 사람들도 놀라지 않을 수 없는 일들이 설명해주고 있지만, 그것은 동시에 절대주의 시대에는 일체의 것이 군주의 쾌락과 일시적 기분을 고양시키는 유일한 목적을 위해서 어떻게 터무니없이 이용되었는가를 가르쳐주는 가장 훌륭한 척도이다.

오페라는 압축된 관능이었다. 모든 언어, 음악, 리듬, 곡선, 색조가 오페라에서는 관능적이 되었다. 그 소재의 내용은 주로 에로틱한 관능이며 육욕이 압축된 연애에 지나지 않았다. 소재의 사상은 육욕적인 연애를 중심으로 하여 수렴되고, 호평을 받는 가곡은 모두 육욕적인 것으로 채워져 있었다. 발레의 수많은 회전과 뒤엉킴은 육욕 이외의 어떤 것도 상징하지 않았다. 바꾸어 말하면 모든 것은 나체에 집중되었다. 이제 복장과 움직임은 육체적이었고 대화는 정신적이었다. 이것은 결코 부수적 현상이 아니라 오히려 모두가 원하는 단 하나의 목적이었다. 그러므로 모든 고전적인 오페라에서 발레가 주역을 맡았던 것은 우연이 아니었다. 발레는 오페라에서 간단히 떨어져나오지 못했다. 왜냐하면 발레는 육욕적인 곡선과 움직임이 가장 세련된 것이었기 때문이다. 발레는 일류 오페라에서 진정 중심이 되어야 했다. 그 이유는 발레에 의해서 다시 한번 절대주의의 중요한 특징으로까지, 즉 화려함과 포즈가 환상적인 것으로 승화되었기 때문이다. 그러한 탓으로 절대주의 신화에서는, 마치 기독교 신화에서 소위 천국의 군대인 천사처럼, 발레도 군주의 전능을 양식화하는 화신처럼 되었다.

절대주의의 본질은 절대주의가 화려한 오페라에 의해서 그리스도의 부활과 같은 것을 경험하도록 만들었다. 이에 대해서는 앙시앵 레짐 시대에 베풀어진 궁정의 유명한 대향연이 가장 중요한 증거가 된다. 그 시대의 궁정향연, 특히 대향연은 대개 절대군주와 궁정사회 자체가 그 무대에서 주역을 맡았으므로 그것은 바로 오페라를 확대한 것과 같았다. 군주는 자신을 신으로 높였을 뿐만 아니라 이러한 방법에 의해서 스스로 빛나는 존재로 바뀌어지기도 했다. 왜냐하면 이러한 향연의 내용은 소위 군주의 위대함과 권력, 군주의 비길 데 없는 천재성과 신성에 구비되어 있는 모든 미덕에 대한 예찬이었기 때문이다. 그런데 모든 것은 향락만이 중심이 되었으므로 이러한 향연에서도 육욕이 기조가 되었다. 모든 사람은 군주의 주위뿐만 아니라 여성의 주위로, 비너스의 주위로 몰려들었는데, 최후로 아폴론도, 마르스도 그리고 유피테르도 정확히 군주가 위의를 갖추는 순간 그것을 신호로 여성에게 최상의 경의를 표했다. 더구나 이러한 방향을 가장 특징적으로 설명해주는 것은 향연의 가장 화려한 인물인 비너스가 단순한 일반적 개념이 아니라 언제나 군주의 정식애첩으로 대표되었다는 점, 또 새로운 애첩의 간택식은 특히 이러한 대향연에 의해서 축하되었다는 사실이다. 그러나 이러한 사실은 모든 것을 증명해줄 뿐만 아니라, 바로 그때에 절대주의가 참으로 대담한 공상으로까지 비약했다는 사실 그리고 결국 언제나 육욕만이 최후의 것이 되어야 했다는 사실도 설명하고 있다.

7) 살롱

18세기의 유산 지배계급에게 살롱은 서민의 주막에 해당하는 것이었다. 살롱은 그들의 사교생활의 특수한 형태였다. 그러나 그 당시 살롱이 대표한 정신문화는 살롱을 묘사한 많은 저술가들에 의해서 너무나 높이 평가되었다. 분명히 살롱에서는 정신이 마치 불꽃처럼 매일 밝게 빛났고, 사회변혁을 준비하는 모든 대담한 사상이 끊임없이 토론되었으며, 또 새로운 시대의 전초전이 왕성하게 벌어지기도 했다. 그 살롱들은 백과사전파가 들어박혀 있었던 가장 유명한 파리의 살롱들인데, 달랑베르가 단골이었던 뒤데팡의 살롱, 디드로와 그림이 교제했던 마담 데피네의 살롱, 몽테스키외가 자주 들렀던 마담 제오프랭의 살롱, 그리고 그밖의 이와 유사한 다양한 살롱도 여기에 포함되는데 결국 그 정도였다. 그리고 이러한 살롱에 흘러넘친 문화적 풍요함에도 불구하고 그러한 종류의 살롱은 실로 수가 적었다. 그것은 프랑스에만 해당되는 이야기가 아니었다. 한편, 이러한 이유에서 살롱은 그 시대의 성 모럴의 역사에서 실로 중대한 역할을 했다. 왜냐하면 살롱은 실천을 중심으로 하는 부두아르(boudoir : 규방)와는 대조적으로 말로써 행하는 플러트를 위한 중요한 전장이었기 때문이다. 사람들은 매일매일 이러한 살롱에서 연애에 대해서만, 그 진지한 문제에 대해서가 아니라 연애의 가장 야비한 향락의 측면에 대해서만 토론했다. 이에 대해서 내무대신 티이 백작과 같은 당대의 여러 인물들은 이러한 이야기는 소설가의 중상모략이라고 주장했다. 티이 백작은 루이 16세 시대의 프랑스 사교계에 대해서 이렇게 쓰고 있다.

　　내가 이러한 소설가를 크게 비난하는 것은 묘사의 외설스러움(나는 고의적으로 묘사된 난폭한 춘화에 대해서는 이야기하지 않겠다) 때문이 아니라, 상류사회의 베일에 가려진 악덕은 상류사회의 공공연한 풍속이며, 부두아르에서 행해지는 부도덕한 잡담은 살롱에서도 행해지고, 사교계의 젊은 신사숙녀는 날마다 어울려 실로 기괴하고 뻔뻔스러운 자르공(jargon : 은어)을 즐긴다는 등으로 실없는 소리를 지껄이는 자들 때문이다. 또 그것은 마지막으로 프랑스의 세련된 궁정풍속을 위한 학교는 설탕을 바른 음담, 야비한 익살, 고상한 넌센스를 마구 흩뿌리는 싸구려 노점으로까지 타락했다고 모두에게 암시하거나 믿게 하는 고의적인 짓인데, 이는 차라리 어리석은 짓이라고 해야 하겠다.

앙시앵 레짐 시대에 대한 근대의 찬미자는 즐겨 이러한 식으로 탈출구를 찾았으나, 티이 백작이 말하는 사고방식은 속이 빤히 들여다보이는 속임수였다. 18세기가 후반기로 들어서자 이전에 크게 유행했던 갈보들의 은어를 다시 들을 수 없게 되었다. 우아한 귀부인들조차 자기를 과시하기 위해서 일부러 섹스에 관해서 흔히 들을 수 있는 은어를 남발하고, 남자의 입에서 은어가 나오면 "어머 자기 근사해"라고 맞장구를 치기도 했으나 이후에는 "설탕을 바른 음담"이나 "고상한 넌센스"가 유행했다. 예컨대 어떤 살롱에서 "누가 옷을 발명했을까요"라는 질문에 대해서 논의가 분분했을 때, 그 살롱의 여주인은 진지한 얼굴로 "그것은 틀림없이 작고 못생긴 곱추였거나, 그렇지 않으면 기형의 난쟁이일 거예요. 훌륭한 모습을 지닌 사람이라면 옷으로 자신을 가린다는 것은 생각조차 할 수 없었겠지요" —— 이 시대에 유행했던 노출증은 이 귀부인이 얼마나 논리적이었던가를 훌륭하게 증명하고 있다 —— 라고 하여 이 질문을 간단히 해결했다. 어느 군주가 왜 인간은 성교 —— 그렇게 자연적인 것이고, 필요하고, 달콤한 행위 —— 를 다른 사람들에게 감추게 되었는가라고 하문했을 때, 살롱에서는 이에 대해서 진지한 논의가 벌어졌는데, 그 해결 중에는 개와 비교한 것도 있다. 즉 개는 뼈다귀를 주우면 그것을 물고 한쪽 구석으

신혼부부의 취침(케베도의 그림에 의한 프랑스의 동판화)

로 숨는다. 이것은 다른 수캐가 이 먹이를 탐내기 때문이다. 이러한 선망이 수치심을 만들어낸 단 하나의 원인이라는 것이었다.

이러한 것은 확실히 "설탕을 바른 음담"이기는 했지만, 그렇다고 하더라도 고상함이라는 측면에서는 매우 뛰어난 넌센스라고는 할 수 없었다. 그리고 그것은 예외적으로 행해진 것이 아니라 문학에 취미를 가진 패거리들이 모인 살롱에서 흔히 오

신혼부부의 기상(케베도의 그림에 의한 프랑스의 동판화)

르내리던 화제였다는 사실도 한마디 덧붙여두겠다. 왜냐하면 그들은 일반적으로
성에 관한 화제에만 흥미가 있었기 때문에, 매우 진지해야 할 때조차 성의 채색,
즉 호색적인 감각을 발동시켰던 것이다. 독일에서는 남자들 사이에서 이러한 채색
을 "프티 메트르의 장기"라고 불렀다. 그리고 대개의 남자는 잡담을 할 때 언제나
"교양 있는 계급"의 존경을 받을 수 있는 이와 같은 자질을 발휘하려고 필사적이 되

었다. 독일에서 "품위"라는 말의 의미는 보다 정확하게는 살롱이나 상류 시민계급의 집에서 크게 유행했던 실내유희로써 가장 잘 설명된다. 나는 그 대표적인 사례로서 점치기 놀이를 들고 싶다. 1770년에 뉘른베르크에서 「점치는 메르쿠리우스」라는 제목으로 출간된 안내서는 이 놀이에 대해서 자세히 설명하고 있다. 이 책에서는 우선 점치기 놀이란 무엇인가라고 질문한 다음, 그것은 주사위 세 개를 던질 때 나오는 숫자를 가지고 하는 놀이라고 대답하고 있다. 이 안내서에서는 남녀 한 사람 한사람에게 대개 스무 가지의 질문을 하고 하나하나의 질문에 대해서는 열여섯 가지의 대답이 나올 수 있게 되어 있다. "당신의 아내는 당신에게 만족하고 있습니까, 그렇지 않습니까?"라고 남자에게 한 질문에 대해서 예컨대 숫자 6이 나오면 "흰 수염을 가진 영감님, 감미로운 키스뿐만 아니라 가장 중요한 것도 주지 않는 당신 같은 영감님께 어찌 당신의 젊은 아내가 만족하고 있습니까라는 질문 따위를 할 수 있겠습니까"라는 대답이 나온다. 숫자 7이 나오면 "당신은 마을의 훌륭한 빗장거리이며 칫수도 꼭 맞습니다. 당신의 아내는 당신에게 아주 만족하고 있군요"라는 대답이 나온다. 숫자 8이 나오면 "당신은 책에 대해서도 아내에 대해서도 참으로 성실하기 때문에 아내는 당신에게 아주 만족하고 있군요"라는 대답이 나온다. 상류계급의 사교계에서는 이처럼 파렴치한 질문이 "음담패설"로 풀이되었다. 왜냐하면 나올 수 있는 열여섯 가지의 대답은 모두 그러한 종류의 것으로 나열되었기 때문이다. 연애가 살롱의 화제에 오르지 않는 경우에는 꿩 대신 닭이라도 잡아야겠다는 듯이 여느 때와 마찬가지로 갖가지 스캔들을 도마 위에 올려놓은 뒤에 노골적인 수다가 만발하고, 또 예의범절의 문제나 시덥지도 않은 일에 관한 의논이 무성했다. 많은 살롱들은 수다쟁이의 소굴이라는 평판을 들었다. 독일의 살롱에는 수다쟁이 병(病)이 으레 따라다니기 마련이라는 말도 있었다. 왜냐하면 당시 가차없이 준비되고 있었던 혁명의 번갯불도 이러한 살롱에서 화젯거리가 되는 친구나 이웃사람의 침실 비밀과 같은 중대한 문제를 방해하지는 못했기 때문이다. 그들은 미풍양속의 자랑스런 함양에 대해서도 역시 한계를 그으려고 했다. 이것은 분명히 상류계급이 일반적으로 정신과 예의범절 면에서 허식만을 열심히 숭배했기 때문이기도 했으나, 그 반면 시민계급은 자기 나라나 외국의 궁정풍속에 대해서 그로테스크하고 희극적으로 수박 겉핥기 식의 원숭이 흉내를 내는 데에 열중했기 때문이기도 했다. 이러한 흉내내기는 시골사람들도 열광적이었는데, 그중에서도 영국의 시민계급은 원숭이 흉내의 명수라는 평판을 들었다.

그런데 상류계급은 갈랑트리의 실천만을 중요시했기 때문에, 살롱에서는 언제나 이론에만 한정되었는지도 모른다. 만찬 후의 포도주와 샴페인으로 필요한 정열이 분출되어버렸을 때에 특히 그러했다. 그리고 지금까지 서술한 것처럼 중류 및 하층의 서민계급의 사교도 매우 거칠었다. 그러나 상류계급이 살롱에서 저지르는 형편없는 행동은 그 이상이었다. 이에 관해서 나는 「18세기 정신의 작은 역사와 언어」에서 다음과 같은 두 가지 메모를 인용하고 싶다. 첫번째의 메모는 이 시대의 예의 범절을 이야기하고 있고, 두번째의 메모는 수많은 사교에서 나타난 적극적인 해학을 이야기하고 있는데, 두 가지 모두 프랑스의 섭정인 오를레앙 공작의 사교계를 중심으로 하고 있다. 첫번째의 메모는 다음과 같다.

어느날 섭정은 파라베르 부인, 캉브레 대주교 그리고 로와 함께 식탁에 앉아 있었다. 식사가 끝났을 때, 시종이 서명을 받기 위해서 서류 한 장을 섭정에게 가져왔다. 섭정은 펜을 들고 서명하려고 했지만 취하여 몽롱한 상태에 있었기 때문에 글씨를 쓸 수가 없었다. 섭정은 거위털 펜을 파라베르 부인에게 주면서 "야 이 갈보년아, 서명 좀 해"라고 말했다. 부인은 섭정에게 서명이라뇨, 제게는 당치도 않습니다라고 말했다. 섭정은 펜을 캉브레 대주교에게 주면서 "야, 갈보의 기둥서방아, 서명 좀 해"라고 말했다. 이 기둥서방도 역시 사양했다. 섭정은 또다시 펜을 로에게 주고 "야 이놈, 사기꾼아, 그러면 네가 서명해!"라고 말했다. 이 사기꾼도 역시 서명을 사양했다. 그 순간 섭정은 "이 얼마나 잘 다스려지는 나라냐! 갈보, 갈보의 기둥서방, 사기꾼 그리고 주정뱅이가 다스리고 있으니 말이야"라는 참으로 멋진 경구를 내뱉고는 거침없이 서명을 마쳤다.

두번째의 메모는 다음과 같다.

넬 부인의 만찬회에서 가세 부인과 함께 식탁에 앉아 있던 젊은 귀족들이 부인에게 몇 가지 종류의 포도주와 여러 가지 리큐어 주를 권했기 때문에 부인은 완전히 고주망태가 되어버렸다. 마침내 마지막에 부인은 손님들 앞에서 나체 춤을 출 것을 승낙했다. 탕음난무가 절정에 달하자 친구들은 하인들에게도 이 즐거움을 나눠주자고 말하고 가세 부인을 하인들에게 넘겨주었다. 몽롱한 취안으로 무엇이든지 마다하지 않는 가세 부인은 "아, 즐거운 세상"이라는 말만 연발했다.

갈랑트리한 목동(프랑수아 부셰, 유화. 퐁파두르 후작부인의 규방을 장식하려고 루이 15세가 주문한 작품)

당시 독일에서도 이와 비슷한 일들이 벌어졌다. 어떤 귀족의 저택에 낙천적인 손님이 방문했을 때 벌어진 당시의 음란한 풍속을 생생하게 묘사한 「고귀한 게으름뱅이, 술고래, 가난뱅이 시골 귀족의 짧지만 유쾌한 흉내내기」라는 책에서는 식사가 끝나고 한창 춤판이 어우러질 때에 일어난 소란에 대하여 이렇게 서술하고 있다.

남녀 하인에게도 해당되는 것은 말할 나위도 없었다. 춤판이 한창일 때 불이 꺼졌는데, 한 시간이 지나서야 다시 불이 켜졌다. 그 동안에 품위 있게, 플라토닉하게 ── 나는 "플루토닉(그리스 신화의 플루톤은 지옥의 신/역주)하게 라고 말하고 싶다 ── 재세례파 교도처럼 누가 누구를 어떻게 했는가? 누가 누구의 아버지인가?"

만일 이러한 방탕이 어디에서나 흔히 일어났던 일이었다고 가정하면 그것은 물론 잘못이다. 하층계급의 경우, 민중축제의 야비한 기분에 휩싸인 야단법석은 분명히 그들의 기분전환을 위한 것이었는데, 이것은 지배계급에게 그대로 적용되지 않는다. 오히려 지배계급에게는 그러한 방탕은 일상사였다. 왜냐하면 지배계급이 그 당시 처한 역사적 조건은 그들에게 연애에 탐닉하는 것을 허용했을 뿐만 아니라 우리들이 알고 있듯이 그것을 최고의 목적으로 삼도록 그들을 유도했기 때문이다.

마담 드 라 베뤼는 자기 계급의 생활에 대해서 "좀더 확실한 안전을 찾아서 우리는 일찍부터 지상에서 우리의 낙원을 준비했습니다"라는 말을 했다. 이 말은 아마도 앙시앵 레짐하에서의 유산 지배계급의 인생철학의 정곡을 찌른 말일 것이다. 인생을 유일한 낙원으로 만드는 것이, 이 책의 곳곳에서 보아왔던 바와 같이, 모든 나라의 상류사회를 다른 무엇보다도 가장 강력하게 지배했던 풍조였기 때문이다. 이 풍조는 결국 어느 사이엔가 막다른 곳까지 가버림으로써 은성한 생활, 즉 대향연, 무도회 및 그와 유사한 온갖 오락이 상층계급의 생활을 절대적으로 지배하게 되었다. 즉 사교의 즐거움은 민중의 경우에는 원시적이었으나 지배계급의 경우에는 향락탐닉의 세련화된 모습까지 보이게 되었다. 실제로 날마다 지배계급의 생활이 이 시대처럼 사치에 빠진 대향연의 연속이었던 적은 유사 이래 다시 찾아볼 수 없을 것이다. 사교의 즐거움은 언제나 또다른 새로운 사교의 즐거움을 찾아나섰다. 그것은 끝없이 이어지는 윤무와도 같은 것이었다. 아침에 일어나서 맨 먼저 생각하는 것은 오늘 저녁에는 어떻게 놀아볼까 하는 것뿐이었다. 또 갈랑트리도 물론 이러한 향연에서 가장 중요한 내용을 이루고 있었다. 그것에 대한 흥미는 순차적인 향락의 프로그램을 만들었고 또 그것에 여러 가지 변화를 주게 되었다. 바꾸어 말하면 집단적인 플러트는 모든 참가자에게 최상의 목표였다. 그들은 그야말로 모든 사람과 관계했기 때문에 부두아르의 아침 접견에서 행해진 플러트는 모든 사람을 만족시켜주기에는 충분하다고 할 수 없었다. 앞에서도 이야기한 것처럼 이것이 바로 갈랑트리의 최후의 결과였다. 어떤 귀부인이 어느날 세 사람의 남자와 다정한 약속을 하게 된 무도회가 끝난 후, 속을 터놓고 지내는 친구들에게 "모든 사람의 것이 되는 것이야말로 최고의 환락이야'라고 편지를 썼다. 그리고 그녀는 이 말 뒤에 자극적인 문구로 이와 같이 계속했다. "이렇게 하면 나는 어떤 분에 대해서도 부정한 여자가 되지 않는단다. 후회의 괴로움 따위는 내 잠을 깨우지 못해." 무도회는 집단적인 플러트를 즐기기에는 다시없는 기회였기 때문에 그들은 그 당시 점점 더 새로운 변화, 특히 여러 가지 형태의 가면무도회를 만들어냈다. 가면무도회에서는 하고 싶은 일은 무엇이든지 할 수 있기 때문이다. 남자는 마르스, 아폴론, 유피테르 등의 역으로 모든 여자를 유혹할 수 있었고 여자는 디아나, 비너스, 유노 등의 역으로 모든 남자에게 다가갈 수 있었다. 이 시대에는 가면만 덮어쓰면 웬만한 것은 모두 너그럽게 보아주었다. 그것은 익살에 불과하다고 간주됨으로써 대담한 형태의 플러트가 사육제 때에는 거리에서의 가면의 권리라고 인정되었을 뿐만 아니라 댄스홀에서는 1년 내내 날마다 가면의 권리가 행사되었다.……

앙시앵 레짐의 찬미자들은 향연에서 우미함밖에는 보지 못하기 때문에 이 시대의 우미함이 람프사코스(Lampsacos : 소아시아의 도시로 프리아포스 숭배의 중심지/역주)의 철면피한 신의 정체를 호도하기 위한 장미 꽃다발에 불과하다는 것을 알지 못하며, 이 장미 꽃다발이 신들 중에서도 가장 철면피한 신에게 은밀하게, 또 공공연하게 봉사하도록 이용되었다는 점을 간과하고 있었다.

이러한 멋이 점점 종말에 가까워지고 있을 때에 지배계급은 의식적, 무의식적으로 광란을 일으켰다. 그들은 기회만 주어지면 그것을 이용하려고 했다. 이 최후의 윤무는 밤이 샐 때까지, 역사의 새로운 여명이 밝아올 때까지, 추어지고 또 추어지고 마지막 순간까지 추어질 수밖에 없었다.

색인